U0111570

大展好書　好書大展
品嘗好書　冠群可期

大展好書　好書大展
品嘗好書　冠群可期

武學釋典 11

內家拳武術探微

蘇峰珍 著

大展出版社有限公司

作者簡介

　　蘇峰珍，一九四八年生於中華民國，臺灣，高雄，鳳山。

　　自幼喜愛武術，苦無機緣學習。

　　一九八〇年，始有緣與林師昌立先生習形意、八卦、太極，歷二十餘年之久，為入室弟子，排行第二。

　　同門中，練拳最為精勤，從無間斷，為林師所賞識，而盡得其傳。

　　一九八二年至一九九二年參加高雄縣市、臺灣省，及中華民國推手比賽，常名列冠、亞軍，為師門爭光。一九九四年取得省市級太極拳教練證及中華民國國家級太極拳教練證。經林師認可，開始授拳。二〇〇八年參加美國「新唐人電視台」舉辦第一屆「全世界華人武術大賽」，榮獲第三名。

　　其拳論著作常於太極拳雜誌社發表，頗獲讀者喜愛。

　　著作有：太極拳行功心解詳解、內家拳武術探微、太極拳經論詳解（籌備出版中）。

　　現今於高雄市鳳山區文華兒童公園授拳，教學相長，武藝更為精進。習拳最大之願望，乃能將內家拳武術承授有緣者，永續流傳。

教學項目：

一、內家拳武術教學（形意拳、八卦掌、太極拳）。

二、椿法。

三、內勁單練法。

四、閃電手。

五、蒼龍抖甲。

六、太極拳發勁八法。

七、形意拳發勁十法。

八、推手

九、散手（自由搏擊）。

十、行功心解、拳經、拳論解析。

序　言

何謂內家拳？

一般武術家把形意、八卦、太極歸類為內家，之外的歸屬於外家，大體上是這樣區別分類。而實質上要看他的練法，譬如形意拳，若是體會錯誤，也會變成使力的外家拳；又如太極拳，如果只是外表鬆柔，沒有內勁，只能算是體操罷了，不能稱為內家拳；八卦掌如果練成輕忽或類似歌仔戲的走步，也不能歸類為內家。反過來說，其他系統，如若能以內家之方法來實踐，以運氣斂勁來操練，他也可以稱為內家拳。所以不能以門派系統做判別。

內家拳武術，深邃寬廣，其深處之中，還有更深處，永遠挖掘不完，永遠學之不盡。筆者習練形意、八卦、太極三十餘年，猶難探內家拳之底。

僅將在練拳過程中，偶有微略之心得，筆之於書，就教於方家。

本書各篇章，係按寫作時間先後而編排，故無系統上之歸類分屬，請讀者能予海涵。

本書之繕校已盡力而為，錯誤之處尚是難免，請

讀者不吝指正。

　　本書論述見解若與讀者有所相異，願予虛心接受指教。

　　本書所有論述係圍繞著《拳經》、《拳論》及《行功心解》而說，其中對理、事或有反覆重敘者，是為內家拳之核心理論及個人之見解，請讀者閱讀後勿以繁瑣而起煩惱。

　　文中若有與人或某師有不同見解之論說，是為筆者個人之心得所異，是對事理而說，非對人身而作評論，且均已隱去其名，還望讀者能平心而讀，再與經論做比對印證。

　　是為序。

目　錄

第 1 章

內家拳武術略說

一、何謂內家武術

　　武術俗稱「功夫」，或「搏擊打鬥」技術。內家武術是一種藉由肢體的動作，及呼吸吐納與意念之導引，經過長時間的鍛鍊累積，而成就的一種自身擁有的內勁功力與防禦技巧。

　　內家武術不尚於拙力的運使，也不借助外物、器材或外敷藥洗，內服傷藥或運功散之類，而是以鬆柔平和的煉氣方式，令氣斂入筋骨，成就內勁，達到健康之目的與技擊之效果。

二、內家武術的功能

1. 健　身

　　透過各種招式的鍛鍊，及呼吸意念的導引，使肢體得到運動，內臟得到按摩鼓盪，而增進氣血循環，增強新陳代謝及免疫能力，達到健康延年益壽之目的。

　　內家拳也是氣功的一環，透過以心行氣，令橫膈膜上下驅動，使五臟六腑得到運動及氣的溫養，是一種內在和平的養生運動。

2. 防　身

經過「推手」及「散手」（或稱自由搏擊）的鍛鍊，使全身肌膚神經觸感產生靈敏的覺知，而能在技擊時，達到「聽勁」、「接勁」、「化勁」、「懂勁」之作用，亦即將對方攻擊而來之力道，經由「走化」之技巧，使自身避免受攻擊或減輕被傷害之程度，達到防衛的功能。

三、武術是一種文化，一種藝術

1. 武術是一種文化

某些文人，鄙視武術，認為武術是莽夫的玩意，是江湖術士的把戲。這是孤陋寡聞，錯誤的見解。

試觀中國歷代的武將，如武聖關公、岳飛、戚繼光等，都是武術高手，他們允文允武，文采飄逸，灑脫雄偉，壯闊豪邁，青史留名。宋太祖的武功無話說，蘇東坡不只文章好，詩詞美，氣功更好；霍元甲、黃飛鴻等民間傳奇人物，武術都是家喻戶曉，他們的愛國情操，更是令人敬服。武術家不僅功夫好，正氣泣鬼神，個個都是仁人君子，正氣塞天地的忠義份子。

所以，武術可謂是中國的傳統文化，武術可以歷代傳承，與歷史永遠同在。

2. 武術是一種藝術

武術不僅呈現肢體之美，還有力學之美，速度之美、變化之美，所以它是藝術的；武術追求如何禦敵防身，如何以小制大，如何以弱勝壯，如何以柔克剛，更是深不可測的藝術，武術蘊藏著力學、科學、哲學、與佛學，武術

確實是藝術的。

四、武術的種類

武術的種類，不勝枚舉，在中國有武當、少林、太祖、螳螂、鶴拳、猴拳、醉拳、還有形意、八卦、太極等等；外國則有柔道、摔角、跆拳、空手道、泰拳、相撲等等。

中國武術家將武術概分為內家拳與外家拳，係以練習的方法而加以區別。內家拳，以練氣、練意、練鬆、練柔為主，鍛鍊特別強調以意導氣，以氣運身，達到氣沉丹田，凝氣入骨，形成一種強烈的爆發力，它在應敵時，不以蠻力取勝，而是運用內勁與聽勁走化反應來制敵。

外家拳，比較崇尚外力，練習時肢體動作大，出力大；更有專練擊破、砍磚等較具摧毀性的功夫，如韓國的跆拳、日本的空手道及中國的鐵砂掌等，是藉外表皮肉的打擊鍛鍊與藥物的擦洗，使表皮骨骼堅硬如鐵，達到制敵的功用。

練外家的，到了相當的水準，有的也會漸漸練入內家，如少林內院，專習內功，不再是挑水、劈材、舉重與外壯。

練內家的，如果悟力不深，也只能停留在打空架子當中，外表鬆則鬆矣，無法練出渾厚的內勁，健身雖有，功夫則無，如現代一般練太極操者。

內家與外家的分野，不是外表之招式，而是練習的方法與悟性的深淺，如果練錯，內家會變成外家；如果練對，外家也能成內家，所以，不必執著內家或外家。

第 2 章

內家武術的階程次第

　　內家拳的階程次第，為鬆身、站樁、基本功、拳架、推手、散打搏擊，分述如下：

一、鬆　身

　　鬆開全身之各大關節：手、腕、肘、頸、肩、脊、胯、膝、踝。

　　運用動作、勢法，將全身各大關節，慢慢舒緩，伸展筋骨，以心行氣，使血液細胞活動起來，令氣血通行順暢無礙，從而增進練功之效力及減少運動之傷害。

二、站　樁

1. 站樁略說

　　站樁就像一棟房屋建築物的地基。基礎穩固，功夫才能有成就，否則彷如空中樓閣、鏡花水月、海市蜃樓，虛浮飄渺，一點也不實際。現代人急功近利，喜歡速成，又怕吃苦，所以功夫難有所成。古人練功夫，一站樁就是好幾年，形意拳入門要先站三年樁。基礎打好了，架式、招式練起來就如順水推舟，簡單的多。沒有站樁作為基礎，架式打的再漂亮，也是花拳繡腿，繡花枕頭，空架子一個。功夫是靠時間的累積與用心的鍛鍊，急不得的。

2. 站樁的種類

站樁的種類概分為渾元樁（平馬樁）、三才樁（形意樁法）、提手、琵琶樁（太極樁法）、伏虎、達摩樁（八卦樁法）等等，不勝枚舉。

練習時可依自己的體型、興趣、性向，選擇喜歡的樁法練習。

形意拳名家王薌齋先生，在武術大成後，只以樁法養拳，創造了許多站樁法，著有「王薌齋意拳站樁功」問世，學者可以參考。王薌齋先生有一句名言：「大動不如小動，小動不如不動」，是專指站樁而言，學者不妨參悟其中涵意，或許會有所得。然而卻勿以為只練站樁就是功夫的全部。人家是由無（功夫）練到有（成就）由有而捨為無（不執著），歸於平常，所謂平常心就是道，千萬不要會錯意，練錯法。

3. 站樁的目的

站樁的目的是穩固下盤，保持重心平衡；下盤穩固，身形才得輕靈，才能活潑，在應敵時，無論前進後退，左騰右閃，上躍下衝，遊身走步，方得中定完美。樁功基礎打好了，在發勁時，才能打樁入地，增強爆發力及整勁。

4. 站樁的要領

虛領頂頸、涵胸拔背、沉肩墜肘、鬆腰落胯、坐掌舒踝、氣沉丹田導入湧泉，落地生根。

初習站樁，從三分鐘起練，漸增至三十分鐘，須循序漸進，避免造成傷害。

5. 站樁要訣

氣要有往腳底穿鑽之意，後腳有向前蹬勁之意，前腳有往後撐勁之意，恰似兩根柱子，互相支撐，互有依靠，乃能穩如泰山，固若金湯，彷如金字塔一般。

三、基本功（內勁單練法）

1. 單練法

運用各種單式，如雲手、採手、纏手、推磨、按掌、翻掌、蓋掌、穿掌、托掌、抖掌等招式，以緩慢、導氣的方法，進行不斷來回反覆的練習。

2. 內勁練習訣要

以心行氣，以氣運身，以腰為主宰，為主動，去牽引肢體，去拖曳身體，要懂的借地之力，使被牽引、被拖曳的肢體，有被拉扯、擰扭、旋轉、鑽串、及氣沉、氣脹、氣隨的感覺。行功即久，內氣凝聚增長，終而斂氣入筋透骨，蘊藏無盡的內勁，蓄而待用。

內勁無色無味，看不到，摸不著，然而它確是一種能量、一種元素、一種磁場、一種隱藏的爆發力，而且它在應用時，那種排山倒海，泰山壓頂，氣勢逼迫的情狀，令人驚悸、戰慄、惶恐、魂飛魄散。

四、拳架（盤架子）

盤架子，就是學招式，練把式，將整套拳法，一招一式，從頭至尾，演練完成。

站樁是房屋的地基，樹木的根；盤架子可謂是房屋的

樑柱，樹木的枝幹。

　　盤架子的要領與站樁相同，尤須注意身體中正安舒，邁步輕靈，虛實分清，腰為主宰，神宜內斂，上下相隨，內外相合，意氣綿綿不斷，動作連連不絕。

　　盤架子每日不得少於二小時，須練到內氣騰然，氣遍周身，整體舒暢，練後精神煥發；如果練後精神萎靡不振，則是練錯了方法或透支了體力，「過」與「不及」皆不合乎中道。「過」則傷身，得不到練拳的益處；「不及」則如煮水，未到沸騰，終是無益。

五、推　手

1. 推手略說

　　推手或稱揉手、磨手、搭手、黏手、割手，各家名稱不一。

　　當一個武術練習者在樁法與盤架子有了相當的基礎，內勁也逐漸累積，接下來就要練習推手。

　　透過沾、連、黏、隨的訓練，使皮膚神經的觸感反應日漸靈敏，從搭手中，可感覺對手勁力的大小，來跡去向，均能慢慢感知，進而知己知彼，感而遂通，隨心所欲，所向無敵。

2. 推手的練習

(1) 自我練習：

　　在沒有對手可以互練或沒有老師在旁指導時，自己可以用下列方法自我練習。

① 轉腕：

兩隻手腕十字交疊，輕輕黏著，然後向外互轉，幾十圈後反向內轉，以不丟不頂為原則，兩手腕必須纏黏著，不可分離斷續。用心思，去想像手腕互相摩蕩的感覺。

② 旋臂：

右手輕觸於左大臂下方，慢慢貼摩至左小臂、腕、掌，左手慢慢抽回收輕觸於右手大臂下方，慢慢貼摩至右小臂、腕、掌，反覆貼摩練習。

③ 摩腹：

左右兩大臂內側輕貼於左右腹側，往後摩，至小臂內側，至手掌掌面。沿掌背滑向至小臂外側，至大臂內側，回旋到原起點，反覆練習。

④ 擊腹：

在練習至相當的水準時，丹田凝聚了內氣，已經不怕擊打，可以以兩掌心，掌側輕輕拍打腹部，力道可以慢慢加重，以自己能夠承受為度。擊腹可練習丹田腰圍腹部之間的聽勁反應，及接勁與抗打擊的前方便功夫之練習。

(2) 同門師兄弟及拳友之互推練習

兩人搭手後，先練定步單推、雙推，運用掤、捋、擠、按、採、挒、肘、靠等手法，一來一往互推，再以活步無定法方式互推，其要領須以纏黏貼隨，不丟不頂，不用蠻力，純以鍛鍊神經的反應，以鬆柔、輕巧為原則。在心理上，應摒除好勝心，不可爭強鬥勝，如果怕輸愛面子，虛榮心作祟，就會使出蠻力，造成肌肉神經之緊張，內勁反而縮收，功力不能進展，永遠無法練好推手；以平

常心練習推手，勝負不計，輸了再來，敗了再起，敗是勝的階梯，沒有失敗作階梯，將達不到勝利的目的地；往鬆柔的目標緩緩勵行，成功的終點會提前來到。

六、電影「推手」觀後

「推手」影片並不是一部純功夫片，沒有緊張刺激的動作，及曲折離奇的劇情，它是一部內心戲，由郎雄飾演劇中孤單的老人，因為演技細膩，獲得金馬獎最佳男主角。劇中描述一位中國老人在美國與兒子和外國媳婦的生活情形，由於異國風俗習慣與民情文化的不同，使得外國媳婦與老爸格格不入，更由於媳婦內心的排斥，對老爸的一舉一動均不能接受，致無法專心從事寫作工作，最後導致胃出血而入院。

媳婦經過療養出院後，依然無法容納老爸，一天，老爸因為小家庭氣氛太沉悶，往外頭遛達，在人生地不熟的美國，迷了路回不了家。兒子得知父親走失的消息，急的如熱鍋上的螞蟻，駕車四處尋找，經過幾度的尋找不著，原來對妻子百依百順的兒子，對妻子發了一頓脾氣，把家當摔了滿地，終於摔醒了妻子的心。

老爸雖被警方尋著送回，但為了顧及兒子與媳婦一家生活的圓滿，離家自尋生活，到一家中國餐館幫人洗碗盤，由於洗碗盤身手不俐落而備受老闆奚落，第二天就要將他解雇，並且出言相辱，老爸受辱不肯離開，老闆令其手下欲強行拖出，惟老爸練過太極拳，深諳推手功夫，只見他原步未動，馬步一紮，身形微沉，利用聽勁走化技

巧，七、八個壯漢無法將他移動半步，老闆只得報警處理。老爸被警方帶走，內心甚為感慨，後來兒子將老爸保出，並買了一間較大的房子，也為老爸準備了一間練功房，欲接老爸回家，但老爸不想破壞兒子一家溫馨的生活，獨自在外賃屋而居，並在華人活動中心教授太極拳。

這個片子劇情雖簡，卻極有觀賞價值，其中對中國一些孤單老人，在海外生活之孤寂、無訴，刻劃深入，尤其在有關太極拳方面的探討，值得細心體悟。此片幾點值得一提。

1. 沉靜與浮躁

片頭開始，郎雄在窄小的房間打太極拳，係楊家傳統拳架。郎雄有無練過太極拳，我們不清楚，而他在片中所盤的架子，均能符合拳理，身軀中正安舒，動作勻慢、鬆柔、沉穩、自然、安靜，神氣內斂；許多人練太極拳一、二十年，功力還達不到此等境界。從他的神情、動作，所給人的感覺，完全是一片寂靜，彷彿全世界所有的東西都被拋開了，獨自浸淫在拳的意境之中。反觀隔房的媳婦，因內心的排斥，所以老爸打太極拳雖無聲無息，卻也能引發她心裡的浮躁，而致無法安靜寫作。這說明了一個人如果沒有包容的胸懷，永遠得不到快樂，芝麻小事都能引發內心的浮躁、焦慮、悶怒與不安，而致疾病叢生。

練太極拳，講求一個鬆字，如果心胸狹小，心裡不鬆，則氣浮胸悶，不但得不到健康，還容易致病。人的心胸，大可包容萬物，小則如眼睛容不下一粒細沙。練太極拳宜心胸廣大，要有一顆菩薩的心腸。

2. 鬆的重要

媳婦由於對老爸的排拒，終日神經緊張導致胃炎，老爸懂得漢方醫理，為其把脈醫治，然媳婦太緊張不能接納而引發胃出血。太極拳在在都講求鬆，不鬆就犯了太極拳的大忌，平常人如果壓力太重，不能放鬆，終會導致無窮的病患。

3. 練神還虛難

老爸在片中曾兩次言及練神還虛難，一次為兩代之間的代溝，使其內心感慨萬千，一次為離家出走到餐館上班，被老闆出言奚落，回家後甚為難過，雖盤腿想打坐入靜卻不得靜，有感而語。練神還虛屬上乘功夫，萬人之中難得一、二，凡夫俗子無法達此境界，練神還虛，需透過修行，凡事不執，包容萬物，不住名利，不留半點塵埃。

4. 成就的定義

老爸在片中自嘆，其父祖輩都是有名望地位的人，兒子亦是留美電腦博士，只有自己練拳一生，無所成就。其實，一個人的成就，並非以名望地位來衡量，就如老爸的兒子雖是電腦博士，每天還是得為生活汲汲營營，甚至想買一間較大的房子，也是大費周章。老爸一生雖平平凡凡，然對追求武功的摯愛執著，卻令人肅然起敬。

5. 題外話

內人看完影片後對我說，我們的兒子以後不要讓他到外國去，也不要娶外國媳婦。這當然是婦人之見，兒孫自有兒孫福，海闊天空任遨翔，養兒防老的觀念已在改變，凡事靠自己，年輕時要勤勞知所積蓄，到老自不必依賴他

人，兒女有自己的生活方式，能合則同享天倫，否則還是自己生活較為自在。

6. 結 論

綜觀「推手」影片，其主題乃在闡述推手之意義，不只求得身體之平衡，更需求得心理的平衡，要置淡喜、怒、哀、樂、貪、瞋、癡、妄，凡事臻於化境，隨順圓融，如此則近道矣！太極拳最終之目的，乃練神還虛，練虛合道。

七、散手（自由搏擊）

1. 散手略說

散手就是對打搏擊，是近身肉搏。

一般說來，散手是推手的進程。推手是散手前階，不是功夫的最終目標；有人在推手比賽中得了名次，就自以為功夫已經了得，但在搏擊時，卻被打的落花流水。

須知，推手只是功夫的一小部分，真正的功夫是在搏擊時，能隨心所欲，自然反應，立於不敗之地。

2. 散手練習

從練習過的招式、拳法，一招一式拆開，先以固定一個招式，兩人一組，一攻一守互練，至純熟後再換招式練習。進而以不定招式互練，變化不同的攻守方法。也可事先在心裏模擬各種用法，實際應用到散手裡。

總之，必須練至能自由應變，得心應手，在臨敵時，心不驚，肉不跳，膽識佳，氣勢壯，神閒氣定，如入無人之境，才可謂有成。

第 3 章

參訪同道

　　佛門有所謂參訪，即佛弟子在修行有成就後，到名山古剎去參訪高僧大德，印證自己所修所證是否真正契道。

　　一個武術家，功夫到達相當的水準後，宜虛心的向各地名人好手討教切磋，以便從中增廣見聞，吸取實戰經驗。須知，強中尚有強中手，一山還有一山高，莫做井底之蛙，劃界自限。

　　三人行，必有我師，能吸收他人的優點，溶匯成自己的菁華，才是有智慧的人。但卻勿驕矜自負，以為自己功夫了得，爭強好勝，惡意找人踢館，以免招惹強敵，而被譏為好鬥的武夫。

　　戚繼光的《拳經》捷要論謂：「既得藝，必試敵，切不可以勝負為愧為奇。當思何以勝之？何以敗之？勉而久試。怯敵還是藝淺。善哉必定藝精。古云：『藝高人膽大』。信不誣矣！」

　　意思就是說，學成了拳藝，一定要去參技試敵，看看自己練的，能不能用，不可因勝了而驕傲，或敗了而難為情。應當思考勝敗的原因，力求改善進步，並勉勵自己去作經常性的比試實驗；有怕敵膽怯之心，那就是自己的拳技低淺，如果各方面都很善巧，能隨心所欲，應付自如，則拳藝已到精湛境地。所以古人常說藝高人膽大，實在不

假。

切磋，是誠懇的討教，不是惡意的踢館。如果，自己技劣，當思圖進，再加奮勵圖強；相反的，技勝於人，也要讓人有樓梯下，不要令對手有失面子的感覺，這樣才是仁慈的武術家。

第 4 章

推手哲學

武術是一種深奧的藝術，推手則存有高深的哲學。

一、鬆的哲學

老子道德經云「專氣至柔，能嬰兒乎」，人在嬰兒時期，全身筋骨、肌肉、神經等都是鬆柔的，所以偶而不慎摔跌，均能順勢而倒，由於沒有頂抗力，很少有筋骨斷折、脫臼、受傷等情形。

而在成長的過程中，因受生活環境的影響，及頻頻使用拙力等後天積習，使神經肌肉變得緊張，筋骨變得僵硬，所以在有突發事件發生致身體傾跌時，第一個自然反應就是神經先行緊張，而後肌肉筋骨變得僵硬，並且會更加用力頂抗，使身體不致傾跌，但其所得均是反效果，終於導致筋骨斷折等重傷。

推手之練習，乃要把我們後天積習所累生的僵硬、剛拙拋棄，期回復到嬰兒時期的鬆柔，如同天蠶再變，要把所有的蠻力拋棄，要在鬆柔中練就有彈力的內勁，而不是以大力勝小力，以蠻力取勝。

這種道理，稍有推手常識的人都知道，但有幾個人能做得到呢？誰願意放棄先天就賦有的力量，因為如果放棄這種蠻力，在推手陣中就要長期忍受失敗的痛苦，誰都不

31

願意把這個面子丟掉,所以能練好推手功夫的人就微乎其微了。想得到高深的推手功夫,只有往鬆的道路追求。

二、丟掉面子,放棄虛榮

好勝心與虛榮心是人類的本性。在推手陣中,每個人都是好勝的,如果鬥贏了,虛榮心立刻顯現出來,擺出一副勝利者的姿態;鬥輸者就如同敗陣的公雞,垂頭喪氣。

好勝心太強,虛榮心過於作祟,永遠無法成為太極高手,為了要享受一時勝利的快感,在推手過程中不得不力拼,為了虛榮心的作祟,不得不使出全身的蠻力。以蠻力取勝慣了,就無法體會鬆柔的意義,無法在鬆柔中得到真正的太極內勁。

三、謙虛的哲學

在推手陣中要存有謙虛之心。對方實力如不及自己,也不要把對方發的太難看,只要對方浮了、傾了,即應適可而止,大可不必讓對方跌了或倒了,而滿足自己勝利的快感,有些人是丟不起面子的,不要把快樂建築在別人的痛苦上;有時不妨故意讓對方幾下,使對方沒有輸的感覺,如此皆大歡喜,這才是真正的高手。

心存謙虛,無論到哪裡與人推手,皆受歡迎,反之,則沒人願意與之推手,那麼功夫只有靜止在那邊,無法再有進境。

四、永遠不要得冠軍

比賽是印證自己功夫的時機，不要為了怕失敗而不敢參加比賽；不要把比賽的輸贏做為功夫深淺之論定；輸贏的因素很多，輸的不一定功夫差，贏的也不一定功夫好。如果在比賽場合僥倖得勝，不必太沾沾自喜，要檢討自己是否以蠻力取勝。

許多推手比賽得到冠軍的人，功夫就靜止在那個階段，原因是為了面子關係，因為冠軍得來不易，名聲風光得來不易，為了要保持這個面子，保持這個冠軍，往往不再輕易與人推手，怕萬一輸了，丟了面子，丟了冠軍，丟了一時英名，所以功夫就無法再更上一層樓。

如果想練就高深的太極功夫，那麼比賽永遠不要得冠軍，否則就看你能不能把那可愛又可惡的面子丟掉。

五、修身養性

人是一種易怒的動物。在推手陣中，修養差的人，如果被發出幾下，很容易就會動怒，一怒則心火上升，全身神經賁張，此時就會硬打蠻攻，完全忘了鬆柔為何物，所以平日生活要注意修身養性。

不吃太油膩太刺激的東西，遠離煙酒，不要沉溺聲色場所，少玩股票、樂透，這些都能使人心志消沉，神意不定，神經緊張。

人如果大病一場，將臨死亡邊緣，就能體會人生沒什麼好爭取、好計較的；在能看透生死時，才能有所覺悟。

內家拳的最後功夫乃練神還虛，與道合真，所以，要有長遠的目標與理想，不要貪圖一時的快感，而去爭勝，爭面子。

綜上所述，鬆柔與面子、虛榮、謙恭、修養都是相互關連的，能夠修身養性才會有一顆謙虛的心，有謙虛的心，就會把面子問題看淡，把輸贏看淡，把虛榮看淡，不會與人爭強鬥勝，如此全身才能保持鬆柔，在鬆柔中領悟真正的內家功夫。

功夫是無止境的，能懂得推手哲學，對功夫的追求，定當有所幫助。

第 5 章

聽勁妙用多

　　聽勁不僅限於推手或散手的運用，在日常生活中，聽勁的妙用實在無法細數，俯拾皆是。

　　走路時不慎滑跤，在失去平衡將跌倒之際，我們的知覺會立即反應，將身體調整於平衡態勢，不致摔跌於地，這是聽勁覺知作用。

　　在公共場所與朋友相飲，如朋友酒醉發顛，語無倫次，欲將其帶離現場，光靠蠻力硬拖硬拉是行不通的，如果練過推手，只須一手貼其手腕或手臂，另一手順其背後穿過腋窩，隨其動向半推半就半引，很容易即可將其架離現場。

　　開車在泥濘的山路行駛，輪胎容易打滑，練就了聽勁，雙手握住方向盤，可以感知輪胎在泥濘中滑動的情形，以觸感操縱車子，導向正確的軌道，避免危險發生。

　　釣魚是有技術的，除了水流、風向、魚性、魚餌外，最重要的就是聽勁，魚兒吃餌時，是否已上鉤，全憑手指握竿的感覺，上鉤後魚會掙扎，這時雙方的對峙，就像臨場的推手戰鬥一般，魚來我往，對方用力我放鬆，敵剛我柔，對方無力放鬆時，我就引他，慢慢拉他，以無力對抗有力，以柔制剛，最後魚兒力盡，輕鬆收線；如果硬拉硬扯，將是線斷魚逃，兩敗俱傷。

35

　　跳舞帶舞須要聽勁,高手帶舞,往東往西,全掌控在手指之間,穿梭靈活輕飄瀟灑,令人賞心悅目;拙手則在寸步難移的舞池,亦步亦趨,左碰右撞,有時腳踩到舞伴,有時背撞上別人,好像玩碰碰車,糗態百出。

　　騎馬要靠雙腿挾靠馬腹,兩臀緊貼馬背,兩手拉著韁繩,身體隨著馬兒上下起伏跳動,全靠觸感維持身體的平衡,如此才不致翻落馬下。

　　玩呼拉圈是以腰胯來聽勁掌控,才能使呼拉圈悠遊於腰間,不致掉落腳下。

　　騎機車或腳踏車,遇路況凹凸不平,顛簸震動,依靠聽勁隨車起伏,才不會震痛臀部。

　　溜大狗,須以拉繩來聽勁,沉肩垂肘,要注意,狗兒發起飆來,不小心就會拉傷您的手臂。

　　聽勁不只運用於推手技擊之中,在日常生活裡,很多事物與聽勁息息相關,善於運用聽勁,無形中,可以防止意外事故發生,減少傷害,及增加生活情趣。

第6章

談餵勁

　　人一出生，需要母親的餵食，才能日漸茁壯長大成人；練拳者需要依靠師父來餵勁，才能體悟勁的用法，才能「聽勁」而至「懂勁」。

　　現在一般習武者均偏重於盤架子，尤其一些所謂的「拳頭師」，打拳很好看，實戰對打，往往不堪一擊。由於老師不懂得如何餵勁，因此練拳的人，真正學到技擊功夫的少之又少，餵勁的功夫幾瀕於失傳。

　　拳術練到了一個相當的水準，為師者應當對徒弟善加餵勁，透過化勁及發勁的練習，使其內勁慢慢爆發出來。

　　練習發勁之前，要先懂得如何接勁；接勁含有化勁的成份在內，簡單比喻，如打棒球，捕手在接球時如果硬接，在碰撞的剎那，會發出一股巨大的撞勁，因球被擊，飛出去的力量與速度是很大很快的，硬接時，球定會被震出，手腕也會被震傷。所以在接球的剎那，必須順勢往後往下坐勁，也就是化勁，如此才能化去球的猛力；接勁與接球的道理相同，要在此中體悟消息。

　　接勁之練習，先由老師向學生做勢發勁，讓學生練習如何接；勁由小而大，由慢而快，經長期訓練之後，神經感應會慢慢產生靈敏作用，也就是所謂的「聽勁」。聽勁練出後，慢慢進入「懂勁」的階段，此時對方來勁之大小

及快慢動向均能感知，接勁及化勁的功夫已經成就。

只知走化，不知反擊，永遠是挨打的架子。反擊的時機為何，需要為師者高度的技巧，才能使學生在餵勁的過程中，慢慢去感覺，去體會，其中包含兩者之間高度的默契。

起先為師者做勢發勁，學生應勢而接，在來勁將盡之際，要抓住時機，反擊而出。這其中的比喻，就如我們用力去按一塊彈力很大的彈簧，在下壓的力量將盡時，會被反彈而出，讓學生體會出那彈簧反彈之勁。

拳理所云「四兩撥千斤」，乃是借力使力，假使對方未使出力量，要將其發出，勢必付出與對方體重相等之力，對方體重如果超過於您，如何推動的出，只有借力使力，來力愈大，反彈之力愈大。

餵勁做勢被發，需要高度的技巧，要讓學生練至發勁時又輕又巧，完全是一種反彈力，不是硬力。反彈發勁的時機，快了變成相頂撞，慢了又得不著機勢，要不快不慢，恰到好處，得機得勢。

在訓練當中，為師者偶而做勢被發，偶而做個引勁將學生發出，速度時慢時快，勁道時大時小，使學生的觸感知覺慢慢產生靈敏作用。

餵勁練習的道理，彷彿我們小時候玩打板球，球是海棉體連接一條可以伸縮的小橡皮絲線，當球打出去時要順勢拉回，再打出去，連續不斷。如果擊出與拉回的時機拿捏不準，就無法連續拍打；技術純熟了，閉著眼睛照樣十拿九穩，玩球於手掌中；打板球的技巧，完全在於聽勁，

當我們練會了聽勁，到達懂勁階段，閉著眼睛也可以將敵人打擊出去。

　　老師不能時常在身邊為我們餵勁，在懂得餵勁的道理後，可以與師兄弟或識性的拳友互相餵勁，切記不可爭強好勝，使用蠻力，忘記鬆柔，如此有恆的練下去，兩、三年就能打好推手的基礎。

第 7 章

練拳十年

一個人做一件事，如能持續十年不間斷，多少會有一些心得，一些感想。以下是我練拳到第十年時的感想。

一、有　恆

做任何事首重有恆心，恆心是一切事業的根本，做事如果不能持之以恆，半途而廢，一定不能成功。在我學拳的十年中，同門師兄弟不下數百人，但均有如浪潮般，一波來一波去，能持續者寥寥可數，有的已正式拜入師門，亦不例外，誠為可嘆！我曾建議吾師，立下規矩，無恆者不收為入室弟子，即為入室弟子，定要有恆心學成本門功夫。現今各地教練場，此情比比皆是，「頭阿興興、尾阿冷冷」，個中原因何在，或許教練者不無自我檢討之所在，然練拳者無恆心、無耐心是為主因。

所謂「十年太極不出門」，意指學習太極拳，不用功十年是無法成就的，太極如此，形意、八卦何嘗不是，功夫沒有一蹴可成的，所以說要下工夫，以時間、耐心、恆心去磨練功夫，始克有成。

二、循　序

循序，至為重要，練拳定要循序漸進，逐步而學，初

學不可急躁，妄想一步登天。所謂功夫，就是時間的累積，首先要從基本動作學起，由淺入深，由簡至繁，逐級升進，先做好鬆身、柔身法，再紮實站樁、拳架，進而練習推手、散手等。教授者也要循序而教，立下教學的程序步驟，逐級而授，好像求學唸書，從小學起，再而國中、高中、大學。

每見一些教練，老在糾正學生的拳架徘徊，未能一步一步往上教，學生認無東西可學，自會中途離去。有拳友，跟一位老師學拳，一晃八、九年過去了，至今還在調整修正拳架，無有進境，是學生怠學呢？還是老師惰教，令人費猜疑，有些老師是會誤人子弟的。

所謂循序而教，譬如在小學，首重字母發音，字體寫正，但總要因材施教，不可能每個學生發音都正確，字體都端正，只要不偏離太多，求學之進度仍可一年一年升上去，國中、高中、大學一直往上讀去。

練拳的道理一樣，每人的架勢均有不同，只要不偏離拳理，還是可以練出功夫的，為師者如果老是在拳架上吹毛求疵，則學生起先是不敢在老師面前練拳，最後乾脆離開老師。現在是工業社會，一切講求速度，練功夫當然不能講求速度，但起碼要有一個時間表，讓學生有序可循，一路往上學去，求知欲及成就感會使他一路往上學。把拳架、推手、散手比做小學、中學、大學，等他學完所有課程，他會再鑽研更深的學問，練更深的功夫。

三、學未精不可為人師

為人師者不僅只會拳架，尚要精於推手與散手，對於拳理、拳論更應有深入的探討，並配合種種教學必備之條件。有好功夫未必是一個好老師，沒有功夫則絕不能當老師。現在拳界常見此情形，好多學拳學了一、二年，學會拳架，涉獵了一些拳理，可是對推手、散手卻一竅不通，就急著想當教練，不僅誤了學生也誤了自己。

練功夫莫說十年，如果沒用心練，到老還是一事無成，所以練拳還是老老實實的練，真的練到了東西，功夫有成，人家自然會找上門來跟你學。

四、推手練習

推手可分定步推手與活步推手，初學宜由定步推手起練，定步推手有單手平圓推法、雙手立圓推法，進而活步掤、捋、擠、按、採、挒、肘、靠、小捋、大捋等，均需由老師慢慢餵招，讓神經熟悉了聽勁。

普通推手皆以手為主，其實聽勁全身都可練習，如大腿、膝、小腿，都可由兩人互相貼黏練習，以腿對腿互粘互發，甚至腰胯、背脊、肩部、臀部均可練習，正所謂渾身是手，功夫深時，全身都可聽、可化、可打，而進入「懂勁」的階段。

五、關於散手

現今國內武術界最大的缺點，只教拳架，不教實戰對

打，拳架一套一套的教，兵器一套一套的學，學生練的興致勃勃，老師也教的不亦樂乎，如以運動健身而言自無可厚非，若以武術整體觀點而言，這只是學了些枝末而已，不能與人言武術，武術不僅於強健體魄，還要深入技擊自衛等藝術範疇。

有些教授者主張，拳架熟稔了自能運用技擊，此種理論應予推翻。拳架無論你打的怎樣滾瓜爛熟，如果沒有透過散手的對練，永遠都是一種死功夫，因為人是活動的動物，在互相搏擊時，除了功力內勁之外，還要加上實戰經驗，那都是真槍實刀，非是憑空想像，思維推理所能致之的。

有些很會推手的高手，在遇到實戰時往往被打的落花流水，為何這樣？因為這些「高手」大部分只會蠻力取勝，也大部分局限在推手的框框中耍玩，很少去練習實際對打，而且有些連最基本的內勁亦未練就，怎麼發勁，什麼是勁都還懵懵懂懂的，所以在實戰時只有挨打的份，以井觀天，不知天高地厚。

有些教練說，練習散手容易發生誤傷，是一件危險的事，學生怕受傷更不敢練習，中國武術逐變成中看不中用的花拳繡腿，真是中國武術的悲哀。練習散手最好先有推手基礎，熟稔沾連黏隨的聽勁功夫，進而懂勁。先由老師以固定招式餵招，以後再自由對打，動作由慢而快，出勁由小而大，總以對方能承受，點到為止。

練內家拳到相當基礎，氣會下沉，丹田儲藏無窮的內氣，無形中練就了氣功，即使無意中挨了一拳，亦能以內

氣自然反射,保護自己,無礙受傷。

六、結　語

中國武術有慢慢沒落的趨勢,其癥結有:

一、政府不重視本土武術文化。

二、拳界未予發揚,或局限於健身。

三、師資缺乏,有心學功夫的找不到好老師。

四、沒有一套完整的訓練程序與比賽規則。我常想,為何外國引進的柔道、空手道、跆拳道都能有所發揚,而我們的國術卻漸漸式微,怎不令人唏噓!

第 *8* 章

練拳悟得

　　學拳很重要的一件事，就是要思維、要領悟，所謂「師父引入門，修行靠個人」。有些拳理是無法用口頭明白敘述出來，必須學習到某一程度以後，才能領悟，所以如果沒用心去思維、去悟，練一輩子傻拳，終究練不出功夫來，所謂：光說不練，於事無補，練而不悟，事倍功半。學拳各人的領悟不同，其瞬間之頓悟，有如發現新大陸般的驚喜，拳友若能分享己悟，做為學拳之參考，可謂是一件好事。

一、爲何要沉肩垂肘

　　大家都知道，練拳要含胸拔背，坐胯曲膝，沉肩垂肘。含胸能使氣沉丹田，拔背則氣貫夾脊，坐胯曲膝使步法靈敏，氣入湧泉，落地生根，不再贅述。

　　沉肩垂肘，是指在提起手臂時，肩肘自然沉墜，肘臂略微彎曲，其作用能使氣勁沉藏臂骨。發勁以肩肘做為兩個支點，此乃槓桿原理，由背催肩，肩催肘，而拳或掌，試想，肘臂若拉成一直線，其發勁的力道如果是一的話，則沉肩垂肘時加了兩個支點的力量，發勁的力道會超過二以上。又剛直易斷，沉垂則收放自如。發勁時手臂太僵硬，遇對手聽勁好的，在接勁後反彈，剛直的手臂不斷亦

傷；如以沉肩垂肘為之，遇反彈時，能自然順勢曲收，不會受傷。

二、皆知要鬆，如何得鬆？鬆中有勁？

鬆的涵義非常廣泛，大體而言，分精神上及肉體上兩部分。一個人如果雜務纏身，精神緊崩，心中老是算計著某些事，練拳時放不開，無法保持安舒，就觸犯了精神上的鬆，在這種情況下，最好不練拳，否則逆氣攻心，走火入魔，所以練拳時，精神一定要放鬆，保持平常心。

身體上如何得鬆？如何鬆中有勁？我們先從柔軟體操說起，體操大致是鬆柔的，但只能舒筋活血，不能得氣，無從成就功夫，它只是練功之前的暖身運動之一。

在鬆中如何練就功夫？我們以提起手臂來做試驗，手臂提起時如果用力握拳，感覺不到整隻手臂的重量；而在全不著力，有氣無力的，好像被一條無形的繩子垂吊著，如不被垂吊著將會掉下來一般，在此種鬆淨情況下，手臂反而感覺無比的沉重，這種沉重，挹注了氣的成份質量，累積久了就變成無形的內勁，當盤架子或站樁時，此種鬆淨而產生的內勁不斷的增長，練一天有一天的內勁增進，練一年有一年的內勁累生，所以說功夫就是時間的累積。

鬆並非鬆散、鬆懈，那一條無形的繩子就是我們的意念，我們的元神。當我們的精神及肉體均保持鬆透時，可以感覺體內有一股熱流，此乃氣動。每個人體內均有一股氣，若平日行處坐臥都能安住保任這股氣，則氣愈養愈足，精神愈飽滿，身體愈健康，延年益壽可得。但是有些

人生活在這五光十色的花花世界，競相追逐聲色、名利、財勢，把寶貴的真氣蒙蔽住或消耗殆盡，實在可惜。

三、談　神

行拳要有拳韻，使人感覺拳腳在運行時注入了靈魂，不只是空殼子在那邊舞動。欣賞盆栽，不光看它的枝葉茂盛，或花朵豔麗，此皆外表。一株久年的老盆樹，即使部分的枝幹已蛀枯，而其它部分卻仍生出青翠的葉子，雖歷盡風霜卻顯出堅毅的蒼勁，屹立不而搖，從它堅固的根盤，挺拔的幹徑，散發出卓絕的生命力，使人感覺到它的內在美，這就是它的神韻。

一個專畫人像的畫匠或專雕神像的雕刻匠，其作品是千篇一律的，是機械固定式的，他的作品再怎麼逼真，總是缺乏創作力及生命力，故終究是一個畫匠或雕匠，無法進入藝術家之林。行拳如果缺少神韻，既使是出拳虎虎生風，震地有聲，無非是花拳繡腿，終究是一介武夫。

據聞李雅軒老前輩，表演太極拳時，連不懂得的小孩亦能感覺周遭氣氛的寧靜。拳的內涵，在靜謐當中，可以感覺氣的流動與鼓盪，在拳動中又給人感應到內心的寂靜，在鬆柔中讓人感覺到內勁的運行，把拳的靈魂發揮的淋漓盡致，而達到了神的境界。

有學問、有內涵的人，在他的言談舉止中，顯露出內在的氣質，這氣質累積了知識、智慧、人生的歷練與修養，裝是裝不出來的。拳要練到功深時，才能展露出拳的氣質與神韻，裝也是裝不出來的。

第 9 章

為何要沉肩垂肘？

拙論「練拳悟得」，其中，沉肩垂肘與槓桿原理，引發拳友的興趣與共鳴，希筆者就其理論作更詳細之解說。

大家都知道槓桿之原理，概分三個點，即施力點、支點、著力點。

我們手持一支長棍，如欲將一具五十公斤的重物移開，誓必費盡九牛二虎之力，如果在棍子中間置一物體做為支點，則可輕易移動重物；做為支點的物體，其體積雖微不足道，而發揮的作用性卻極大。

挖土機（俗稱怪手）亦係利用槓桿之原理，只是它通常是往內施力，它中間可彎曲伸縮的地方，就是支點，如果缺少這個支點做為支持力，整具都是剛直的，那麼這支「怪手」就無法靈活發揮力量。

棍物及機器都是死的、呆滯的東西，還得靠人操作方能產生作用。人體是一具活動、鬆柔、靈巧的槓桿，幾乎每個地方都可做為槓桿的三點，例如：

一、以腰胯（中節）靠人，腰胯為著力點，膝為支點，施力點在腳跟。

二、以肩肘（上節）靠人，著力點為肩肘，腰胯及膝為支點，施力點亦在腳跟。

三、以雙掌按人，雙掌為著力點，肩肘及腰胯為支

點，施力點仍在腳跟。

　　四、躺在地上或靠牆坐著，以雙腳（下節）蹬人，則雙腳掌為著力點，膝為支點，背脊及腰胯為施力點。餘可類推，隨勢而變，並無定法。

　　在盤架子時，沉肩垂肘可使雙臂趨於鬆柔自然，氣勁沉藏於雙臂，發勁時由於關節伸縮幅度較大，不論發長勁、短勁或寸勁，均可隨心所欲，變化無窮；反之，雙臂過於剛直，就顯得呆滯，無法靈活變化，而剛直皆為使用蠻力的關係，與拳理相悖。

第 *10* 章

站樁與拳架

　　武術的功體包含站樁與拳架，想練出內功、內勁，必須朝這兩個方向認真、有恆的去練。

　　某些拳術之鍛鍊，一開始就練站樁，至相當時日，下盤穩固後，始練拳架，這是傳統的練法，按部就班。

　　現代人，講求速成，喜歡一蹴而成，要他站樁下苦功，沒興趣。最好是師傅幾個月內就把功夫傾囊相授，花再多錢他也願意。

　　現在學拳者，八成皆是練健身的，三兩個月稍微勉強學練了一套拳架，就離開老師，獨個瞎練起來。經過十年八年，他猶不知什麼是真正的太極拳，但是逢人便會口沫橫飛的大談太極拳，或者自己也當起老師來。

　　玩票或許可以這麼玩，真正想在太極拳或其他武術有所造就，則非認真、有恆的去練站樁與拳架不可。

　　拳架招式多，變化繁，又含娛樂成份，為多數人所喜愛；站樁則枯燥無味又勞苦，被人所排拒。但是須知，不管你是想練功夫，或者健身而已，站樁與拳架兩者皆是同等重要，如果獨練拳架，不練站樁，下盤不穩，依然無法得到健身之大效，而且下盤無根，打起拳來則顯得虛浮漂渺，搖擺不定，無法立身中正安舒，不合拳理。所以不管你對站樁多麼排斥，還得每天抽出十分，二十分鐘來練站

樁。俗云：「練拳不練功，到老一場空。」經論曰：「湧泉（下盤）無根腰無主，力學垂死終無補。」可見站樁功法之重要。

學者如果真正不喜歡單練站樁，可於練習拳架時，將速度放的極慢，將兩腳的虛實變化移動換位，放的極慢極慢，亦等於在練活樁，或在變換招式時稍微停住片刻做為站樁。也就是說在練拳架時，同時分段練習站樁，如此就不會有只練站樁那種單調與無聊的感覺，這樣就可以將拳架與站樁並練。然則在停頓的那段時間，意不可斷，氣不可斷，勁亦不可斷，神宜內斂，心當守靜而無妄念。

在拳式中，每一招式均可拿來做分段站樁，如提手上式、摟膝拗步、玉女穿梭、分腳、單鞭、雙按、金雞獨立、野馬分鬃等等。

說不定哪一天，你氣機上來，練至氣沉、勁生、神凝，或許你會慢慢愛上站樁。

意拳大師王薌齋先生曾說：「大動不如小動，小動不如不動。」他到後來，練拳只練站樁，不練拳架，獨創意拳站樁法，流傳於世。

或許你也索性來個模仿大師，專練站樁就好，余則曰不宜。因為大師已是功夫大成，隨意練個功體，均可保任功夫於不失，而且日有進境。吾人功夫尚未成就，還是按規矩來，拳架與站樁同時並練，不宜偏廢一門，或獨好一法，始得臻於完善。

第 *11* 章

千拳歸一路

「千拳歸一路」，練武的人都知道這句拳諺，但可能很少人會認真去探討千拳歸一路，到底歸哪一路？它的真義為何？

有人說千拳歸一路，是要歸到鬆柔的路，有人說歸到內勁的路，有人說歸到沉穩的路，有人說歸到輕靈的路，有人說歸到防身禦敵的路，各家說法不一，各有道理，但都不完整。

愚見以為，千拳歸一路，實質的意義應該是，不論何種拳法、套路，均需依循、符合拳經拳論的正確方向，去練習及應用。

雖各家拳法不同，但一定要回歸到拳的真理上面，既使練的方法不同，走的路徑不一，到達終點目標則相同，所謂「殊途同歸」是也。如果偏離拳理，將離目標越來越遠，成為千拳萬路，拳路撩亂，莫衷一是。

拳術的內涵是，外練筋骨皮，內練精氣神，相輔相成。練精可化氣，練氣可化神，練神而還虛。精氣能強化筋骨，所謂斂氣入骨，成為無形的內勁，練神能令感覺敏銳，反應自然而神速，達到「應敵變化示神奇」之高乘武學。以武術功夫的角度來說，這才是練拳的真正歸途；以健康養生的立場而言，練拳的目的在於「延年益壽不老

春」，需要回歸到無病長壽的健康之路。

　　如果練拳練到全身是病，全身都是運動傷害，走火入魔，那肯定是練錯了方法。

　　無論外家拳、內家拳，招式練法或有不同，真正練入了門，皆可自如運用，互相溶和，真理到那裡都行得通，如只侷限於某法、某處、某事、某時，則非正道，不是真理。

　　把武術與健康回歸正道，才是正確的「千拳歸一路」。

第 12 章

拳架高度之探討

打拳，架子究竟應高？應低？拳界頗有爭論。

行拳走架，是否要在全程演練時，保持一定的高度？抑或要升沉起伏？近代學者異論紛紜，莫衷一是，尚無定論，總是各持己見，認為自家的論調正確。

前賢所留下的拳經拳論，對拳架之高度，並無明確的文字論說，所以，後輩學者只能依憑自己的主觀意識而下定語。

愚見以為，宇宙萬象雖有規則，但也有變化，所謂法無定法。每一種法，假設都是好的，但不一定適合每一個人。所以，不論學習才藝、功夫，總要依據自己的先天根基，和後天的生理條件，找尋出一條適合自己的途徑，這樣學習起來，才會有所助益。

拳架之高度，雖然經論中，無明言確語，然而我們可以從中找出正確的依循。拳論云：「無過不及，隨曲就伸。」任何事情，過與不及，都非正途，只有中庸，才是正道。所謂「過」，就是超過，逾越，太偏向，太刻意，太執著。譬如，盤架子，要求在同一水平高度演練，不可忽高忽低，忽升忽沉，這就是「過」，超乎了標準。我們試想，在同一高度下，沒有變化的演練拳架，是不是有一點像機器人，或是一具殭屍在行屍走路。

　　太極拳是一種藝術，如果過於僵滯，缺少生動，沒有生機，顯得死氣沉沉，如此則不能達成「滿身輕利」、「氣遍身軀」，違背拳經所說的「勿使有缺陷處」的原則，呆滯不靈就是一種缺陷。

　　「隨曲就伸」，該曲則曲，應伸即伸；伸時先有曲，曲，是指下沉，身軀下沉氣亦沉，是一種蓄勁態勢。行功心解云：「曲中求直，蓄而後發」、「蓄勁如開弓，發勁如放箭」，發勁之前，須先蓄勁，蓄而後發。曲就是蓄，直是指發勁，要注意的是，這裡所指的直，不是蠻力挺直，不是硬僵僵的直，不是呆滯不靈的直；所謂「似直非直，似曲非曲」，一切合乎中道，無過與不及，正所謂「不偏不倚，忽隱忽現」，始能「應敵變化示神奇」，才能「屈伸開合聽自由」，也才合乎力學原理。

　　我們可以舉例說明，拳架是不可能在同一高度下演練的。譬如，在「單鞭」轉成下「下勢」，身軀一定要低沉，仆步坐落，越低越好。總不能站得高高的打「下勢」吧？除非是骨骼僵硬，無法曲蹲。在「下勢」轉「左金雞獨立」時，身軀要慢而穩的徐徐升起，將氣運至頭頂百會，及手指末梢，右膝緩緩提起，左腿直立，似直非直；再轉「右金雞獨立」時，身子先要下沉，接著變換手腳的虛實，右腳輕而穩的落地，右手同時隨著下沉，接著右腳慢慢直立升起，似直非直，左膝提起，左手隨著升起，氣貫手指末梢。如此演練，令人有生動活潑的感覺，如此才能「意氣換得靈」，才會有「圓活之趣」，這就好比音樂演奏，節奏有高有低有轉摺，有抑揚頓挫，聽起來才會動

聽而有情感。同理，演練太極拳，也需將拳的靈魂表現出來，才稱得上太極之美。

有些人走架子，刻意蹲得很低，來虛顯自己功夫了得，或在頭上頂一碗水，強調水不外瀉，來突顯他的下盤穩固，這些都犯了「過」的毛病。另有些人則自認下盤已穩，不必再落沉腰胯，站得高高的打拳，擺出不同人合流，與眾不同，標新立異的驕慢味道，這樣矯揉造作，也犯了「過」的毛病。另一種人是功夫力道不足，重心不穩，輕忽飄動，這是「不及」的毛病，另一種人是每一招都要刻意高低起伏，也是一種毛病；有的是前俯後仰，塌膝翹臀，齜牙咧嘴，或刻意鼓腹運氣，或手指故意發抖，千奇百怪，花樣百出，這些都不符合太極拳之原則。

有人主張，練拳時要永遠保持低姿勢，如此才能氣沉丹田，這實為似是而非，因為氣沉丹田，並不一定要低姿勢始能致之，而是透過心的靜慮，與意之專注導引，經長期鍛鍊，以及修養心性，才能有成。

丹田又稱氣海，是儲存內氣的地方，丹田好像一個鼎爐，腰胯就像鼎腳，鼎腳將鼎爐支撐著，才能盛裝內氣。氣沉丹田之作用為何？丹田好比水庫用來儲存水量，然後用水來灌溉農田，或發電配送到各地去使用。如果水只是儲而不用，變成一潭死水，久了會發臭。氣沉丹田之作用亦同，儲存的內氣，是要運行到身體四週，促進氣血循環，而達到健康的作用。

行功心解云：「以心行氣，務令沉著；乃能收斂入骨；以氣運身，務令順遂，乃能便利從心」，「精神能提

得起，則無遲重之虞」，「行氣如九曲珠，無往不利」，
從這些格言中，應可了解，行拳走架，一定要使氣順遂，
勿犯遲重之病，如此才能便利從心，無往不利。

　　所以練拳，不要被固定在一個框框內，拳勢應高則
高，該低則低，沒有一個規則說要在同一個高度下練拳，
也沒有一個規則說要永遠坐沉腰胯以低架練拳，總要隨
心所欲不逾矩，符合中庸之道，配合拳勢的規格與技擊
用法，而有高低起伏，有伸有曲，有內斂落沉，有外放
開展，「靜如處子，動若脫兔」，「靜如山岳，動若江
河」，要神采飄逸，動作瀟灑，達到鬆柔、有勁，可用、
及美感等作用。

　　總之，練的人，自己覺得舒適，看的人，覺得是種享
受，這才是太極拳；反之，如果，練的人，彆彆扭扭，裝
模作樣，則看的人，定會側目或嗤鼻。拳，如能練到令人
賞心悅目，則離標準不遠矣。

　　練太極拳或其它武術，對「拳經」、「拳論」、「行
功心解」、「十三式歌」，或近代名家的練拳心得，宜深
入去探討、了解，融會貫通，舉一反三，不可默守己規，
不求活潑變化，被纏縛在死框框內，跳脫不出。前輩、老
師留下來的論語，好的要吸收，發揚光大；不對的要細心
推求、探討、篩選。總要有自己的領悟、心得，這樣，練
拳的路，才能愈走愈好，愈練愈妙。

第 *13* 章

淺談走化

拳經云：「我順人背謂之黏，人剛我柔謂之走。」打手歌謂：「任他巨力來打我，牽動四兩撥千斤。」這都是在講走化。

太極拳講求以柔克剛，以無力勝有力。順水推舟不費吹灰之力，逆水行舟則必耗盡吃奶之力；以硬碰硬，必定斷折。四兩撥千斤，絕非力勝，耄耋能禦敵，全靠走化。

「輕輕一帶，隨勢走化，隨勢而發」，說來簡單，做起來並不容易。如何才能人背我順，如何才能隨勢走化，裏面有很深的道理與學問。拳經云：「由著熟而漸悟懂勁，由懂勁而階及神明，然非用力之久，不能豁然貫通也。」所謂「著熟」並不單指架子之熟穩就能懂勁。在架子純熟後，還需經由長期的推手訓練，練就了沾連黏隨的功夫；先能聽勁，後能懂勁，而至人不知我，我獨知人之境界；能懂勁才能知人，才能百戰百勝，聽勁不靈，不能知人，則無法走化。

應敵以走化為主；走化以鬆柔為之。如以力抗，難擋強敵。盤架子能真正鬆柔，已是不易，推手要做到鬆柔，更是困難。

人天生就賦有力量，在推手陣中，往往會因虛榮、爭勝，而使出蠻力；用上蠻力就無法鬆柔，沒有鬆柔則不能

聽勁，不能聽勁則無法走化；無法走化，如何借四兩力而撥千斤呢？大力士由於天生賦有蠻力，不知鬆柔為何物，往往不能成為太極高手。

走化就是隨著對方的力量游走，將來勢洶湧的猛力，化於無形之中，也就是沾連黏隨的聽勁功夫。

走化可以左騰右移，可以退後閃避，或往下沉化，或同時左右上下前後立體圓化，端視對方來力之大小及方向，自然反應而為之，所謂「左重則左杳，右重則右虛」是也。

高手在化勁時，從外表看不到走化的動作，只感覺在鬆柔中，氣一沉，已化去來力，並以迅雷不及掩耳的速度將對手擊出，此種功力，絕非那些用左搖右晃，前俯後仰的人所可比擬。打手歌云：「引進落空合即出，沾連黏隨不丟頂」，能聽勁，能懂勁，能走化，始能臻此境界。

十三式歌云：「想推用意終何在，益壽延年不老春。」練拳的最終目的在於益壽延年，修身養性，不是爭強好勝，惹事生非。走化在技擊應敵中含有高度的技巧；運用在待人處事之中，含有深奧的人生哲學。人是賦有情緒化的動物，而且每人的思想見解不同，所以人與人之間的相處，難免會發生磨擦而起爭執，有的人無理爭勝，有的人得理不饒人，所以社會上之亂象，時有所聞。忍不了一時之氣，就會惹禍上身，則悔之晚矣！如能領悟太極拳走化的道理，人剛我柔，以笑臉化去怒目，時時保持鬆柔、沉靜、圓融，四兩撥千斤，定能化干戈為玉帛，化戾氣為祥和，處處周延，左右逢源，無往而不利。

第 14 章

沉與鬆

沉，是鬆透後累積的成果。在鬆透後，氣勁潛藏於筋脈骨髓中。

氣是無形無色的質體，肉眼看不到，摸不著，但它是一種質量，一種元素，一種磁場。在鬆透中由於神意的培養、導引，日積月累，陽氣潛沉於體內，可以感覺到它的重量，沉沉，垂垂，脹脹，用時即有，不用潛藏。

兩臂上提、或按，或斜揮，或亮翅，當鬆淨時，氣勁往下沉墜，形成「沉肩垂肘」之勢。手臂上舉是一種離心力，而地心引力卻將手臂向下吸引，在兩者互相牽引時，手臂與地面之間，似有一股黏絮維繫；手臂看似鬆柔，內裡卻隱隱潛藏一股無形的沉勁，它是蘊藉不顯的，只有行家才識得。

如果用主觀意識，用拙力去提臂，雖然外表看似鬆柔，實際上它是懈漫、空洞、飄渺、虛無的，沒有內容的，缺少沉勁的感覺。

據聞鄭曼青先生有一次在睡夢中，忽覺自己的雙臂斷掉了，後來終於徹悟了大鬆的密意。雙臂在鬆透時往下沉落，肩肘似斷非斷，有如吊著一只千斤錘。

內勁有成就者，手臂重若千斤，這種功夫乃是長期日積月累，透過純鬆的踐行，斂氣入骨的具體呈現，非一朝

一夕可以致之的。

　　氣不只能沉於雙臂，沉於丹田，更能往下沉於雙足湧泉，入地生根，穩固下盤。下盤沉穩，身能平衡，步能輕靈，虛實得以變化，也才能在發勁時，以沉藏於足跟之內勁，借地之力，發人於尋丈之外。

　　鄭曼青先生常以「吞天之氣，借地之力，壽人以柔」來勉勵練拳的人，三句話蘊藏很深的道理。唯有鬆，才能運氣、才能導氣，才能吞天之氣而為我所用，唯有氣潛勁藏，沉之於足，才能借地之力，發勁於人；唯有柔順才能長壽，剛硬則斷折易夭。

　　老子說：「專氣至柔，能嬰兒乎。」意謂人如能專心一意，保持身體和精神至鬆至柔，無罣無礙，沒有利益得失，沒有人我分別，沒有妄想雜念，無欲無怨，清淨無為，就能得到輕安靈靜，就能專氣沉守，氣旺神聚，無所阻礙，體力充沛，心境柔和，如此就能遲緩老化，返老還童，返璞歸真，如嬰兒一般，永遠保持童真純潔，無煩無惱，快樂自在。

　　有鬆無沉，流於懈漫；有沉無鬆，形成頑剛。鬆與沉須相顧相照，相輔相成，鬆不能離沉，沉不能無鬆，鬆與沉是一體兩面。

第 15 章

鬆與力

學練內家拳，一向講求鬆柔，尤其太極拳更是強調一個「鬆」字，可見「鬆」在內家拳武術中是佔著極重要的地位。

鬆，才能氣沉，才能氣遍週身，才能貫串輕靈；用在推手、散手實戰中，才能黏隨走化，不丟不頂；鬆了，聽勁動作才敏捷，出手疾快，後發先到，如迅雷一般，不及掩耳。

許多拳師把鬆說得太玄，太神秘，創造一些奇招怪套，讓學生練，學生無知，以為得了密訣而沾沾自喜。所以，學武術是需要智慧的，如果盲修瞎練，難有成就。

其實，鬆並不稀奇深奧，只要時時保持神舒體靜，放鬆身心，拋開雜念，像萬里晴空，身無拙力，意不執著。

我們的肉體，在嬰兒時期，原本是柔軟的，由於後天的積習，不斷的使用拙力，及年齡的老化而漸生僵硬，要把僵拙練回鬆柔，當然得費一番工夫。天下無難事，只要時時自我要求，放鬆自己，則專氣至柔，豈不能嬰兒乎？

有些人天生骨骼僵硬，要鬆一時也鬆不下來，在練拳之前，先作一些鬆身操，彎腰、擺腿、拉筋，筋骨慢慢就會柔軟。

骨骼柔軟不一定是鬆。鬆，並不是鬆弛、鬆懈；鬆柔

裡內有神意，有東西。

　　我們從小到大，手足無時不在動，都很自然，並不感覺著意使了力，應該也可以說是鬆了，但這種鬆能生出內勁來嗎？當然是否定的。因為沒有意念的維繫，沒有以心行氣的鍛鍊，是無法孕育出內勁的。

　　我們在舉手投足間，處處需要用力，不用力手舉得起來嗎？腳踏得出去嗎？所謂四兩撥千斤，沒有四兩力，哪能夠運化千斤？拳理所謂的鬆，是指不刻意使用拙力，不頂不抗，讓神經在鬆柔中得到順暢、靈敏，以增進聽勁，再而懂勁，進而階及神明。

　　我們平常邁步走路，是一件極自然的事，如果不去想它，根本不會感覺雙腳在移動時使了力。所以，鬆的定義，就是自然、不刻意、不使用拙力，但要加上意守、神舒、體靜、輕靈、沉穩等等。

　　鬆與力，用意與刻意，如何拿捏，如何在力中求鬆，在鬆中求勁；又要用意，又要不刻意，要似有心又似無心，要勿忘又勿助，在在均似矛盾。每一樣事物，每一種法，均是一體兩面，陰陽、虛實、剛柔等等，如何在陰陽中尋調和，從虛實求變化，由剛柔中得用法，要靠自己用心去領悟。

　　武術是由無練到有，由有放捨為無，得到「有」，再捨為「空」，沒有執著，內裡充滿「禪」意與玄機，能否開悟？除了機緣，除了明師點破，最重要的是靠自己用功。有用功才能悟，否則都是空想。

第 *16* 章

用意與刻意

「用意不用力」，是內家拳口訣，更是練太極拳者的口頭禪，亦是內家拳武術之要訣。

用意，乃行拳走架以內心的思維意念為領、為導，亦即拳經所謂的「以心行氣」，以內在的意念思想，去引導驅動外在的肢體活動。盤架子，如果缺少「意」的維繫，則是空架子一個，沒有內涵，缺乏拳韻，只是一具沒有靈魂的軀殼在舞動，就如戲中缺了主角，看起來就不會那麼精彩生動，而扣人心弦；又像一篇文章，只是詞句彩麗，而沒有結構主題內容；仿如繡花枕頭，外頭好看，裏面草包；又似空心蘿蔔，表皮雪白，內裏無料。練拳不用意，只是體操而已，不能成就功夫。

用意，乃神意相守，心息相依，耳目內聽返視，內心深處若有所思，如有所盼，斂而不露，將意念溶入拳架之中，如是，則內外相合，上下相隨，意動氣隨，氣隨勁生，勁藏入骨，功力漸成。

刻意，是用意過了度。

刻意就是使用了蠻力、僵硬力；身體一旦使起蠻力，肌肉及神經就會呈緊張狀態，骨突筋露，動作呆滯不靈，顯得造作不自然，沒有鬆柔感。

刻意，將使氣血循環受阻，反應遲鈍，無益健康；在

技擊搏鬥時，易受制於人。

　　練武術與做人處事的道理相同相通，要合乎中道原則。

　　練拳有所謂「勿忘勿助」。勿忘，就是不要忘了「用意」；勿助，就是不要太「刻意」，無意不對，刻意也不對，總要在有意無意之間才對。拳經云：「無過與不及」，正是此意，要在矛盾之中去領悟道理。

　　形意拳名家常謂：「有形有意都是假，技到無心始見奇。」這是指武藝已達高峰，在應敵作戰時，已能隨心所欲，自然變化反應，拳技已達神化境地，已練到身無其身，心無其心，神形具杳，進入練神還虛，練虛合道之境界。

　　吾輩習練武術，尚未成就時，應按部就班，腳踏實地，老老實實，認認真真的練，莫想一步登天，胡思亂想；或東施效顰，學人家什麼無形無意，無身無心，否則畫虎不成反類犬，將貽笑大方。

第 17 章

氣勢與膽識

氣勢，是展現於外的氣質態勢，是一種外在精神的顯露。

膽識，是具備了內在的實力，內心不憂不懼，不屈不撓，臨危不亂，處變不驚，在惡劣環境中，能輕鬆從容自在，不慌不忙，以靜制動，靜觀其變，安然應付一切逆境與危機，內心如如不動，是一種內在氣質的展現。

武術家的氣勢，外現鬆柔，中正安舒，輕靈而沉穩，飄逸而豪邁，炯然而內斂，虛懷若谷；內示安靜無慮，神情自若，正氣凜然，內觀返視，自信而不驕慢，虛心而不妄自菲薄，內心深處若有所思，若有所尋，卻不刻意與執著。綿細的內涵，無須故意表現，就能令人感受神、意、氣、勁之蘊藏，而產生共鳴，其外表肢體儀態之柔美雄壯，更能引人入勝，產生歡喜心。

氣勢，由內涵而展現，如果功夫不深，修煉未熟，則呈現信心不足，輕浮草率，泯嘴歪臉，處事動作含糊而不確實。半桶師表現的則是，貢高我慢，不可一世，或畫蛇添足，裝模作樣，未悟言悟，虛有其表。

功夫有深度，藏而不露，謙而有禮，率直有正氣，自然流露出武術家真善美的氣質。武術練到了相當的基礎，慢慢會展現出溫文儒雅，含蓄蘊藉，穩定莊重，不怒而威

的氣勢。如果練就了內勁，對推手散打用心追求磨練，達到化勁之境界，發揮防禦功能，如是則遇強而不懼，逢眾而不驚，此時已然練就了膽識。

有膽識的修煉者，身心更謙卑，更深藏而不顯威於外，更虛心而含蓄於內，不畏權勢，不曲膝逢迎，不巴結達官顯貴，能濟弱扶危，富正義感，令人生敬。

現今社會人心險惡，而且每個人對事務的認知見解不同，因此，處事稍有不如己意，就會與人惡臉相向，發生衝突。加上倫理道德衰敗，對五欲貪著固執，好逸惡勞，一切向錢看，笑貧不笑娼，因此殺、盜、淫、擄掠層出不窮，哪一天運氣不好，都會發生危險與衝突事件。

有膽識，無形中可以化解很多無謂的衝突與糾紛。譬如，行車發生擦撞，往往都是人多欺少，或壯欺弱；又如製造假車禍，借機勒索，或在偏僻小巷遇上搶劫、施暴，夜晚遭小偷闖門，有膽識的話，能使對方知難而退，否則免不了破財及受傷害。

膽識，不是逞兇好鬥，呈匹夫之勇。膽識，是堅毅內斂，正氣顯發，仁者無敵。現在社會環境混亂，壞人欺善怕惡，弱肉強食，槍械氾濫；有時我們會覺得練就了一身功夫，好像無用武之地；然而，真正練就了功夫，培養出堅苦卓絕、堅毅不拔的性格，呈現出大丈夫氣概，顯發的正氣，可感天泣地，莫說遇事化解，連鬼神都會敬畏三分。

學上了功夫，具備了膽識與氣勢，並非藉此惹事生非，而是以膽識、氣勢降伏對手，以德服人，達到淨化人

心之作用。

　　以膽識展現內在的實力與無畏的風格，以氣勢呈露自身的修為與風度。膽識與氣勢是一體的兩面。徒有氣勢而沒有膽識，是虛有其表，裝模作樣，發揮不了作用，有膽識就必然會有氣勢，有內就有外。

　　練武術，須以心行氣，以氣運身，虛領頂勁，神意內斂，氣沉丹田，除了鍛鍊氣勁的增長外，無形中已蘊含了正義之氣的培養。孟子說：「吾善養吾浩然之氣。」又曰：「氣以直養而無害。」當我們心存善念，日日月月年年，不斷的累積培養正氣，功夫行深時，自然鍛鍊出一股剛毅的正義氣勢。如武聖關公，平時行、住、坐，只開三分眼，凝神斂氣，當他臨陣禦敵時，兩眼一睜，放射出強烈的正氣，震懾敵人，這就是氣勢逼人。

　　氣勢必須以正念作依託，才能培養出正氣，如心存邪念，顯發的就是邪氣，邪與正鬥，終是邪不勝正，這是千古不變的定律。

　　我們習練武術，須心存正念，才能培養出剛毅的氣勢；也只有下工夫，用心習練武術，才能鍛鍊出無畏的膽識。

師生之間

　　古昔，師徒之間的關係是非常親蜜的，兩者之間，有時情感更勝於親生父母，故有所謂「一日為師，終身為父」之諺語。如今，時代變遷，人情淡薄，師徒之間那份情誼，不復可見。

　　古代武術之傳授，大抵是師生同居一室，朝夕生活在一起，耳濡目染，言教身教，口傳心授，嚴如父，慈如母。師父要收個徒弟，須經嚴格考驗，及一份機緣，有了師徒之緣，自然師視徒如子，徒尊師如父，相敬相愛，功夫也能盡相傳授。師有事，弟子服其勞，徒有難，師頂力相助，那份關係，那份情感，實更勝於父子，而濃於血緣了。

　　今日社會，對於武藝之傳授，甚難再見古時師徒間那份濃密關係。有些老師是看在金錢的份上傳授功夫，功夫是以金錢論斤兩的，有時還會故意拖延教學時間，而多收一些學費。

　　學生對老師也缺乏一份尊敬，把學功夫當是一種交易，以為只要付出金錢就好了，而吝於付出尊敬、真情、及服侍等，兩者的關係以學費維繫，中間難免相隔一層無形的距離，老師得不到應有的尊敬，功夫當然不會盡相傳授。

　　無論學習任何才藝、功夫，必須有一種正確的觀念，對老師要心存尊重，師有事須代勞分憂。學練功夫要勤勞

認真，每日要比老師早起，早到練習場，這是一種尊敬；一個學生如果貪睡晚起，或練一日停三日，老師那能提得起勁教他。

對於老師的教導，要虛學習，不可自以為是，練錯了道理。或在學了幾年後，功夫稍有進展，起了驕慢心，認為老師功夫不過如此，而目中無師；在有朝一日，功夫超越了老師，更要知道感恩，對老師須更加尊敬。在逢年過節或特別的日子，送些禮物給老師。不可以為平時已繳了學費，而忽略這些禮節，即使你送的只是一張賀卡，只要付出真誠，禮輕情意重，老師定會歡喜，定會珍惜這一份情，而盡將功夫傳授。

老師對待學生，嚴格中不可缺乏關愛。教學需循序漸進，不可太苛，也不可放縱，學生行為思想有偏差，要適時指正。在悟力遇到瓶頸時，要不厭其煩的繼續指導，至能領悟為止。不可為了討好學生，越級而教，一式未熟，不可教下式，否則學生囫圇吞棗，學了百樣，沒有一樣像樣，偃苗助長，適得其反。

師生之間的關係，是互相的，是坦誠的，沒有計較，沒有分別對待，互敬互愛，互相體恤，濃濃蜜蜜，綿綿細細，有如細水長流，難以斷離割捨的。

據傳太極拳名家吳圖南先生，武藝精深，活到一百多歲，正式收錄的弟子只有馬有清一人，兩人情深如父子，成為武林美傳。吳師擇徒之嚴謹，令人感佩，也值得為武術界所有師生之借鏡。

善待老師，才能學得好功夫。

第 19 章

不急於做老師

子曰：「人之患，在好為人師。」意思是說，人最大的毛病，就是喜歡當人家的老師。

因為當老師，常受學生的崇拜，奉承，與尊敬。

中國自古以來，對老師是非常尊重的，因為老師承擔傳道、授業、解惑之重任。

傳道，是把真理、道德、宇宙人生的實相，傳承下去，使之發揚光大，而不致斷絕。

授業，教授各種技業、知識、學問，各種士、農、工、商，禮、樂、射、藝、書、數，天文、地理等等專門學問。

解惑，解答疑惑，解除迷惘，破除無明，令真理顯現，讓黑暗煩惱消失。

老師承擔著重責大任，不是扛著虛榮到處閒逛，不是釣譽而自喜。當老師不是簡單的。

要當一個武術老師，首得先把你所學的專門技藝，學精練通，將拳經、拳論、打手歌、十三式歌、行功心解、及所有拳理通徹明白，這些是基本上必備的。對於與武術有相關的知識，也需涉獵。

教學，是一項較困難的學問。

有些拳師，功夫確實很好，但是不會教學，沒有教學

經驗與技巧，無法將武藝傳承下去。中國古代，很多武術家，功夫很好，但讀書不多，學問不深，教徒弟，只依土法煉鋼，由於缺少理論做基礎，所以接棒的人就很有限，功夫也慢慢失傳。

如果各方面均已具備，已有做老師的資格，先不急於脫離自己的老師，不急於自立門戶，要再潛修、沉浸。一方面在老師身邊當助教，算是回報老師，一方面薰習老師氣質，與教學經驗。

等老師有一天認可了，你才可以出去當老師。

吾友張老師，長棍已達出神入化之境。他的老師還在世時，一直未教拳，以示對老師之尊重。等老師往生後，他只教了一批學生，就封拳了，因為他一直遇不到一個真正尊師重道的學生。

第 20 章

盡信師，不如無師

俗云：「盡信書，不如無書。」意謂讀書求學問，若是一味的癡信書本，不求探究真理，則所得的只是一種死學問，不過是別人思想的翻版，沒有突破，沒有創意，不是自己真實的東西，違反求學的宗旨及進步的原則。

武術當然也是一種學問，所以當然也不可「盡信書」及「盡信師」。

武術的書籍琳瑯滿目，作者程度有深有淺，光靠書本，有時會讓你誤入歧途，光靠書本，不能讓你無師自通，沒有明師口傳心授，沒有明師指點，終是門外漢。然而明師在哪裡呢？明師難遇難求，要有很好的機緣，才能遇上明師。沒有明師怎麼辦？記得「三人行，必有我師」，師父只是領入門，修行靠個人，每個拳友、前輩，都可以是我們的老師，吸取別人的經驗及優點，融入自己的爐灶，加以發揚光大，就是我們的成品。

練武術不能像唸書，盲記死背，照單全收。對功夫的領悟，每人不同，適合老師的，不一定適合自己，如體形的不同，年齡的大小，悟性的高低，個性修養及思想見解等等差異，練法均會有所不同，絕不能不加思量，依樣畫葫蘆。

老師的拳法與理論，對的要盡力吸收，存疑的，要思

考、求證，如此的去練、去悟，才能青出於藍，否則功夫永遠不能超越老師，形成一代不如一代。

練拳如果老是遵循古意，食古不化，則永遠沒有進步，永遠不能超越顛峰。俗云「師古不泥古」，學任何東西，是先要遵循祖先留下來對的道理，然後再加上自己的領悟、心得，自己的創作，自己的風格，就成為一件新的作品，否則只是一個模子印出一樣的東西，而流於機械形式，不是藝術了。

現在的拳師，很多是濫竽充數，參差不齊，不夠水準，學了幾個把式，就想當老師。所以習練武術，先找一個好老師。或許你沒有機緣找到一個好老師，那麼在學練的過程中，就得用心思、用智慧去思考老師教的是否正確，是否符合拳理，如此，才不會練錯方法，浪費時間及金錢。

千萬不可就一意懷疑老師，不信任老師，而自生狐疑、驕矜之心，畢竟好的老師還是有的。

第 21 章

「氣」在武術中的地位

「氣」，雖無形無色，但確實有其質量與能量。過去，科學儀器尚不能測出氣之形質，因此，外國人把中國武術或中醫所謂的氣，視為無稽，外國人也無法體會「氣」在武術及醫療上的作用及重要性，更無法把氣運用到武術中，因此，他們的武術造詣僅止於膚淺的外力的表現，不能登峰造極。

如今，科技進步，儀器已能測出氣之形質，然而外國人還是無法領悟「氣」的妙用，所以說老外雖然科學發達，但是智慧是不及中國人的。

氣，是一種體積小，威力大的東西。氣的作用是非常廣泛的。車子靠四枚有氣的輪胎可乘載千萬斤的重量，當氣消洩了，車子將動彈不得；火車沒有蒸氣開不了，飛機沒有噴氣飛不上天；一顆原子彈就能滅掉一個城市，一切生物如果沒有氣將面臨死亡，沒有氣，宇宙萬物，山河大地，亦將壞滅。

人，依氣而生存，氣壯神足，即得健康長壽。武術家以氣壯而長功夫。

氣靠養，而足而壯。

丹田氣海是儲存氣的地方，須儲存多量的氣，才能以致用。就如一個水庫，須儲存大量的水，才可以發電，道

理是相同的。

如何養氣？令氣足而壯？

時時保持正念，去除貪、瞋、癡，少慾知足，安貧樂道，心中常清淨，沒有妄想執著，就能吸取天地正氣而養之。這是指心性方面的。

在體的方面，要時時刻刻，將氣沉守在丹田，用意念守著，用精神守著，使氣不放逸，不向外奔洩。

在練功時，氣宜鼓盪，神宜內斂，以心行氣，以氣運身。以氣鼓盪橫膈膜，使之上下鼓動，使內臟得到運動與溫養，這就叫內壯法，也稱之為內臟運動法。

武術之呼吸，以腹式呼吸為原則；腹式呼吸以逆式呼吸為原則。逆式呼吸是吸氣時，丹田微縮，將氣引導至背脊，呼氣時，將氣向下引導至丹田，使丹田微微鼓起，形成氣沉丹田。

武術在發勁時，氣凝聚於丹田，等同氣沉丹田，所以練武術，之所以要練逆式呼吸之道理，就在於此。

形意拳練習漫談

形意、八卦、太極，三種拳術，練法皆以意導氣，以氣發勁，不主張拙力，強調鬆柔、輕靈、連綿貫串，上下相隨，內外相合，外示安逸，內斂神意，氣守丹田，藉氣之鼓盪溫養，強化內臟，達到健康長壽之目的；藉斂氣入骨，儲藏內勁，產生技擊效用，故統稱之為內家拳。

一、形意、八卦、太極之淵源

據傳，形意拳河北一支，第二代傳人郭雲深，精練形意十餘年，已入化境，有「半步崩拳打遍天下」之威名，生平遇敵，只以崩拳進半步而已，敵無不摧。

八卦掌名人董海川，經異人傳授，八卦已練至神化，擺扣游走，人不能測，在北京未遇敵手。

一日，二人相遇，相談甚歡，互相切磋武功，經三日，無法分出勝負，兩人英雄相惜，互相仰慕，而結為至友，認為形意與八卦頗有相通之處，乃決定將二家拳合為一門。以後的弟子，學形意者兼習八卦，習八卦者兼學形意，至今猶然，即使單學形意或八卦者，彼此亦認為同門。

孫祿堂係河北一支第四代，為綜合派之代表，其形意乃師李奎元、李存義，再師郭雲深，八卦則師程廷華

77

（程為董海川之弟子）太極則師郝為真（郝為李亦畬之弟子）。當郝為真到北京訪友，經人介紹與孫祿堂相識，二人甚為投契，未幾郝為真患嚴重痢疾，因初到北京，朋友甚少，孫祿堂逐為請醫治療，朝夕服侍，月餘而癒，郝為真無以為報，乃將生平所學太極拳傳授與孫祿堂。孫祿堂將三家拳術精華互合，融為一體，造詣極深，著有「形意拳學」、「八卦掌學」、「太極拳學」。

二、形意拳源流

形意拳相傳由岳飛所創，根據史籍資料所載，岳飛擅技擊，得之於周侗，並未記載所學何拳，而可考者為明末姬隆風在終南山遇異人授以岳飛拳經，初名為心意六合拳。後姬隆風傳曹繼武，曹繼武傳戴龍邦，戴龍邦傳李洛能，李洛能傳郭雲深等，相繼不絕，以至於今，代代有名人。

不管形意拳之創始人為何，據史載係始之於岳飛拳經，後相繼流傳，且岳飛精忠報國，忠孝兩全，所以後輩學習形意拳者，均奉岳飛為形意拳的祖師爺。

三、形意拳，拳名由來

形意拳以形為體，以意為用。形體是自然界的物質，形體活動能導出意識，以意識支配形體。意識是對境而生，所以以意為用；意識是無質量的，不佔空間，意識活潑，能運用、驅動形體，令百骸及末梢神經活潑靈敏。故至李洛能時，正名為形意拳。

四、拳架介紹

形意拳母拳有五式：劈拳、鑽拳、崩拳、炮拳、橫拳，為築基功夫，五形，易學難精，非三、五年之用功體悟，難得其精髓與奧妙。

天地生化十二形為：龍形、虎形、猴形、馬形、鼉形、雞形、鷂形、燕形、蛇形、駘形、鷹形、熊形，均以動物之特徵為形。十二形諸物皆受天地之氣而成形，可概括萬形之理，故十二形為形意拳之目，為萬形之綱。

形意拳套路有：五形連環拳、四把、八式、十二橫拳、雜式捶。

散手對打有：五形生剋對練、五花炮、安身炮等。

器械有：形意拐杖、形意連環棍、形意純陽劍等。

五、形意拳練法

形意拳理，與太極、八卦是相通一致的，講求虛領頂勁、涵胸拔背、沉肩垂肘、落胯曲膝、尾閭中正、氣沉丹田、神意內斂、以心行氣、以氣運身、上下相隨、、內外相合、綿綿不斷。

其步驟，先練明勁，後練暗勁，而至化勁。形意所謂之明勁，並非使用蠻力，緊握拳頭，青筋暴露，震步大力有聲，此皆不明形意拳理者之誤解。

形意所謂的明勁，意乃求氣勢豪邁雄偉，意氣風發壯闊，先練筋骨強壯，蹬步有力，亦即練精化氣之基本，是初步之功夫。

明勁成就後，進入暗勁，亦即柔勁。此時內勁已生，行拳步入柔和之境。練架子要神意內斂，外形飄逸，瀟灑自然，動作優雅，蹬步如貓行，輕敏無音，彷彿行雲流水，悠悠而行，潺潺而流，一切存任自然，全身不著絲毫拙力，只存一氣流行，此是第二步功夫，進入練氣化神之境。

當拳練到至柔至順時，全身上下皆不著力，但並非頑空不用力，週身內外全用真意運行，但又不可著意，所謂「拳無拳，意無意，無意之中是真意」，呼吸似有而若無，實而若虛，身體雖有似無，以假練真，練至身無其身，心無其心，神形俱杳，與道合真，所謂「形意皆假，無心稱奇」，此乃第三步功夫，到這地步，始可謂功夫已成，能與太虛同體，亦即練神還虛之境，終而神意寂然不動，感而遂通，進入「道」的世界。

通常練形意拳，要至暗勁，非下五、六年功夫勤練體悟，無法到得，要練至化勁最上乘功夫，則不只光靠苦練、硬練，尚需靠內在的修持，清心寡慾，與世無爭，棄絕貪、瞋、癡，凡事看淡，沒有牽掛，常習靜定，如此才能達到靈氣相通，形神俱妙之神通感應境界。

據聞內家拳有此境界者。形意拳為李洛能，八卦掌為董海川，太極拳為楊露禪。而相傳孫祿堂的功夫已練至能與佛相應，而「預知時至」，告訴家人，何時要往生，我想他的境界，應比前三者為高。

六、形意拳練習之我見

1. 拳不緊握

一般人以為，練拳要緊握拳頭才有力量，其實適得其反，因緊握拳頭，勁不能生，反被緊張的神經扣死。勁的產生是在全身鬆透中以意導氣，以氣運身，氣斂入骨，變成內勁，然後慢慢累積、增加，愈練愈渾厚，勁，是一天一天增加，一年一年累積，急不得的，「功夫」靠時間累積而來。

所以，拳頭只要虛握即可。

2. 臂不自出

這與打太極拳一樣，手臂由腰胯拖曳，由大腿傳導，手臂處於被動地位，它的運行過程，由肩摧肘，肘摧手，一貫而出，感覺上，手臂內裡的氣，有被擠壓鼓脹之態。久練，氣貫末梢，形成內勁。

3. 腳趾勿用力抓地

有人認為，腳趾用力抓地，下盤才能穩固，落地生根，這是錯誤的觀念。試想，用力抓地，神經定然緊張，違背鬆的理論，則氣不能沉，勁不能生。只要全身放鬆，引氣下沉，落入湧泉，以暗勁運之，自然氣貫腳底，久之則落地生根，成為不倒翁。

4. 眼觀何處

有人認為練拳時，眼睛要看著正前方，有的認為要眼看手指，跟著指掌移動，這些都是有意，太有意則偏離「勿助」原則。行拳練功，眼神宜內觀，雖四周景物盡在

眼底，卻視而不見，神意內斂，氣守丹田，微有「勿忘」
之意，所謂「勿忘勿助」，似有意又似無意，要在此中討
消息，覓真機。

5. 舌放何處

有人主張，應捲舌頂住上顎，不知是否正確？愚意以
為，捲舌要用力，頂住更要用力，雖是極細微之力，卻能
造成小小的緊張，違反鬆透自然原則。

「舌頂上顎」已成為一般教練者的口頭禪，一直延
用，而成為拳理中錯誤的述語。

「頂」字，從字義上解，為頂住、頂抗之意，與拳中
所要求的「不丟不頂」相悖。所以「頂」字，宜正名為
「銜」，銜是銜接，自然相連之意。其實舌頭之所以要銜
接上顎，作用有二：

一為易於生津，而津液被道家修煉者視為人體至寶，
有滋潤腑臟之功能。

二為在於銜接周天之氣，下沉丹田，循環全身。

而捲起舌頭頂住上顎，是否易於生津，或銜接周天之
氣，則缺乏科學理論根據。

6. 不要探身

探身就是上身前傾，尾閭不正，這是一般練形意拳者
的通病，以為探身力量才會更大。個人發現練形意拳，探
身前傾的人，都無法把內勁練出來，皆是由於用蠻力的緣
故，用力則勁不生。內家拳勁的練法是一致相通的，形
意拳的特點在於腳的撐蹬，前腳撐，後腳蹬，借後腳之蹬
勁，摧動全身，整勁而出，勁道才會驚人，只靠蠻力，是

不得要領，沒有悟出道理。

7. 如何不斷勁

形意初練時，為求動作正確，一舉一動，均有法度，一奇一正，都求完美。

初練明勁，因功夫未深，動作不熟，所以必須一個動作做好，再接下一個動作，此時尚不能體會勁之完整綿接，而有斷勁之處。

至功深時，亦即進入暗勁階段，要求意、氣、勁綿連不斷，在奇正中，不使有停頓處，不使有缺陷、斷勁處。練習時只要意不斷，勁自可銜接，所謂「意不斷，氣不斷；氣不斷，勁不斷。」

我個人練形意時，在奇正中，由指掌手臂間氣之綿動，會自然加入一個小畫弧之動作，以茲連接，使整體動作更加優美，其畫弧之動作，乃藉氣之鼓盪，自然而生，其弧之形狀、大小，存任自然，無有造作，動作才能優美，氣勁自能綿接，自無斷續缺陷，行功心解云：「往復須有摺疊，進退須有轉換。」正是此意。

8. 形意拳練習時間之長短

形意拳練習，拳架不求多式，貴在專精。五形拳的勁一旦練出，其餘各式就能融會貫通，選擇自己喜歡的招式專攻，必有成就。

練習時間，每天至少一至二小時，如果只練一、二十分鐘，敷衍幾下，勁尚未生，就結束休息，沒有效果，這是自欺欺人。要練到雙臂感覺渾厚沉重，全身氣發騰然，則勁漸生。

9. 形意動作之快慢

初練明勁，動作可快，蹬步宜大，有意氣風發之態勢，用武火攻之。

進入暗勁，動作不求快，相反，要愈慢愈好，與太極拳相同，以文火養之。動作太快，呼吸易於急迫，對氣之運行無補。

初練時，如跟著團體一起練，講求動作一致而有精神，速度微快；進入熟稔階段，最好撥時間自己一個人練，可以配合自己氣的長短，調節動作的快慢，氣愈深沉，動作愈舒慢，對勁的產生，助益頗大。

10. 內勁靠自己練，聽勁需要找伴練

內勁需靠自己勤練，揣摩、體悟，功夫定然一天一天增進。聽勁需靠神經去感應，要有對手可以接觸才能練習，老師能夠餵勁當然最好，但現今社會，老師跟學生在一起的時間有限，在知道練習的方法以後，要找時間多與師兄弟及拳友互練。

很多練拳的人，喜歡關起門戶，劃地自限，不與他人接觸，由於不瞭解他人，往往以為自己功夫了得，一旦接觸時卻一敗塗地。有的為了面子問題，不喜歡與他人接觸，深怕功夫不及他人，面子掛不住，只好自己暗中摸索，功夫無法增上，面子問題，害了很多練拳的人。

在拳界中，很多人在比賽中僥倖得了名次後，就不再與他人接手，怕輸不起，輸了面子不好看，功夫也就無法再百尺竿頭，更進一步。要超越自己，超越別人，放開胸襟，多與拳友接手，虛心求教，互相切磋，才能有所成

就。

11. 形意拳練習綜說

我個人兼練形意、八卦、太極，三家之拳均有其優點，形意沉雄壯闊，太極綿密柔美，八卦輕巧靈敏。個人較偏愛形意，也許與個性有關，因為形意各式均為單練，內勁易於揣摩練出，而且形意剛直豪邁，氣宇軒昂，剛毅中帶有柔和，沉穩中兼具輕靈，虛實分明，奇正相生，剛中有柔，柔中生剛，內外並修。

有一位太極拳名人曾說：「以前的人都是初學形意，後看見八卦好，又學八卦，最後知道太極拳好又傾心於太極拳，從未聽說太極拳已入了門而學形意或八卦的。」此種理論是屬主觀偏見，他可能只練太極，未習形意、八卦，先入為主的觀念導致偏見，因為內家拳之理論是相通的，沒有好壞差別，當然兒子是自己的好，自己的美，但不能批評別人的孩子都不好，都沒有優點，練拳的人應該放棄主觀偏見，容納他人，互為切磋，吸取別人的優點，這樣功夫才能增上。

愚見以為，千拳歸一路，如果符合拳理，符合正道，就是好拳。隨意批評他家，那只是自己孤陋寡聞，沒有深入探討罷了。佛說八萬四千法，都是正法，但隨眾生根基施教，選擇適合自己的法門，一門深入去修，定然能有成就。

第 *23* 章

八卦掌練習漫談

一、八卦掌宗師董海川先生及八卦掌源流

據傳，董海川為清朝直隸省人，年幼闖禍逃往峨嵋山，遇道士，傳授武藝，經十年藝成，即今流傳之八卦掌。

至京都，遇貝勒府拳師侯震遠，見董公氣勢非凡，邀約比武，敗於董，推薦入貝勒府當雜工，服侍貝勒爺練武。當時貝勒尚不知董公身懷絕技，後知公有武藝，命演之而驚歎莫名，逐奉為師。

至此董師聲名大噪，各地武林高手皆來造訪比試，莫不敗之。公晚年感於武藝有待傳續，時適有眼鏡商人程廷華，經常進出宮中，見其資質聰穎，而收為弟子，之後又收民間弟子多人，較為有名者有尹福、宋永祥、梁振普、馬維祺、史寶山、劉鳳春、李存義（形意拳名人）、張兆東（形意拳名人）等，從此八卦掌廣傳，與形意、太極並列為三大內家拳術。

二、八卦掌的名稱

八卦是由易經而得名，依據易經理論，萬物是陰陽變化而成，由無極生太極，太極生兩儀，兩儀生四象，四象

生八卦。八卦演化成八八六十四卦，終而變化無窮。

三、八卦掌的特點

　　手法、身法、步法完整一致。腳不停的走步，身手不停的變換，相隨互合，一氣呵成。

　　八卦掌的特質是，全身充滿纏絲勁，形成一種互相拉扯、對立、迴旋之扭勁。手有滾、鑽、挣、裹；身有擰、旋、遊、轉；步有起、落、擺、扣，架構成一幅完美的圖畫。

四、八卦掌練習方法

1. 步　法

　　八卦掌雖與形意、太極拳理相通，但走步練法迥異，八卦掌的步是繞著圓圈，在圓圈內遊走擺扣，虛實變化靈活詭測，令人捉摸不著。

　　練習之初，先求步法穩固。翼得步法穩固，一樣要從站樁紮基。

2. 淌泥步

　　淌泥步，意係於泥土上面走步。走步時，足掌輕沿泥面遊去，不可拖泥帶水，頑拙僵固，要穩而靈，神閒氣定，氣沉丹田，落於湧泉。

3. 錯誤的淌泥步

　　① 身體上下起伏，形成遲鈍呆滯，失於輕靈，實際應用無法應敵。

　　② 腳尖刻意向前插地，錯會淌泥步，失於自然，無

法實戰應敵。練武術的目的，是實戰搏鬥，自衛防身，如果違背戰鬥理論，是為不符合拳理。

4. 善用腳根與腳尖為支點之迴旋力

拳諺常言，借力使力，須懂得借地之力，及借自己身勢之力，懂得巧力才能「應敵變化示神奇」，才能「我獨知人，人不知己」百戰百勝。

八卦之擺扣、換步、回身、翻鑽、起落，都是藉腳跟之迴旋力，亦即借自己身勢之力。

5. 手　法

掌型如荷葉，掌心微凹，氣貫勞宮穴，四、五指稍曲，二、三指似直，虎口呈圓形，外掌指向圓心，手指與眉齊，內掌置於腹部中心。

有人將內掌置於外手肘下，愚見以為，過於彆扭，且右邊露出空門，易失防衛。

手要有外撐內裹之意之勁，肩須沉，肘宜垂，氣貫雙臂向下落沉。

6. 身　法

腰腿要擰，全身上下需擰鑽滾裹，有擰毛巾擰出水之態。擺腳扣步，要像遊龍翻身，身形如大鵬展翅遨遊空中，下鑽如老鷹獵食，驟然疾落，身輕時如燕子抄水，兩臂相纏，如蟒蛇纏身。

7. 速度之快慢

八卦掌行架走步速度要均勻平整，快時不亂，慢時不滯，俯衝翻轉宜快，蓄勁待發或某些摺疊處，宜慢，快慢要適宜而有節奏，要有抑揚頓挫。

有些人練八卦，整套都像太極拳那麼慢，這是錯誤的。

五、八卦掌之要領

捋鑽掙裹、龍遊燕輕、鷹翻虎坐、擺扣旋轉、曲腿淌泥、縱橫連環、腰如軸立、掌似蓮花、指分掌凹、樁如山岳、步似水中、腰乃氣根、氣如行雲、意動生慧、氣行百孔、收緊展放、動靜圓撐、神氣意力、合一集中、八卦之理就在其中。

六、八卦掌的戰鬥技巧與處世原則

八卦掌的戰鬥技巧，就是「避重就輕」，「避正打斜」，不與敵人正面衝突。敵人一拳打來，我手一黏一纏，步一擺一扣，身一遊一轉，已至敵之斜後方，敵落入我之牽制擺佈之中，要攻要放皆可。

為人處事，以不樹立敵人為原則，八卦掌可以防衛自己，讓敵知難而退，不會讓對手沒有面子，化事於無，勝而不形之於外，是智者風範。

第24章

太極不用手

「太極不用手，用手非太極。」這是太極拳的一句名言，相信學過太極拳的人，大部分都曾聽過這一句拳諺，而真正用心去體會這一句話的人，不知有多少？或許只是人云亦云，未曾認真去琢磨它的內涵。

在拳經、拳論中，對於「手」的敘述，只有一句「形於手指」，形於手指的前面是「其根在腳，發於腿，主宰於腰」，最後才形於手指，可見太極拳的一舉一動，主導權不在於手。

打太極拳，如果腰腿不動，光是手在那兒主導舞動，打起來就不是太極拳。深入的講，以腰腿為主導的理論，應涵蓋形意拳與八卦掌，甚至其它各種武術，各種運動，而一般外家拳，如沒練深入，就比較沒有這種概念。

手，在太極拳裡面，是處於被動的地位，它是經由腳跟借地之力，傳送到腿部，再由腰主導，指揮它向上向下，向左向右，往東往西。

打個比喻，打太極拳就好像小孩玩「鼓鈴瓏」一般，要靠握柄的旋轉，來帶動兩邊線豆，敲擊鼓面，握柄不轉，線豆就不能自動。

人的雙手，天生就賦有自動的能力，只要大腦傳出訊息，它就會有所動作，所以積習下來，任何動作，只要雙

手能勝任的，自然只有依靠雙手去運作，用到腰腿整體力量的機會，顯得少之又少。在許多用到力的動作中，如果能運用腰腿之力，將能省卻很多力量，且可得到整體運動的效果。

太極拳之發勁，若只靠兩手用力發出，力量定然有限，如能由腳跟而腿、而腰、而手，一股整勁同時併出，勁道才會驚人。

擲鏈球、擲鐵餅，如只靠雙手旋轉之力，擲出的距離必定不遠，藉由腰腿之旋轉力，才能把鏈球、鐵餅甩出又高又遠。

子曰：「學而不思則罔。」少部分的拳友，聽人說太極不用手，就刻意把手盤的死死板板，好像殭屍一般，打完一趟太極拳，手一動也不動，變成了機器人。

拳經云：「無過與不及，隨曲就伸。」可見手是可曲可伸的，並非完全僵直不動。

太極拳，全部用手，由手主動，不對；兩手僵直，完全不動，也不對。過與不及，皆不符合拳理，要中庸，方合正道。

所謂「隨曲就伸」，很明白的說出，手要自然的彎曲與伸縮，隨著動作而舞動，靈活而瀟灑，要打出神韻與拳味，該伸就伸，應曲則曲，而手的伸張曲縮，全是被動，由腰腿主導，手再隨動。如此，才能周身輕靈貫串，沒有凹凸，沒有缺陷，身體才不致散亂，才能立如平準，活似車輪，如此，才能打出完美的太極拳。手，可以說是太極拳的靈魂。

在推手中，發勁時，手要曲中求直，蓄而後發，勁須發之於腳跟，由腿而腰，形於手指。如若只靠兩手的蠻力蠻鬥，則非太極推手。

太極拳練至純熟，經推手之鍛鍊，即能漸悟懂勁，功夫行深時，「全身皆手，手非手」，身體每個地方都可借力發勁，這才是水準；只用手，還是三腳貓。

學練太極，要記著「太極不用手」，這是練拳訣要。

第 25 章

練功秘訣──勤. 觀. 悟

練功秘訣無他。

一、勤

俗云：「勤能補拙」，又謂：「三分天才，七分努力」、「三分天注定，七分靠打拚」。一個人要成就一件事業，端看有無下工夫去努力；練功夫也是一樣，下了多少工夫，就會得到多少功夫，不下工夫，當然沒有功夫，工夫就是時間，功夫是靠時間累積而成的。

練功夫要循序漸進，經久不輟，功力才能一天一天增進。如果一天打漁，三天曬網，則到老還是一場空。

現今工業社會，生活既緊張又忙碌，然而對武術有興趣者仍不乏其人，遺憾的是大多數的人都缺少一個「勤」字，也就是練的不勤，不夠積極，不夠用功，不夠認真，而且會為自己的懶惰找理由，找藉口，不是太忙就是沒有時間，或……，自我敷衍，自我安慰，這些理由都是牽強的，自欺欺人的，自己佔自己的便宜，而終究吃虧的還是自己。

每天騰出一、二個鐘頭來練功夫，應該是沒問題的，就看你有沒有那個心。惰性是害人的，人往往為了工作稍微累一點，或天氣稍微冷一點，而成為不去練拳的理由，

其實全是貪睡、懶散而已。

　　另有一種人，每天都看到他出來練拳，但卻不專心，不用心練拳，身體雖盤著架子，神思卻在外頭蕩遊；或者比劃幾下就停下來休息，或站在一旁與人聊天，表面上看起來似乎很勤，遇有活動的場合都會看到他的蹤影，還與人高談拳理、拳架及用法，蠻像一回事，就好像一個整天抱著書本的孩子，似乎很用功的在唸書，但心不在焉，滿腦子妄想雜念，成績單發出卻是滿堂紅，令人愕然。

　　所以，既已下了決心練功夫，那麼就勤快的練，用心認真徹底的練，老老實實的練，一分耕耘才會有一分的收穫，切莫躐等以求，蹉跎歲月，到老一無所成，而徒嘆息；更切莫誤信武俠小說，妄想際遇高人藉內力傳輸，或巧獲神丹，一夕而武功蓋世，這些都是不切實際，天方夜譚，不可能的事。

　　據聞，太極名家鄭曼青先生，每天早晚都要練拳，自己立下規矩，早上不練拳就不吃早餐，晚上不練拳就不睡覺，數十年如一日，終而有成，這是身勤。

　　李雅軒宗師亦是如此，時時刻刻心不離拳，據聞李師有回與人吃飯，突然乍放碗筷，猶如發現新大陸一般，提筆疾書，忽有所悟，靈感乍現，即刻寫下，充分將拳與生活結合在一起，他的拳論創見對於後輩學者助益宏偉，這是心勤。一個人成就一件事業絕非偶然，成功的背後需灑下甚多的汗水。

　　勤的定義包含身勤與心勤，要練好功夫必須身心並練，勤而不懈，耐心而有恆，持續無間，抱持拳練一生的

理念。

二、觀

　　觀就是觀看、模仿。拳經云：「默識揣摩，漸至從心所欲。」默識揣摩的前奏，就是「觀」。

　　練功夫要觀看老師外在的形體動作，及內在的神韻。把眼睛所看到的動作影像，烙印在腦海深處，像電腦一樣儲存起來，當自己練習時，就是默識揣摩的功夫，把看過的影像，如放影機般的從自己的腦中放映出來，一面觀想，一面模仿，這就是默識揣摩。觀察力好的人，模仿力一定強，不只形體動作相似，神韻風采亦能入木三分，維妙維肖。

　　觀，要細微，要深入；觀，不是隨意瀏覽，走馬看花，心不在焉；觀，要專心一意，全神貫注。觀了以後，要牢記在心，不可任意丟忘。

　　觀是觀摩，觀出別人的優點，吸收進來；更要觀出別人的缺點，使自己不會犯錯。

　　觀摩拳架，要在一招一式，從起式到定式，中間的轉換過程，往復摺疊之連接，虛實陰陽之變化，以及上下相隨，內外相合，更深入的觀察氣的深沉鼓盪，意的靈靜，整體的鬆柔勻稱等等，無所不觀，絲絲入扣。在觀的前提下去進行默識揣摩，才能把招式烙記在心，透過認真的練，就能把功夫學上手。

　　廣義的觀，含蓋著聽聞以及心領神會。聽，是聽老師的講解，聞，是聽名家言講與看人家發表的論及練拳心

得；心領神會，則進入「悟」的階層。沒有聽老師的講
解，無法深入瞭解每個動作所包含的意義及用法，所以學
功夫若無老師的口傳心授，是無法入門的；不多看有關功
夫的書，就是沒有多聞，孤陋寡聞，則功夫將被侷限於一
隅，難以融會貫通。

觀，還涵蓋著自我的內觀，自己向心中深處觀察，回
光返照，自己檢視自己，除了檢視拳架、用法是否正確
外，還要檢視自己的行為、思想、心性，是否時時保持正
念。

三、悟

練功夫與學佛的道理是相同的，學佛沒有慧根則悟不
了道，沒有開悟就成不了佛。練功夫如無夙慧則悟不透拳
理，練不成大功夫。

悟，不是憑空妄想，胡思杜造，無中生有。

悟，是在勤練中去思考、體會拳理，發掘問題，產生
疑問，求出答案；不是人云亦云，如法炮製，盲從附和，
一成不變。

悟，是在平時用功學習、吸收，融會貫通後，偶爾的
靈感浮現，就會有所悟。

學佛之人，平時要熟讀經書，精研佛理，用功參禪，
功夫行深時才能相應而豁然開悟。如果平時不用功，不用
心，終日胡思亂想，就是被師父敲破了頭，也無法悟道成
佛。練拳亦然，要認真老實的練，不是自我敷衍，整天東
想西想，這邊瞧瞧，那邊看看，尋奇覓玄，那麼，拳練一

生，也悟不出什麼名堂來。

一個詩人，平日飽讀詩書，滿腹經綸，於身處某種環境中，會因時、因地、因景而觸動靈感，這就是悟，此時信手拈來，就是一首曠世絕句佳詩，此乃平時智慧之庫，早已裝滿各種資訊，各種知識學問，只緣靈機觸動，剎時即會有所悟。譬如嬰兒出生後，天天在環境的薰習中，慢慢的就學會說話，學會走路，當他說出第一句話，邁出第一步時，就彷彿開了竅，開悟了。

平時的耳濡目染，用功精進，是悟的前奏。

悟，不是默守成規，一味泥古；悟，是自己的創作，自己的發明。悟是透過不斷的用功修學，吸收別人的經驗優點，靈活思考，融匯自己的體驗，焠煉而成的創見。

練功夫時，動中猶靜，靜極而妄念不生，棄除固執罣礙，靜至無我相，無人相，靜至渾身透空，與太虛融為一體，到此，自性顯現，道理豁然貫通，一切忽然明白而生出智慧，這是悟的境界。練拳就是悟道。

練是悟的前方便，有練有實踐才有悟。所以先賢云：「悟後而修，日進千里。」如果悟而不修，或空談理論，無有是處。

佛家有謂：聞、思、修。

聞，是廣學多聞，聽經聞法，經、律、論，三藏十二部經典均須熟讀；思，是思維，深思熟慮後才能悟；悟後勤修，勤修後方能證道。練武術亦要聞、思、修。聞是觀，思是悟，修是勤練。

第 26 章

談　勁

　　一般武術家談勁，往往說的太複雜，除了掤、捋、擠、按、採、挒、肘、靠等勁外，尚有數十種勁的名稱，令人眼花撩亂。

　　其實，勁的種類名稱並不重要，也無須細分，那只是手法運用上的區別。

　　勁就是內勁，由內往外而生的爆發力。是經由長期的運用神、意、氣、鬆、柔、牽引、拖曳、撐裹、纏絲等等方法之鍛鍊，而沉藏於體內的一種充沛而豐富的能量、元素、磁場，或說是一種電能，藉由意氣之導引，奔放而出的一種無形威力，其威力彷彿子彈之射出，炸彈之爆破。

　　子彈可射進銅牆鐵壁，但無法將重物拉抬而起；蠻牛之力可以拉動千斤重物，其力卻無法穿透厚重之物。

　　以內勁發人，可將臟腑擊碎；以蠻力打人，只是表皮瘀血青腫。勁傷在內部，力傷在表皮，這是勁與力的區別。

　　勁的鍛鍊，在鬆中求之。盤架子宜鬆而不懈，鬆中含意、含神、含氣，氣在鬆沉中帶勁，在鬆透中可感覺氣勁的沉重、厚實，如棉中藏鐵，練習日久，氣斂入筋脈骨裡，電能逐日累生，勁由無而有。如果用力，形成氣滯、氣僵，氣不流行，氣不沉澱，反而阻礙勁的產生。

　　盤架子，每一個流程，不論上提、下放、轉換、摺疊，千分之一秒中，均要有掤捧之意、之勁，不得懈掉，一懈掉，那一股勁就斷了，再接過來時，就變成有斷續，沒有辦法達到「綿綿不斷」的境地，勁的累生就比較費時而困難。

　　練習推手，如果虛榮心作祟，好勝心太強，就會使出蠻力，忘記鬆柔，勁則反縮，功力進展受限；以平常心練推手，勝負不計，敗是勝的階梯，沒有敗作階，達不到勝之目的地；往鬆的目標緩緩勵行，成功的終點反會提前而到。

第 27 章

也談妙手

甲名人說：「純陰無陽是軟手，純陽無陰是硬手，一陰九陽根頭棍，二陰八陽是散手，三陰七陽猶覺硬，四陰六陽顯好手，惟有五陰並五陽，陰陽無偏稱妙手。」看起來好像還有道理。

乙名人卻不以為然，主張：「純陰無陽是柔手，純陽無陰是剛手，一陰九陽根頭棍，二陰八陽是散手，三陰七陽猶覺硬，四陰六陽是敗手，五陰五陽是平手，六陰四陽顯高手，七陰三陽稱好手，八陰二陽是妙手，九陰一陽稱神手。」看起來好像也不錯。但是有一點叫人看了「霧煞煞」，眼花撩亂，錯綜複雜，搞不清楚誰說的正確。

乙只是將甲之「軟手」改為「柔手」，將「硬手」改為「剛手」，往下一陰到三陰照抄不變，四陰六陽反駁為「敗手」，五陰五陽手反駁為「平手」半斤八兩，接下去六、七、八、九陰是自己的創見，兩人見解的不同點在四陰六陽及五陰五陽，甲認為四陰六陽「顯好手」，乙認為「是敗手」，甲認為五陰五陽「稱妙手」，乙則認為五陰五陽「是平手」，八陰二陽才是妙手，九陰一陽稱神手。孰是孰非，當然沒有定論。

乙並強調以兩個實力相等的大漢，比試一天一夜而累死，比喻五陰五陽是「平手」，是不對的。

　　某丙看乙另有主張，又似是而非，也技癢「忍不住想說幾句話」。丙認同甲說，並以太極圖的黑白結構做比喻，認為五陰五陽居中間，黑白各佔百分之五十，彼此地位相等，所以五陰五陽才是妙手，如果九陰一陽則成「太陰」會離太極而去，還說太極應等量齊觀，比值相等，又引用五行金、木、水、火、土做說明，說的也是振振有詞。並以美國之強勢攻打伊拉克之弱小比喻「九陰一陽為太陰」，是弱不敵強的，會離太極而去。

　　說到太極，很多人都愛用五行、八卦來做比喻，一般人對五行、八卦不太了解，練太極拳是否得先去研讀五行、八卦或易經，讀者可依自己的智慧去判斷，多懂得一些應該是不錯，不懂也無所謂，只要勤練多悟，照樣可以成為高手，照樣能練就妙手。

　　經云：「太極者，無極而生，陰陽之母。」人體是一小太極，依中醫理論是有陰陽虛實的，陰陽相濟，四大調和，身體即得健康，這是陰陽，陰陽相濟就是平衡中道，這樣講五陰五陽，講等量齊觀，比值相等，才講的通。

　　某甲論的是勁道之剛柔，講的是「體用」，不是「質量」，不是把陰陽當做是一個「質量」來衡量，去計斤論兩；某甲講的是內勁剛柔的運用，亦即虛實之運用，而以陰陽做為虛實份量之多寡，來比喻區別。如果是講運用，當然有虛實之分，陰陽之別，所以這邊所講的陰陽，應該是形容詞，而非質量比重，是專指內勁運用的虛實變化而言，非指陰陽質量比率。

　　以另一個方向來思考，內勁的實體當然越渾厚沉雄，

越飽滿越好，要純陽無陰才好；再者，若將太極的內勁，無論質量或虛實運用，固定以幾手來分也，做判別好壞，那是死法。

經云：「法無定法」，一個好的法，它也是有變化的，這個法對某人某事有效用，對另一個人另一件事可能無效用，所以要因地制宜，隨機應變，毒藥有時也可以治病，良藥用不對症，亦會醫死人，能依病給藥才是良醫，一劑很好的秘方，不一定能醫治所有的病。

在此，做一個另類方向的思考，我說五陰五陽是對，因為陰陽相濟嘛，中道中庸嘛。再換一個方向來思考，我說五陰五陽是錯，怎麼說？因為五陰五陽就是雙重，雙重是病，經云：「有不得機得勢處，雙重之病未悟耳！」再從另一個角度來思考，我說五陰五陽雙重沒錯，行拳走架或推手，何處沒有雙重？雙重乃虛實變化的交會點，虛須經過雙重才能轉實，實也須經過雙重才能轉虛，那麼雙重豈有錯誤，錯是在固執拘泥，不會變化，虛實陰陽拿捏不準而已。

所以五陰五陽也對，也不對，其餘諸陰諸陽亦復如是，沒有任何一件事物是絕對或不對，因時、因地、因法，而有不同的立場，不同的運用，所以不必做無謂的辯論。

某乙將兩個實力相等的大漢，比試一天一夜而累死，來比喻五陰五陽是平手是不對的，這樣比喻是不妥當的。某丙以陰陽勢力懸殊，而以美國瓦解伊拉克政權來做比喻，也是不得體的。以另一角度來思考，美國雖以大軍壓

境之勢攻打伊拉克，打得伊拉克國土面目全非，事實上美國並沒有打贏這一場戰爭，世人對美國隨意無名出兵欺壓弱小產生反感，美國在國際地位已不復為人所敬重，況且伊拉克之海珊是否確定死亡（本文發表時海珊尚在逃亡中），還是未知數，美國今後將更面臨恐怖份子的威脅而提心吊膽。

再說，強勢如能任意欺侮弱勢，那麼，我們還練太極拳做什麼？又如何能以柔克剛？以小制大？以無力打有力？豈非矛盾？

一個真正的太極高手，定能隨心所欲，自然運化虛實，轉變陰陽，一陰九陽也好，一陽九陰也罷，都可運用自如，所謂運用之妙存乎一心，無論幾陰幾陽都能運化出「妙手」，這才是神乎其技，才是真正的「神手」。

學拳練武，講求實際理地，老老實實的做功夫，不宜成天在紙上作文章，玩數目遊戲，玩文字遊戲，一味空談理論，講的天花亂墜，口沫橫飛，否則到老還是一個武術白痴，浪得虛榮而已。

第 *28* 章

太極拳不動「足」嗎？

　　某雜誌有人發表「不動手」一文謂：「所謂不動手，包括『足』在內，皆不得自動，而是要隨意、隨氣、隨腰而動，惟腰為主。質而之，以心行氣，以氣運身，於以推動，手足決不可自動，非待腰能便利從心之後，手足方得隨腰而動，是謂之太極拳不動手。」

　　筆者愚昧，或許孤陋寡聞，從來只聞太極拳不動手，未曾聽說太極拳不動「足」的。

　　所謂「太極拳不動手」，它的真義是告訴我們，在行功走架時，手是處於被動的地位，必須藉由腰胯來牽引、拖曳，而加強運動的深度，因為儲沉於丹田之內氣，如果不藉由腰胯來牽引、拖曳、鼓盪，而只以手局部之行動，其行功的效果是有限的，也難達到「氣騰然」、「氣遍周身」及「內勁生長」的地步。然而，以腰為主宰來牽引上半身的動力，若無雙足借地之力，絕無法為之，這是「太極拳不動手」的理論。

　　我們用心的思維，腰胯以上的身、手、頭，是懸空的，上不著物，可以由腰胯來牽引、拖曳而運行，而我們的兩足是著地的，因有地心引力的關係，要去牽引、拖曳，必須先移動重心，一足離地，有了虛實，才能有所行動，所以「太極拳不動足」的理論，似乎是難以成立的。

　　此同好強調：「手足決不可自動，非待腰能便利從心之後，手足方得隨腰而動。」所謂便利從心，就是能隨心所欲，能從容順利的運行丹田中的內氣，去牽動四肢百骸。

　　那麼試問，那些初學者或還未達便利從心的人，怎麼辦？手足既不可自動，非得等待腰能便利從心之後，手足方得隨腰而動？此句文詞似有語病？應該轉為，太極拳是不動手的，須隨腰腿而動，如是恆而練之，才能達到便利從心的地步，而不是非得等待腰能便利從心之後，手足方得隨腰而動。

　　拳論謂：「其根在腳，主宰於腰，形於手指。」在技擊運用，發勁，是發之於根；根，就是足，以足部借地之乘載力，同步，經腿而腰，同時運達於手，這才是整勁，否則都還是斷勁、局部勁。

　　同理，技擊之運用，與拳架是不可分的，如果硬把它們分別，或截幹取枝，或似是而非，都是與正理相悖的。

　　所以，太極拳不僅要動足，更要動之於先，也因動，而分清、變化了虛實，致下盤趨於輕靈，亦因雙足之借地力，而逐漸產生入地生根之沉穩力，真正達到便利從心之境地；如果「足」不能自動，而「惟腰為主」，即成上下不相隨、不協調，變成呆滯不靈的蹩腳仙。

第 *29* 章

論足之雙重非病與虛實變化

　　虛實變換的交會點就是雙重，沒有雙重即無法變換虛實，人無法跳過時空而變化虛實，惟有透過交會點的雙重，始能有虛實之變化，故說足之雙重非病。太極起勢，就是一個雙重，而後陰陽分，始有虛實，之中又復有無數的雙重，無數的虛實，乃至收勢仍以雙重收尾，以上所言係專指兩腳之虛實與雙重。

　　那麼，為何王宗岳的太極拳論要說：「偏沉則隨，雙重則滯，每見數年純功，不能運化者，率為人制，雙重之病未悟耳。」

　　王宗岳所謂的「雙重則滯」，依筆者之見解，應該是廣義的泛指全身的虛實而言雙重，非狹義的專指兩足之雙重。兩足之雙重未必會影響走化，譬如甲以雙手推按乙胸，乙雖兩腳雙重，但是只要乙氣一沉，胸轉虛（偏沉則隨），依然可化走甲力，不會受擊。反之，如果甲的功夫尚未純熟，雖雙腳虛實分的很清，能單腳而立，卻不會變化虛實，照樣會被打出。

　　所謂「偏沉」就是轉變虛實，虛實善於轉化，敵則落空；不會變化虛實，才有雙重呆滯之虞，能領悟體會這個道理，則無雙重之病，才能說功夫已臻純熟；不能領悟體會這個道理，雖腳無雙重，虛實分得清，然而如果周身全

體之虛實不能變化，仍然是落於雙重的地位。

十三勢歌云：「變轉虛實須留意」、「靜中觸動動猶靜」、「因敵變化示神奇」、「屈伸開合聽自由」。行功心解曰：「步隨身轉，收即是放，斷而復連；往復須有摺疊，進退須有轉換。」這些全部都是在強調虛實變化的重要，所謂「懂勁」必是包括懂得變化虛實在內；懂得變化虛實，才能便利從心，才能隨心所欲，意氣才能換得靈，才有圓活之趣。

某師謂：「所謂總此一虛實者，即其根在腳，將全身重量必須放在一隻腳上，若兩腳同時用力，便是雙重，雙重即如少林拳馬步，此為太極拳最忌之大病，切記，切記。」此師之言，特別強調全身重量必須放在一隻腳上，不可雙重。

腳之雙重非病，也非太極拳之大忌。少林拳馬步，無錯，余非練少林拳者，不會偏袒少林拳，而是就事論事；馬步可以用來單練樁法，練太極拳或其它內家拳，也有馬步樁法之練習，如渾元樁等是，所以學練太極拳者，大可不必一概藐視外家拳，外家拳有外家拳的另面優點；內家拳練不好，用起來也不一定能勝外家拳。

少林拳雖被一些武界歸類為外家拳，殊不知，那只是初練階段，初練階段是外練筋骨皮，至高階，也是要內練一口氣，也就是精專內功的修練，那是在少林內院，外人無法一窺究竟。

張三丰祖師遺著《太極拳論》云：「虛實宜分清楚，一處有一處虛實，處處總此一虛實，周身節節貫串，無令

絲毫間斷耳。」祖師說，虛實應該分清楚；「一處有一處虛實」，是指全身各處均有各處之虛實，非侷指腳之虛實；「處處總此一虛實」，每一個地方都要有虛實變化，非專指腳之虛實；「周身節節貫串」，這邊有說到周身，周身，即全身各處，節節，即各各關節，皆要貫串，也就是要連貫靈活的變化虛實，不能有一絲一毫的間斷，間斷，就是不連貫，不靈活，不能變化虛實。

祖師並未說，打太極拳必須將全身重量放在一隻腳上，若兩腳同時用力，便是雙重，祖師所說處處總此一虛實，並非專指腳之虛實而已，而是教我們要周身節節貫串，無令絲毫間斷耳。

練拳如果固執於全身重量必須放在一隻腳上，而不明白處處總此一虛實的道理，就會走入死胡同，不能達到「純熟」與「懂勁」之境地。

此師謂：「所謂總此一虛實者，即其根在腳。」余意以為「處處總此一虛實」者，絕不僅止於腳，因為它的前面還有一句「一處有一處虛實」，已然很明白的說明全身上下，都可以變化虛實，也不止於身體重量的虛實，應該還包括無質量的虛實，如聲東擊西、引君入甕、以退為進、引進落空、故呈敗狀、裝呆賣傻、假假真真、各種欺敵手法等，都在虛實變化之範疇。

「其根在腳」，是指發勁之質體而言，非專指虛實。因為太極拳論明白指出「其根在腳，發於腿，主宰於腰，形於手指，總須完整一氣」，是在敘述發勁的要領，發勁必須根於腳，再由腿而腰，形於手指，如此始能完整一

氣，才能發出整勁。拳論並未謂「處處總此一虛實，即其根在腳」，而是言「處處總此一虛實，周身節節貫串」，拳論強調的虛實，是泛指全身要節節貫串，亦即周身之虛實皆須貫串起來，不能分開，不是片斷的，不是局部的，也不僅止於腳。上虛則下實，前虛則後實，左虛則右實，所謂左重則左虛，右重則右杳是也，要因敵變化而示神奇，非固執偏重於雙腳的虛實與雙重。

我們讀經看論，不能依文解義，所謂「依文解義，三世佛冤」。也不必人云亦云，毫無主見。「盡信書，不如無書」，余則曰：「盡信師，不如無師。」存疑而不慢，是我們學拳的思惟。如果聞而不思，依樣葫蘆，則無法跳脫別人所劃的框框，只能在框框中翻來覆去，永遠不能融會貫通。

兩足雙重非病，周身虛實無由變化，才是病；全身虛實不能變化，處於受制地位，才是挨打的架子。兩足雙重，還有身體可以變化虛實，故言非病。

第 *30* 章

死功夫與活功夫

　　死功夫，就是雖然有練出某些程度的東西來，但是不能靈活運用，或者要運用的時候，功夫使不上來，變成有練不能用，或有練不會用。

　　譬如，練硬氣功，將氣運到肚子上，或運到背部上，任你拳打腳踢或用木棍鐵鎚擊打，不會傷及分文。又如練鐵砂掌、鐵頭功，可以一掌劈死一條牛，撞死一頭馬，這些都是死功夫。像這樣的功夫，你認為好嗎？你欣賞羨慕嗎？如果答案是「是」的話，那只能說你對功夫的體認還不夠深入。

　　真正的活功夫含蓋「體」和「用」。

　　「體」，就是功體，或內功，或氣，或內勁。是藉由鬆柔的吐納與意念的導引，經年累月的鍛鍊、蘊藏、內斂、累積而成的一種元素，一種磁場力，一種爆破力，我們稱它為「勁」。此種內勁，是輕敏、活潑、機動的，似有似無，無形無相的，看不到，觸摸不著，不用時，它是隱藏於密的；用時，則是排山倒海、氣勢磅礴、駭浪奔濤、石破天驚的；它沒有預備動作，不須運力鼓氣，它是一觸即發，發而皆中的，它是措手不及，神不知鬼不覺的。

　　「用」，含蓋走化與發勁，也就是防守與攻擊。「走

化」，是靈活機動的，該走才走，應化才化，不是亂走濫化，全身扭擺晃動，顛三倒四，跌跌撞撞的，而是規規矩矩，應時應物，隨機應變、不慌不亂、沉著穩定、處變不驚的。真正的走化，是當外力打擊接觸到我們身體的剎那，藉著外在肌膚神經的聽覺，與內在氣勁的吞吐，將外力自然消化於無形。

「發勁」，就是攻擊，攻擊必須具備的條件，乃是自己本身蘊藏著無窮的內勁，隨時可以匯集爆發，一蹴可幾，不須經過準備、凝想、思惟，它是自然反應，不假思索，如常山之蛇，擊首而尾應，擊尾而首應，打中節則首尾具應。發勁必須能「後發先到」、「發而必中」，才算是此中高手，這是活功夫。

一位拳友常褒揚他老師有多厲害，七、八個學生站在一排椅子前，距離十步，老師向他們發勁，將學生一一跌放在椅子上，每次總是津津樂道這件事。我則認為這是死功夫，沒什麼稀奇，學生死站在那兒，沒有反應走化，這不過是死功夫罷了。如果雙方是互對的，是活動遊走，有變化的，在這種情形下，若能將對手發出安坐椅上，才算活功夫，才是好功夫。

一位拳友打沙包，非常勤練，打到手背都長繭，一拳打出有多少磅的威力，可以擊破磚塊和木頭。可是和某甲玩推手，被人一沾一黏，有力卻無用武之地，力量一點也使不上來，總是顛三倒四，氣喘如牛，氣急敗壞，只有直搖頭，疑惑著找不到答案。他現在沙包打的更勤更賣力，總希望有一天能打敗某甲。這是死功夫，練到老還是一場

空，以他的智慧永遠無法悟得功夫的真髓與道理所在，真是令人遺憾與嘆息。

一位拳友自稱下盤穩固，已練至入地生根。常擺好架勢，定在那邊，叫人推他，確實穩如泰山，不能動他分毫，他也以此沾沾自喜。看某乙瘦弱，總是不屑一顧。一回，見某乙與學生練散打，走了過來，挑釁的說，我站這兒不動讓你推，看你如何？某乙一再謙辭，他卻步步逼近，不得已，某乙說讓人推不稀奇，你要打的動我，才算了得，言畢拳頭已直沖而來，某乙順勢一接，內勁已同時打出，完全是自然反應，他應聲跌出。從此運動場上再也見不到他的人影。

有學生問，練拳要不要其它輔助器材，比如練力的舉重、啞鈴之類，或擊破、打沙包等或借助藥洗、運功散等。這都是不明瞭內家拳的內涵，內家拳一向主張練柔、練鬆、練意、練氣、練神，不必借助這些練力的輔助物，我們不要練力，不要練蠻力，我們練的是內勁的斂聚，練的是爆發勁之威速，是子彈的爆破，不是蠻牛的拖車，是智慧的揀擇與結晶，不是莽夫的擁力自重。

李○龍是個功夫迷，據聞他練功夫，自己設計一些動力器械來練，人與機器競力，因長期透支體力，勞心、勞神、勞氣，所以才會英年早逝，令人惋惜。練死功夫、硬功夫，絕對會傷害筋骨、韌帶、肌肉、神經，以功夫的角度來說，它會使人動作僵固，反應遲鈍，聽勁冥頑，在搏擊實戰時，處於失利的劣勢，這是愚者的練法。

中國的武術家，臺灣的「拳頭師」，有的只注重拳架

的練習，「拳頭」一館接一館的練，蠻像樣的，可是遇到真槍實戰時，總是不堪一擊，被打的稀哩花啦。這是什麼原因？因為不務實，只顧表面文章，只是花拳繡腿，繡花枕頭，外表好看，裏面是草包。這是死功夫。

中國功夫，雖由李小龍、成龍、李連杰等武功電影的掘起，而風行一時，外國佬紛紛向我們學練功夫，但是時至今天，這些崇中崇臺的外國佬，究竟有無學到真正的功夫，是值得質疑的。我想即使練得三、五年，也只能練得表皮而已，難得練到內裡，或者是遇不著明師，或者沒有智慧悟力，這是難以一語道盡的。

一位拳友，學的是某家太極，曾到大陸參訪名家，帶了五、六十萬新台幣，花錢學功夫，數月錢已花光，向人稱說，學了好多真功夫。一次，一起在朋友家泡茶，與某丙玩起推手，某丙和他推了幾下，大家互相客客氣氣的，不言輸贏。休息時他一直讚歎某丙，說某丙的內勁像極了他的老師王xx先生，某丙也跟他客氣了一番。

其實，在某些場合，某丙曾看過他表演某家太極，打的雖是虎虎生風，震地有聲，但是暗地裡某丙發覺他氣喘吁吁，面色發青，他發勁的氣勢是從口中發氣，從手中出力，不是從丹田發勁；加上某丙與他推手，感覺他氣勁不沉，漂浮輕忽，聽勁不佳，因此某丙認為他沒有學到真功夫，只學到表面死功夫而已，枉費了大把的新台幣。然而，他現在學生很多，收入頗豐，儼然是一介名師。

真功夫不是能靠金錢買得的，也不是三、兩月或二、三年即可練就的，它是必經十年、八年，長期的練習，長

年的累積內勁，始克有成，所以才有「十年太極不出門」之語，這確實是如此的，你急也沒用，你花錢也買不到，而且你還得老老實實的練，認認真真的練，如果是一天打魚三天曬網，莫說十年，一輩子也練不出啥名堂來。

真功夫要從站樁、基礎拳架起練，練個三、五年，至內勁漸生時，就可開始學推手；推手聽勁練出，走化無礙時，就要往高峰邁進，開始練自由散打，有人認為練散手容易受傷，其實不會，因為練至內勁聚生時，身體充滿一股活潑的內氣，它是有彈性的，彷彿充滿了氣的皮球一般，可承受外力的打擊，不會受傷；至於臉部較脆弱，在練習時規定只能用手掌拍打，不能用拳頭，對練雙方如果互有默契，心無惡念故欲傷害對方，以點到為止，安全絕對無虞。這樣慢慢累積經驗，熟而生巧，真功夫才能慢慢學上手，不是光說不練，光看不學，就能致之的；也不是光只練體，練拳架一大堆，那些與活用是牽不上關係的；就好像書呆子，唸一大堆書而沒有實務經驗一樣，無法學以致用。

所以，向人學練功夫，眼睛要睜亮，莫投錯門，認錯師，否則徒浪費寶貴的時間與金錢。須知，喝過鹹水的或去大陸留過學的，不一定就是好功夫。

有一位師兄弟，離開本門，去與某師學陳派太極拳，已經學了八年，照理應有相當的基礎，有次見面，我問他功夫學得如何，他說還在改拳架，我一時傻愣，八年還在改拳架，要待何時才練推手、散手，他也太有耐性了；或許他只想練拳架就好，不想推推打打的。拳界有很多人都

是如此，滿足於拳架，不想昇進，求更深一級的功夫，這也是令人莫可奈何的，每個人的興趣不同，思想觀念不一，只有隨緣。

而我的看法，武術功夫是一種技藝，含有高度莫測的技擊技巧及深奧的藝術，它是有層次高低的，就好像學音樂，你不能只會「哆唎咪」或流行歌或鄉村野曲，交想曲你要懂一些，蕭伯納、舒伯特你須涉獵一點。功夫的領域，涵蓋體與用，如果光練體不練用，就彷彿身體只有腳沒有手，不能相輔相成；或許你會說，我只想身體健康，練體練拳架就好，但是你須知，如果只練拳架而不會用，你就無法領略如何借地之力，借力使力；因為你未曾練發勁，不知如何以丹田運氣，對氣勁之運用，無法深入體驗，所以在拳架的表現上，就會缺少雄沉、渾厚、氣聚、勁斂之內涵，雖然外表走者架子，但是沒有拳的靈魂，沒有拳的生命，不過是空架子而已。

前些時，大陸太極名家陳××先生來台獻技，也現場對其隨員表演發勁，還蠻好看的。A君不信邪，在場邊馬上邀其切磋。事後A君說陳某功夫並不怎麼樣，事實如何，不是我們討論的方向。不久，陳××先生二次來台獻技，並開設短期授課班，聽說學一套套路要很多錢，雖然有人學習，但人數不多，可見台灣人還是聰明的。而那些學過陳××先生拳路的人，又如何呢？功夫是否有比較好，我想也只能當做一種炫耀罷了，事實是否如此，可以去向那些人求證。

所以學練功夫，是需要經過很長一段時間的鍛鍊、浸

淫、琢磨、培育，絕對沒有速成班，也不是金錢可以購得的。如果你誤聽人家謠傳，說某人功夫如何神奇了得，就提一把重金，想很快就把人家的功夫學過來，那你鐵定會失望與後悔的。因為你遇到的不一定就是明師，即使你遇到了明師，還得具足師生的緣份；如果你一切因緣都具足，遇到了好老師，也有師生之緣，又能夠尊師重道，你還得認真老實的學習，磨個十年八載的，你才能夠學到好功夫，學到真功夫。否則也只是輾轉摸索，進步有限，難得入門。

目前有很多人，不肯好好的練拳，不肯認真去下工夫，只想一步登天。拳架尚無基礎，越級學推手，教者有錢可賺，來者不拒。經一、二年訓練，練得一身僵硬頂撞，蠻推爛打，雖然參加推手比賽也得過名次，就此洋洋得意，不可一世，甚至開班授徒起來，真是貽笑大方。須知，推手只是散打搏擊的一個練習階程，不是功夫的全部；如果沒有長期的累練內勁，成就不了真功夫；如果只會硬頂蠻推，這樣的推手，以功夫的領域來說，只能算是三腳貓，在實際搏擊時，是上不了檯面的。

日前，電視有一則節目，是聞名的太×門表演硬氣功，其中一個運氣至脖子，臉紅耳赤，青筋暴露，另一個拿起兩根鐵條慢慢用力刺去，最後鐵條彎曲了，脖子無傷。主持人問他練功多久，回曰：「二年。」我之所以要提此檔事乃是要證明諺語所云：「死功夫易練，活功夫難學。」一些硬功夫、死功夫，只需三、兩年即可學成，就如沒有內勁基礎的推手，只要你有一些力量，反應還不

錯，練個兩、三年，你也能在拳界呼風喚雨一時，可是不會長久，因為力量與反應會隨著年齡的老化，而逐漸退卻與消失，所以英名不能永久保持，明星總有隕落之時。所以學練功夫，以力勝是不足取的，閩南語云：「相璞有大小漢，相打無大小漢。」意思是說，像摔跤、角力、相璞、以及胡纏濫打的推手之類，較從向以力取勝的比賽，它是有體重與塊頭的差別；而散手對打搏擊，是以技取勝，所以沒有體型力量大小之別。內家拳本來就不以大力勝小力，而是以柔克剛，以小制大，以弱服強，以智取勝。所以練功夫，要練活功夫，不要練死功夫，要練智慧的活功夫，不要練莽夫愚蠢的死功夫。

　　學者各自的需求為何？如果想速成，想炫耀於人，那麼就去練硬功夫或死功夫。如果想學真正的活功夫，對身體又有利益的，那麼就去找一個明師，好好的練，老老實實的練，認真的去參悟，讓時間去成就你的功夫，去磨練你的心性、耐力、毅力與忍力。

第 31 章
太極拳不止於拳架與推手

太極拳是一種拳術、一種武術，既是拳術，既是武術，當然是可以用來技擊防身的。所以太極拳不僅止於文人的健身把式，它意涵武術的防衛技巧與戰鬥藝術。練就全方位的太極拳，不僅讓你溫文雅儒，更使你在溫雅中，蘊藉著一股安然無畏的氣勢與膽識。

現今太極拳界，以練拳架者為多，練推手者少，練散手（自由對打）更為稀有。或許有人主張，太極拳是我們文人用來作健身的，我們不講求耍強鬥狠，那是武夫的行為，大有歧視習武者的意味。這全是個人思想觀念的偏差，並以文人自居的傲慢與虛榮心作祟。

亞洲的日本、韓國等，他們企業界的高級主管，大部分都會習武，如跆拳道、劍道、合氣道或柔道等。這使他們在談判桌上與人談生意、協商、斡旋，或交際應酬，表現出極度之自信，臨機應變，與臨危不亂的風格。

這與某些高官，在國際外交上與人對談時，那種手足無措，那種怯懦、畏縮、缺乏自信的模樣，真是不可同日而語，一個國家是否重視武道精神，在為人處事上有著極大之關係。

全方位的太極拳，包涵基礎拳架、練就內勁、再求推手、散手實戰與修行。

　　有些人練太極拳，是因為身體不好才練的，這些人只要得到健康就很滿足了。少數有心人，確是為追求功夫而練太極拳，但是未入門，不知太極功夫如何練就，又無機緣遇到好的老師，只得去公園、學校的教練場學練，或暗自摸索。跟著團體比劃，三、兩個月，練完一套拳架，沾沾自喜，接著又練劍，又練刀，及種種兵器，幾年過去了，自以為練得了太極拳功夫，參加拳架比賽也僥倖得了名次，就當起教練或當起老師來，實際上還是一個太極拳的門外漢。

　　有些好動的人，喜歡推手，懶得練拳架與功體，因為心靜不下來。看人家推手也去參一腳，跟著學推手，幾年下來，練得一身蠻力，雖懂得一些聽、化技巧，比賽也得了名次，而實際上，真正的太極功夫仍未到手，也就當起老師來，一副不可一世的模樣，讓行家看在眼裡，暗自好笑。

　　某君就是一個實例，他參加推手比賽，屢得冠軍，自以為功夫了得，就去參加國術博擊比賽，一上場，就被打的鼻青臉腫，敗下陣來，從此不敢再談功夫。這使我們得到一個教訓，初淺的推手，不是功夫的全部。

　　太極拳的內涵有三部曲，初階、中階、高階。

　　初階，練體。體就是功體，包含基礎拳架、站樁、及一些內功練法，這是基礎，也是紮根。萬丈高樓從地起，沒有基礎，一切免談，真正的功夫，沒有速成，絕對沒有，你得按部就班，老老實實的練，三、五年熬過，內勁生出，慢慢苦盡甘來，漸能體會太極功夫的實際本質。太

極拳的本質，就是以鬆柔的方法，練意、練氣、練神，使氣充盈筋骨，而斂入之，必須斂入，始能生出內勁，具備內勁的實際本質，此時方可與人談勁，及開始練習發勁，非此，則一切都是紙上談兵，一切都是空談，人云亦云耳，到老還是一場空，虛擲歲月而已。

練習拳架，內心必須恭恭敬敬，誠誠懇懇，不可耍玩太極拳；所謂耍玩，就是心不誠懇、心不在焉、吊兒郎當、玩世不恭、不認真、不在意，以耍玩心態，玩票心態，練太極拳，永遠不能成就。

練習拳架，必須老老實實，正正確確，盤架子要方正圓融，應低則低，該伸就伸，不要怕吃苦，吃得苦，才能出人頭地，如此，一頭練去，時間到了，自然生出東西來。站樁，也是紮根功夫。古人練拳，先練站樁，待下盤穩固有根，方始練拳，真正想練功夫，站樁絕不可廢，可與拳架並練，更有進境。

中階，練推手。內勁成就，再來練習推手，才能產生作用，否則只會練出一身蠻力，慧根好的，可在初階時並練推手。推手是練聽勁、化勁、發勁。聽勁乃透過身手之接觸，練習沾連黏隨，使神經觸感產生靈敏作用，達到人不知我，我獨知人之境界。化勁，因聽勁的敏覺，而得消化對手的來勢，所以能聽（能覺）始能化。發勁，得先成就內勁，發勁始生效用，否則只是蠻力硬取，雖能一時爭勝，然至高階散手時，必敗無疑，因為力不勝勁。

推手練習，應先由老師餵勁，如嬰兒之餵奶，透過餵勁，才能了知發勁之技巧，否則只是硬勁，無法成就彈簧

（抖）勁，亦即巧勁。未成就內勁，雖然也可以練習推手，但以不使拙力為之，可少分達到聽覺的效果。

高階，練散手。散手即對打，自由搏擊。練時可將拳勢中之單招單式拆開對練，俟熟稔後，再換另一招式，如此，由著熟而漸悟懂勁，當悟到懂得，勁如何走化，如何發打，如何拿捏時，則由有招有式，變成無招無式，自由對打，而至能自然反應，隨機應變，隨心所欲，庶幾謂太極有成，其它的只有靠自己去歷練，去實戰。有人練散手，編成上、下手對練，練成機械化，只能作表演用，如不拆開熟練而達到無招式的自由對練，不可與人言散手。

當我說到練推手時，你也許會怕怕，當我說到練散手時，你更是怕怕，遑論實戰了。因為怕受傷，所以不敢推，不敢應戰。其實如果有正確的教戰守則，有正確的練習方法，傷害是可以預防避免的。只怕你遇到的是偽師，土法煉鋼，蠻力使亂，你不但練不成功夫，而是全身傷痕累累，留下無窮的後遺症。

現在的老師，會餵勁，會餵招的寥寥無幾，在推手方面，頂多教教轉腰柔身，或在兩人互推當中指點一些比賽的技巧，純以比賽為出發點，所以常常會導致使出蠻力，進步雖有，但難以練成真正的功夫，最多僅止於蠻力推手而已，在推手圈內玩玩把式，無法在武藝方面與人論高低。

推手會餵勁，推起來一點也不費力，也不氣喘，也不疲累，連續推個兩、三個鐘頭，也不厭倦，而且愈玩愈有味，會讓你一頭栽進去，沒完沒了。散手亦同，老師會餵

招，招熟而至變化萬端，也是趣味橫生，當你練到能夠自然反應，化打一氣，能以身體接勁並將對手彈出時，你才能深深地體會，什麼是成就感。跟好的老師練習推手及散手是不會受傷的，因為他的聽勁靈敏，知所著力，點到為止。有些心態不正的老師，為了要表現他的功力，故意將學生打傷，這是心念與虛榮心的問題。

看到這裡，你如果還想學真正的太極功夫，去找一個全方位的老師，只要心誠意正，定有機緣遇到。如果你只想玩玩票，那只好在這個圈子裏繼續玩下去。

佛教有三乘，小乘求人天福報，修行的方法是布施、持戒、行善等，如持五戒，行十善業，持五戒修行的果報是來世可再降生為人；持十善業修行的果報可往生天界，享受天界可愛福報。二乘修解脫道，修除我執，入無餘涅槃，不再輪迴六道。三乘亦即大乘，修佛菩提道，兼修福德、戒、定，及般若智慧等，可以成佛，利樂有情。人天福報總有享盡之時，福盡亦是輪迴六道；二乘無餘涅槃雖了生脫死，不受輪迴之苦，然其果報只是利己，不能度眾利人，故佛斥之為焦芽敗種，自了漢。大乘之佛菩提道，可以成佛，度無量眾生，是為利人利己。

太極拳，拳架、推手，是小成功夫；散手，能從心所欲是中成功夫；欲入大成練神還虛之境，尚須修心養性，走修行的路。

第 32 章

太極教學觀

本文主旨在打破目前一般太極拳教學法。

現代太極拳的教學，皆以健身為主。有些教練只是短期教練訓練班出來的，連拳經、拳論是什麼都不甚明瞭。教導新學員，只讓他們跟在後面依樣畫葫蘆，學生跟著比畫，大部分練成太極操。

至於何謂以心行氣，以氣運身，何謂中正安舒，輕靈沉穩，何謂節節貫串，綿綿不斷，何謂氣宜鼓盪，神宜內斂，上下相隨，內外相合，則一知半解。

有些人練起太極拳，全以體操方式為之，無法體會氣為何物，不知如何鼓盪運氣，如何斂氣入骨，所以對健康及技擊效果不大，慢慢的他們就會失去練拳的興趣，減低學習意願，成為太極拳發展中的無形阻力，這是值得太極拳界深思的問題。

其中，關於推手的教學則更遑論了。現在大部分的教練場，對於推手都沒有正規的教法，有者頂多教一些腰胯的鬆化，接著就是兩人一組的相互鬥力、扭抱、拉扯。此種鬥牛式的教法，可比喻為土法煉鋼，當然，悟性好的人，也能經過長期的摸索而學會聽勁走化等技巧，但這時候，莫不已是全身傷痕纍纍，扭傷、挫傷、韌帶拉傷，留下日後難以治癒的運動傷害及後遺症。

很多中老年人都不敢練習推手，視推手為畏途，深怕跌倒摔斷骨頭，幾乎到了談推手而變色的地步。我有一位拳友跟某位「高手」學推手，這位高手為了表現他的功力高，一接手就把拳友用力推去，他才五十幾公斤，而高手體重九十幾公斤，身高一百八十幾公分，那堪一推，摔倒不說，手臂也折斷了。此後拳友一提起推手，就會把這位高手臭罵一頓，再也不敢嘗試推手。就這樣，我們的國粹，中國功夫，怎能不慢慢失傳，而一代不如一代呢？

在大陸魯訓公園，每天清晨都有一群老人，六、七十歲，八十歲以上的也有，兩人一組在玩推手，你來我往，輕輕鬆鬆，節拍輕快而有節奏，仿如跳舞一般，他們把推手當成如跳舞一般的運動，好玩又不累，又可以練功夫，那像我們這邊鬥牛，拼命，練出滿身是傷，這是值得我們檢討的。他山之石，可以攻錯，為何我們的推手，老是固守在這個死巢臼無法跳脫、革新呢？

在拳架的教學方面，應該一招一式慢慢的來，一式未熟不宜教下一式，如果囫圇教去，無有效益。

每個招式名稱應向學生說明，至能記起來為止。記招式名稱，能增加練習的印象，招式名稱就像每個人都有一個名字，方便稱呼。

在動作方面，每一式由起點，行進之間的過程、方向、角度，到定式，都要慢慢的，有耐性的示範講解，一次一次再一次，不厭其煩的，至學生能完全明白為止；遇到進退轉換摺疊處更須詳細說明，至於虛實如何變化才不會手忙腳亂而不搭稱或呆滯不靈；呼吸如何更替才不致憋

氣、逆氣，而造成喘息、鬱傷；氣勁如何提放，蓄勁、發勁如何與氣相配合，均要一併附帶說明，雖然初學時學生不能領會那麼多，但長期耳濡目染，即能融會貫通。如果粗製濫造，敷衍而教，日後修正可就困難，所謂學拳容易改拳難。

正確的教法，速度也許比較緩慢，一套拳最快半年至一年才能完成，但學成後就不必再有太大的修改，基礎拳架就算完成。當然不見得每個學生都能練的十分完好，但已能十不離八、九了。

古法的太極拳練習，拳架要學三年，再練兵器三年，以後才練推手及散手數年，始能大成，正是「十年太極不出門」。如今時代不同，要說十年，每個人都會腳軟，興趣缺缺。

科學日新月異，太極拳的教學法也要有所推進；泥古不變是落伍的思想觀念，所以對有心追求功夫的人，在適當的時機，就要同時指導練習推手和散手。本來太極拳除了強身之外，就兼具技擊功夫在內；如果只學拳架不練推手，那麼太極拳只算學到三分，學推手而不練散手，太極拳只算學六分；完美無缺的太極拳，要能應敵裕如，黏隨走化、拿捏提放、虛靈兼備，能發勁於剎那方寸之間，臨機應變，隨心所欲，神奇莫測。

目前一般推手練習大部分是土法煉鋼，由蠻鬥訓練而成，很多選手雖在推手比賽拿到好成績，但這並不表示已練就了應敵的技擊功夫；推手功夫未臻上乘境界時，在實際搏擊運用還有一段距離，如果只在推手比賽得到冠軍就

以為功夫已經了得，在實際搏鬥時，定然要吃大虧，到時還說太極拳不能用，其實只是功夫還未練到家而已。

太極拳架，每一招式，均含走化與攻擊，有蓄勁與發勁之技巧。如果空走拳架，一輩子也不知道勁要如何運用，甚至連內勁都還沒練出來，即使從拳經拳論中得知一些理論，但是沒親自去實踐體驗，沒有好老師親自餵勁，永遠無法領悟其中的訣竅；沒有長期的餵勁，則不能聽勁，不能懂勁，不能階及神明，那又如何能與外家拳比對呢？當然是不堪一擊了。

推手餵勁的練習，可將每一招式拆開單練，也可多式連續循環練習，在盤手時不可練成機械化，要默識揣摩，用心思內意去感受。餵勁的訣竅，只能口傳心授，難以用文字表盡。

關於散手之練習，時下一般太極拳散手對練，分上手與下手，以固定招式配對，其缺點是容易練成機械化；常見上手還未出招，下手已擺好架勢等待，或上手出招後，下手還愣在那邊不知變化，糗態百出。此種練法只適於表演好看，真正遇敵還是先跑為妙。

正確的散手練習，要在推手有基礎時進行練習，先以單招定式練習，在定式中再求變化，這就叫練活拳，不是練死拳，死拳易練，活拳難學。依然要由老師餵招，要練到能以身體去聽勁，去化勁，用手去黏隨，手是輔助，身體能走化才是高著，要練至能以身體反擊對手，「由著熟漸悟懂勁」，此之謂，然非用力（功）之久，不能豁然貫通。

　　我之前有一個學生叫阿寶，是個大陸囝仔，來臺灣投靠外公，在這兒讀小學，跟我學拳一年，我按照這些方法教他，他悟性好，也用功，很能體會推手的要領，參加推手比賽，不輸於年齡比他大，體重比他重的，是一個典型的範例。

　　太極拳是一種藝術，也是一種武功，我們承傳這種藝術文化，要把它發揚光大，這是我們的責任，不要讓太極拳只是比手劃腳的「體操」；教學也要有前衛的思考觀念，不再默守舊規，一成不變，這樣，太極拳才能起死回生，不再是拳腿棉花，中看不中用。

第 *33* 章

拳法無定法

　　佛法有八萬四千法門，是佛陀針對所有眾生之不同根器而施設，有的眾生適合修學人天善法，有的適合修學小乘聲聞解脫之道，利根菩薩種性則教修唯識如來藏實相之學。同樣一個法，對不同的眾生，有不同的說法，有時說有，有時說無，有時說一，有時說異，然而其最終目標，無非讓眾生皆得同證菩提，悟無生法忍，而達於佛地。

　　武術之修煉也是一樣，有的適合練內家，有的喜歡練外家；內家練錯方向會變成外家，外家體會深了也能練入內家，這都是根基與悟性的問題。

　　筆者是練內家拳的，看人家練內家拳也看多了，真是五花八門，爭奇鬥艷，令人撩亂。有的人喜歡多學，形意、八卦、太極都來，又是劍，又是刀，槍、棍、棒的，但是沒有一樣精，也不懂什麼是根，什麼是內勁，就當起老師來了。有的練外家的，幾年下來，練出一身蠻力，自以為了得，不屑內家之柔勁，因為不明白。有練太極的，一開始就練一些○捶、○○架之類的，因為沒有從基本功練起，直接進入拳架，尚未練就內勁，就有發勁的打法，打起來外表還馬馬夫夫，可是真正用起來卻一點也不實際。這裡並非評論某些○捶或某些架子不好，而是說教學者不懂得教法，沒有從基礎教起。而且現在的學生喜歡速

成，不想下苦功；然而，練內家拳是沒有速成的。有的學生根本不想學功夫，只想這樣玩弄耍弄罷了！你奈他何。

形意拳有明勁、暗勁、化勁的傳統說法，初學一定先練明勁，明勁有成才練暗勁。但長久以來，筆者看到很多練形意明勁的，大多練成了蠻力，變成外家練法，以後要改拳可就難了，而且這些人根本無法能有練入暗勁的一天，因為一開始就練錯了方向，一直練下去，只有離內家越遠了，除非你願意回頭，但已浪費不少寶貴的時光。

筆者教形意拳十餘年，對初學者，有的先教明勁，有的先教暗勁，端看學生的體型、悟力而有不同的教法。一般年輕氣盛者，先教他打明勁，把腳的撐蹬力練出來；身材魁梧有力者，反教他只練鬆柔暗勁，因為怕他練成了蠻力；有的則看他的領悟力而有不同的教法。這就是法無定法。

有些學生剛學練三、四個月，我就開始教他們推手，雖然下盤尚無根基，內勁猶未練出。為何如此？因為他們的領悟力好，從練習推手當中，可以使他們體會如何從腳跟使勁，以及不用手局部蠻力來使力的原理，這是可以相輔相成的，對於拳架及基本功的練習與體悟，是有幫助的，並非一定得等下盤有根、內勁練出始能為之。所以說法無定法。

某些招法可以這樣用，也可變化為別的方式用，一式可以變化百種千種的用法，拳可以再生拳，招可以再變化招，無限的變化，這就叫做活用，不會活用，就是死功夫。你如果執著於某招固定某種用法，拘泥於機械化，將

被束於死胡同之中，所以說千拳歸一路，一路變千拳。這是活用，也是無定法。

某生問：「是勁斷意不斷？還是意斷勁不斷？」我曰：「意斷勁不斷。」隔兩天他狐疑的又問：「行功新解明明寫勁斷意不斷。」我說：「勁斷意不斷。」那到底何者為是？何者為非？曰：「都是。」為什麼？「勁斷意不斷」意思是說你的勁雖暫時斷了，停頓了，只要意念還在，仍可以像藕斷絲連一般，斷而復連，接續而為，這是行功心解正確的說法。

那麼，我說「意斷勁不斷」，也沒錯。當你練到意勁綿綿不絕時，雖不用意，勁還是會源源流出，不會斷停。所以形意明家才會說：「有形有意都是假，技到無心始見奇。」能練至「拳無拳，意無意」時，功夫始謂到家。

所以我說「意斷勁不斷」有錯嗎？法無定法才是對的。我常說「盡信書不如無書」，也常說「盡信師不如無師」，因書是人寫出來的，老師也是人來當的，都不是真正的覺悟者，只有佛才是正覺之人天師。

王宗岳《太極拳論》云：「偏沉則隨，雙重則滯；每見數年純功，不能運化者，率皆自為人制，雙重之病未悟耳。」其中「雙重則滯，雙重之病」常為學人誤解局限於腳之雙重，我則主張「腳之雙重非病」，為什麼？因為王宗岳說「偏沉則隨」，偏沉就是有走化，有虛實。而他所謂「雙重則滯」的雙重，非局限於雙腳，而是泛指全身，全身有運化不開的地方，才謂之雙重，因為一處有一處之虛實，處處總此一虛實。如果腦筋不能靈轉，即是雙重之

病未悟耳，不能領悟雙重之病到底是指什麼。

所以說「法無定法」，有時這樣講，有時那樣講，讀經看論，須明白全體大意，不能斷章取義，不能依文解意，佛經說：「依文解意，三世佛冤；離經一字，即同魔說。」讀者不可不詳辨焉！

又譬如：過去某師謂：「尤須注意其根在腳，全身重量，祇許放在一隻腳上，主宰於腰，不獨手與腳要隨腰轉動，自顛頂及踵與眼神，皆須隨腰轉動，故相傳所謂練太極拳不動手，即是謂手足不能自動，惟腰為主。」此說是否正確，見仁見智，如果全身重量，祇許放在一隻腳上，那如何靈活轉換虛實；又手不能自動是正確的，但若說足也不能自動，則有待斟酌，詳如第28章「太極拳不動足嗎？」一文之論述。

此師又謂：「所謂總此一虛實者，即其根在腳，將全身重量必須放在一隻腳上，若兩腳同時用力，便是雙重，雙重即如少林拳馬步，此為太極拳最忌之大病也，切記，切記。」此師特別強調全身重量必須放在一隻腳上，不可雙重，而謂腳之雙重是病，又再次強調必須將全身重量放在一隻腳上。同時又批評雙重即如少林拳馬步，為太極拳最忌之大病。馬步，也是一種樁法的練習，在太極中的起勢，不是馬步，不是雙重嗎？起勢時，可以將全身重量放在一隻腳上嗎？能不雙重嗎？讀者思之自明，不必贅述。

學功夫，最怕腦筋活轉不過來，食古不化，僵固在文字詞句當中，不能自我思維，自我主見；死在崇拜學術及崇師之情執裡，跳脫不出。

第 *34* 章

發勁三要件

內家拳之發勁，必須具備三個條件，若無這三個條件，你在那邊窮練、苦練發勁，練了一輩子，都將只是空殼子，都將唐捐其功，只能練成一身蠻力，翼求真功夫，徒勞辛苦。

一、必須下盤有根

拳經云：「其根在腳，發於腿，主宰於腰，形於手指；由腳而腿而腰，總須完整一氣。」這就是發勁的要領，「其根必須在腳」，腳有根，才能借地之力，才能借力使力；腳若無根，下盤不穩，借不到地力，那麼，使出的將是手的硬力，蠻力，只是手的局部之力，無法發揮「整勁」，也就是未能「完整一氣」。

那麼，下盤之根如何練就？透過站樁、拳架、及一些基本功（譬如內勁單練法等等），來紮實穩固你的下盤。

站樁，以形意三才樁為主，前腳四分力，後腳六分力，前腳往後撐，後腳往前蹬，在前撐後蹬中，心裡凝想，腳是站在一張報紙上，雙腳掌欲將報紙撕裂一般，是用腳掌之內暗勁為之，非使蠻力。如此，久練則腳之氣勁下沉，就可入地生根。站樁，每天必須站半個鐘頭才能達到功效，如果怕苦，就練不到實功夫，都將只是妄想戲論

而已。

　　拳架，練形意也好，練八卦也好，練太極也好，你必須把架子先低練，落胯鬆腰，氣往下沉，動作越慢越好，氣越長越好。要以雙腳掌來使勁，帶動拖曳你的身體，不要以手局部的力量作動作，如果以手去主動飛舞，那是空架子，練不出功夫來。走拳架每天必須練一個鐘頭以上才能達到功效，若怕苦懶散則枉費工夫。

　　基本功，就是單練，基本十式，看似簡單，如能認真切實的練，定可成就功夫。在閒暇時、站立時、候車時，均可利用時間練習，積久成功。

二、必須練就內勁

　　內勁，乃是經由長期的鍛鍊站樁、拳架、基本功，以及正確的養氣，而累積沉潛在體內筋脈之中的一股無形的動能，它能隨時經由意念的引導觸動而同步爆破出令人驚心動魄的量能。內勁之爆發，純是專氣與意念而已，它不需距離加速度，卻能快速而準確的擊中目標，滲透人體之內裏，達到技擊的效果。

　　內勁的鍛鍊，藉由呼吸吐吶導引，以心行氣，以氣運身，透過站樁、拳架、基本功之練習，令氣沉藏聚集在丹田處，儲而備用。

　　再者，雙手是技擊最好的工具。發勁，最常藉用的就是雙手兩臂，所以必須將手臂之掤勁練就。

　　掤勁之練習，只需將兩手臂輕輕提起，用意不用力，如捧物狀，可藉由三才樁、渾元樁等樁法之練習或拳架單

練基本功而成就。日常生活中，站著、坐著、躺著，只需將手臂微微作意（心中生起一個念頭），其實也不必提起，只要有作意，氣就到，勁就生，但是需長久而有恆的去累積，始克有成。

很多人練某派的太極拳，在拳架中就有發勁的招法，因為尚未練就內勁，其使勁的方法，全是手指尾部的局部蠻力，雖然練了三、五年，拳架練起來好像蠻好看的，然而真正在技擊時卻一點也使不出勁來，只是好看而已，一點也不中用。

三、必須完整一氣

完整一氣，就是腳到手到，意到勁到，同步到達，簡單的說就是整勁的意思。拳經說：「其根在腳，發於腿，主宰於腰，形於手指。」有些人誤會，以為發勁是先由腳傳導，經由腿，再由腰，最後再形於手指，誤為一層一層往上傳，中間變成有斷續，造成斷勁的情況。那麼，這樣在發勁時，因為腳使蠻力，而使身體往上往前伸展，造成塌膝、身體虛浮，發出去變成空勁、斷勁。所以拳經此句的後半段所說「由腳而腿而腰，總須完整一氣。」就變成很重要了。總須完整一氣，就是整勁，它是同步同時到達的，不是層層分段上傳的斷勁。

完整一氣，要由丹田之氣來掌控，丹田一作意，氣、勁兵分兩路，一路傳到腳根，如打地樁一般，將氣、勁打入地底；一路傳到手掌，以掤勁一貫而出，雖說兵分兩路，卻同步同時到達，一氣爆破，此始謂之完整一氣。

　　再說到借地之力。發勁並非全由腳來借地之力,譬如坐著或躺著,就不能由腳來借地之力,此時就得借臀部或背脊及其它的施力點來借力使力,這都只是槓桿與力學原理罷了!它只是在發勁時所產生的後座力所得到一個依靠而已。

　　真正的行家發勁,純是一氣爆發而已,只是一念閃過,子彈已同時射出。借地借物之力只是發勁時微略附帶的點綴罷了,如果心裡還有一絲一毫的借力念頭,則在發勁時,都已是慢了半拍。

　　所以,在此,就要與雙腳行動不便的人來相勉。兩腳行動不便,坐在椅子上或躺在床上,照樣可以練內家拳,也一樣可以練出內勁,有了內勁,一樣可以發勁,成為一個有功夫的人。而且練內家拳,可以促進氣血的流通,飽和內氣,更有助於雙腿的運行,建立信心,成為一個健康的勇者。

第35章

推手常見的通病

一、根未入地

　　湧泉無根，下盤不穩，發勁時沒有借到地力。現在學拳的人，大部分急功近利，夢想速成，不肯好好下功夫。拳架猶無基礎，下盤根基未立，看人家練推手，也參一腳，亂推一通。因為沒有經過明師的正確指導，最後練成滿身蠻力，然後也去參加推手比賽，有時運氣好僥倖得了名次，就擺出一副不可一世的傲慢相，當然也會風光一時。但是隨著年齡的老化，體力漸減，動作失靈，逐漸暗淡下去，最後終於在拳場消失無蹤。這種情況是屢見不鮮的，至今亦然，以後也會有的，因為這是一種通病。

二、手無掤勁

　　掤勁，是經過長期的以心行氣，以氣運身，以意導氣，令氣騰然，而後斂入骨髓筋脈之內，聚集成一股無形的量能，這也是必須經過練習站樁、拳架、基本功等累積而成，非是三兩天，三兩月，三兩年的時間可以致之的。如果沒有練就這個掤勁，與人推手，都只是三腳貓，都只是空殼子而已，使出的也只是蠻力、局部力，沒有辦法發出整勁，因為，手無掤勁，則無彈簧勁，無支撐勁，在走

化時無法將對方來力透過掤勁，化入腳底；在發勁時，也無法透過腳跟接地之力，直傳至雙手而將對手瞬間打出，這樣，只能靠雙手胡纏濫打，成為一隻鬥雞、鬥牛犬。

三、體外架設牆壁

鬥力式的推手，總是把雙手擋在胸前，自己堵設一道銅牆鐵壁，怕敵人深入城內，不敢讓人的兩手觸摸到身體，因為怕被打出；或者兩手硬抓著對方的手臂，以為這樣可以使對手無法發勁，但問題是，你抓住對手的雙手，當要向對手發勁時，你的雙手能不放開嗎？在放開的剎那，不是等同告訴對手說，我要發勁了，這就等於自己造就一個機會讓給對手打。

所以，推手時盡量把身體讓出來給對方，這樣，你的身體才能聽勁，練出靈敏的反應覺受，在實際對打搏擊，才能因身體的聽勁而化解對手瞬間的打擊，在搏擊時，如果是以雙手去擱架攔擋，都將已是慢了半拍，雖然有了招架，依然還是要被打百下。

四、腰胯沒有落沉沒有彈簧勁

胸部被按時，一般的通病就是上身往後仰，腰胯不能落。腰胯不落則氣不沉，氣不沉，則根虛浮，那麼任你如何用力敵擋，還是要被打出。

腰胯要落沉，先決條件就是雙腳要有根，它們是相對的，而且是相輔相成的。能鬆腰落胯，才能氣沉丹田，才能氣貫湧泉，入地生根，才能走化對方洶湧的來力。所以

說湧泉無根，腰就無主，腰沒有主宰，就是沒有丹田氣，就是空殼子，就是繡花枕頭，沒有內裡，沒有實際，在真正搏擊時，也不能發揮如蒼龍抖甲般的腰的彈抖勁，也無法發出如迅雷不及掩耳般的疾速爆發力。故說，腳跟、腰的抖勁、手的棚勁及丹田之氣是四合一，缺一不可，不可分，不可離，分了、離了，就非整勁矣！

五、好勝爭面子是推手之大病

好勝爭面子是一般人之通病，也是推手之大病。一般人，誰不爭勝，誰不愛面子，誰無虛榮心；勝了，就產生優越感，我比別人好，我比別人強，慢心就生起了。在推手陣中，常人只有一個勝字，要勝過對方，要打敗對方，但是須知，鬥贏了，無非是鬥勝的公雞，鬥敗了，也無非是鬥敗的公雞，勝敗都是一副狼狽相，真的毫無所謂的優越感與虛榮感，更無面子可說。

在推手陣中為了爭勝，當然就會使上蠻力，忘記鬆柔為何物，那麼，即使你贏得一時，風光一時，但不能長久維持，因為人會老，體力會衰，不是恆久的，終將隱沒。

所以，在推手時，要建立一個觀念，做一個常敗將軍，當你一直敗，一直敗，敗到後來，你的柔性出來了，你的韌性出來了，你的聽勁也出來了，因為你不爭勝，就不會使蠻力，才能走鬆柔的路線，才能邁向推手的成功之路。

內家拳為何不易成就

　　一般崇尚外力與速度的拳種，只要練個幾年就會小有成就，就可以打，覺得較有實用性，也為一般年輕人所樂學，因為時間短，較易速成。但是，因為沒有練氣，無法生出內勁，而蠻力與速度是會衰退的，是不恆久的，年過四十就會逐漸走下坡，而且身體也會出現一些因使力過度而留下的後遺症等病變。

　　內家拳以練鬆，練柔，練氣，練神，練靈為主，能使氣血充盈，精神煥發，得到養生利益；而且可以練就內勁，增進氣勢與膽識，達到技擊防衛效果，一舉數得，也不會因年齡的增長而使功夫退減。

　　但是，內家拳需長期累積功力，非十年八載的，難以成就，所以只有意志力堅強，有恆心，有毅力者才能有所成就。

　　現在人練拳，莫說十年八載的，你教他練個三、五年，他就面有難色，不想再學下去。一般練武的學生就像浪潮，一波來一波去，能夠安住老實練拳的寥寥可數。所以遇到初學者提到這個問題，我總會回答說：只要老老實實認認真真的練，一兩年就會少有成就，我並沒有騙他，也沒有妄語，確實的，只要老老實實認認真真的練，一兩年就會少有成就，從少有成就而累積大成就，這不是難

事；你每天放一張紙，不會感覺什麼，可是一兩年後就有厚厚的一疊，這就是累積成就。讀者看到這裡，或者會生起一些信心來吧！？

再者，練內家拳需要有慧力。經云：「非有夙慧，不能悟也。」內家拳是練裡面的東西，不在外面，如果光往外面的動作去探究琢磨，那只能學到表皮功夫，不能得到內涵骨髓。慧力不是指一般的聰明，聰明的人反而學不好內家拳，因為聰明的人會投機取巧，不肯按部就班，不肯老實認真，所以功夫反而不易成就。但是慧力悟力不好，也難達上乘，因為固執己見，不能心領神會，你說一，他就固執在一裡，不會反三思維，不能融會貫通，所以功夫進境有限。

悟力的前提，是老實認真的練。能老實認真的練，才會有悟境出現，悟境出現後更認真老實的練，功夫又更上了一層，如此一層一層的練，一層一層的悟，一層一層的累積，練後有悟，悟後再練，功夫不深也難。

相反的，如果不老實認真的練，當然就不會有悟境出現，若是成天只在那邊空想，空讀拳論，空作學術研究，這就叫做口頭上作工夫，徒浪費時間而已。

三者，想成就功夫必須一門深入。如果意志搖擺，見這好學這，見那好又學那，學東學西，到頭來一事無成。筆者練拳三十餘年，專攻形意，形意母拳五形打了三十餘年，現在還是打五形。

別瞧五形容易簡單，內涵卻是至深、極深、甚深，拳家云：形意拳，易學難精，是真實語。真正想學功夫，形

意拳五形就夠你學一輩子。其實，那些外表的花招，學來容易，內裡的東西則較難領悟。很多人學拳，花樣繁多，刀劍棍棒扇，樣樣會，但是樣樣不精，只能表演表演，或教教新學者，也儼然以老師自居，誤導學人，比比皆是。這是武術界的悲哀，也是功夫的傳承越來越衰弱與沒落的癥結原因。

第 37 章

明師何處覓

所謂明師，就是對武術內涵透徹理解，本身練就了武術的功體，成就了內勁，而且進入了化境。所謂化境，含蓋了化勁及階及神明；化勁即是能走化敵人的正面攻擊，階及神明則是能隨心所欲，有預感靈知，能自然化解突如其來瞬息萬變的危機，而成就了全方位的武藝。這是指武術的技藝而言，亦即武功之體與用已經兼備了，這時候就可以稱之為武術家了，但是還不能稱為明師。

所謂師，就是老師，師傅，師父。能夠教化學生，指導學生，有能力將武學承傳下去。對武藝要懂得教學方法，有善巧方便，可使學生理解領悟武學道理，而成就武藝；不是只會比劃比劃，然後叫學生依樣畫葫蘆的比劃比劃就算數，也不是將套路招式或兵器一套一套的教下去就算數。

老師有三腳貓老師，有半桶師（台語）老師，有名不副實的「名師」，還有惡師。

三腳貓，缺一腳，跛腳，自己走路都有問題就想指導人家走路，自己不學無術，卻想得名聞利養，自己沒實際功夫，東看看，西瞧瞧，略知一些皮毛，就當起老師來了。

半桶師，就是還沒有「出師」，師父還沒認可，功夫

還沒有學好，只學一半，或一兩分，還是半吊子，就出來當老師，籠罩學生，誤導學人，騙取學費，沽名釣譽，想博取人家的尊敬與讚揚。

「名師」，很出名，但是沒有底子，沒有實際功夫，只會一些花拳繡腿，會去找比他出名的「名師」學習一下下，取為師承，然後大肆作廣告，搞文宣，公關做得很好，會找人來捧他的場，不久他就出名了，儼然當起自以為的名師。

惡師，有的沒有功夫，卻會惡搞，詐騙學生。有的雖有一點功夫，卻以金錢為重，得到多少錢才教多少功夫，學生如果不奉承他、阿諛他，就得不到他的歡心。惡師喜歡爭勝爭利爭名，愛現，好鬥，及誹謗別的老師，自讚誹他，打擊別人。

真正的明師，武功好，體用兼備，文武兼修，謙虛有禮，品德好，武德更佳，不重名，不重利，不會為金錢去討好學生，不會怕學生流失而用心計較，不會為出名搞花樣；而對武術的傳承及入室弟子的收錄篩選卻是嚴謹與慎重的，寧缺勿濫，寧可武藝失傳，也不願意教出惡逆徒弟。

明師不只是功夫好就行，還要會教。教，更是學問。有的老師功夫好，卻不會教，沒有方法及方便善巧，讓學生容易明白、領會及悟入。只會教學生跟著打，隨著練，只能練一些固定的招式，練成死功夫，變成只會打打套路，不能活用。

有的拳師學問不好，不懂得理論，對拳經、拳論也無

涉獵，對於槓桿及力學原理也不通達，所以只能土法煉鋼，教一些死招法，所以學生不容易有大成就。

明師沒有寫在臉上，你不可以以貌取人，如以貌取人，將失之交臂。有些明師，瘦骨嶙峋，或五短身材，或長得乾乾瘦瘦的，其貌不揚；明師，不一定身體魁梧、健壯，孔武有力，或道貌岸然，神情嚴肅，或目光炯炯有神，走路有風。真正的明師，真正有功夫的人，他是內斂的，沉藏的，靜默的，謙恭而慈悲的。而且真正有功夫的人，他會走修行的路，修行有助於功夫更精進，相輔相成，到達高峰。

內家拳明師孫錄堂先生，身材瘦小，卻是一代宗師。他在形意拳與八卦掌大成之後，與當時太極名人郝為真相遇時就交過手，郝為真不敵，但孫錄堂為了將形意八卦太極融合為一家，還是謙恭的向郝為真學習太極，終於大成。與人交手，從未敗過。

孫錄堂在內家拳武藝大成後，更加謙卑，不與人爭，晚年學佛修行，往生時，預知時至，含笑而逝。是後代人所崇敬的明師及名家。

想要遇到明師，也得靠機緣，福報不夠，縱遇明師，也會失之交臂。

遇到明師，不知惜緣，不知尊師重道，不知謙恭，亦終將失去明師。

遇到明師，不知寶貝，不聽老師語，不肯好好努力老實認真的修煉，等到老師離開了，已後悔莫及矣！

我的師伯黃先生，他是我心中的明師，但卻不出名，

在拳界他算不出名的，但他的功夫好，能幫你餵勁，讓你
體會走化及發勁的要領，我的內家拳能有一些進境，大部
分從黃師伯這邊學到，可是我那些師兄弟，及當時師伯的
一些學生，卻不知是寶，不曉得接近他，這麼好的功夫，
所傳卻是有限的，真是令人婉惜，如今師伯已往生，真是
令人懷念與噓唏。

第 *38* 章

武術與實戰

　　武術，除了外形拳架套路之外，還含蓋技擊攻防技巧，也就是實戰。

　　拳架套路是武術的初基，當然還包括樁法與一些基本功的練習。武術包涵體與用，體用兼備，才稱之為武術，它最終的目標是在防衛與戰鬥，而在武術的修煉當中，已然涵蓋了健康與養生在內，及更超然的一些修為，如武德、修行等。

　　體，就是功體，包括內勁的養成，下盤重心的穩固，步法、身法移動閃挪的輕靈敏捷，及內氣的凝聚等等。

　　用，就是實際過招，也就是真打實戰，包括推手、散打、摔角、擒拿等等能夠制敵致勝的種種武技在內。

　　現在的中國功夫，包括台灣在內，大部分侷限於外形之美，比較少講求實戰，武術比賽也大部分侷限於拳架套路的演練，在散打的比賽方面就像街頭的流氓幹架一般纏打蠻鬥，看不出真正的功夫，去觀賞的人不禁要搖頭疑問，這就是中國功夫嗎？而事實上，中國功夫目前的實際狀況就是如此，只能遺憾與嘆息罷了！

　　我們試觀西洋武術，都是講求實戰功夫的，哪兒像中國功夫有拳架套路的比賽，真可稱為世界奇觀了。那麼這些崇尚拳架套路的人，他們會冠冕堂皇的說：「練武術

只求健身強身就好，不必好強好鬥。」他們常常拿出張三丰祖師遺論，「欲天下豪傑延年益壽，不徒作技藝之末也。」這句話作為反對實戰的理由。

實則觀念知見是有偏差的，武術本身除了健身強身之外，它含蓋技擊防身禦敵的高度藝術，否則就不必稱為武術，就稱為健身術好了，而健身術太多了，何必選擇武術，豈不矛盾。

筆者2008年參加美國新唐人電視台舉辦的第一屆全球華人武術大賽，原來的目的只是想去開開眼界，看看現今華人武術的進展與現況，作為自己習武的借鏡與參考。此次參賽人員三百餘，外家佔四分之三，內家四分之一，筆者是參加內家，在兵器類組僥倖得到第三名，名次並非我們談論的重點，而是筆者與那些第一、二名的選手，在私底下切磋談論中，了解到他們都只會打拳架，有的稍微涉獵一些推手，至於實戰方面則都是搖頭的，這就是我們華人的武術大賽。

有一位賽員在台灣開了兩家武道館，也只是打拳架而已，這是目前台灣武術界常見的現況，也就是說武術已走向健身、體操及偏向美感之藝術趨向，那麼要談實戰防身當然就較為不可能了。

在這種情況下，那些真正想學一些能自衛防身功夫的人，當然只好棄中國功夫，去學較易速成的西洋武術。

那麼，這些西洋武術好不好，它是現成實用的東西，學個幾年，就可以致用。而中國的內家拳，非得練個十年八載的，才能真正練就內勁功體而致用，而且非有慧力、

悟力，也不容易學得；而中國一般的拳術又只偏向練外形，在真正實戰時就更難與西洋武術論戰了。但是不論中國的內、外家拳，真正有實戰功夫的人也還是有的，只是他們都不求名而已。

西洋拳擊，注重速度與重力及步法，它們的招式很簡單，直拳、鉤拳、上擊，速度要求一分鐘要打上百下以上，加上重力練習，耐力練習，其餘就是實戰，每天打每天練，半年、一年就能打了。

跆拳，著重於腳踢，也練擊破，練個兩年，也可以自由對練，進入實戰。

泰國人練習泰拳，從十幾歲開始練習，在那邊有些本地人想學一技之長而能謀生，並不是很容易，所以有些小孩從十幾歲就讓他們學泰拳，成績好也能成為謀生之計，成為職業拳手。他們練體，是苦練法，全身上下皆須經過痛苦的磨練，借物打擊，至身體能承受重力擊打為止。尤其小腿要能踢，踢到皮肉骨頭像鐵一般硬，打不痛，然後進入實戰，一天要練八個小時以上，這樣練出來，不會實戰也難。

中國功夫雖也有類似的苦練法，但是沒有那麼不要命，而且在實戰練習當中，又怕被傷害，所以皆只點到為止，與實際搏擊還有一段相當大的距離。在這種情況下要與泰拳對抗，結果是可以預知的。

中國人練功夫，大部分是興趣使然，有的是追求流行，趕時髦，不會像職業性的那麼拼命。

中國內家拳，三、四十歲功夫大成而至七、八十歲不

退者大有人在，他們功夫大成後反而更加內斂，不會好鬥，把功夫當作修行的一個法門，所以堪稱為武術家。外國這些武士，只能稱作格鬥士，武德、修行對他們來說是一個陌生的名詞，你看那些拳擊手，哪一個不是一副耀武揚威，那種不屑對手、不可一世的嘴臉，既使是百戰百勝的武者，只能稱作格鬥士而已，不能稱為武術家。而且中國內家拳之修煉，不必對身體作痛苦的鍛鍊，也不必打沙包，反而與這些土法煉鋼術背道而馳，是走鬆與柔的路線，純練內氣，讓一氣流行，讓內勁慢慢滋長累積，是循序漸進的，積成之後不易退失的；內家拳，是輕鬆的練，對養生是正面的，內家拳修行者很多是長壽的，活個七、八十歲，甚至百來歲不成問題。

功夫的成就，短期而言，適合練外家，短期可以實戰。長遠之計，要練內家，練氣、練內勁，是不會受傷害而且利於健身的功夫，智者，當然會有所抉擇，不會急功近利，貪求眼前。

如果想練就好功夫，真實功夫，去覓尋一個明師，老實的練，才有所成。如果全在紙上論文章，說功夫，是不會有進境的。

第 *39* 章

形意之勁

形意拳名言：「起如箭，落如風，追風趕月不放鬆。」「起如風，落如箭，打倒還嫌慢。」「起無形，落無蹤，起意好似捲地風。」「打人如走路，硬打硬進無遮攔。」「看人如嵩草，起落如箭鑽。」

這些名言，都是形容形意拳在發勁時的目中無人，形容形意拳在發勁時的排山倒海，形容形意拳在發勁時的石破天驚，形容形意拳在發勁時的迅雷不及掩耳。

風之疾速，人無可比擬；月亮在頭前，你怎麼趕，也無法追上超前，要超越風，趕過月，必須有超人的能力。這是譬喻形意拳發勁的快速，就像追風趕月一般，所以對手是無法遮攔的，既使有遮攔，照樣要被打出的。

要具備這樣的勁道，除了手的內勁之外，還得有腳的撐蹬勁。形意拳的練法，都是直來直往的，一直往前進。前進，當然得靠腳的，形意拳經云：「腳打踩意不落空，消息全憑後腳蹬。」「腳打踩意」，指前足落地時，足跟先著地，然後全足掌著地，如同往前往下按物一般，整個腳掌落地時，如吸盤吸入地裏；「全憑後腳蹬」，不是用跳的，不是跳過水溝，跨過水溝而已，而是如欲將大地踩沉往後推移，借往後推移踩沉之勁向前蹬出。不是用死力、蠻力、拙力，而是用彈力、巧力、勁力而為之。在

練明勁時，蹬出可以有聲，練暗勁時，蹬出則無聲息。蹬出，不是只有勁力，還包含無形的「氣沉」在內。而且，腳的蹬勁，還得靠站樁才行，要站到根能入地，與地能夠相應、相密、相契、相合，否則都只是練到虛浮的腳力而已，徒走空拳，無濟於事。

拳家云：「練拳不練功，到老一場空。」如果懶得練站樁及基本功，將是事倍功半，或是徒勞無功，都只是練好看的而已，練心酸的而已。那麼，腳跟之與地表相密應，相契合，這也是一種巧勁，也是自己與大地的一種默契，這得靠明師口傳心授，加上自己慧力的領悟，否則練錯方法，將成蠻力硬勁而已。再說，前腳離地往前踩時，後腳必須同時向前補位，而且要輕靈不笨滯，不頑呆，這樣，移步補位，才能疾速，才能追風趕月，才能如風如箭，才能好似捲地風，才能打人無遮攔。

再說身手方面。腰胯、脊背、兩肩、兩肘、兩腕、兩掌，要有擰、轉、漩、鑽、裹、挣之暗勁，有互相拉扯、對抗，營造一股自我的阻力，與自己相抗爭，與自己做一個拉鋸戰，一來一往，一前一後，一左一右，一上一下，一內一外，皆是如此，這就叫做二挣力，叫做陸地游泳、陸地行舟，叫做捕風捉影，把空氣當成一個實物，把空氣當成一個阻力，如在水中游泳、划舟一般，水是有實性的物體，划動它，是有一股阻力存在的，空氣雖無形無色，只是我們肉眼看不見而已，其實它也是有實性的物質，你就用自己的身手肢體去感覺它，去感應它，練久了就會感覺它的存在，然後去感覺它的阻力，以很慢的動作去感

應，有了感應，就會有氣感產生，要把這股氣感好好把握住，好好抓著，這樣，內氣就能與外氣相磨蕩，久了內勁自然累生，功夫漸漸積成。

擰，就像擰毛巾，須用內暗勁去擰，水才擰得乾；擰腰，要像擰毛巾一樣，腰的彈力才能練出來，如果再加上腳掌入地之根力，就能成就蒼龍抖甲的彈抖勁功夫。轉，好像鎖轉螺絲，將要鎖緊時，得控制力道，才不會鬆弛或過緊。漩，像漩渦，有迴旋、渦引之態。鑽，如鑽子，往內一直鑽進去，有螺旋，越鑽越旋，越旋越深越緊越密。裹，就是打包裹，有含蓄、含藏、不放逸之意，有蓄勢待發之態，有束身之意。以前的人沒有皮箱，打包裹都是用一條正方形的絲巾打包，將對角相互交叉拉緊就形成一個包裹，如裹物之不露，亦即力不外露之意，在打包裹的時候，也只能用暗勁，才能打包妥善。用繩索綁結裹物，也都是用暗勁的。掙，有掙扎、掙脫、掙取之意，譬如，二掙力，左右互掙，上下互掙等等。腳也有二掙力，即前撐後蹬，或左蹬右撐等等。

打形意拳時，全身上下皆充滿上述的擰、轉、漩、鑽、裹、掙之暗勁，及二掙力、拉鋸力、阻力，是暗潮洶湧的，一波接一波，而且必須一體成形，不能有斷續、凹凸、缺陷，要綿綿貫串；外面的動作如此，裡面的內氣也須相合而完整一氣，形成一個整勁。所以，形意拳招式雖簡，卻有極豐富的內涵，是易學而難精的，是越學而越覺得它是極深奧的，是學之不盡，永不見底的，可見其功夫之深沉。有學生說：「我學形意拳似乎沒有進境，感覺好

像退步了。」其實這是在悄悄進步當中，只是他自己的直覺上，沒有感覺到有進步，感覺沒有進步就好像退步了，因為進步是慢慢累積的，日進一紙，當然無所覺，等待一、兩年後，已經是厚厚的一疊了。

　　形意拳，蘊藏著無窮的寶藏，取之不盡，學之無涯，窮畢生之力，也無法學透，因為功夫無止境。而拳中之玄妙，也是難以用筆墨形容的，只有親歷其境，深入體驗才能知之。

　　有些人學形意，五形母拳，十天就學完了，十二形三週學畢，然後套路、拐杖、長棍、劍，不需一年，通通學完，就以為功課完畢，學業完成，殊不知離目標還相差十萬八千里，以為這樣搞一搞，就是學武術，練功夫了。武學淵源豈是如此膚淺？豈是如此容易成就？就如個人對形意拳的勁，以個人之親身體驗所得，如是而論述，讀之者，也不一定能全然明白，除非你有慧根，或者你已然曾經下苦功練過，經此一點，而豁然開朗；否則，看過之後，也只是一個知見而已，沒有親身去實踐體驗，是不能獲益的，也是於事無補的。

　　我現在的教學方法，就是循著這種不練多的方式，先打好基礎，每天練的就是站樁，基本功及五形拳，有的學生怕吃苦或不耐煩，我也去者不留。能與我的觀念相契的，就能夠留下來，繼續練下去，當然我也預記他們一定會有所成就的，如有一、二位傳承者，心願了矣，不必求多。

第 40 章

形意十年功

形意十年而大成，有俗史記載。

李洛能先生：拜戴龍邦門下，時年三十七，自受教後，晝夜練習，二年之久，所學者只劈拳及半趟連還拳而已，後戴龍邦之母見洛能先生忠誠樸實，面諭龍邦盡其所得而授之，洛能先生精心練習，至四十七歲，學乃大成。人稱神拳李。

郭雲深先生：年幼好武，然習之多年無所得，後遇李洛能先生，拜為門下，朝夕練習，歷十數年，功夫大成。後因路見不平傷人而入牢。在牢中亦勤練不輟，牢窄只能練半步而已，至出獄，其半步崩拳，打遍天下無敵手。

劉奇蘭先生：拜李洛能先生為師，學形意拳十餘年，功夫大成，著有《形意拳抉微》一書留世。

李鏡齋先生：性好拳術，六十三歲拜李洛能先生為師，至七十餘歲，功夫大成。

李存義先生：輕財好義，幼年習長短拳，後拜劉奇蘭先生為師，學形意拳數十年，功夫大成，尤善單刀，有單刀李之稱。

還有宋世榮、車毅齋、張樹德、田靜傑、耿誠信、許占鰲等等形意拳名人，都是日夜練習，苦心造詣，十年有成的。

　　古人練拳，都是日夜苦練，恆而不斷，功夫乃有所成。今人習拳，一日能練個一、二小時已算難能可貴，有些人是一日打漁，三日曬網，莫說十年，到了驢年功夫也難有成就。試觀李洛能先生，三十七才開始練形意拳，二年之中，才練五形之一的劈拳及半趟連環拳而已，不會要求老師多教。李鏡齋先生六十三歲才拜師學藝，七十餘歲才大成。

　　現在的人，莫說二年，二個月你如果只教他打劈拳，就要走人了，現在師父真是難為啊！所以急於速成者，只能另擇一些拳種。

　　形意拳沒有速成，絕對沒有，你只能循序漸進，經久不輟，有恆心，有超人的毅力，堅忍不拔的意志力，磨鍊個十年八載，才能大成。如果你能認真不斷的、用心的去練，兩、三年也會有小成就的。

　　若是聽人說形意拳十年始成，腳就軟一半，失去信心，那也是無可奈何的。俗話說，吃得苦中苦，方為人上人，而人上人畢竟是少數的，那你是要當拳中之人上人，還是當個武術的凡夫，只有你自己能決定了。

第 *41* 章

入海算沙徒自困

學武術練功夫，有百樣人，形形色色，各自不同。

有人純粹為了健身而學武術，他的目的只為身體健康就好，其他就沒興趣，也不想了解武術更深層的道理及作用，如果你跟他談功夫，談技擊，談禦敵防身之類的，他是不屑一談的，他們常常拿出張三丰祖師遺論，「欲天下豪傑延年益壽，不徒作技藝之末也。」這句話駁斥你。然而，如果沒有對武術之道更深入理解，於健身也只能得到膚淺的層次，作用不大，只能獲得局部肢體運動的效益而已，那與別種肢體運動實質上並無多大差別。

有些人是為了流行，感時髦，去學功夫，譬如看了電影功夫影片，動作影片，覺得有功夫蠻不錯的，可以英雄救美，或濟弱扶傾之類的，好威風，於是一時興起，練起功夫來，但是沒多久，覺得練功夫好累，好辛苦，很難一時有成就，沒幾天就放棄了。

有的人因為被人欺負，吃虧，不甘願，心理難平，想學功夫報仇，但是不肯下苦功，終究一事無成，只得成為一個弱者，永遠被人欺負。

有人對武術有興趣的，但是不肯去覓尋明師，好好跟定，認真修學，總是東看看，西瞧瞧，或買些武術書籍、光碟，按圖索驥，或從網路資訊，覓尋功夫，這些都是紙

上談兵，於事無補，徒耗光陰而已。

有些人確是想學功夫的，但是沒有超拔的意志力，總是懶懶散散的，學一天休兩天，上課總是遲到。老師這邊學完，回去也不願撥出時間練習，有空練習時也是敷衍幾下了事，然後覺得學那麼久都沒進步，自己懊惱。

有些人跟老師學一陣子，懷疑老師沒什麼，或認為所學拳種不好，或聽人說某老師功夫了得，或某拳種不錯，內心猶疑蠢動，安不下心來。

也有人跟了好多位老師學，今天學這，明天學那，心不專一，以為學多就是好的。須知，貪多嚼不爛，細咬慢嚼才能得到營養。

天下沒有白吃的午餐，也沒有不勞而獲的好事，一分耕耘一分收穫，聖經說，你得流血流汗，才得溫飽，學武術也是一樣，流一滴汗，累積一分功夫，要日以繼夜的勤求，才能日積月累的蓄成片片功夫。

學武術練功夫，貴在一門深入，認真老實。聰明人老愛投機取巧，而武術不是這樣可以成就的，你得老實認真，透過老實認真，才能有悟境出現，然後愈練愈深，功夫成就，否則，入海數沙，徒費「工夫」而已！

第 42 章

鬆的真義

內家拳是講求鬆的，尤其是太極拳。

這是一般人所不能理解的，更是那些外國武術所不能知之的。一般武術總認為技擊是離不開「力」的，就一直偏向「力」的追求，所以都是需要借重一些外物以及擊破的練習，或者苦練皮肉筋骨，使其堅硬如鐵，比如鐵砂掌，及某些拳種的敲骨打筋及藥洗等練習。

須知，這些土法鍊鋼術，只能一時短暫成就，不能永久保持功夫，隨著年齡的老化及身體的衰微而退失，而且會留下無窮的身體病痛後遺症，所以智者不取。

有智慧的人知道往鬆柔的路線追尋，向練氣的方向去探索，所以中國武術的發展，就有所謂的內家拳之蛻生，如太極拳、形意拳、八卦掌等。

尤其太極拳更強調「用意不用力」，楊家太極更是強調「鬆」。形意拳的前輩雖沒有特別強調「鬆」字，但也主張不著一絲「拙力」，筆者認為這是比較貼切而符於實際的。

楊家太極以及延伸至台灣的鄭子太極拳，特別著重於「鬆」。所以「要鬆，要鬆，要鬆」及「不鬆就是挨打的架子」，二句口頭禪就變成他們的標籤名言。

內家拳講求鬆柔是正確的，但是如果刻意過度的在鬆

字上著墨，或誤解了鬆的真正義涵，將會流入體操式的太極拳，只是外表拳架姿勢優美而已！形意拳與八卦掌如若也流入體操式的的話，那真可謂四不像，貽笑方家了。

鬆柔的目的，是讓神經舒放，使肌肉筋骨擴展而不疲勞，使氣血順暢而不滯礙。身心舒鬆靜定後，加上神意的驅動與導引，能使氣血騰然，騰然後斂入骨髓，日積月累，形成「內勁」，蓄而備用。故謂鬆柔是產生內勁的必要途徑，內勁才是武術的真正內涵。

然而，鬆，被大部分的人誤解了，尤其是練太極拳的，以為鬆，是不著一絲力，像洩氣的皮球，軟趴趴的。以為鬆，就像柔軟體操一樣，腳能抬得高高的，能彎腰至地，劈腿成直線，而自詡為高手。這些人只能說他的柔軟度好，不得謂太極拳高手。

真正的高手，真正的鬆，不僅是肢體之美而已，還含蓋意氣的流露，內勁的盪動，下根的盤踞如山，腰、腿、腕、掌的擰、纏、扭、彈等等，說之不盡。

鬆，不是鬆懈、鬆散，不著一點力。鬆，只是不著「拙力」。拙，是笨劣的意思，是頑固不冥的，是蠻橫呆滯的，是阻礙不暢的。使了「拙力」，氣則結滯，勁則不生。鬆懈、鬆散，氣亦不暢，勁亦不生。

「不著拙力」，不是完全不用力，如果不用力，手提得起來嗎？腳踏得出去嗎？腰能動轉嗎？所以還是得用力，然而「用力」只是讓身體手腳發生動轉的機制而已，它不是練「勁」的「法」。力，只是讓肢體啟動；氣，才能令內勁潛沉。

鬆，只是外表看來似鬆，而內裡則是摧筋拉骨的，是含蓋二掙力的抗衡的，是氣的驅動，意的導航，神的凝思，是無限密集的內在滾蕩，所以鬆柔其實是生機勃勃的，是氣機盎然的，非死氣沉沉，要死不活的。

如果不會運氣，只是身體鬆軟，那是成就不了功夫的。讀者宜認真思維、體悟，如果悟錯了方法，在矛盾中找不著結頭，更會陷入迷霧之中，永遠到不了目標。

內家拳的慢與快

內家拳一般的練法，都是以慢練為主，講求鬆柔，不用蠻力，如太極拳是。太極拳，也有快慢相間的練法，如陳派太極拳。有些人喜歡標新立異，自創所謂的快太極，使太極拳變成渾亂現象。

形意拳一般初練，是打明勁，動作明快開展；到達暗勁階段，也以鬆柔為宗，不尚拙力；打套路時，則是剛柔並濟，快慢相輔。

八卦掌講求輕靈沉穩，轉掌擰腰摺疊處，使用暗勁，要蓄勁，所以要慢；在擺扣移形換步及俯衝時，如老鷹獵食，快速飛降。

內家拳名家常說：「慢要比人家更慢，快要比人家更快。」也說：「練時慢，用時快。」

「慢要比人家更慢」，是指練法，在行功打拳架時，宜慢，因為慢才能行氣運身，才能導氣斂入骨髓，聚成內勁；所以內勁尚未凝聚之前，是不宜練發勁及使快的動作，如果太極拳初練時，就有快速發勁的練法，是不能成就功夫的，雖然外形上看似有勁，實則是不具威力的。有位拳友，練某派太極拳，打拳架就常有發勁的動作，練了七、八年，去參加拳架套路比賽拿過金牌銀牌，但在實際應用發勁時，卻是使不上勁的，這些情形比比皆是。故行

家主張，在內勁尚未成就之前，不宜打有發勁的拳架，而且發勁及快速的動作，是較耗氣力的，偶而練習則可，時常為之，於養身而言是不宜的。

「快要比人家更快」，是指用法，是指發勁。當內勁成就時，要快，就可以比人家更快，所謂後發先到是也。為何能如此？因為發勁是內氣的作用，是意念的驅使，意念一動，勁已然到達定位，像子彈的擊發爆破一般，是迅雷不及掩耳的，所以能比人家更快。

內家拳要求「練時慢」，要以心行氣，以氣運身，氣要慢、要長、要深、要細、要勻，要滾盪、要導引，要沉著，外形身手腰胯要擰鑽，要纏轉，要摺疊，要如拉弓，如抽絲，綿綿深細。這樣練功行深時，內勁則日漸凝聚內斂。

內勁成就了，當然可以「用時快」，不必贅述。

一般人，看練太極拳及練形意暗勁那麼慢，總是搖頭的，眼睛會長在頭上，不屑一顧。年輕人則是崇尚外形、外力以及快感的，不想親近內家拳。

內家行家總是寂寞的，難遇知音，內家真功夫的承傳，也因此逐漸沒落。

百萬士兵一將軍，要做將軍比較困難，所以凡夫總是多數。

經云：「非有宿慧，不能悟也。」沒有宿慧，不得緣遇內家拳。

沒有智慧，也不能成就內家拳。

第 *44* 章

寂寞的內家拳

　　形意、八卦、太極，一般武術家把它們概括歸類為內家拳。表面上看起來內家拳好像很興盛的模樣，尤其是太極拳，每個運動角落幾乎都有人在打、有人在教。

　　然而，內涵極深極廣的內家拳武術，已然流為凡俗的健康運動，尤其是太極拳，多數人都把它視為健身操，甚至把太極拳貶抑為做事推拖不負責任的代名詞，這是何等的悲哀與無奈，武術家不禁要仰天長嘆了。

　　太極拳祖師張三丰創造太極拳，原始的義涵除了養身延壽外，還含蓋著武術的技擊防衛在內，從太極拳經、拳論中可以窺探它在技擊上的高深妙義與防衛作用，太極拳豈僅止於養身健康而已。

　　現代的太極拳修練者，最多只達到推手階段，即謂功法已成，就出來開班授徒，有的連推手都不會，也來當老師，打的不像拳也不像體操，既達不到健康的效果，也達不到技擊的作用，真可謂四不像，看在方家眼裡，除了搖頭還是搖頭。

　　有一位學生在公園練形意拳，一位自謂台北來的太極拳師過來與他聊了起來，太極、形意、八卦他都懂，拳理講得頭頭是道，學生請他指導一下推手，他說時候不早，明日再來，學生隔天再去，不見人影。這是拳界中之常

事,屢見不鮮,不足為怪。

真正有料的內家拳武者,並不多見,他們不是名師,不出名,因為不會搞宣傳,所以不出名,名,對他們來說也不重要,也不需靠教拳討生活。所以,教拳不會很刻意去招募學生,有機緣的他才教,無緣則不強求。對於懶散不認真的學生,他不想教,對於悟力淺陋者,教了亦難達上乘。所以,內家拳的傳承,是非常不容易的。

經云:「非有宿慧,不能悟也。」練內家拳,得靠智慧,而有宿慧者,是可遇不可求的。智慧,不是聰明,聰明人愛投機取巧,不肯老實用功,所以練不得內家拳。魯直的人也練不得內家拳,因為悟力不好,難得入門。那麼,要找一個悟力好又肯認真及能信受老師的人,就成為鳳毛麟角,難可遇求。在難遇難尋當中,內家拳武者讓人看起來就會有孤寂的感覺,因為知音難得。

真正有內家功夫的人,他也不愛現,不會到處去踢館,去找人比試。加上不愛搞噱頭文宣廣告之類的,所以他不會出名,他也不想出名,帶來無窮的麻煩。

一位拳友去找曾得過推手冠軍的老師練推手,老師為了表現功力,把學生推倒在地,受了輕傷。功夫不必用這種方式表達,學生認不認知都無所謂,你認為是好就來跟學,不識貨則是無緣。

隨緣而不強求,內家拳武者有自己的風骨,不必去拉攏學生,去招攬學生,不會顧忌沒有學生眷屬,外在雖是寂寞孤單難遇知音,內心卻隨緣自在無所牽掛。

萬人獨醉我獨醒,千山萬水任我行,不亦樂乎!

第 45 章

聽勁與發勁

　　一般學武術的人，大都知道發勁是甚麼，但真正會發勁的人並不多，甚至把發勁當作是一種力量配合肢體動作與速度結合的一股連貫性的作用而已。

　　至於聽勁，練內家拳的人認識較深，尤其是太極拳，因為有推手的關係。

　　所謂聽勁，並非用耳朵去聽，而是用身體肌膚及神經觸感，去感覺對手攻擊來力的大小、方向及來龍去脈，以沾連黏隨等方法，掌控對方使力的意圖，而掌握先機，克敵制勝。

　　不會聽勁，在推手時，就會以力取勝，以蠻力壓制對方，故常有頂抗、摟抱、纏打等鬥牛的現象發生，就像現在一般的太極推手比賽所常見的，也是被人所垢病與批評的。此種比賽所產生的冠軍選手，不一定每個人都有真實功夫，在技擊搏鬥時，也無法以發勁的方式來作搏擊，因為還沒有真正練出內勁的關係。

　　聽勁是一種神經覺受的反應，其實是每個人都天生具備賦有的，只是有靈敏與遲鈍的差別。透過訓練可以將潛能開發出來，但是要經過明師的口傳心授與親手餵勁。

　　餵勁，是一種極高度的技法，少有人懂，一般阿師，只能教一些粗魯的招法，讓學生去練，不免流於鬥力的方

向，這樣的教法，對於內勁的培養與鍛鍊是會造成反效果的，所以修學者想要在內家拳有所突破與成就，是有相當程度的困難。

餵勁，並不是指老師有內勁，然後把本身之內勁傳達灌輸給學生，不是這樣的，如果依文解義，那就相差十萬八千里了。內勁只能靠自己去培養鍛鍊，儲存聚集，本身內勁之體，先練就了，老師才能藉由一些動作、勢法、機制，把你已練就潛在的內勁開發引導出來，讓你會用、會使，慢慢知道如何走化，如何發制於人，如何以靜制動，如何搶先機，如何應用虛實，如何引敵入彀，如何欲擒故縱，如何放空城計，裡面有很多技巧，豈是那些胡攪蠻鬥阿師所能理解。

至於發勁，先決條件就是你已把你的「體」練就了，所謂「體」，包含下盤根力的入地生根、手的掤勁、及丹田的完整一氣等等。發勁時，腳不能往上提升，往上升，則根虛浮，發出的勁變成虛無飄渺，不能紮實，腳掌在發勁時，好比打地樁般，借那股震地的反彈力及丹田之氣剎那爆發，借手之掤勁將爆破力直達目標，那是瞬息而達的，沒有猶豫、思考，只是一個作意，內勁已隨意念奔放而出。

聽勁與發勁雖是兩種不同的技法，卻有關聯性。你雖練就了內勁，也知道發勁的要領，但你的勁發到對手身上，是否能命中，是否能發生制敵的效果，那就牽涉到很多的技巧，如時機的掌握，身勢的控制，能不能得機得勢，那就得靠你的聽勁感覺反應等多方面的配合，才能得

心應手。聽勁好，但是沒有紮實的內勁，發勁變成空包
彈，起不了作用；內勁好，但是聽勁差，就像擁有滿倉庫
的彈藥，被鎖著，不能拿出來用，或者胡亂掃射，不能命
中目標。

　　內勁是體，聽勁是用，體用兼備，才是好功夫。

第46章

椿功不是最差的功法

有位拳友說:「練椿功是為了肌耐力,及磨練心志,許多門派都有練椿功,那都是給初學者入門的功夫,雖然有不少高手也練椿功,其實那是效率最差的練功法,個人如此不重視椿功,原因是練椿功,是很容易退功的,也就是說一陣子沒練了就沒用了。

再一個原因是練椿功,對於閃展騰挪是有負面的影響,換句話說,是站得穩,閃得慢。」

辨正如下:練站椿是練心志,沒錯,心志不堅,練武不能有成就。但是椿功不是為了肌耐力,也不是死練腳力,而是引氣進入腳底湧泉,使腳根沉穩,入地生根。腳有根,在發勁時,有借地力的作用,使發出之勁道更強烈,更有制敵之效果。下盤若無根,發勁變成使蠻力、侷部力,效果不大。

許多門派都有練椿功,因為這是武術的基礎,而且椿功也不僅是給初學者練的功法,很多功夫有高成就者,他們依然還在練站椿,例如形意拳大師王薌齋先生,在功夫大成之後,仍然站椿不輟。只有武術的外行不重視椿功,不屑站椿,因為他們是武術的門外漢。

椿功練成了,不會退失,而且根越練越深沉,不會說一陣子沒練就退功的,就沒用了的。椿功對於閃展騰挪,

沒有負面的影響，卻有正面的效益，根底練穩了，不僅閃展騰挪會更加輕靈而且沉穩，因為底盤穩固的關係，抓地及借地的勢力更佳，在閃展騰挪時更加疾速。

這位拳友說：「練打坐比椿功練到的功多得多，椿功最適合的對象應該是體質很弱的人練的。」

辨正如下：打坐是修禪定的功夫，當然也可以調氣健身，但若說打坐比椿功練到的功多得多，這是錯誤的，以打坐而能練出武術的功的人並不多見。又椿功練習的對象，不僅止於體質很弱的人，體質強壯的人，練起來效果更好。

這位拳友說：「現代武術除了養生，所能表現的就是比賽，而各類武術以綜合性武術搏擊散打最能表現功力，身為教練的人如果手下有柔道、拳擊、跆拳、空手道、國術等選手要參加K1比賽，這教練會讓選手加練泰拳還是練站椿？」

辨正如下：站椿，前已言之，它不僅是紮根的基礎，也是增加功力的方法。但是武術的最終目標雖然在於搏擊，但搏擊是全方位的，除了功力好之外，當然得配合其他的功法，如化打、騰挪、虛實變換等等。這位拳友將泰拳搏擊和站椿功法訛混作為譬喻，是故意牽引誤導讀者思維的方向，也是自視所練武功為至上而一味鄙視站椿功法的人，因為自己本身沒有投入站椿功的練習，也不明白站椿功法的內涵，才會引生如是的我慢，而一味的抹殺椿功的益處。

這位拳友說：「練武講求：其根在腳，主宰於腰，形

之於手，這是指發勁的要領，這是講施力的方式，是動態的，站樁是靜態的，如果不懂發勁，舉一例你就能體會，你用雙手蹲下端起一盆水，然後潑出去，仔細體會這一動作，是否就是腳先用力，再是腿，延伸到腰，手最後順勢一潑，如果是空手的話，很可能你就是手先出而腳後動了，樁對於動態施力效果不大。」

辨正如下：站樁並非全是靜態的，它是靜中有動，外靜而內動，裡面有氣的鼓盪，氣的導引，是以心行氣，以氣運身的，將氣斂入骨，聚集成無形的內勁，這豈是此輩所能理解的。站樁，不是木頭人呆站在那邊，它的內涵極深極廣，鄙視樁法，將成方家所貽笑的對象。

這位拳友即知太極拳經所云之「其根在腳，主宰於腰，形之於手。」也半知這是指發勁的要領，在這當中第一句話，「其根在腳」即在詮釋樁法的重要，如果腳無根，如何發勁？如何「形之於手」？站樁外表雖是靜態，它是一個練功的功法，它也是發勁必備的條件之一，它雖是靜態，卻能產生動態的功能，所以在動態的發勁當中，你無法抹殺站樁所發揮的功用。如果說樁對於動態施力效果不大，那是井蛙之見。

這位拳友說：「現代國術與搏擊相比，有沒落的現象，國術選手總有缺點甚麼似的，其實這是練武方式沒有進步，就以太極拳來講，有多少師父教出的學生可以參加散打搏擊，其他武術沒學過泰拳敢去打嗎?泰拳就是練打，練實戰，沒有套路，沒有站樁，這就是最實用的。」

辨正如下：這位拳友如是批判國術與搏擊相較，呈現

沒落的現象，批判練太極拳是不能參加散打搏擊的，只有泰拳能打。事實是否如此，不能妄下定論，國術是有搏擊的，不是沒有，也沒有沒落的現象，只是這位拳友見聞不廣罷了。國術的修練者，不一定會去參加搏擊，因為他是武術家，不是格鬥家，他練武不全然是為了格鬥，還有武術家應修煉的東西，如謙卑、忍辱、涵藏、武德、修行等等，當他的功夫越深沉時，他會越內斂，越謙恭，不會擺出一副不可一世的傲慢相。

【結論】

武術沒有好壞之別，看你有沒有深入去修煉；自己沒有涉獵到的，則無法深入去了解，若魯莽膚淺的隨意批判，是不智的作為。孩子是自己的好，沒錯，但是不能說別人家的都不好。

批評之前，宜先身歷其境，身體力行一番，再下評語，庶幾無過。

第 *47* 章

何謂整勁

先談何謂勁？一般人總是不明白，以為勁就是力量，以為手腳腰胯身勢搭擋配合的順暢完整，就可稱之為整勁了，豈知與實際上所謂的整勁，還相去十萬八千里。

其實，勁與力是完全不同的東西，力是天生即賦有的，只是有大小之區別；勁則需透過後天的鍛鍊，譬如以心行氣、以氣運身、氣沉丹田等等，經長期聚集儲藏，把氣斂入筋骨，這才稱之為內勁。不是長期的訓練打沙包或擊破，或藉藥洗將手臂練成鐵骨，這些都是膚淺的土法煉鋼術，不足為奇，非智者所取。

內勁之鍛鍊，三、五年可以有小成，十年可大成，大成後內勁蘊藏在體內，可以保任永不退失；如果是土法煉鋼術，以外物外法短期練成的銅牆鐵壁，邁入中老年，功力逐漸退失，要保任得長期忍受皮肉之苦，若是不慎傷及神經，那不只是聽勁（觸覺）反應變得遲鈍，還會留下無窮的病變後遺症。

勁是機動而賦有彈性的，勁可藉由意念的驅使而快速反應，要大要小，要長要短，要深要淺，皆可隨心所欲，換言之，是心念之內動，透過內動而形之於外，就稱之為發勁或放勁，它的勁道是集中而紮實的，是迅速而靈敏的，是迅雷不及掩耳的，不須有距離加速度，就能即刻剎

那命中目標。

發勁要完整，需具備三個條件，否則即使擁有豐富的彈藥，被深鎖在倉庫裡，也是無用武之地，發揮不了作用。

第一：手要有掤勁，練就鬆而沉的乘載勁道，曲蓄而有餘。

第二：腳跟下盤需有磐石盤踞之勢力，俗稱入地生根，有了根，在發勁時才能像打地椿似的借地力一貫擊撞而出。

第三：腰的丹田之氣所使出的彈力，要能像蒼龍抖甲般的疾動，腰的快速彈抖，亦是由底盤的腳跟所驅使。

拳經云：「其根在腳，發於腿，主宰於腰，形於手指。由腳而腿而腰，總須完整一氣。」短短二十餘字，有誰能深刻去體會，而且悟入它的真實理。如果以知識去理解，則流於膚淺的外表形式。

拳經它是講裡面的東西，第一個在腳，腳若無根，莫要與人論發勁。第二腰如何作主宰，它要指揮手時，內在得有丹田之氣，無氣如何爆破令手出擊。第三手若沒有掤勁，腰則變成空轉空運，也起不了作用。這三個條件具備了，最重要的在於完整一氣，內氣與外形需搭配得無隙無縫，內外相合，上下相隨。從文字上看，發勁好像一節一節往上傳，其實它是一鼓作氣，一併而發的，氣隨意動，心想事成的。

所謂完整，即無缺陷，無凸凹，無斷續。有缺陷即不完美，三個條件缺一就是有缺陷；有凸凹即不平衡，就是

上下起伏，使發勁的勢力被削減；有斷續即不連接，使勁道中斷。

在內裡方面，泛指意不斷，氣不斷，勁不斷。意不斷，指意念要集中，沒有妄想存在；氣不斷，指氣的飽和匯聚，不散亂；勁不斷，是內勁的綿密不丟與蓄積，待勢而發。

如是內外完整，上下前後完整，意、氣、勁同時完整，始得謂整勁，或謂完整一氣。

第 *48* 章

推手為何變成摔跤頂牛？

太極拳的推手為何會變成摔跤頂牛？死纏爛打？成為武術界人士所垢病、批評、訕笑的對象？原因如下：

一、老師的水準低落，不會餵勁

真正會太極推手的老師及教練，寥寥無幾，大部分的老師及教練是去參加推手比賽僥倖得了名次，回來之後就開始當起老師或教練來，其實對於推手的內涵還是半知半解的，要如何替學生餵勁，他們根本是一無所知的。

餵勁是非常高深的功夫，為師者必得知道餵勁作勢的要領，會餵勁作勢，才能讓學生拿到分寸，讓學生能理解拿捏應當在何時走化？該走化多少？讓學生能知道何時應該順勢反彈發勁，及中途的變化虛實，這全在老師雙手之間的暗示，雙手發揮的肢體語言，是學生與老師之間的橋樑，與靈犀的默契。

在餵勁當中，在走化與發勁之間，都是不用拙力、蠻力的，都是輕巧的，都是順勢而為的，沒有一點牽強，沒有一絲頂抗，也不會用到局部的手力，在化打之中全是要求完整一氣的。如此練來，彼此都是輕鬆而不疲累的，在練習當中是趣味叢生的，會讓人一頭栽進去，流連忘返，功夫漸漸成熟入底。此時，要玩推手絕不會再有頂抗、摔

抱、纏鬥等情況發生。

二、學生不想用功，欲求速成

現代的學生太聰明，因為聰明的關係，就會投機取巧，不肯老實認真的下功夫。很多學生連拳架都不會打，基礎尚未成就，急於想出名，就跟著人家亂推一通。靠著本身擁有的蠻力，練成死頂蠻抗，及一股衝勁，想打出一片天來。

有的人反應好，耐力夠，蠻力大，在比賽場中，也有致勝的機會，因為一般選手都在水準以下的關係，他就有僥倖出頭的時候，拿了幾次冠軍以後，他可就不得了了，不可一世的嘴臉擺出來，只能讓方家竊笑罷了。然後就當起老師來了，如此惡性循環下去，太極推手就被這些人搞成今天的局面，徒呼奈何？！

三、裁判水準超低

只要接受裁判講習數小時，繳了講習費用，就可輕易拿到裁判證書，當起裁判來。

很多裁判根本不認識推手，遑論會推手，外行指導內行，令人啼笑皆非，仰天長嘆。不會推手卻可裁判推手，這真是笑話中的笑話。

四、結　論

這是如今太極推手的實況，是無可奈何的事，也是無法挽救的事，嘆息也是徒嘆息，要跳脫這個框框，您只有

走出這個圈圈，不去與他們混濫，也無須去參與此類的推
手比賽，特立獨行，超然的邁向自己理想的目標；否則您
得個冠軍什麼的，對自己的功夫又有何助益，只是浪得虛
名而已。

第 *49* 章

氣與勁的實戰應用

一、氣與勁的差別

氣是每個人先天就賦有的，然有氣強與氣弱之別。氣強則精神旺盛，神采奕奕，意氣風發；氣弱則精神萎靡，神形黯淡，憂鬱寡歡。沒有氣，生命將會終結。

古人知道氣對人體的重要，故有所謂的「練氣士」專門修煉氣功，以達健康長壽。

氣是可以修煉的，只要心靜得下來，利用意念去導引，去行氣，以氣來運轉周身，令氣血循環強化，使新陳代謝正常，即能達到健康的效用。

勁是透過運氣的修煉，使氣達於騰然狀態，然後斂入筋脈骨髓之中，經久聚集儲存，形成一股鉅大的內勁，蓄而備用。

二、氣與勁的修煉

氣的修煉，主要在於清心寡慾。心能清淨，氣才得清澄無染，才能沉甸，運行才能暢達無阻。

氣的運行，需靠意念之導引，以心來行氣，藉著呼吸吐吶令氣在體內鼓盪，使內臟得到溫養與運動，強化機能。

　　透過清淨的修為及心意的牽引，氣機就有「騰然」的感覺產生，就像燒開水，時間火候夠了，自然會滾燙，並且冒出水蒸氣。

　　這股水蒸氣冷卻凝固之後，沉斂入骨，它就是內勁。內勁雖無形無色，但累積集聚行功深時，在鬆中可以感覺它的沉著，所以它是有質量的，它是氣所聚集的元素，一種無形的磁場，一種量能。

　　勁的修煉，可以透過站樁、拳架及其他基本功的單練，來聚集儲藏。並透過發勁的訓練，把沉藏的內勁開發出來，使它能夠被實踐與運用。

　　練習發勁有三個基礎：

　　1：腳有盤踞之根。

　　2：手有掤勁彈力。

　　3：氣宜完整。

　　然後再透過老師的餵勁，始能將內勁開發出來，才能實際應用於推手與實戰當中。

三、氣與勁如何應用？

　　氣與勁在實體上雖有區別，它們雖然是不同的質體，然而在實際應用時，它們是不可分開的，它們是一體的兩面。

　　勁就像一只炸彈，氣則是火引，點燃了引子，炸彈才能爆破。在發勁時，必須藉完整之氣，剎那同時引爆，使內勁像放箭似的疾速奔竄而出。

　　發勁不能缺少飽滿的氣，有了氣，勁才能產生作用。

　　若徒有飽滿的氣，如氣功師之類的，而未成就沉著的內勁，也不能有發勁的作用與功能。

　　若說能以氣打人，如傳說中的凌空勁，那是得眼見為憑，否則只能以武俠小說看待。

　　被內勁打著的感覺是什麼？只有親身體驗方知。被內勁打中而內傷也是可以理解的事，並非神話，因為人的內臟是極脆弱的。

推手只是功夫的一部分

　　這是大陸的一則太極新聞，文章大略如下：

　　「2007/08/26，在河南舉行的武術比賽，大陸目前公認實力最強的選手，多次獲得推手重量級冠軍者——陳溝的張○○，從一上擂台就被對手追打，滿場抱頭鼠竄，全無還手之力，場面慘不忍睹，裁判不忍看下去，中途終止了比賽。

　　張○○上場時，人群中就有不少竊竊私語，言張○○的拳架打得虎虎生風，屢獲最重量級推手冠軍，為目前陳拳實力最雄厚者。沒想到，張○○竟在散手中如此不堪一擊。」

　　看到這則新聞大家會覺得意外嗎？怎麼會這樣？太極推手到底能不能算是武術？在實戰上到底能不能用？

　　太極推手當然是武術，但是推手只是功夫的一小部分，不是包含了所有的功夫，也不是全方位的功夫，它只是進入實戰的一個練習階程，跳過這個階程，再去深入搏擊的實際對練，實戰的功夫才能算是成熟的。此時去與人實戰才能應付裕如，才不會被打得抱頭鼠竄，無力還手。

　　現在的推手比賽，大部分是以蠻力及耐力取勝，只要有一股蠻力衝勁，加上體力耐力好，還有靠一點運氣，致勝就有機會。但是這樣的推手冠軍，值得炫耀嗎？推手冠

軍就是武功高手嗎？就像這則新聞的主角張○○一樣，已然成為武術界所竊笑的對象。

推手並非不好，推手其實是一種非常深妙的技法，只是被今日的太極拳輩們所誤導，以為推手就是這樣那樣，只要能把對手推出、摔倒，只要能取勝，不管是鬥牛、糾纏、摟抱，無所不用其極，所以就演變成現在的推手。

真正的推手需透過正統的老師親自餵勁，作勢引導，讓學生在鬆柔之中，真正學會輕巧的走化，而不是力頂，頑抗。從餵勁當中所訓練出來的發勁，也是賦有彈勁的，不是死力蠻力的推打。

推手主要的目的是練出靈敏的聽勁，以及自然反應，更要練出沾黏的好技巧，能讓對手一沾我身，即能輕鬆黏住對手，讓其不丟失，在沾黏當中去掌控對手的動向，發揮攻擊的契機。沾黏的功夫一旦練就，於實戰搏擊時即能取得先機，發揮攻防的效益。

全方位的武術搏擊，所應含蓋成就的功夫，包括根盤的穩固，內勁的培養，腰的彈抖，氣的完整，以及步法的輕巧，反應的靈敏，聽勁、化勁與發勁的究竟，更重要的是要有實戰的臨場經驗。

具備了以上的條件，才可以上戰場，與人較高下。

不如是，自以為推手冠軍，輕易大膽上了戰場，當然只有抱頭鼠竄，滿場被人追打，自落笑柄而已。

第 51 章

太極拳不是豆腐拳

太極拳是傳統的中華武術，它含蓋健身與技擊，練太極拳不只是健身而已，在武術的防衛技擊應用上，含具甚深哲理與科學性，若有人批評太極拳是軟弱的，是不能致用的，是上不了搏擊戰場的，是只適合中老年人練的豆腐拳，這些皆是井蛙之見，皆是主觀之見，皆是傲慢與偏見之言說。

網路有人如此批判：「太多人一知半解，讀了幾本兵書，就以為自己能帶兵打仗了，很且多人喜歡，以推動對方數步的技術，就說那是太極勁，被人推又不痛不癢的，難怪大家都說太極是豆腐拳囉，反正又不會受傷。真的有體格，練武才華的年輕人，很少會去投入太極的，剩下一堆已經沒甚麼性能力的中老年人去學太極，那種人本來久已經與世無爭了，練出來的東西當然也會合乎其性格，也軟軟弱弱的，所以才會被說成豆腐拳。」

此網友已經嚴重污衊了深具傳統武術、文化、藝術的太極拳，更污衊中老年人及已經沒甚麼性能力的人是為學習太極拳的對象，也批評了他們的性格軟軟弱弱的。一個習武者，做如此的批判，真是匪夷所思，令人不解。自己未接觸就大膽去評判，只會突顯自己的膚淺、無知、突唐、草率及孤陋寡聞。

太極拳是適合各階層年齡練習的，是兼具健身與技擊防衛的，所以才稱之為拳，是內家拳的一種，它當然是武術，是可以致用的，它不是軟趴趴不堪一擊的豆腐拳。

太極拳功夫不僅止於推手，它的功夫的究竟，也不止於推動對方數步的不痛不癢的技術而已。太極拳在致用方面，有沾連黏隨的觸感聽覺作用，能預知對手拳路的動向，達到牽制禦敵的效果，能知己知彼，掌握先機，百戰不殆。

太極拳的內勁一旦練就，在發勁時豈止是推動對方數步而已，功力深厚者，打得人內臟出血只是家常便飯而已。而能掌控自如，隨心所欲的讓對手跌退數步，不傷及對方，才是一個武者的修為。如果只是一直張顯自己所學能打善戰，等到有一天不幸遇上太極行家，才知道自己之微不足道，才學會收斂，則似嫌晚矣！

套一句此網友之語：「太多人一知半解，讀了幾本兵書，就以為自己能帶兵打仗了。」太多習武的人，都以自學為好，自以為佳。若能以虛心客觀的心態來作討論，相信這片園地，一定會欣欣向榮，一片祥和。

第 52 章

武術沒有無師自通

　　武術沒有無師自通，尤其是太極拳、形意拳、八卦掌等內家拳。

　　即使現在資訊發達，各式光碟教學錄影帶充斥，然而如果只靠這些教學錄影帶來自學，充其量也只能學到外形枝末而已，甚至連外形也學不完整，只能說沾到一些邊邊而已，更差者連邊邊也沾不到，學成四不像：所謂拳不像拳、架不像架、形不像形、勢不像勢，離拳術遠矣。

　　譬如以太極拳之外形來說，身體要求尾閭中正，虛靈頂勁，鬆腰落胯，如何以腰腿帶領身手，上一勢與下一勢要如何貫穿綿接，如何摺疊，如何纏絲螺旋等等，這些要領，在教學錄影帶裡面，是很不容易詳細敘述清楚的。好，即使這些都能交代清楚，學習者也能聽得明白，然而在自己學練摹仿當中，能否與影片中的示範者同一個模樣呢？可能十個摹仿者有十個不同的模樣。如果學練摹仿錯誤，沒人為你糾正說明，那麼練成錯誤的架子後，當架勢定型後，要改可就難了。

　　拳術不光靠練外形，外形只是空架子。武術的內涵寬廣深邃，如果只學個空架，在技擊防衛上是派不上用場的。

　　武術的「體」包含外形拳架與內在的功體——氣與內

勁的培養聚集。那麼，氣與勁如何鍛鍊養成，則非有明師的口傳心授不能為也。尤其是內家拳，雖有明師之教導，但是如果慧力不夠，仍就無法練就深厚的功夫，因為經云：「非有宿慧，不能悟也。」那麼，慧力若是夠好，但缺乏堅強的毅力恆心，與勤勞的練習，悟力也難得現前，也就是說，有勤練才能有悟境出現；不勤練，光是靠腦筋在那邊胡思，這就叫做打妄想，功夫無法成辦。

「偷拳」，只有武俠小說及電影劇才有，有人謂，教拳要關在房內，怕人家偷學了去，這是無稽之談。學練功夫，如果沒有明師指點很難成就；即使有明師指教，如果不勤，不信受，沒有悟力，也很難成就。更何況是「偷拳」、偷學，哪能成就功夫呢？。

那麼，只靠著光碟教學片，而能自學，練成功夫，未之有也。

很多學拳者，走的路線，都只求表面功夫，真正的體底他不想去追求，只要玩玩拳架，比比拳架，拿個拳架賽的金牌，他就自足自滿了，不想再昇進。外行人會誤認他是一個練家子，等到有一天遇到場面，所學功夫卻一點也派不上用場時，才被人戳破他是功夫練家子的假面具。原來，一事無成，才是他的真面目。

想學武術，去找個明師，老實認真的練，功夫才能有成就。書本及光碟只能當作參考，如果捨本逐末，本末倒置，到頭來只得一個空字，徒浪費寶貴的光陰。

第 53 章

以根領手

　　很多人都說：「以身領手是練功法則，到散手的時候就倒過來以手領身。」意思是說練功架時，要「以身領手」，在實戰對打時則需反過來，要「以手領身」，這是很常見的說法。現在要以內家拳的體用來討論，做為學拳者之參考。

　　以身領手，正確的說法應該是「以根領手」，何以故？我們看拳經如何說，太極拳經云：「其根在腳，發於腿，主宰於腰，形於手指。」這一句至理，涵蓋了練功及用法，亦即體用皆兼備於其中，不光指練法，也不光指用法。

　　練拳架時，是由腳的根節，也就是根盤、腳底、湧泉，然後節節往上傳輸，由腿而腰而脊，最終點是形於手，其實手也是方便說，如果發勁點是肩靠，則應說行於肩，或行於肘，如以臀、背為發勁點，也可以說形於臀、背。這是練功架時，全身肢體的「領」法。

　　那麼，練法如此，用法難到可以逆施倒行，「以手領身」嗎？手，只是一個局部，它的力量是有限的，如何能以有限的局部力量來「領」帶整個「身」呢？智者思之則可明辨，不必有所爭論。

　　為何主張，「到散手的時候就倒過來以手領身」，因

為沒有成就根盤，沒有練就渾厚的內氣（無丹田氣），沒有練就手的掤勁，簡單明白的說，就是沒有練就完整的內勁，所以在散打時只能以手領身，只能發揮局部之力。

以手領身，就如以螳臂擋車；以根領手則似推土機之推土，它是以底部輪盤作動力，根盤若是浮漂不穩，則推不動土石矣。

以身領手也不太正確，所謂「身」大抵是指腰部以上之身，腰雖能主宰身，但力量只有一半；以根領身領手，才是完整一氣，才得謂之「整勁」。

發勁，不是靠手在那邊晃動揮舞，那是空中樓閣，手發揮的力量，只是全身力量的一丁點，所以發勁不只是手。發勁有三個要件：①腳有盤踞之根、②手有彈簧掤勁、③飽滿的丹田之氣，三者同時同步爆發，始得謂之「整勁」。

若只是靠手的蠻力，加上速度與距離的配合，而與人說整勁、爆發力等等的，不得謂行家。真正的發勁是意、氣與勁的結合作用，餘皆末事耳，都只是發勁時的一個橋樑，一個跳板而已。意、氣、勁完整才得謂發勁。此時還用談誰領誰嗎？

第 *54* 章

掤勁之修煉

一、掤勁之義涵

掤勁是乘載之意，像海水能乘載千萬頓的船隻或貨物一般，它有浮動力，有載乘力，有承受力，有支撐力，這種力是活潑而有彈性的，不是頑固、堅硬、抗頂、笨拙之力。當海水呈現靜態時，是水波洶洶，溫柔婉約，浪靜風平；當風起雲湧時，剎那捲起萬層浪，則是海瀾壯闊，浪濤洶湧，氣勢驚駭，橫掃千軍，無可遮攔。

掤勁，有靜有動，有陰有陽，有虛有實，可攻可守，可化可打，可黏可隨，可聽可覺，千變萬化。禦守城邑，衝鋒陷陣，訪察敵情，制敵機先，全憑掤勁之功。

二、掤勁之修煉

心裡作意微微起一個念，將手臂輕輕提起，不必很高，如此已經進入「掤」的狀態中，此時內心宜靜，氣息微微，似有似無，身心放鬆，手臂更要鬆得好像要掉下來一般，在極鬆極靜的情況下，手臂會有沉重的感覺，經久練之，會有氣脹、氣麻、氣癢、氣鑽的感覺出現。持之以恆的鍛鍊，這股氣愈沉，然後斂入臂骨，聚集儲藏而成為手臂的內在暗勁，就稱之為掤勁。

靜態的鍛鍊，可用站樁來練習，以平馬步練渾元樁。

步法以四六步或三七步或獨立步皆可，手勢可用提手上勢、野馬分鬃、白鶴亮翅、退步胯虎，都行。樁法可站形意樁、太極樁、八卦樁都好，原則上，要把握心平氣和，心寬體靜，凝神屏氣，氣沉丹田，氣貫於手。

動態的鍛鍊，就是練基本功及拳架。打拳架，腳跟須紮下，立地盤踞，沉穩如山，虛實變化輕靈。以腳跟帶領、拖曳身手，手只需輕輕提著，掤著，不著一絲拙力。腳跟為動力，腰胯領導，身手隨行。

當手被拖曳時，要有被周圍空氣微微阻礙的感覺，把空氣擬想成水，水有阻力，空氣亦有阻力，似在陸地行舟的模樣。此時手臂因被動的關係，被腳跟及腰身拖曳帶領的關係，內裡的氣血有膨脹賁張的覺受，如針筒管被壓擠時，裡面真空之不得宣洩，在推壓時呈現的一股無形卻可感受的阻壓。

練基本功可作定步練習，如左右雲手、採手、翻蓋掌、按掌、穿掌等等。原則上只是腳跟不動如山，前後左右撐蹬要有二爭力，手的掤勢與打拳架相同。

手臂盤起，應將整隻手的支撐點、著力點擺放在手臂之根節，也就是肩部，次為中節肘部，所以肩要沉，肘要墜，謂之沉肩墜肘。

推手練習，也可練就掤勁。在練推手時，手臂更需保持鬆柔，不可力頂。對方鉅大的來力，要以海水鬆柔的承載力接入腳底，鬆中含有暗勁及彈勁，如此才能輕鬆走化，並將對方反彈而出。若是硬頂硬抗，則將變成鬥牛蠻纏，非是內家。

三、他山之石？

有人言：「掤勁就是礴勁，那是一種將全身的力量集中在一點的攻擊方式，被擊中的人將會被彈離數十公尺之外，我有一個簡單的練習法，初學先練肩膀，先全身放鬆，再用肩膀向前猛力一彈，鼻仔快速呼氣。」

所言應是「發力」的情況，猛力即蠻力，非「勁」。用肩膀則是局部之力，非整勁。掤勁雖然是可化可發，可守可攻，但它是以乘載、承接之內暗勁為導，非局部之力，非蠻拙猛力。懂得掤勁且能練就掤勁，堪稱為內家，否則皆是外家之練法與用法。

有人言：「掤字，作箭筩蓋解。因為箭筩蓋是用以覆矢，太極拳的用法，凡是對敵人之手法或力量將出未出尚未得力之際，突然封之，使其不能發出，稱為掤。」

此言未盡詳，尚有商榷處。「對敵人之手法或力量將出未出，尚未得力之際，突然封之，使其不能發出」，這是制敵機先，截敵力於前，雖是妙招，然不能稱為掤。對方之力，已加諸我身，或搭於我手臂，但能以暗巧乘載內勁，去承接他，去化解他，使對方之攻擊力不再繼續深入威脅於已，掌控裕如，並有能力施以反擊，始謂之掤。

若對手不出招，也不使力，如何突然封之？突然封之，非是巧勁；或有失著，如未能封著，反易為敵所取。

不問對手之手法如何，不問對手出不出招，使不使力，而能隨心所欲，而能沾連黏隨，掌控自如，將對手玩控於股掌之間，如海水之載物，能載舟亦能覆舟。能不頂亦不丟，能被動亦能主動，能挫亦能勇，使得謂之掤勁。

第 55 章

內家拳的門外漢

雖說一般武術將形意、八卦、太極歸類為內家拳，其餘則為外家拳。事實上，內外家非以拳種作為分際，是以所學之方法，之內容，及成就而作為類別。

用土法煉鋼術去練擊破、打磚，或用各種方法把皮膚表面弄成神經壞死，拳頭長繭，似鐵塊那麼堅硬，或靠藥物藥洗將手練成如鐵沙掌或鐵頭功之類，這些，不管暫時他的拳，他的頭，或者他的腳等等，有多利害，我們都要說他是別於內家拳的，當然要被摒於內家拳的門外，這是無庸置疑的。這些拳種，不只外國有，中國功夫亦不乏其類，我們管這些功夫為死功夫，雖然表面上看起來他們有些厲害。這些死功夫、硬氣功，都是屬於內家拳的門外漢。

很多人標榜自己是內家拳子，一直貶抑、不屑外家拳；雖然他練的是形意、八卦、太極，照理應該算內家拳了，但是不定然。何以故？因為他把形意、八卦、太極練成外家了，他是以蠻力、拙力、局部力在練，雖然外形是內家，而實質內涵已大大偏離內家，成為道道地地的外家拳。這，我們也把他歸類為內家拳的門外漢。

很多人學太極推手，比賽屢得前茅，但他不會打拳架，也不知什麼是以「心行氣，務令沉著，乃能收斂入骨。」之義涵。那麼，什麼是內勁，就更遑論了，他們只

會鬥力、頂牛，只會纏抱摔摟，以力取勝。這些推手冠軍，依舊要被歸類為內家拳的門外漢。

有一拳友，學過鶴拳，後來拜師學形意、八卦、太極，推手也得過冠軍。十幾年後，他出來教拳。不去探究他有沒有學到內家拳的真髓，光以他教學生用手臂互相砍打撞擊，紅腫後施以藥洗，欲將手練成鐵臂之教學觀點，我們認定他是內家拳的門外漢。內家拳是不來這一套的，內家拳是智者拳，不會來這一套。

陳○○先生是練鶴拳與猴拳的，類屬外家拳。後來涉獵了太極，領悟了太極以柔成剛的道理，後來他的猴鶴雙拳融匯了太極，把猴鶴雙拳打得比一般太極更柔更慢，更以心行氣，更為沉著，他已然以極慢極柔的方法練就了極剛極強的內勁，在一場與日本拳家的切磋中，打敗了日本人的團隊。陳○○先生，他練的拳種雖歸屬外家，但他練的方法與內涵，已屬內家，所以我們認定他是內家拳子。

內家拳以練柔練鬆練氣練內勁為主，以極鬆柔之方法而成就極堅剛之內勁，這是那些練蠻力、拙力、局部力之拳術所不能理解的，他們總認為外力就是武術的一切，無力不能取勝。等到年過半百以後，體力慢慢退失了，才會了解以力所成就的短暫功夫是會退失的，但是已因練爆力、擊破、砍磚、藥洗等的方法，留下身體病變的後遺症，悔之晚矣。

公園、學校、體育場有很多人在教太極、在練太極，看起來鬆則鬆矣，但是鬆軟無根，鬆懈無勁，只能算是體操罷了，這些人是屬於太極內家拳的門外漢。

八卦掌走的像歌仔戲似的走步，形意拳打得像外家拳一般的剛拙，皆列屬內家拳的門外漢。

有些「大師」級的大師，靠著在網路上打嘴皮，爭論已見，而得「大師」之名，但卻自露內餡的一直強調「那些以蠻力苦練出來的功夫，非是武術的三腳貓。」「往往這些些許的蠻力總能打破些不切實際的神話？」「難不成可以認為因此可以參加些武術技擊比賽打破這些三腳貓？」語氣充滿自是與挑逗，回應這些諍言，即成筆戰，而且永遠沒有結論。「還有請問氣血如何騰然？是何種機制與功能導致～單單意念驅使也得有臟腑或脈絡行駛吧？」習內家拳者皆知拳經所謂「氣宜鼓盪，神宜內斂」之義涵，還用再詳解嗎？還用談什麼機制與功能才能導致臟腑或脈絡之行駛嗎？這些「大師」之自以為是，已成為內家拳修煉者茶餘飯後之笑談，猶不自知的以「大師」自詡。這些「大師」依舊要被列為內家拳的門外漢。

所謂門外漢，指人在屋門之外，無能力探究門內所含藏的豐富寶藏，始終在門外尋尋覓覓，不得其門而入，終究不能得到寶藏；或聽得人說，門內有很多寶藏，卻不予信受，不願、不想入門去瞧瞧，也只能空手而返。

網路上有人言：「內家拳是豆腐拳」、「內家拳是弱者的武術」，貶抑內家拳，他們有些是練過內家拳的，但是未沾到內家拳的邊，只是自己沒學好。有些根本不懂內家拳，從未涉獵內家拳，就學胡人說話，這些不懂裝懂或一知半解的，隨意批判內家拳，這些我們統稱為內家拳的門外漢。

太極拳如何進入實戰

一、被貶抑的太極拳

太極拳常常被貶抑為養生拳、老人拳，也常常被譏評為豆腐拳、女人拳、弱者拳，而且在說到實戰時，太極拳總是被排除在門外，非屬於被討論的範圍。

至於那些太極拳先輩們如楊露禪等等高手的豐功偉績，似已成為「過去式」，變成一樁歷史故事，漸漸被模糊與淡忘。

大陸太極拳推手冠軍張○○先生，參加搏擊擂台賽，被打的抱頭鼠竄，毫無反手餘地，被當地新聞刊登出來，又再度成為武術界所嘲諷的對象，又再度把太極拳推向谷底深淵，太極拳欲再登上武術實戰的舞台，機會似乎非常渺茫。這是值得太極拳界深思與反省的課題。

太極拳既然是一種武術，為何演變到今天，卻只能成為養生拳，成為一種健康操，而無法進入實戰，原因大抵如下：

1. 太極拳真正的內勁功夫成就不易

俗云「十年太極不出門」，太極拳的內勁養成，需經長期累積儲蓄，若非意志力超拔，有恆心，有毅力，有堅忍力者，無法練就。

拳經云：「由著熟而漸悟懂勁，由懂勁而階及神明，然非用力之久，不能豁然貫通焉。」所謂「用力之久」乃用功時間之長久，如果依文解義，誤會為長久使用蠻力，則變為失之毫釐，差以千里。

這裡拳經說，由懂勁而階及神明，需要很久的修煉，才能成就內勁，進而懂勁而階及神明。階及神明才能隨心所欲，才能在實戰中立於不敗之地。

2. 悟力不足，難以成就

拳經云：「非有宿慧，不能悟也。」所以頭腦魯鈍者無法成就太極之深功。

但是，頭腦聰明者也練不好太極拳，因為善於投機取巧。

3. 身有蠻力者非太極之材

身材孔武有力者大多自負，以擁力自重，放不下蠻力，所以，不能以鬆柔之法而練就內勁。

4. 止於推手，不思昇進

今日的太極拳界頂多練到推手即止，沒有再往前昇進。一方面是自滿，一方面是缺乏實戰的師資。很多人觀念中，以為有推手功夫，就是太極高手了，劃地自限於井中之天，不曾去瀏覽虛空之寬廣，在遇上實戰場面，落得一敗塗地時，才知所不足。

師資是今日太極拳的大問題，在太極拳界能有實戰功夫而且會教學者寥寥無幾。

二、太極拳如何進入實戰 (實戰的前方便)

1. 苦心造詣，全心投入體功，練就內勁

內勁沒有成就，絕對無法敵擋一般的拳術。

2. 需有明師之餵勁

內勁成就後，要有明師來餵勁，才能真正體會發勁的要領，需練到能打出寸勁及貼身打人。

3. 推手功夫不可廢

推手雖不是實戰的全部，但是推手中沾連黏隨的聽勁，是一般拳術較缺乏的，推手可在近身肉搏時發揮極大的作用。

4. 參加實戰需兼練體力及耐力

體力及耐力不足，終場必敗。

三、結　語

體用兼修方能實戰。

體，包涵下盤的穩固，需從站樁、基本功、及拳架入手，每日至少早晚各練一小時，持之以恆，練之不斷。

要以心行氣，務令沉著，才能收斂入骨，聚成內勁。

推手需練至能聽、能化、能發。須靠明師長期餵勁。

用，就是致用，包含推手與實戰。推手只是進入實戰的一個過程，莫止於推手，莫滿足於推手。

實戰更需老師親手餵招。從單招、雙招、連環招，慢慢著熟，再從單招、雙招、連環招中去靈活變化。至相當時段，開始進入實戰狀況，無招無式，真實自由對打。

真實對打，不可像小孩子玩把戲，那樣練不出東西來。真實對打，有時會受些輕傷，但要實際去體驗戰鬥的真實感。受點輕傷總比真正臨敵時，被打成重傷好。如果練就了內氣，在體內形成一層囊膜，可以承受打擊，不會受傷。

在不斷的對打實戰中，膽識慢慢成長，氣勢漸漸增進，在武台上、在遇到真實場面，才能臨敵而不驚，處變而不亂。

累積了實戰經驗，練就了體用功夫，才能稱為太極拳。否則只能永遠被貶抑為太極養生操、豆腐拳。

第 57 章

學武術應有的心態

心態正確，學武始能有成。

一、認清學武的方向目標

為何學武？目的何在？只是為了健身嗎？還是想成就高深的武學。方向弄清楚了，方向掌握住了，知道目標在哪裡，才不會盲目亂飛，盲修瞎練，白費力氣。偏離了方向就會與目標愈行愈遠。

只想健健身，學學鬆柔的太極拳，學會運氣就可達到健康。想學武術防身實戰技擊功夫，得要有恆心、耐心、及吃苦的心。

二、武術沒有速成，你得認真老實的練

如果是練內家拳，二、三年才有小成。那是指你有認真持續的練，如果練練停停的，莫說三年，到驢年依舊一無所成。若是覺得功夫沒進步，有些寞落失望，先不要抱怨誰，自問有無認真練習。

我常鼓勵學生，每天練拳，需早晚各一小時，這是最低標準，有學生聽的入，依教奉行，進步就看得出來。若沒那個心，躐等以求，則不知何年何月功夫始成？

三、要信受老師，心中無疑

老師說什麼，你聽入了，心中相信接受了，依老師的話去做去行，功夫指日可待。若心中疑師，或半信半疑，你心理有了猶疑，有了躊躇，就不會積極精進，功夫難得成就。

一位學生拳架打的還可以，外形還可以，但沒練出根力及內勁，他想走教練的路，我一直鼓勵他，多學紮根的基礎功夫，莫求外表枝節，他沒有聽進去，還是以拳架外形為重，參加套路比賽得了金牌就自滿了。後來自己思維，沒功夫底子，將來開館當教練，如有人來切磋踢館，怎麼辦？於是又來跟學。

學推手教他不要力頂頑抗，總是聽不入，然後學一天停三天，最後只好輟學。這是他的瓶頸，不信受老師，永遠無法突破超進。

四、心存恭敬，不可有慢心

青出於藍是正常的事，也是常有的事，有一天，功夫超越了老師，不得生起慢心，對老師需更加恭敬，心存感恩，而且要知道反哺。

現今，倫理道德沒落，逆師叛徒屢見不鮮，令為師者心有戚戚焉！功夫還得留一手？

能真誠相待，為師者定會傾囊相授，無所保留。心存恭敬，心地仁厚，定能功夫有成。

心存恭敬，不是外表唯唯諾諾，虛與委蛇，而是發至

內心。譬如，老實認真練拳，上課不曠課，不遲到。有些學生，學拳老是曠課，上課總是姗姗來遲。一個道場，需要學生來莊嚴。

我們以前學拳，總是提前一小時到達，等老師來時，已是滿身大汗。如果心中作如是念：「我有繳學費，愛練不練，可以自由。」老師雖然不好意思說你，但是，損失的還是你自己。

五、要親近老師，保持互動

學生有的很矛盾，想跟老師學武術，又不敢親近老師。我的師伯黃老師，以前教過兩個學生，來練拳時，總是離老師遠遠的，不敢親近老師，也不知是何原因。

而我心中總覺得師伯的笑容非常可親，好像彌勒菩薩一般，總是笑口常開，很親和，所以我反而比兩位師兄弟更親近師伯，我也從師伯身上獲得更多的東西。我們之間的情感，是亦師亦友的，如兄弟一般。現在師伯已經往生多年，我真的非常懷念他。

六、學武術貴在專精，不可廣學多門

俗云：「貪多嚼不爛。」學武貴在專精，一門深入，功夫始得有成。我學的門派是終南派內家拳，雖有形意、八卦、太極三門，但我獨愛形意。形意，招法簡單，用法簡潔明快。

將近三十年了，我還是練形意五形母拳，愈練體悟愈深，愈練愈覺形意之易學難精，才知形意招式雖簡，內涵

201

卻博大精深，愈學只有愈深，沒有滿足點。

很多人學武術，喜歡多，像菜市場，像超市，什麼東西都有，以為如此就是武學豐富，其實不然，學了百樣，而無一樣精通，等於沒學。只學到外表，沒學到內涵，算是白學，學了不能致用，也是枉費「工夫」，白忙一場，只贏得自我虛榮罷了。

心態正確，正念現前，自然能排除困難，衝破瓶頸，達到理想的目標。

第 58 章

套路與實戰

　　武術包含套路與實戰。學武術，有人只喜歡打套路，有人只喜歡格鬥實戰，不愛練拳架套路。能將套路與實戰二者兼學並練，才是完整的武術，要形有形，要用會用，才堪稱武術。

　　台灣與大陸的武術，已大部分偏於套路，所以才有拳架套路的比賽，就是光打形而已。某些拳種等，雖有打形，但是比賽以實戰為主；台灣與大陸反行其道，以套路為主，這是武術的異類，也是武術界的怪現象。武術的終極目標當然是防衛實戰的，怎麼變成光是練形而不求實用呢？真是令人百思不解，難以思議。

　　西洋一些格鬥家，比較不練所謂的武術套路，取而代之的是體能訓練、重量訓練與各式格鬥技操練，他們重視的是體能、重量與格鬥技巧，靠著天生所擁有的體形、力量，加上一些技巧就能在世界格鬥舞台耀武揚威。

　　中國及台灣的武術家，有部分人確是有功夫的，但是缺乏實戰經驗與體形耐力的等等差別，很難在武台上與老外一較長短。而實際上，如果論真正的功夫卻是不輸那些老外的，他們只是缺乏專業性的實戰經驗訓練，而且很多武術家並不喜歡格鬥的，他們只求防身健身而已，打打殺殺，對他們來說是不具意義的。但是如此一來，中國及台

灣的武術已然被貶抑為不能實戰的花拳繡腿，這是值得我們認真去思惟的？

有些格鬥技的朋友說，打套路是多餘而費時的，他們認為實戰時用到套路中的招式是微乎其微的，與其花時間在套路中，還不如去練拳頭的重量、速度，簡單好用，殺傷力又大，認為套路只是理論，實戰才是實際的。

全方位的武術，必須體用兼修，套路與實戰並練，有底子，也有面子。如果不練套路拳架，只學格鬥技巧，究竟還是缺少底子；若是光練套路拳架，而不修實戰技，那只能稱花拳繡腿、繡花枕頭，外表好看而已。

太極拳界，很多推手選手，只會推手，不會打拳；也有很多拳架套路比賽屢得冠軍者，卻不會推手與實戰，真是奇哉！怪哉！他們已然將套路與實戰徹底的切割分離，分門別類了。

台灣，武術套路的推廣，可說是百花齊放，百家爭鳴，什麼拳術都有，但是說到實戰，卻無法與外國人相提並論，一較長短。雖然電影中，中國功夫也曾喧騰一時，但是，我們不可被這些表相所迷惑，氣泡雖然五彩繽紛，不久即會幻滅。如何尋回過往逝去的風華，是我們認真思惟的方向。

套路打的好不好，從中可以窺探功夫的深與淺，從套路可以看出他的根盤紮不紮實？腳步虛實移動變換輕不輕靈？他的氣有無鼓盪？手有無掤勁？有沒有以身領手、以足根領身？有沒有內外相合、上下相隨？招招之間有無摺疊、有無轉換？有無鬆沉？等等，內行人一眼即知，所謂

內行看門道，外行看熱鬧。套路比賽都是看熱鬧的，現在的拳架冠軍者，十之八九，缺乏真實功夫，只是虛有其表的體操之美而已。

　　功夫好的人，套路打起來，跟那些比賽冠軍者真是天壤之別，好壞有無立判，瞞不了行家。所以，不必一味去羨慕那些拳架比賽冠軍者，值得去學習的是有底子、有面子，體用兼備的明家。

第59章

塌膝與根

塌膝，在武術的步法中，是最常見的毛病，但卻很少人注意的到，尤其是練太極拳者，連站在前面帶領學生的教練老師，也會有塌膝的情形，只有會看門道的行家，才看得懂。

因為以盲引盲的關係，因為習以為常的關係，因為大家都如此的關係，塌膝的毛病幾乎被正常化了，也因為如此，能練出穩固的根盤，及能以根盤之搭配而發勁的人，就變成鳳毛麟角，甚為稀有。

所謂塌膝，就是膝蓋癱塌，失去了支點，沒有了支撐力，無法使身體獲得平衡中定。

塌膝包括前塌與後塌，前塌，就是膝蓋超越了足尖，使上半身失去支撐全身重量的支點，這個支點失去，欲向前使力或發勁，就會沒有依靠，就使不出力，也發不出勁，在發勁時，身體會虛浮飄搖，因為下盤沒有著力點，因為腳根無法完整的借到地力，所以發勁就變成空包彈，不能發生作用。

後塌，乃身體後坐，向後拖曳時，前膝直塌，後膝彎陷，同樣失去支撐力，使身體向後仰，腰胯往上突頂，氣不能下沉丹田，失去了架勢，台語叫「嘸屈勢」，凡是前俯後仰，漂浮不定，失去支點，都稱之為「嘸屈勢」。

　　不管前塌與後塌，只要犯了塌膝的毛病，下盤的根，鐵定無法練出，湧泉無根，腰亦無主，終將淪為「力學垂死終無補」的局面，不只是功夫不能成就，有的也會留下膝蓋疼痛的後遺症。

　　會不會發勁，與塌膝有很大的關係，發勁時兩腳得前撐後蹬，兩腳力點向下運氣打樁，借地反彈之勁，剎那同步崩出，完成一個整勁。如果塌膝，那麼在發勁的剎那，因為膝蓋的癱塌而失去完整同步同時的勁道，無法得到發勁的效果，因為勁道被分散支離，分成二支，無法一貫的關係。

　　塌膝如缺乏地基的樓房，如空中樓閣，虛浮飄渺，不能穩如泰山，不能變化陰陽，變得呆滯頑冥，轉換虛實不靈，在推手或實戰中，只是挨打的架子。

　　塌膝，很難用語言文字來描述，只能口傳心授，以肢體親自校正說明，才能有所領會，透過推手及發勁的體驗，才能快速改正塌膝的缺失，步入正軌。

　　到公園或體育場看人打拳，會欣賞到很多塌膝的場面，前俯後仰，歪七扭八，千奇百怪。然而見怪不怪，因為太極拳已經變成如此這般，其他拳術亦然，已然成為世俗化、平常化，已經變成養生運動化，雖謂之為全民運動，不知是該高興，還是該悲哀？

第60章

輪椅太極

　　練太極拳，不分男女老少，不分健康、體弱，不分正常人或坐輪椅的人，都可以學練太極拳，也都能得到健康，若能用心的持之以恆，也可以練出功夫，這決不是胡言亂語，信口開河。

　　一般肢體正常的人，練起太極較為方便，因為兩腳可以自由活動，向前退後，左移右挪，坐胯落腰，撐蹬，伸屈，擺動，無不自如自在。那麼，行動不便的人，坐在輪椅上的人，可以學練太極拳嗎？答案是肯定的，練好了也可以是有功夫的。

　　練太極拳主要是以心行氣，以氣運身，使氣血循環良好，新陳代謝正常，達到健康的目的。若能用心體悟，令氣沉斂入骨，產生內勁，進而練習推手，也能達到防身制敵的效用，成為一個有功夫的人，這絕不是天方夜譚，也不是胡人說話。

　　太極十要之中，坐輪椅的人，除了虛實分清須用到兩腳的地方，難以做到之外，其餘皆可依循拳理而正確的練習太極拳。

　　再者，拳經所謂的分清虛實，也非侷止於雙足，身體依然有虛實之分，甚至氣的鼓蕩也有虛實之分，如果這些都有了虛實，我認為也可以算是分清虛實了，不一定以兩

腳做為分清虛實的標的。

《拳經》所謂：「其根在腳，主宰於腰，形於手指。」這是指對一般雙腳正常的人而言，人之全身若以三節而分，腳是根節，腰是中節，頭是梢節；如果是坐著，那麼，根節就是臀部。

打拳時，只要以支撐身體的臀部做為根節，來引領身手，來拖曳身手，就符合拳經所說之理，誰說不是？讀經看論，須深入內裡義涵，不宜在表面文字上咬嚼，不宜依文解義而陷於文字障裡。

能以臀部做為根節，引領身手，拖曳身手，加上行氣運身，令氣沉著，也是可以使氣騰然，也可以收斂入骨，也可以成就內勁。

內勁成就了，可向上昇進，練習推手。坐在輪椅上練推手，有一個好處，不會濫用蠻力，因為輪椅的輪圈是要放任活動的，不能鎖緊固定，否則無法練習，因為輪圈是放任活動的關係，如果使用蠻力又無技巧，那麼在發勁時，輪椅會因後座力的原故而自然向後傾頹。為了避免發勁時輪椅因後座力的原故而自然向後傾頹，所以在推手的時候，就有很深妙的技巧，這些技術包涵沾連黏隨、聽勁、皮膚觸覺及神明的自然反應。

各方面的功夫都具備了，才能在發勁的一剎那間，令全身的勢力貫入底部的輪圈，深深的吸入地表，以輪圈借地表之反彈力，剎那疾速短捷的奔出，這樣在發勁時，輪椅才不會因後座力的原故而向後傾頹，何以故？

因為在發勁時，氣沉貫入地表的剎那，那一瞬間，剛

好形成一股強大的支撐反彈點，非常堅固，它的勢力在下沉的剎那，會向前反彈，所以不會向後傾頹。

　　所以，身坐輪椅，身有殘障，不必自卑，應該勇敢的「站出來」，君子自強，當你擁有了健康，練就了功夫，就有自己的一片天，活的快樂而自在。

形意拳蹬步練習

古之形意拳家留下好幾句名言：「消息全憑後腳蹬」、「追風趕月不放鬆」、「硬打硬進無遮攔」，這些名言都是在標讚形意拳蹬勁的神妙。可見蹬步在形意拳的練習當中，佔有極重要的地位。

「消息全憑後腳蹬」，消息，即音訊，訊息、訊號、聽勁或預感，及行動時必須去相應、搭配的，不論在拳架或實戰中，在技擊進攻或進步單練中，都必須以蹬步來進行完成。

蹬步能練出勁道，能於實踐中瞬間爆發蹬勁，意到、氣到、勁到，這樣才能追風趕月，才能打進無遮攔，才能在實戰當中令對方兵敗如山倒，如決堤般的崩潰。在實戰中，出拳攻擊，如果沒有上步，勁道受限，但倘若有上步而蹬勁不足，亦難發揮完善的制敵效果。

初練形意，從蹬步起練，也兼練站樁，鞏固下盤之根。身體直立，微蹲，氣沉丹田，兩腳距離與肩同寬。左腳輕輕往前邁出一步，成四六步，重心前腳四分，後腳六分，兩手掤起如按人狀，這是預備式。起練時，左腳輕輕抬起離地一寸，同時將重心全部移至後右腳，右腳全掌貼地，與地密合，向前蹬出，當前腳踩地時，後腳必須迅速向前跟進，保持與預備式前後相同的腳距，寬度也一樣與

肩同寬，並保持前四後六的重心。練習五十步就換腳，換成右前左後，同樣練五十步。接下來左右交替練，右腳蹬完換左腳蹬，一右一左一直練下去。

蹬步練習，常見的毛病：①、蹬步完成時不能保持重心在後。②、身體歪斜前俯後仰。③、後腳跟步時腳掌拖地。④、把蹬步誤會成跳步。用跳的身體會虛浮，根勁無法練出。⑤、完成蹬步到位時，兩腳沒有前撐後蹬之暗勁，形成踢膝狀態。

蹬步的要領：後腳蹬地時，氣要沉，意念要到位，腳掌似欲將大地踩沉之意，將大地向後推移，使身體借推移之暗勁往前躍進。腳掌好似划船的槳，大地如若江中的水，槳划動水有一股阻力，腳掌推移大地也有阻力，身體向前進行時也有阻力。這種阻力的自我虛擬與感覺，非常非常的重要，這跟以後所有暗勁的練習，息息相關，若能觸類旁通，則進步神速。

推手的蹬步練習：向前發勁雙按，腳掌打樁蹬進，身更沉，不可浮起。浮起皆是使用蠻力之故，若能氣沉湧泉腳跟，藉地之深沉而形乎手，勁道才能紮實，不會虛浮飄渺。

散打蹬步之練習：①、半步崩拳：後腳蹬地前進，前腳向前跨出半步，腳尖向後撐，前後形成二爭力，如欲將大地撕裂。②、蹬步鑽劈：道理相同。

實戰：蹬步切進敵喪膽，氣勢凌人勝在握，硬打硬進非蠻力，道理只有識者知。

內家拳的體

　　武術分兩個層面，一個是體，一個是用。

　　體沒有練好，在致用上就大大打了折扣。

　　有體而不會用，功夫只練了一半。

　　今天的題材只講「體」。

　　武術的體，是指內功，有人稱之為內力，正確的說法是指內勁。

　　廣義的說法，體，還包含下盤的根，手的掤勁，以及丹田氣的充實等等。

　　內勁是透過氣與意念的修煉，累積而成；也是透過鬆沉，排除蠻拙之力而成就。

　　某些人，永遠不相信鬆沉而不用力的練法能夠成就內勁，因為他已經習慣了蠻拙之力，因為他不曾練過鬆柔，不能理解鬆柔的意境，不知極鬆柔後能極堅剛的道理，所以就與你諍論不休，永遠也不服輸。

　　那麼，內勁如何才能成就？《拳經》云：「以心行氣，務令沉著，乃能收斂入骨。」這句話我在不同的章篇，已經一再重複的敘述，但是能聽得信入的也沒幾個，能信受而悟入的更是寥寥可數。

　　所以說內家拳真是難練，光是信力已難生起，何況能夠悟入，更是難上加難，因為《拳經》又說：「非有宿

慧，不能悟也。」內家拳不是說你信受了，然後埋頭苦幹便能成就；勤練之外，還得加上一份慧力。

悟力從何而來？從勤練之中產生。如果沒有去實踐體驗，如果沒有殷勤努力的練習，只憑腦筋空想，是成就不了內家拳的。

所以有勤練，才有疑問產生，有疑問，透過發問理解後，再繼續勤練，總會有個悟處，當你真正悟入了，會有像發現新大陸般時的振奮，這就是慧力產生，此時的進步就神速了。

現在練拳的人，能夠真正殷勤努力的並不多見，百難得一，大部分只是隨興而練，能夠堅持每天勤練二小時的人，是很難覓得的，我一直在尋找這樣的學生，但是還沒找著，實在令人嘆氣。

言歸正題。以心行氣，靠的是專一，心不旁騖，心能專，才有辦法行氣，行氣，靠意念導引，氣會聽意念的話，只要你能夠凝神屏氣，氣就會乖乖聽你的指揮。行氣用逆呼吸，可加強氣的吞吐量，吸氣時，氣貼背，引氣入背後兩腎，吐氣時，氣歸丹田，沉入丹田，讓氣匯集在丹田，丹田氣滿氣足氣壯時，慢慢鼓盪橫膈膜，使內臟得到運動與溫養。

再而，氣分布至四肢全身，兵分多路。

在行氣時，宜慢宜緩宜靜宜沉，身心鬆透了，氣自然會沉，氣沉著了，才能收斂入骨，收斂入骨就匯集成內勁。內勁，就是這樣，一天一紙，不覺其量，數年爾後，它就沉沉澱澱，厚厚一疊。

　　拳術的一切法，由體而生，有體才能致用。體由氣而成，氣由意而導，氣沉由鬆柔而致，鬆柔是練體的法，有正確的法，才能斂氣成勁。勁就是功體，或言內功或言內力。沒有體而言實戰，即成戲論。沒有練就這個體而與人論武，皆是空談。

第 *63* 章

把身體讓給人——談太極推手

太極推手常見的毛病，就是體外架設一道城牆，雙手護著身體，不肯讓人近身，認為這樣就是最好的防禦，殊不知如此作為，乃是一種頂抗的劣習，表面上看起來好像能使對手不易攻進，自己似乎是站在有利的位勢，但是長期以往，練成了滿身的蠻力，兩臂僵滯，對身體的聽勁敏覺能力，反而不能成就，可謂貪求眼前之暫勝，卻使自己的功夫停滯不前，失之多矣。

筆者與師伯生前練習推手，師伯常告誡我，推手時要把身體讓給人，身體要故意唱出空城計，故意引對方進入，那時不解當中涵意。某次推手時，只見師伯胸前大空，我乘機雙掌用力按去，師伯並沒有用雙手來格擋，只覺得師伯的氣微一落沉，已將我的強勢輕鬆化解，我反而身體前傾欲跌。師伯總是攤開身體，讓我當靶子打。當我後來體會到推手的深層內涵，才瞭解推手中「把身體讓給人」的重要，如今，我教學生推手，也是如此告誡學生。

與人推手，如果一心只求自己立於不敗之地，兩手死緊的護在胸前或死心塌地的纏繞著對方，或甚至兩手緊緊抓握著對方的雙手，死纏濫鬥，結果終將只能在推手門外徘徊，無法進入門內，功夫永遠不得增上，這都是愛面子的關係，愛面子，終將失去底子，無法成就推手功夫。

　　如果兩手死心塌地的纏繞著對方，相對的自己也是被對方所纏縛，兩人的重點變成在那邊尋找解縛點，伺機撥開對方雙手得機而入，如此二人變成互頂互抗，到後來，兩臂僵硬呆滯，墮成蠻拙之鬥力，推手功夫永遠不能有所進步。

　　若是兩手緊緊抓握著對方的雙手，那麼，要發勁時必得先放開自己的雙手，此時已被對方察覺，被搶得先機，是最為不智的方法。

　　為何要將胸口攤開讓人來打？因為身體每一方寸，皆有神經，皆能做一些適當的反應；身體攤開讓人來打，你才有機會去練習反應，去感覺聽勁，去感覺對手來力的大小，來力的方向，一切的來龍去脈，也漸漸的能掌控熟稔，越練越靈敏，越練越不怕人打。

　　當身體的聽勁成就了，在實戰當中，才能化解對手強勁快速的攻擊，瞬間化解來力。若是只靠雙手去防衛攔擋，是難以每拳都能招架得住的。所以只能靠身體去接，只能靠身體去化，以身體的自然反應，去化解快速而強勢的洶湧來力。

　　若能如此，才可以體會《拳經》所謂「全身皆手手非手」的真正義涵，才是真正練就太極推手的高手。

　　若是只會摔跤鬥牛，死纏濫打，終究還是太極拳的門外漢。

　　若是沒有提升推手的水準，「推手」一詞，將永遠被譏諷為頂牛的把式，將永遠無法走上檯面，與其他武術有所評比。

第 *64* 章

守著你的氣，寶貝你的氣

氣，在武術中佔著極為重要的地位，如果是練內家拳如形意、八卦、太極的，缺少了氣的運為，那鐵定是一個內家拳的門外漢，只能說是練練體操而已。

每一個有情眾生都是靠氣而活命，沒有了氣，斷了氣，或嚥下最後一口氣，生命即告結束。武術家、練氣士、氣功師，都注重氣的調養，也惟有智者才會重視氣，外國人你跟他說氣，他只知道空氣，說到內氣或內勁，他就「莫宰樣」。有些人比較崇尚外力，喜愛重力訓練，練肌力、肌耐力、暴力，說到氣，有些能接受，有的則是嗤之以鼻，不肖與你談，或者與你爭論不休，沒完沒了，總是認為自己的才是正確的。

遇到這種情形，在辨正之後只得保持緘默，否則就變成一場永無休止的筆戰，一場永無結果的爭論，因為不同的見解，不同的系統，不同的練法，永遠沒有殊途同歸，永遠不會有交集，也永遠沒有一個結果。

氣，我們的肉眼雖然看不見，但是可以感覺得出來，你手掌用力一揮，就會帶出一股風來，這是外在的空氣；外面的空氣，吸入我們體內就有生理機制產生，有物理變化。氣，可以活絡細胞，強化血液循環，增進新陳代謝。新陳代謝退化就是老化現象，也是氣機的退化現象，當氣息奄奄時，也是生命即將結束之時。

　　氣，可以透過意念的驅使，來導引它，來牽動它，來帶領它，來鼓盪它，使氣機活潑、活化、活絡而生生不息，使我們的生命力更強壯，讓我們更充滿自信，令生活更充滿無窮的希望與願景。《拳經》常說到：「意到，氣到，勁到。」可見氣是可以導引、牽動、帶領、鼓盪的，氣是一種實質的量能，非是空無、空洞、虛幻的東西。

　　聚集氣的地方稱之為丹田，因為它是練丹的一塊田地，你只要好好的耕耘它、照顧它，這塊田地就會肥沃、茁壯、成長。丹田，又稱為氣海，像大海一般能容納百川而不溢損；氣，聚集再多，在丹田處會形成一個厚厚的氣囊，就像皮球一樣充滿著飽飽的氣，累積再多也不會有啤酒肚出現，只像一個小圓球，充滿彈性，充滿生機。

　　氣，是可以儲存的，是可以積蓄的，透過養氣，就可以儲存積蓄正氣。孟子曰：「吾善養吾浩然正氣。」又曰：「氣，以直養而無害。」前賢練過氣，養過氣，才有這些名言遺留下來，供我們後代的人作借鏡。

　　氣，既然是一種實質的量能，既然不是空無、空洞、虛幻的東西，它就可以透過訓練而被儲存、積蓄，而被導引、牽動、帶領、鼓盪，這是合乎邏輯的，也是可能實證的，透過修煉，透過修行，你就能漸漸能掌握氣機，將氣運行於我們的意念之中。

　　氣，是會浮動的，是會換散的，也是會消失的，你如果沒有好好的照顧它，沒有好好的守護它，它就會消散，不能凝聚，沒有了氣，生命的氣機就會退減而不能延年益壽；練武術，缺乏氣，徒有蠻力，也是一個空架子，不能

培養出實質的內勁，在實際應用時，在實戰對打中，因為缺乏氣的關係，當蠻拙之力使盡時，就會氣喘吁吁，無法再有戰鬥力，最後只有挨打的份。

氣，是可以被守護的，是可以被照顧的，你只要好好的守護著它，它就不會亂跑，你只要好好的照顧著它，它就不會消散。《拳經》云「氣守丹田」，又云「意守丹田」，意思就是把氣守在丹田之處，用意念，用心思，把氣守護在丹田。《拳經》又云「氣沉丹田」，氣要如何沉至丹田，靠的就是一個「鬆」字，鬆了，氣自然會慢慢下沉，一用拙力，氣就虛浮。

練氣首要就是要鬆，鬆才能沉，沉了，才能凝聚，凝聚了以後，就是守著，不要讓它跑掉。氣，是靠意念來繫守，守著氣，照顧著氣，好像照顧一個小孩，不能讓小孩丟失，所以就得專心一意的，凝神安靜的，恭恭敬敬的，守護著它，把氣當作寶貝似的看顧，這樣它就會乖乖地安住在神殿丹田中，不即不離，永遠與你同在。

我們的心像猿猴，總是跳蕩不停，我們的意念像奔馳的馬，很難安歇，財色名食睡五慾總是讓我們的心靜不下來，為名為利，總是用盡心機，終而使我們的氣渾濁浮亂，越會用心計較的人，氣永遠不能凝聚，氣不停的虛耗，如果得到名利而不停的虛耗正氣，生命也不會長久，身體也不會健康，在得失之間，在細心的衡量之後，智者當會有所取捨。

用水發電，前提就是水庫必須儲備足夠的水量。武術，靠的就是氣壯神凝，凝聚了足夠的氣，你才能運氣周

身，才能氣斂入骨，才能產生內勁，做為實戰的基本能量。

有一首流行歌叫「守著陽光守著你」，陽光如何守護？情人如何寶貝？守著情人是靠憶念，是用心去思惟，用心去想念，而至與情人的心互相感應，就稱之為心心相印，心心就會相通，因為想念、憶念的關係，兩人的心就會貼在一起，而有「心有靈犀一點通」之感應。

氣，是很寶貝的寶物，需要你用心去保護它，去照顧他，去滋養它，使它不會丟失，使它茁壯，使它生根，使它開花結果。氣，就是呼吸、吐吶，透過鼻腔吸入外在的空氣，在體內產生物理變化機制，以及精、血、神的巧妙運作，而產生內氣，再透過腹部呼吸、逆呼吸，加強心肺功能，以及意念的導引、驅使，就有氣的運為，又透過鬆柔的修煉，使氣能沉著而斂入骨髓，形成極堅剛的內勁。

在行住坐臥當中，時時寶貝你的氣，刻刻守護著你的氣，令氣安住於神殿丹田之中，時時刻刻都要培養正氣，這樣，你練武才會有所成就，功不唐捐。

還有練氣、練武，最忌菸酒，有抽菸喝酒的人，如果想要功夫能有成就，戒掉菸酒是必要的。有一個典故說與大家參考，猴鶴雙拳武術家陳○○老師傅，年輕時，有一次打完拳時抽了一根菸，剛好一位老人家走過，順口說了一句話：「練武的人，不要抽菸。」話雖輕描淡寫，但是陳○○老師傅這位心直的人，聽了進去，即刻戒了菸，這是何等大丈夫的氣魄，當下決斷，毫無猶疑，如是性情中人，功夫的成就，不是沒有原因道理的。這是我們的借鏡，我們的榜樣，智者能取人所長，補己所短。

第 65 章

形意拳的撞勁

撞勁比較少人提到，也很少人寫出相關的論述。撞勁與形意的蹬步是相關的，它們是鸞生兄弟，相輔相成，不可或缺。

撞勁，就好像汽車撞著物體，剎那煞車，在瞬間物體被撞飛出、跌落，然後粉碎。如果是撞到人，則是全身骨折，腦震盪，內臟碎裂。

初練撞勁，從形意推手開始，先以雙按為之，透過老師的餵勁，每天要餵好幾百下至千下，讓學生漸漸體會按勁的感覺。雙按，兩手須有掤勁，掤勁，從站樁、基本功單練、掤架子等練習，要練至雙手兩臂伸縮有彈力，練至外柔內剛，棉裡藏鋼，而不是軟綿綿的內裡無物。這裡是簡單的談手的練法。

再來，談到蹬步。蹬步又稱蹚步，最難體會，練錯則變成跳步，或拖步，或身體虛浮起來，無法沉下去。所以，初練形意，從蹬步起練，須練至步穩身沉，蹬出時能如將大地踩沉，向後推移，使身體被推動向前衝撞而出。

有了掤勁，蹬步也已成就，再來則是氣的沉墜，氣沉包含氣沉丹田、沉入腳跟湧泉，手臂的掤勁更須沉墜。全部的動作過程最重要的是完整一氣，氣勁必須完整，亦稱之為整勁，意到、氣到、勁到，同步同時完成，剎那引

爆，心裡一起意，心中一作意，氣勁已同步同時爆發。這之間的程序配合如以語言文字來敘述是蠻複雜的，譬如心中起意要發動攻擊，氣引動腳跟蹬地，丹田之氣瞬間沉著彈爆，由腳跟之動能牽引腰胯的彈抖，手的掤勁剎那氣貫拳心，飛奔而出。你的腳跟就是你的拳頭，它們是一貫的，是一氣的，是連體嬰，不能切割，有手就有腳，有腳亦有手，手腳同體，也與腰同體，與氣勁同體。

在老師的長期餵勁之下，雙按之勁若能練就，再來就是以拳打擊，掌能拳亦能，要在真打實戰中去體會撞勁的功能，拳頭雖硬，但是若能隨心所欲，對方被你撞出時，感覺是被彈抖而出，不是被硬棒打擊而出，在雙方的實戰演練中，被擊中只是彈抖而出，雖有些痛，但是不會很痛，因為老師的功力，可以掌控自如，隨心所欲，點到即止，絕對不會受傷。

撞勁最佳招法就是崩拳、砲拳，還有馬形。無人對練時，只能自己單練，運用崩拳、砲拳、馬形反覆練習，並且要練步法移動互換，腳左右互動，腳步前後左右互換，身形、步法，配合腰腿及手法，連棉不斷，相續不絕，氣宜調整舒暢，有規律，有節奏，快而不亂，慢而不滯，漸至從心所欲。

撞勁成就了，在師兄弟的相互對練當中，能擊而必中，中而必出，是直接撞出，是以柔暗內勁撞出，非以蠻力硬推而出，這樣才能上戰場，與人論實戰，否則都只是空談，都只是戲論而已，離實戰還有一段相當長的距離，離內家拳的功夫，還有十萬八千里。

第66章

形意拳對健康的效益

　　形意拳是內家拳之一，是一種兼具健身與防身的武術，一般人的觀念，認為形意拳外表看起來屬於剛猛威武形態，但那只是明勁階段時的練法，因為明勁階段必須把外表的筋骨皮結構先架構完備起來，作為練內暗勁的基礎，尤其是形意的蹬步必得先紮好根基，以為練習發勁的預備。

　　有人謂：內家拳是不蹬腳的，猶如太極拳不用手相似，這是門外漢的說法與認知，真正的形意行家，無不重視形意的蹬步，因為形意的蹬步是以暗勁及氣的沉著而為，非似外力之拳種所可比擬。

　　形意拳練至暗勁階段，全身不著一絲拙力，比太極拳更鬆柔，但似鬆非鬆，在鬆中，內裏隱隱潛藏著無可名狀的暗潮洶湧及氣的沸騰澎湃，形意拳是更講求以心行氣，以氣運身的。

　　在五形母拳的每一式單練當中，非常注重內氣的鼓盪，筋脈與氣息之間的相互摺疊、滾蕩、撐裹、營拔、纏繞、二爭力、阻撓力與全身上下相隨的協調，帶動內氣的強化機制，透過內氣的運為而強化細胞及組織功能，達到健康強身，增強免疫能力，減緩老化，以及練就一身好功夫，增進膽識與氣勢，不怒而威，不必動武而能懾服歹

徒。

　　形意拳對健康的效益，以筆者之學員實例來說明：

　　一、

　　Ａ君在練習形意之前，平常會做慢跑運動，幾分鐘就會氣喘如牛，練習形意半年後，慢跑半個鐘頭，稀鬆平常，一點也不喘，他現在已經不知道感冒長的什麼樣子，因為身體的抵抗力增強了。

　　二、

　　Ｂ君在銀行上班，因為坐鬱時間太長，原本只想稍微運動一下而已。練習形意之後，每一星期減重一公斤，一個月瘦了五公斤，之後就維持正常體重。由於練習得法又認真的關係，一年後的今天，已學會發勁，不僅得到健身的效益，也練就了內家拳發勁的功夫，我想Ｂ君一定可以持續練下去，欲罷不能。

　　三、

　　Ｃ君原本患心肌梗塞，開刀治療後肺部積膿，自己常常聞到惡臭味。他練形意劈拳三、四個月後，惡臭味不藥而癒，如今更勤練形意不怠。形意劈拳在五行屬金，人體五臟屬肺，勤練劈拳對肺病及氣喘有治績效。

　　四、

　　Ｄ君是大三學生，練形意拳幾天後，一直放臭屁，他說味道非常臭，比平常的臭屁，臭得多。這情形意味著體內的滯積廢氣已被排出，是一種好的狀況，我勸他少吃肉多運動，他微笑點頭表示同意，他學拳蠻認真的，還沒缺課過，如能持續不懈，將來一定會有成就。

五、

E君原本學拳一陣子了，來我這邊學時，打劈拳幾趟就喘息不休，他原來一天要抽兩三包菸，經我勸說後已減抽一半，喘息情況已有好轉，我會勸他把菸戒斷，習武之人不應抽菸酗酒的，預祝他能早日戒菸，拳藝精進。

六、

F君喜歡重力訓練，他練了形意拳的呼吸斂氣法後，應用氣沉丹田法，及腰腿借力法，很輕鬆的就能達成重力訓練，他是蠻高興的。他是某大學的副教授，最近要出國參加學術研討會，因為當地治安不是很好，希望我教他一些快速的防身術，我簡單的教他形意劈拳的用法，希望他能平安，不必動武。

以上簡單舉幾個實例，來證明形意拳不只是拳腳功夫而已，它也是一種氣功修煉及靜定力的修持，不只能防身，也能健身，更能藉修煉武術而步入修行的境地。

這些實例，都是真實不虛，他們都是我的學員，都是可以求證與檢驗的。

第 67 章

隨興練拳成就難

很多練拳的人都是隨興而練，今天精神好就練練，今天時間比較充裕就練練，明天有事就休息，後天要去爬山，暫停。練拳總是練練停停，斷斷續續，能夠堅持，持續不斷者，寥寥無幾。所以，能真正成就功夫的人是非常稀有的。

這是工業時代練武者的常情，也是通病。人們時間有限，應酬太多，還有無窮的慾望牽絆著，功利的追求，使功夫不能成就。

很多人對武術充滿興趣與遐想，但興趣歸興趣，能夠意志超拔，堅忍不退者甚少，甚少。心裡對武術充滿遐想，於事也是無補的，武術的鍛鍊貴在持之以恆，老實修煉，不是胡思亂想而能致之的。

有學生常常抱怨說他的功夫總是沒有進步，我問他：「你一天練多少時間？」他有些不好意思的說：「有時有練，有時沒練。」一日打漁，三天曬網，就不要抱怨功夫沒有進展，因為自己努力不過。

功夫的進步，如日進一紙，不覺其多，幾年後就有厚厚一疊，此時才能感覺功夫有沒有進步，功夫是靠累積而成的，功夫沒有速成，也沒有不勞而獲；功夫不是靠遐想，而是靠實練，你得老老實實的練才有收穫。

　　功夫的成就也不是依靠知識的豐富，與拳經理論的理解，知識歸知識，理論也須依附於實練當中，如果整天與人空談經論，辯論自解的認知，而不務實的去練拳，不老實的去修煉，到老來也是一場空，徒耗精神罷了！

　　功夫的可貴在於實練實證，你練過以後，有實際的體驗與悟解，才能言之有物，空洞的理論令人一聞便知，自露餡於方家而不自知，真是可憐憫者。

　　佛教五百羅漢結集經典，多聞第一的阿難尊者卻不能參與，因為還沒有實證的功夫。所以多聞與實證是有相當大的距離，因此，知識豐富與實證無關，理論再多，若無實際體驗，對於修煉終是沒有補益的。

　　鄭曼青大師生前，早上若不練拳則不吃早餐，晚上若不練拳則不睡覺，一代宗師就是如是成就功夫的，我輩凡夫應當效法前輩的作略與精神，功夫始克有成。

　　內家拳的修煉，內勁與氣的養成，更需精進的，持之以恆的培養鍛鍊，要靠長期的儲蓄累積，內家拳的體，才能成就，若是貪著五慾，神氣放逸，神不守舍，氣不守丹田，沒有深刻的去領悟，沒有老實的練拳，功夫是難得成就的。

　　隨興練拳，將唐捐其功，浪費寶貴的時間與生命。

第 68 章

如何成就內家拳

　　想成就內家拳其實不難，只要你有心及肯用心去悟。

　　所謂有心，是指有超拔的意志力，能堅持到底，能夠老實練拳，而不是隨興的練。隨興練拳是現時練拳人的通病，想練時才練一練，意興闌珊時就荒廢了，或者上課日去練練，回家就忘光光，不會主動複習，好像練拳是為老師而練，如果有這種心態，不只功夫不能長進，想得健身也不容易。

　　內家拳，是要累積內氣，斂入筋脈而匯聚成內勁，需要日積月累的去儲存，才能集微成多；若是練練停停，心存遐想，或只求理論，成天與人辯論拳理，爭論不休，而不實際理地的去琢磨鍛鍊，難有成就。

　　每日練拳的時間，早晚各需一小時以上，若是隨意練個幾下，就與人聊天或打妄想，都只是浪費時間，欺騙自己。燒一壺開水，一定要燒沸了才能飲食，若是中途關火，那壺水還是生水。

　　練拳時一心寂靜，一心想的只是一氣流行，不作他想，氣透過心行及寂靜，久了就會騰然，身體有了麻脹沉墜之感，身心鬆透了，手臂越來越沉重，內勁慢慢累生蓄積；氣沉入丹田及腳底，下盤就穩固了，若內氣尚未騰然滾熱，中途停頓，將唐捐其功，白練一場。

　　所以練拳時間要一小時以上才足夠，如果怕苦，非拳中丈夫，不堪造就。

　　內家拳除了勤練，還得加上用心去悟，如果不求體悟，傻傻地練，將事倍功半，成就緩慢，所以，勤練還得加上慧力才行。

　　《拳經》云：「非有宿慧，不能悟也。」然而，慧力有一半來自勤練，有練才有體悟，無練而空心求悟，猶如佛說「煮沙成飯」永劫不能成也。

　　慧力來自多聞及實際體驗。多聞，要廣聞拳經拳論，要建立正確的知見，如果見解錯謬，練成外家拙蠻之力，將枉費一場。

　　《拳經》《拳論》是過去武術成就者遺留下來的結晶，是寫給有相同水準者看的。若是初練者猶不能體悟經論中之意旨，要練到深入時才能恍然大悟，會心相照。

　　在練拳當中需不斷的與經論作比對，自己的體悟是否正確無訛；若有疑問需求老師解說，加上實踐，才能真正悟入，然後，才能越練越有心得。

　　你的心得一定要說出與老師聽，若是悶在葫蘆裏，也不知對錯，有時會走入歧路。

　　常常說出自己的心得，老師就知道你有沒有在練，有沒有認真練。你有認真練，老師當然心裡有數，當然歡喜，會一步一步將功夫傳授下去；你若敷衍的練，老師當然也知道，也只能敷衍的教，因為你如果一直停擺在那兒，老師如何往前教下去？

　　有志者事竟成。意志不堅，終是凡夫。滴水穿石，鐵

杵成針。練拳最怕不勤，最怕無心。有心則心想事成，心
想不是空想妄想，而是心中有願，願力夠大，願力堅強，
何事不成？

　　謹以肺腑之言，與內家拳武術追求者互勉之。得遇知
音為歡喜。

第 *69* 章

意守神蓄即練功

　　以前練拳，自己要求自己，每天早上練形意拳一小時，基本功半小時，晚上練樁功半小時，靜坐半小時。星期天總複習，包括太極拳、八卦掌及兵器，二、三十年如一日。

　　如今當了教練，自己走過的路，長期累積的歷程，很想將親身所經驗的體證，告訴學生，練內家拳並不難，只要認真老實的練，要成就功夫並不是困難的事，而且可以縮短時程，非得十年八年的，只要能持之以恆，堅持到底，每天練個兩小時，不停斷的去累積功夫，五、六年要成就內家拳是可期的。

　　但是聒噪半天，能信受的學生並不多，當然，家庭、事業因素太多，還有五慾的牽絆，能撥出時間，持續不斷的還是很少。用心用功的當然也有，他們的成就是可以預期的，總有幾個可以出類拔萃。

　　工業時代，大家都很競爭，生活也很緊張，有錢又有閒的人不多，所以成就者就變得稀有。但是如果有心，一天要撥出一、二小時練拳，應當是可行的，無志者事難成。

　　真正撥不出時間，如何？要在生活中去練拳，把練拳生活化，在行、住、坐、臥當中練拳。洗臉刷牙可以練

拳，蹲馬桶可以練拳，等人、等車可以練拳，工作、遊戲可以練拳，爬山、戲水可以練拳，散步休息可以練拳，處處皆拳。

如何作到這樣？只要你一作意即可。所謂作意，就是心中起一個念，起一個練拳的念，有了這個念，你就是在「念拳」當中，你就是在「練拳」了。作意、起念，心中把氣守住丹田，神不放逸，安住在自己本舍。此時兩臂微微一提，就是練掤勁，胯輕輕一落，就是練氣沉丹田，腳跟暗暗撐蹬，就是練入地生根，腰鬆鬆擰轉，就可牽動往來氣貼背，下顎一縮就是虛靈頂勁，尾閭中正就是神貫頂……，這是另類的練拳。

我現在練拳就是這樣練，真正騰出時間來練，當然也是需要，如果能在生活起居當中，抓住練拳的每一分分秒秒，積蓄累進也是能功夫成片。

躺睡床上也可以練功，這是我最近的體會。躺臥床上全身放鬆並非易事，總覺得有些地方沒有完全鬆開，當你真正鬆透了，可以感覺到身體的「沉」，與床表的密合，可以感覺到氣的流形，可以感覺到氣的凝聚，有時氣聚手掌，脹如氣球；雖是平臥，氣也會落沉到腳底，這是我的體會。

時時意守神蓄，你就是在練功夫。若是神不守舍，意氣放逸，一天練八小時，亦將唐捐其功，因為神不守則氣散亂，氣不凝結，內勁難生，沒有內勁談何功夫？

若能神蓄意守，手輕微一提，甚至不提，只要作意，手已然掤勁在即；只要意守神蓄，氣就能深沉丹田，積壯

內氣，收斂入骨，匯聚成勁。

　　五慾的牽絆，使人功夫不能成就。五慾，就是財、色、名、食、睡，以佛法言即色、聲、香、味、觸，眾生都是沉淪在五慾中，爭名逐利，貪財、貪色、貪食、貪睡，不能精進用功，所以功夫難成。

第 70 章

武術的虛榮

虛榮心是所有動物的本性，尤其是人類，少不了虛榮心。

練武術的人也有虛榮心，很多人練武術，不是真正的追求功夫，而是追求時髦，趕流行，或是以練武術而想得到人家的刮目相看或博取別人的尊崇。

武術的追求，除了健壯的身體，除了延年益壽，除了武德品格，除了力與美的展現，真正的目標及藝術境界，在於防衛、搏擊、實戰以及突顯大丈夫的氣勢與膽識。

很多人練武術一輩子，卻不知如何實戰應用，不知如何保護自己及家人，遇到突發狀況，顯得驚慌失措，不知所以，致使外界誤以為中國武術功夫只是中看不中用的玩意兒，只是搬弄拳腳的花拳繡腿，因而貶抑了中國武術的價值，使中國武術淪落為至今的膚淺體操運動，貶值為只是練練氣功的健身功法。

很多人練武術，只求練很多套路，很多兵器，劍、刀、棍、棒、扇，樣樣會，但是都只是學得一些皮毛，都只是班門弄斧，都只是在關公門前武大刀而已，談何武術的意境，看在方家眼裡，除了搖頭、嘆氣，除了唏噓之外，也真是無可奈何，因為武術的義涵，已被虛擬，武術的真正意義，已被模糊顛倒，已被遺忘。

　　清末，那些公子哥兒們，一窩風的跟漢人學練武術，形意、八卦、太極，好不熱鬧，然而，真正有成就者，寥寥無幾，為何如此？

　　他們都是被武術的虛榮所迷亂，在當時，學漢人的武術功夫，是被推崇的，是被羨慕的，是值得炫耀的，所以，大家爭相追求武術，而真正的用意，都只是被武術的虛華所迷惑而不自知，也沒有辦法認清自己的目標及方向，沒有真正的意志力與決心去用功練武，所以無法有高超的成就。

　　筆者2008年到美國紐約參加新唐人電視台舉辦的第一屆全世界華人武術大賽複決賽，一位同樣從台灣前來的年輕賽員，他在台北及宜蘭各開了一家武道館，他門下的學生都是嚮往武術的。

　　這位年輕賽員，也是武道館的老師，在私下閒聊時，我們得知他道館的教學方式及目標全是放在武術拳架的套路比賽上，其他與武術內涵有深切關係的東西，如內勁是什麼？如何發勁？如何走化？實戰如何應用？等等方面則一無所知。筆者常常暗想，這些武者學武術的目的與方向在哪裡？難道只為了比賽？只為了拿一些獎杯擺在家中向人炫耀？

　　台灣及大陸的練武者，大部分已將武術真正的方向搞偏離了，尤其是大陸的武術比賽已全部偏向體育體操方式，你得能跳、能躍、能劈腿、能翻滾，能將腳高舉過頭，這樣你才能在比賽時拿高分，才能奪標。裁判不懂得去欣賞武者的內涵，不會去看武者的氣勁是否渾厚，下盤

是否生根入地？有無以氣領身？氣是否鼓盪連綿？發勁是否完整一氣？是否有斷續處？凹凸處？是否只用蠻力？局部力？

　　台灣的練武方向及目標，與武術比賽方式，遙遙相追于大陸，直追大陸的屁股後，趕著流行。

　　台灣與中國武術一起倒退嚕，一起朝著體操方向走。與世界其他武術越來越相背離，自己侷限在自劃的框框內玩得不亦樂乎，要真正的實技較戰，能上戰場者不多。

　　中國功夫，已被電影所虛擬，老外被虛擬的假象而弄得自己模糊不清，紛紛到中國來學功夫。他們學到真正的功夫了嗎？或者也是莫名其妙的跟著這些虛浮的武術，陷於虛榮的泥沼中而不自知？真是可憐憫者。

　　古代修煉武術，因為沒有法律的保障，為了保護自己的生命，所以要練實用的技法，現在，雖有法律，但是擄掠搶奪姦殺事件仍是層出不窮，如何保護自己，如何扶傾，發揮正義感，都是武術的修煉範圍。武術不只是打打拳架，健健身，練練氣功而已，武者的修煉，涵蓋正氣、除邪、濟弱、俠義、武德等等。

　　若只為區區的名利，浮華不實的虛榮，若只為了好鬥欺凌，雖在武術的領域有所造就，仍是一個被武術的虛榮所繫縛的可憐憫者。

第 71 章

抖　勁

也許你常常在公園或學校、文化中心及某些場合，看到某一門派的人，打起太極拳，手指刻意一直不停的抖動，或者他是自然的抖動，就認為他是有功夫、有內勁的，其實不見得。

真正的抖勁不是如此。抖勁是腰胯的彈抖，是丹田之氣的引動，它彈抖時是全身整勁的彈抖，是完整一氣的，它是同時同步的，其根是在腳的，由腳而腿而腰，一股氣剎那同時上傳而形於手指的。它的彈抖，是腰的彈抖，腰像蒼龍抖甲般，像彈簧般的快速彈抖，像狗狗洗完澡將水快速抖乾的全身彈抖；不是手指局部在那邊抖個不停，若是手指局部在那邊抖個不停，那叫刻意，叫偽裝，叫虛假，叫小兒麻痺，叫巴金氏症。

有個拳友是練某種太極拳架的，從起勢後到收勢，幾乎招招都要抖掌指的，看起來好像很有勁，去參加拳架比賽也拿過金牌。但是實際發勁時卻是空無的，手無掤勁，腳無根，氣虛浮，打到身上不痛不癢的，一點勁道也沒有，這是不務實的練法，到頭來只換個武術的虛榮，矇騙自己而已。

有一位師伯，以前在台南市政府上班，日據時代，窗戶是木頭玻璃的，地板也是木頭的，無事時就安靜凝神屏

氣，當靜極生動時，全身剎那震動起來，抖得玻璃窗劈哩趴啦的價響，這才是真正的抖勁，只有氣動才是真正的抖勁。真正的抖勁不會一直抖個不停。只有在靜極生動時，只有在意念的驅使下，如迅雷般的打下。

　　練太極拳的發勁，是有時有辰的，不宜一直在那邊發勁抖動。發勁是會損耗內氣的，會衰竭我們的能量，對健康養生而言，是不宜的，是有害而無益的。發勁試力的練習，需擇期而練，練的時間也需控制，過與不及都是不好的。如果內勁還未成就，只宜探究而練，否則功體尚未成就，練發勁只是內氣的耗損及空轉，對功夫是無所助益的，對身體也是有害的。

　　某派的○○架，幾乎從頭到尾都在發勁，曾看到一個頗有名的老師，表演○○架，他打到三分之一時，已經氣喘如牛，臉色發青，損傷了元氣而不自知，長此以往，對延年益壽是走倒退路。

　　抖勁在發勁時，身手會快速如彈簧般的彈回，腰是極速的彈抖數下。抖勁的要件，需借丹田之氣及腳的根盤打樁撐蹬，藉腳掌的借地打樁反彈而上，令氣在丹田處自然鼓盪，順勢剎那引爆。當引爆的剎那，彈抖勁已經擊打到對手身上快速彈抽而回，不會在那邊抖個不停。

　　武術追求實際，能練出真正的功體──內勁，能用能發勁才是真功夫，若整天只求單方面的拳架之美，或雜菜麵樣樣來，或標新立異，或畫蛇添足，只想搏得他人一時的虛幻讚許，或娛人自愚，都是俗者凡夫，將自己寶貴的時間、生命，浪置在武術的虛榮中，空廢一生，非是智者。

第 72 章

何時開始練推手？

　　練太極拳，什麼時候才可以開始練推手？這是一個極大的問題，是見仁見智的問題，也是頗有爭議性的問題。

　　傳統太極拳，光是拳架就得三、五年，甚或更久，才能開始練推手，有時要看各人的資質或勤學的程度，老師才會放手教推手。

　　以前，有位師兄弟離開老師，跟一位某派太極拳老師學練，七、八年過去了，有一天相遇，大家互談練拳情形，他說老師還再改拳，沒有教別的東西，包括推手，我一聽真的傻愣，何時才能更上一層樓？是自己懈怠，沒認真練習？還是老師另有他的意圖思維，不得而知。但是，我私自想，如果七、八年還再改拳，那要改到何時才算拳架完善，有沒有一個次第時間表？就像求學，總不能一直呆在小學程度，不能昇進到國中、高中、大學吧？如果一直讓人在原地踏步，算不算誤人子弟呢？學生如果不堪受教，只得令其另尋高明，若一直把學生留在身邊，而功夫卻無所長進，老師是有過失的，是值得自我檢討的，否則誤人誤己，罪過大矣！

　　有的老師教拳，只是一直在教拳架，或止於刀劍棍等兵器的練習，筆者曾跟一位老師修學多年，就是如此。我一直懇求老師教我一些散手實戰的技法，老師卻說：「拳架熟稔了自然會用。」我只得離開老師。在我多年的摸索，及與拳友的相互練習對打中，我深刻的體會一件事，

拳架怎麼熟稔在實戰對打中是不能靈活應用的，你得在功體內勁成就後，特別撥出時間來實際練習對打，你才能實戰的。這位老師說真的，是誤了我很多寶貴的時間，但是我還是很感恩的。

　　在我教學多年後，深深體會，誤人子弟，罪過真的很大的，浪費了人家的寶貴時間及金錢與生命。所以我在教學當中，絕不會藏技，故意留一手，學生稍微有基礎，就會開始教推手及簡易的實戰防衛技巧。

　　有些學生練半年，或比較認真資質又好的，三、四個月我就開始教他們推手。學推手，沒有固定的時間表，它與拳架不會相衝突，而且有相輔相成的作用。在推手中，可以體驗拳架是否鬆柔？有無其根在腳？有沒有主宰於腰？有無完整一氣？有否上下相連？內外相合？有無虛實分清？變化得宜？有沒有身立中正安舒？等等，從推手中，可以體會拳架該如何打，如何用。一方面練體，一方面練用，謂之體用兼備，是可行而且正確的。

　　我以此方法教學生，他們的進步是神速的，一年多已練出少分的內勁，也懂得發勁及走化與接勁，與那些練五、六年或更久的人，一摸一搭手，即知功力差別所在。這些學生短期而有所成就，他們當然是歡喜的，如果能夠持之以恆，將來的成果是可以預期的。

　　不必再執迷某些老師的深度，也不必以為推手是難學的，只要遇上好的老師，他是不會藏技，故示神秘的。

　　得值遇好老師，應當珍惜，如果還遲疑不決，就會曠廢時日，浪置光陰。

第 73 章

形意明暗勁之難易

　　形意拳的祖師爺常說：「形意拳，易學難精。」誠哉！斯言。形意拳確實是很容易學習的，因為它的招法真的很簡單，不論母拳五形，或子拳十二形，動作都是簡潔明快，一學就會，步法更是簡單，一實一虛，一奇一正而已，都是直來直往的比較多，只有其中子拳十二形的燕形、龍形、猴形等稍微複雜些。

　　形意拳雖是簡易，但真正能學好形意者並不多見，為何如此？其癥結在於形意之明勁與暗勁，令人難以掌握正確的要領，加上老師很難有耐性一一去糾正指導，一看學生慧力稍差，講了幾次仍無法體會真正的練法時，就把學生放棄不管，讓他自隨自練，懶得再多費唇舌，結果學生就一路錯下去，無法再回頭，即使有緣再遇到善知識指導，然而其性已定，無法再糾正回來。這樣的老師罪過是很大的，因為他誤了人家。誤人子弟，罪過滔天，不可不慎，這是要負因果的，別以為這是一件小事，因為拿了人家的錢財，耽誤了人家寶貴的光陰。

　　形意拳古來的教學方法，都是先學明勁，後練暗勁。但是明勁，很多人練錯了，練成了拙力、硬力、蠻力，如果成形定性了，就很難救轉回來，以後要進入暗勁階段是非常困難的。

　　明勁，正確的練法，是不用拙力、硬力、蠻力的，只是它的外形比較明快、豪邁、奔放、雄壯、威武，蹬步較大、較遠，動作速度稍微快捷一些，而它的內裏，仍是以心行氣，以氣運身的，仍是以腰為主宰，節節貫串的，仍是上下相隨，內外互合的，仍是有整體協調性與節奏性的，也是主張完整一氣，非局部以手揮動的，非以手主動使力的。

　　暗勁，非是鬆懈、散慢，而是鬆柔、舒緩，是外柔內剛的，外表平靜柔和，內裏卻是暗潮滾浪、澎湃洶湧，全身處處充滿二爭力的互爭、互蕩、互擰、互拉、互扭、互裹，形成一股股、一波波的沸騰之氣的靈動，終而沉聚累積成極堅剛的內勁。

　　明勁與暗勁，如果體會錯誤，則失之毫釐，謬以千里。

　　拳法無定法，教拳需觀察個人的根基。身材魁梧有力者，如果教他先練明勁，他天生的蠻力就會自然一直使出，進入死胡同，無法轉救。所以遇到孔武有力型的，要先教他放棄先天之力，改以柔性的練法。

　　如果是身體瘦弱型的，可以先練明勁，尤其是形意的蹬腳撞勁要先練出來，然後再轉入練暗勁，始易有成。

　　明勁與暗勁，也可以互易互練，並不會相衝突。練一陣子明勁，蹬勁出來了，就可以練暗勁。或先練鬆柔的暗勁，有成了，再補以蹬腳明勁。

　　若是固執古法，一成不變，頑守定規，不能因材施教，隨類而導，難以教出優秀的學生，則形意拳的承傳就會逐漸沒落。

第 74 章

塌 肩

塌膝，稍有聽過；塌肩，好像是一個新名詞。

其實塌膝與塌肩，是同一個意思，也是拳法練習與應用時的一個通病。

塌膝，是膝蓋癱塌，沒有支撐力，在發勁時，那個槓桿原理的支點，失去了。失去了支點的支撐力，在發勁時就無法省力，就會拼出蠻力；再者膝蓋癱塌則腳跟虛浮，失去平衡中定，肯定是挨打的架子。

塌肩，是肩膀塌陷無力，或者聳肩虛浮，無法墜沉；肩不沉則肘不墜，肘不墜，則支點亦將失去，支撐力沒了，勁也將難以施展。

肩，是整隻手臂的根節，若根節癱塌，勁將何施？

塌肩則無掤勁。

掤勁是肩、肘、手的整體乘載，缺一即非完整，沒有完整，即是凹凸、斷續、缺陷。

打拳時，發勁時，肩微微伸展，似直非直，似曲非曲，外表鬆鬆柔柔的沉墜著，內裏的筋脈需有彈性的撐持著，似鬆非鬆，將展未展。

發勁時，勁由脊發，由脊催肩，肩催肘，肘催手，總須完整一氣。肩若癱塌無撐著力，勁如何傳送至手？

掤勁含蓋肩、肘、手。肩肘手的掤勁，由含胸拔背而

致，若胸不涵背不拔，肩肘手亦將失去依靠。

　　含胸拔背需靠腰胯支撐，腰胯需靠腳足支撐，故謂：
「其根在腳，發於腿，主宰於腰，形於手指。由腳而腿而
腰，總須完整一氣。」

　　腳的根節在足掌，手的根節在肩膀，身的根節在腰
胯，三根齊至，加上丹田之氣的引導，與意念的到位，合
之為完整一氣，方可謂之整勁。

第 75 章

中　定

　　中定，身立中正安舒，是為中定，這是狹義的說法。有時身未中正，有些斜度，但身法、步法能夠取得平衡而無敗闕，依然可以稱為中定，這是廣義的論述，也是筆者個人的主張看法。所以中定是涵蓋斜中正及四面八方的偏中正，不一定死定在那裡，身如木板，而謂之中定。

　　在虛實變化中，如果能隨時取得平衡點，能夠支撐八面，立於不敗之地，即謂之中定。不是如木頭人，如機器人，那麼呆板，正經八百的矗立著。

　　缺乏生機活潑的中定，是呆滯、冥頑的，是死氣沉沉的，是一潭死水。

　　中定，不是雙重，也不是質量的雙腿的比重，五五是中定，四六亦中定，三七也是中定，只要取到平衡點，善於變化虛實，就是中定。

　　中定裏面是有虛實的，他隨時能夠支撐八面，變化虛實，所以它不是雙重。

　　雙重是中定，因為在雙重中，若能隨機變化虛實，取得平衡，亦稱之為中定。

　　虛實是中定，因為能透過演變的虛實，而取得中正平衡。

　　只要能支撐八面，立於不敗，即為中定。

第 76 章

脆勁與Q勁

　　脆勁，是乾淨俐落，不拖泥帶水，如同撕裂物，一撕即裂斷，不會藕斷絲連。

　　脆勁，如採水果，頓挫一採，果粒與枝梗即刻斷離；若是用拉扯之力，果粒會隨著枝椏牽連而動，需到一定的距離，果粒才能被拉扯分開。

　　以脆勁打人，會令人全身顫抖悚慄，魂飛魄散，內臟瞬間移位。

　　脆勁，也可稱之為冷勁，冷不提防，勁已著身，如迅雷不及掩耳，脆冷之勁一觸著，會嚇得人一身冷汗，剛想逃避之時，身體已被擊中跌出，等回魂時，猶是莫名所以。

　　打撞球，瞬間拉桿折回，當母球撞擊子球之剎那，子球奔撞進洞的結實力道，可以去聯想脆勁的威力。若是推桿的話，力道則有天壤之別。

　　汽車撞到一個物體，忽然煞車，輪胎剎那鎖住，物體被震飛天，這也是一種脆勁的譬喻。

　　一根薄薄的塑膠繩，如以拉扯之力，想讓其斷開，是很困難的。只要打個活結，以脆勁頓挫一採，即刻斷裂，這是脆勁。

　　太極八法發勁，皆可發出冷脆之勁。譬如採勁，會採

的人只要拇、食、中三指或拇、食二指輕輕一沾一扣，微一作意，氣一沉，就能將人之全身撼動，也不需曲膝落胯，甚是微妙，甚難思議。

脆勁，是以己身的氣勁，去到對方的摧枯拉朽。

Q勁，彷彿麵粉之筋道，桿揉麵粉搓麵團，需要力道與時間，二者兼到，粉團才會Q又有勁，可以耐摔耐打耐拉而不斷裂，它是具有彈力的，拉長後它會自動回縮，恢復原狀。

內勁初生之時是不Q的，是僵固的，是嫩稚的，是不活潑，是沒有生機的，是沒有變化的。要把它揉，把它搓，需要時間去琢磨，需要用功去焠煉。彷如一把好劍，有柔軟，有堅剛，可以曲直伸縮，可以削銅砍鐵。

Q勁，可以吸，可以放。吸即蓄勁，放即發勁；吸即拉弓，放即射箭。吸即化勁，放即反彈，化打一氣。

Q勁，可以乘載蠻力、拙力、硬力，疊時可以乘載萬斤，折回時卻可以使出無窮的巧勁；在折疊之中，似鬆非鬆，若剛非剛，是柔中帶剛，是剛中含柔，它是中道，不偏不倚。

勁，需要依靠老師的餵勁，日久而Q，Q了才能發出脆勁。

脆勁，是Q勁成熟了，千錘百鍊之後的結晶。

牽　拖

　　牽拖，台語之意乃是把責任推卸到別人身上，或沒把事情做好而遷怒別人。

　　練內家拳，則需確確實實做到「牽拖」，否則功夫很難上身。

　　如何牽拖？比如，你要做一個按掌，不能單靠手臂的局部力量出掌，而需靠肩牽拖肘，肘牽拖手，一節牽拖一節。手則靠腰胯牽拖，腰胯靠腿足牽拖。

　　以外表肢體而言，全身動力在腳跟，由腳跟節節貫串，一節催促一節而形之於手，形成一股完整的勁道，也稱為完整一氣，或整勁。

　　牽拖，是拖曳的意思，被拖著走，不是自己自動走，手被腰拖著走，腰被腳拖著走。牽拖的時候，要慢，越慢越好，越慢，氣感越大，越麻，越脹，越沉。好像打針，要慢慢的運使暗勁。

　　往前牽拖的時候，氣，循著相反的方向擠壓，形成一股自然的阻抗力，全身每個關節都有相對的二爭力，無令絲毫間斷。

　　一支水瓶，裝半瓶水，用手提著前後動盪，上提時水是往下流，下擺時水是往上流，都是反向而行，逆勢而行。打拳要去體會這個道理。

　　牽拖，最重要的是內氣的牽拖，外表肢體去配合，如果不以氣為動力，那只能算體操，練不出沉勁，練不出極剛強的內勁。

　　沒有牽拖，勁亦不Q；勁不Q，以後就不能打出寸勁、冷勁、脆勁。

　　腳跟以意念沉入地裏，向下向後踩去，使身體向前牽拖，身體被牽拖而出，是整面整體的，根不能虛浮而起，要更沉，深入地心。

　　好像在水中泛舟，槳往後筏動，槳要沉進水中，筏動需用暗沉之勁，將舟牽拖向前，順著水的勢力牽動舟身。

　　水有阻力，打拳猶似陸地行舟，把空氣當成水，自己要去製造一股阻力出來，要用身體去感覺，你感覺到了，東西就上手了，其餘的就靠你要持續不斷，去累積你的功夫。

　　太極前輩常謂「不用手」，意謂打太極是不用手的，手只是輕輕的，沉沉的掤在那邊，靠著腰腿來使運，靠著內氣來驅動。若是手主動，自動，沒有被腰腿牽拖，沒有靠內氣暗勁牽拖，那叫體操，不是打拳，那叫「舞」，不叫「武」。

　　牽拖時，內氣是鼓盪的，筋脈是奮張的，是活潑有生機的，是有彈力的。

　　牽拖時，一處有一處的掤勁，全身處處不離掤勁，全身之掤勁需互聯、互合、互隨，互相照顧，不使有斷續處及凹凸處。

　　牽拖至勁Q時，你腰一抖、一甩、一牽、一拖，空氣

的氣流，會與你相感、相應，氣會被你拖著走，內外氣相
合時，你一作意，內勁即可隨身而應，輕輕一頓、一帶、
一採、一按，就能將對方全身撼動，到那個階段，到那個
時節，到那個火候，你才能體會甚麼叫神妙，甚麼叫不可
思議。

第 *78* 章

譬喻與拳理

釋迦牟尼佛講經說法，常用「譬喻」來解說佛理，令眾生容易悟入，使眾生能夠得度。

練拳學功夫也是一樣。拳經、拳論，對一個初學者而言，多數人會覺得很難理解，不知所云為何？或者依文解義，而失之毫釐，謬以千里；若是會錯了，就相去十萬八千里，想成就功夫，難矣！

譬如，《行功心解》云：「全身意在精神，不在氣，在氣則滯。有氣者無力，無氣者純剛。」這邊所謂的氣是指濁氣、拙力，若誤為真氣則全盤皆錯矣！

又譬如，《拳論》云：「偏沉則隨，雙重則滯。」這邊的雙重，非指雙腳的雙重，而是指全身的虛實不能隨心變化而產生的滯礙，才是真正的雙重，若誤以馬步的雙腳之持力相等而視為雙重，則誤會大矣！何以故？

因為《拳經》云：「虛實宜分清楚，一處有一處虛實，處處總此一虛實，周身節節貫串，無令絲毫間斷耳。」因為全身各處皆有各處的虛實可分、可變，所以才會說處處總此一虛實。

譬如，說「沉」，如何讓一個初學者體會「沉」字？在身體的感覺上他永遠無法理解「沉」的意義。我常會舉起自己的手臂，疊放在他們的手上或身體上，我一用力，

肌肉繃起，青筋暴露，手臂虛浮而起，感覺不到我手臂的沉重；我一放鬆，輕輕搭上，反而覺得沉重無比。

「沉」，好像一塊棒棒糖溶化了軟軟地往下流動；我們的身心鬆化了，氣一樣會往下沉入，初學時需靠一絲意念去帶動，修煉一些時日即能體驗沉的涵義，只能自己去練，自己去意會。

譬如，我說，發勁就像打椿，椿一打下，是結實的，是瞬間的，是不拖泥帶水的，是俐落乾脆的。椿一打，一股反彈力隨之而上，勁已同步同時而出。這如用講的，到驢年你也體會不出來，只有靠老師親自餵勁，才能稍有體悟。

譬如，我說，手掌只是一個發勁的工具，發勁的原動力在腳跟，初學者總是莫名其妙，我就實地讓他們試著發力，他們用盡吃奶之力，也是無動於中。還是得透過餵勁方式，讓他們試著以腳跟發勁，慧力好的很快就能進入狀況。

練內家拳，要懂得自我製造一個阻力。我常做這樣的譬喻：拿一瓶半空的水瓶，前後擺動，當你的瓶子向前愰時，水是往後流動，向後則反之。在練拳時，手向前伸出，內氣要往後摧動，餘則類推。打拳必得如此，氣才能內外鼓盪、相合，慢慢生出相摔之勁，彈力之勁，終而完成極堅剛之內勁。外家的聽了以為我又在講神話，但我可以肯定的說，此語不虛，是真實語，信則練之，不信看過就算，當我沒講。

我常譬喻，丹田像是一個氣囊，好像皮球充滿著氣，

用力越大反彈越高，丹田這個氣囊何嘗不是如此，他的爆破力像炸彈，不是老牛拖車之蠻力，以丹田之氣發勁，不需距離、速度，而能瞬間摧毀⋯⋯⋯⋯

　　譬喻語錄：「打拳如打針——慢慢催送」、「打拳如划槳——後推前進」、「掤勁如海水——能載萬噸船」、「蒼龍抖甲發勁——似小孩玩手玲瓏」、「手掤如吊掛——被吊著的」、「拳架如行舟——把空氣當成水」、「摺疊如火車輪——彭恰彭恰」、「腰似彈簧——蒼龍抖甲」、「虛領頂勁——關公看千秋」、「坐掌立腕——手如荷葉」、「行拳會說話——肢體語言」、「雙重非病——虛實變化所必經」、「打拳不能將拳身重量只許放在一隻腳上——跛腳鴨」、「打拳要牽拖——自造阻力」⋯⋯

第*79*章

斷續與丟頂

《拳經》云：「一舉動，周身俱要輕靈，尤須貫串。……無使有缺陷處，無使有凸凹處，無使有斷續處。」行功心解云：「往復須有折疊，進退須有轉換。」打手歌云：「似鬆未鬆，似展未展，勁斷意不斷。」這些經論，一再的強調，無論打拳架或練基本功或在推手散打時，是不能斷續與丟頂的。

斷，就是分離、散開，沒有連接在一起。譬如，打拳架或作基本功，如果沒有相續，沒有綿綿不斷，把一個完整的動作，一分為二，中間有所停頓、中止，沒有把它圓成一個弧，接續上去，變成有一個空檔，一個隙縫，使得一個動作失去了連貫性，這就稱為有「斷續」，中間有一個小小的裂縫。這個「斷續」，會使得內氣無法獲得貫串，無法一氣呵成，使氣的運行，不能完整，就變成一種缺陷。

沒有連續貫串，就是「丟」。用拙力打拳，就是「頂」。在推手而言，「丟」，就是沒有沾、連、黏、隨，肌膚皮表與對手分開，失去神經觸感機制，無法獲知對手來勢、來力的動向與出力的大小，失去預知能力，失去主控權，無法掌握先機，無法知己知彼，百戰不殆。「頂」，就是利用拙力、蠻力、硬力，去頂抗，想使自己

立於不敗之地。「頂」，有存心去頂，及走化不了，露出死角，形成一個讓對手有著力點的機勢，自己處於劣勢、敗勢。所以走化不了，也會形成一種頂。

頂的後續就是抗，頑抗，拼了老命，也要抵抗到底；頑抗的結果，最後都是慘敗收場。

斷與丟，雖說是一種病，然而，這是狹義的說法。

廣義而言，斷與丟，在高手應用得當時，能斷而復連，丟而再續，它就不是一種病了。譬如說，在推手應用時，你一提勁將對手提起，對手雖已腳跟虛浮而起，但身體後仰，頑強頂抗，你只要輕輕一鬆開（手離開對方身體）一引，對方會很聽話，身體會跟著被下引，你再順勢一接一搭，再放勁使對方跌出。這其中的輕輕一鬆一引，手瞬間雖有離開對方身體，在廣義而言，這不算是斷與丟的，所謂斷而復連是也。而且，這是一種高度的技巧，只有高手才能使得出來。

譬如，高空特技的盪鞦韆，二組二人式的，甲組下方之人放手，去承接乙組之人的手，這中間是分開的，但他能掌握時間與空間的機制，當他承接到乙組之人的手時，就是復連了，中間雖有斷，但斷而復連，終而作了一個圓滿的續合。

廣義而言，這不算是斷，真正的斷，是有了缺陷；有了缺陷是很難再相續的，就算勉強相續了，也是有凹凸不完整的，這就是有了缺憾。

所謂「藕斷絲連」，藕雖斷了，還有絲相連著，你一提，下段的藕還是會被牽動而起。在推手時，雙手離開對

方身體，表面的虛相看，似乎是斷了、丟了，但是藕斷絲猶連，手丟離了，還有氣相連，你要能牽動氣與勢，把氣與勢再復合相連，以邏輯學來說，應該是可以通的，只是不信者恆不信，那就當作是講神話了。

　　這是筆者個人的見解與體會而作之論述，不是創新，前人不一定說過，也可能有人已經說過，但這卻是我個人的心得之論。

第80章

默識揣摩

太極拳論云：「默識揣摩，漸至從心所欲。」

不論你學習任何運動、技藝、功夫，默識揣摩，這四個字，是非常重要的，尤其是練武術。

默，是靜靜的，默默的，在心裡面，暗中的忖度。

識，是分別，辨識，以意識去思維、判斷、分析整理，用腦筋去認識、記憶。

揣，是揣測，端詳，度量，用心意識去揣度。

摩，是模仿、觀摩，學習、磨練。

學武術，觀師訣很重要。台語俗諺謂：「溜溜秋秋，吃兩蕊目啾。」意謂學東西，學功夫，要滑溜、順當，全靠兩隻眼睛。觀，是觀看、觀察、審視。觀要觀的明，觀的細。老師在面前教，你得把他的一舉一動，觀察入微，詳詳細細的收攝進入眼簾，儲存到腦底裡。就像電腦之儲存資料、資訊一般，鉅細靡遺，絲毫無漏。

觀察收攝以後，你要靜靜的，默默的，在心裡面，暗中的忖度，把老師教學時的影像，慢慢的重播、流放出來。然後，用心思維，用意識去分別、辨識，去判斷、分析整理，去認識、去記憶。認識清楚了，記憶純熟了，你得去揣度、模仿，跟老師一模一樣的演練出來。這就是默識揣摩。默識揣摩以後，漸漸的，慢慢的，經過你的用

功，經過時間的磨練，功夫就純熟了；功夫純熟了，要用的時候，你就能夠隨心所欲，相互契應。

這是依字義的狹義說法。廣義而言，默識揣摩不只是侷限於外表動作的模擬與觀摩，還含蓋著心思與觸覺、感覺與反應等等，而不侷限於眼睛、眼識的狹隘範圍。譬如，推手，你不能單憑眼睛去觀察，還得用皮膚神經觸覺去感應，去覺受，去領會。如果光憑眼睛是不夠的，還要有老師的口傳心授。老師的口傳心授，你得用耳朵去聽，用心思去領納，用神經去感覺。是用心思、內意去思維、考量、領受，去默識揣摩，你的六根、六塵、六識，五蘊十八界，幾乎都得派上用場。

當你功夫成就後，你得把這些通通捨棄，如果你已到彼岸，那個舟就用不著了，功夫上手了，這些法就用不著了，一招一式，是有形的法，功夫純熟了，變成無招無式，在無招無式中卻蘊藏著變化無窮的招法，已不是固定式、機械式的招法，在無招無法中，卻能有招有法，此則謂「從心所欲」，此則謂「出神入化」。

經驗的累積，也可以自己去默識揣摩，譬如實戰搏擊，你的招法變化，由遲鈍、生疏，而漸至熟稔、順遂，這中間的過程，你更得去默識揣摩，功夫才能日漸增上。默識揣摩不是固定式、機械式的模仿，你如果固執一個死法，不能舉一反三，不能觸類旁通，那你只是一個印模，一個死板的模仿品，不是一個生機活現的藝術珍品，只是一個工匠雕琢的凡俗物類。

所以，默識揣摩是可以自己去創造，是可以自己去締

造自己的風格，不是一味的默守成規，拾人牙慧，隨波逐流，自縛於死胡同中。

默識揣摩，不論是從老師方面學得，或從其他各方面拾得，都可透過自己的默暗思維，去重新整理，自我虛擬、揣測、模仿，而且不是侷限於外表的拳架，套路、勢招等等，還包含用法及拳理的推移等等。

學習拳術，如果只會一成不變的從老師處，或書本或光碟影片等印製過來，那麼就好像讀死書一樣，只會死背死記，沒有經過消化後而吸收，也就是說沒有融會貫通所學的東西的理路，就像學雕刻、學書法、字畫等等，只會照著模仿，而無自個兒的創作，這樣的結果，終究的成就只會成為雕刻匠、畫匠，不能成為卓越的藝術家；學拳也是一樣，不可學成武夫、武匠，而是要成為一個武術家。

默識揣摩，要有正確的理路、思路，不是胡思亂想，不是故意標新立異，而是在循規蹈矩的拳道中，展現自己獨特風格與發明，這樣的默識揣摩，自己的風格中，有老師的正確拳法在其中，也含融有拳經、拳論等經典的正理在裡面，也有自己獨特的風格發明之呈顯，到這個地步，你才能達到「漸至從心所欲」的境地。

所謂從心所欲，就是說你的拳法與拳理，都融匯一爐，在拳理方面，可以正說反說，說法無礙，辯才無礙；在拳法上，能達於「拳無拳，意無意，無意之中有真意」的神明境界。

蒼龍抖甲

　　拙作「抖勁」一文，有如是描述：「抖勁，不是手指刻意一直不停的抖動。真正的抖勁，是腰胯的彈抖，像蒼龍抖甲般像彈簧般的快速彈抖，像狗狗洗完澡將水快速抖乾的全身彈抖。」

　　文章發表後，有一網友來信問蒼龍抖甲是什麼功夫，筆者回答說，是八卦掌的招式功夫。他又來信質疑，說他問過幾位練形意拳、八卦掌的朋友，都沒聽過蒼龍抖甲這種功夫，有懷疑我是亂掰瞎造的。

　　只得引據王師爺樹金先生在民國六十九年所著作的八卦遊身掌（教育部體育司中華民國國術會編印）第八掌——蒼龍抖甲第95頁中，有如是明示：「接連起伏抖動兩次，如蜻蜓點水。全身抖動，如公雞抖毛狀。又如狗自水中出來之抖水狀，故取蒼龍抖甲為名。」這樣回答後，那位網友終於無言。

　　蒼龍抖甲，是一種全身彈抖的抖勁，是由腳跟而發。如果腳跟的樁基沒有成就，如果不懂得發勁的要領，任你怎麼抖也抖不起來，就算腰有在動轉，但是就是不像，很彆扭的，很造作而不自然，全身晃動搖擺，好像骨頭沒接好。

　　我們這一門，學練八卦遊身掌第八掌——蒼龍抖甲，

很多人都練不好，練不起來，頂多只有腿腰晃來晃去，搖來搖去，就是抖不起來。

練蒼龍抖甲，必須樁法成就，兩腳入地生根，要以暗勁來使，如果以腳的蠻拙力去使，抖起來，根會虛浮，不能以暗沉勁抓住地力，所以使起來就會全身搖晃顛簸，因為骨頭沒有「落插」，根不入地，樁沒有打入地。

還有樁法成就還得要懂得發勁的竅門，如果不會發勁，也是彈抖不來。若是會發勁，但只會明勁，不會暗勁，也是彈抖不起來。明勁直來直往，就是一下，再一下，不能迂迴曲折，隨曲就伸。

蒼龍抖甲，就像小孩玩鼓玲瓏，兩指輕握玲骨下端，往復來回動轉，使玲骨造成一個自轉，兩邊的鈴鐺變成一個公轉，自轉越小，玲擺越快。玲骨下端，譬喻我們的腳跟。兩指使的是巧勁，輕靈而不用力，若是用太多的蠻力，鈴鐺就會斷斷續續，忽快忽慢，鼓聲就會忽大忽小。

蒼龍抖甲，不是練著好玩的。在實戰對打時，一拳一掌擊出，要即彈抖而回歸位，可以準備第二波的攻擊，或變化攻勢。

譬如，右掌側劈頭部，彈抖而回以崩拳崩打腹部；或崩拳打擊腹部，迅即折回以鑽拳攻擊頭部；也可接二連三的快速連打，謂之硬打硬進無遮攔。硬打硬進，並非盲目瞎打，而是因為攻擊的內勁渾厚，而且身手如蒼龍抖甲般的疾速，對方只有節節敗退，毫無招架之餘地。

蒼龍抖甲與閃電手是相關的，腰能快速彈抖，手才能如閃電般的疾速；手如果沒有腰的帶領，就變成局部力，

變成拙力，不能完整一氣，不能成為一個整勁。

　　腰身的蒼龍抖甲，與手的閃電霹靂，都須藉腳跟的入地打樁反彈，所以站樁就變的很重要，站樁是武術的基礎。有人以為站樁很單調，枯燥無味，那是因為不懂站樁，練成死力，當然越練越苦。如果練到生出東西來，你一天不站樁，都會覺得很可惜，因為功體一天一天在累積，不練豈不可惜。

　　實際上，站樁並不枯燥。站樁是外靜而內動，意動，氣動。你要會使氣，會吞吐，會運轉，會鼓盪。氣，是生動而活潑的，它是有靈魂的，你可以與它對話，跟它建立感情，與你情同手足，相連相契，永不分離，謂之守氣，如照顧你的愛人一般，呵護著，看顧著，不可須臾分離，永遠斯守著。如果能像熱戀愛人那樣，你說站樁還會乏味嗎？不練才可惜呢！

　　也許，站樁，你不會感覺有功力增加，因為站樁是零存整付，你一天存一塊銅板，不覺其多，一年後就有很重的份量。

　　功夫在累進的時候，有時候你並無感覺，等到水位爆滿時，功夫自然會潰決而出，讓你覺得不可思議。

　　樁功成就了，經過老師的餵勁，很快就會發勁，會打樁，會借力，會自然彈抖，腰也能夠蒼龍抖甲，閃電手也能快速成就，水到渠自成。

第 *82* 章

內家拳的抗打擊

　　內家拳的練法，是以心行氣，以氣運身的，功夫深時，能使氣沉於丹田，形成一個氣囊，是可以抗打擊的；而且太極拳注重推手的訓練，功夫好的人，可以接勁，將對手攻擊的力道承接消去。所以，太極拳是有抗打的作用與訓練的。

　　太極拳真正的走架就是在練內功，在練內勁及活動式的樁法。

　　太極拳並非完全單在走架上用功，也有推手及散打的練習，只是練散打的人比較少，走健身路線的比較多，所以常被一般人誤會太極拳是軟手軟腳的，無法跟人對打。

　　太極拳比較少人練打沙包，有者也是練沾連黏隨的聽勁手法及發勁的打法，與一般拳擊的打沙袋方式不一樣。

　　太極拳實際沒有什麼密傳，所有的功法都在《拳經》、《拳論》、《行功心解》等經典詳盡記載。如果有所謂的密傳，也只是花招，及籠罩初學者。

　　太極內功練到某個程度是有抗打效果，而且能夠借力打力，被打到那裡，那裡就會有內氣凝聚而反彈，所以太極拳有所謂「全身皆手手非手」之諺語。

　　西洋武術練習快速的揮拳或出掌，這對於練習速度與反應，不能說沒有作用，但是還有更好的練法，各個派別

練法各有不同。如太極拳是以練習聽勁的靈敏反應，而能快速的揮拳或出掌；形意拳則以蹬步撞勁而快速的揮拳或出掌；八卦掌則以擺扣遊走至他人側背而快速的揮拳或出掌。

　　內家拳對於抗打擊的訓練，只是透過平常的練氣，經由鬆柔不用拙力的修練，使氣自然沉墜於丹田，然後將氣守於丹田，日積月累，丹田之氣，愈聚愈滿，匯集成一個堅固的氣囊，柔中帶剛，可以承受重力的打擊，而不會傷及內臟，而且那個氣是賦有彈力的，在受到重力的打擊時，會自然產生一股反彈回擊的勁道，打擊的力道愈大，回彈的勁道也愈大，這是真實而且可以驗證的。

　　內家拳的抗打擊，除了氣的成就之外，就是聽勁靈敏的自然反應，神經觸感的極度敏銳，被接觸點的一種自然反射作用，被打到哪裡，哪裡就會產生反應，反射回去，不像練硬氣功者，需先運氣在那邊等候，也不需鼓氣弩力硬使，那種硬使的硬氣功，是有時間性的，是間歇性的，不能作突如其來的應變，是一種死法，是一種死功夫，不是上法，不是上等功夫；死功夫易練，二、三年可成；活功夫難學，三、五載只能小成。

第 83 章

外家拳與內家拳

　　外家拳與內家拳，很明顯的分際就是外家拳練外，內家拳練內。

　　所謂外，是指外在的肢體，大部分指手腳四肢，它的動能偏重於手和腳，它的功能是比較局部性的，它在運動操演時是局部功能的發揮，所以就得練出很大的力量來，甚至有些門派，需借重外物或藥洗來操練，如舉重、石鎖或器械等等，使手腳力量增大並且堅硬如鐵，以致能擊破或摧毀而達到技擊的效用。

　　所謂內，是指體內之氣機，利用神意及靜定鬆柔的方法加以導引開發，使潛藏在體內之氣生動活絡起來，利用內氣來驅動肢體關節肌肉筋脈等等，而令氣遍全身，當氣被開發導引至相當時節，氣會產生騰然的作用，然後沉藏於骨髓之內，收斂成無形的內勁。

　　力，是比較笨拙呆滯的，使出來也是局部的，直來直去的；勁，是機巧靈敏變化的，不只可以直來直往的，也可以走圓弧，可長可短；它的完整一氣，可以瞬間爆發，不用時間速度距離，它可以貼身打人，深至內臟，如摧枯拉朽。以力打人需要距離加速度，容易被人纏拈走化，而且它的殺傷力僅達於肌肉表層，不易透裡，這是力與勁的差別。

外家拳，認真的練，短期就會看到小小的成果。而內家拳因為需要時間去累積內勁，所以短期不易有大成就，但是兩三年內也會有小成果，當看到了成果，會令人一頭栽進去，越練越有味，當功夫大成時，可以保任，比較不會退失。

練外家拳比較使力，速度較快，看來比較威猛；內家拳練法是鬆柔緩慢的，需要以心行氣，以氣運身，走溫和路線。

一般武術家把形意、八卦、太極歸類為內家，之外的歸類為外家，大體上是這樣區別分類。而實質上要看他的練法，譬如形意拳，若是體會錯誤，也會變成使力的外家拳。如太極拳，如果只是外表鬆柔，沒有內勁，只能算是體操罷了，不能稱之為武術或拳術；八卦掌如果練成輕忽或類似歌仔戲的走步，那也不能歸類為內家。反過來說，少林或太祖拳，如若能以內家之方法來實踐，以運氣斂勁來操練，他也可以稱為內家。

所以，不必刻意去分門別派，只要好而實用，能夠達到健身及技擊效果，就是好的武術。

少林拳雖被歸類為外家，其實少林內院也是練內功的，他們也會練氣，也可以成為內家。所以，練內家拳的不可鄙視外家拳，而自高自慢。

有些練太極拳的，他們瞧不起少林拳，這樣不好，雖然太極打起來溫文儒雅，但是如果只練成體操式的沒有內勁，也是不堪一擊，沒什麼好自傲的。

在台灣有人已把猴拳、鶴拳轉變為鬆柔練氣的練法，

成就非凡。所以武術是不必分內外家的，應該內外一家，你適合練什麼，得靠自己的智慧及機緣，老實認真的去經營，才能成就上等的功夫。

美人手與坐掌

　　手是太極拳的靈魂，在打拳架時，手是有內涵、有生命的，不可呆板、泥滯。

　　有人打太極拳，主張所謂的「美人手」，意在強調走架時，手掌要平直，手背筋不浮露，手指與腕不能彎曲，如古代美女，嬌弱無力狀。

　　然而，在拳架或用法之中，手的表現，不能全部是美人手的，有些地方需要坐掌或坐腕的。

　　「坐掌」，係意念在掌中，有推按發勁之意，在意到勁到之時，手掌下沉，成為立掌，自然形成一個「坐腕」的按壓狀。

　　「坐掌」其實並非使用蠻力，所謂「腕坐而有根」，所以也是手背筋不浮露，似鬆非鬆，似直非直，曲蓄而有餘，完全是一種內勁的表現。

　　「美人手」是拳架的局部表現，指體；坐腕是發勁的表現含蓋體與用。

　　在太極拳經論之中，並無「美人手」這個名詞，與類似的釋論。

　　「美人手」強調的是手的局部之鬆，然而，綜觀《拳經》、《拳論》、《行功心解》等所闡述的重點，大都在於「周身的輕靈貫串」、「氣的鼓盪，神的內斂」、「虛

靈頂勁，氣沉丹田」、「曲中求直，蓄而後發」、「勁以曲蓄而有餘」、「鬆腹，氣斂入骨」、「勁似鬆非鬆，將展未展」等等，這都是在強調氣、勁的重要與致用。

打太極拳，鬆，是必要的條件，但不是全部的內涵；鬆的目的，在於使全身得到輕靈貫串，使氣能鼓盪內斂等等，終極目標是在成就極堅剛的內勁。

「周身的輕靈貫串」，在於氣的虛實轉換；至於「氣的鼓盪，神的內斂」、「虛靈頂勁，氣沉丹田」、「鬆腹，氣斂入骨」也是在闡述氣、勁的重要。「鬆腹、氣沉丹田」，配合「以心行氣，務令沉著」，終而氣「乃能收斂入骨」，因為行氣的「極柔軟」「然後」成就「極堅剛」之內勁。

所以，要成就太極拳的功體，在於「鬆腹」，在於「腹內鬆淨氣騰然」，然後「氣斂入骨」，成就內勁。內勁成就爾後，就是勁的施為、用法；「曲中求直，蓄而後發」、「勁以曲蓄而有餘」、「似鬆非鬆，將展未展」等，都是在說明內勁的用法。

拳架當中，手並非都是「美人手」，雙手按出去，是需要「坐掌」的，若不「坐掌」腕部則無根，氣不沉斂；發人時，手腕欠缺依靠力，沒有一個根，沒有一個基座讓牠依靠，發勁定當不實，不沉，不深透入裡。

「美人手」在拳架中，只有推按的部分能施展，單鞭的吊鉤、上步靠、下勢的右鉤手等，都是要「坐掌」與「吊腕」的；做「擠」的動作時，內手若不「坐掌」，動作就會顯得僵拙。

拳架中的「手」，該直則直，該彎則彎，應鉤則鉤，應坐則坐，配合著氣的運作，才叫做「曲蓄而有餘」，才叫做「曲中求直，蓄而後發」，才叫做「似鬆非鬆，將展未展」，不宜一成不變。若是一頭到底都是「美人手」則謂之頑執，謂之食而不化，謂之不會「因敵變化示神奇」。

在推手運用之中，手的靈活運作相當重要，要像龍蛇之腰一般的靈活而有勁道，尤其是指、掌與腕部的轉換，更必須神靈活現的，這樣才能沾連黏隨對方，使對方在自己的掌控之中。所謂「掌控」並非「美人手」所能掌握施為的，要「掌控」對方，除了聽勁的靈敏之外，還得靠指、掌、腕的靈活巧變，如果指、掌、腕不能靈活變化，不僅無法「示神奇」，必將永遠變成「挨打的架子」。

發勁，靠的是「節節貫串」、「完整一氣」、「根根相連」。踝、膝、胯、脊、肩、肘、腕，都是身體各部的「根」，缺一即不完整，缺一即不是「整勁」，缺一就會形成「斷勁」，因為沒有相連，沒有貫串成為一個整體。

有主張謂：美人手，才能氣達指尖，氣才能舒開，才能到達末梢神經，手上筋脈才不會曲折等等。如果這種主張是正確的話，那麼，身體都保持不彎曲，僵直的不摺疊，那就躺著就好了，都不要活動了。

凡有活動，必定有曲折，這樣才能保持靈活，否則，我們身體的骨骼架構就不需有那麼多的關節，天生賦予的關節架構，就是讓我們能靈活的運動，若捨而棄之，豈非愚癡？如果因「美人手」始能氣達指尖、氣能舒開、氣達

末梢神經、筋脈才不會曲折等等，那麼，若依「美人手」這個邏輯，就整隻手臂挺的直直的，也不需垂肘沉肩，像僵屍一般，豈不更好？還有，若依「美人手」這個邏輯，腰胯也不需沉落，站得直直梆梆的，豈不更能使氣通達全身？

「美人手」在推手或實戰時能不致用？是值得探討的。拳架之「體」的理論，應該要能與實技運用能相通相容才是正理，若「體」是體，「用」是用，分開而別名，則不能稱之為「體用兼備」。

那麼，試觀，「美人手」在實技上如何應用？

在「雙按」時，若手掌平直而不坐掌，定當無法將人按出，勉強按出，亦將不能深入透裡，勁道難使。

做「採」的動作，手指需扣拿對方，指掌無法像美人手那樣平直。做「挒」的動作，下手需抓扣對方，是必須曲折的，無法施展美人手。做「掤」的動作，不論是接勁或發勁，腕部定需微彎，做為基座，始有承載力道。做「擠」與「靠」的動作，內手扶按外手時，一定要坐掌，才能支撐、附著、踏實的裡應外合。「捋」的動作，也是槓桿原理，也有一手的含扣，所以也不能施展美人手。做「肘」的動作，無論是後肘打、橫肘打或上肘打，內掌腕一定得微向內彎，使外腕形成一個圓弧，掌腕才有掤勁可以增加肘打的勁道。

王宗岳老前輩的《太極拳論》說：「無過與不及，隨曲就伸。」要伸展的時候，需先彎曲；曲是蓄勁，伸是放勁，有曲有伸則蓄放始能完整貫串。任何事情都要取「中

道」，過與不及，都非中道。

　　武術，含蓋「力」、「用」、「美」。

　　「力」，是外家的說法，內家稱之為「勁」，「勁」的養成，主要素是「腹內鬆淨氣騰然」、「鬆腹、氣沉丹田」、「鬆腹，氣斂入骨」等等；「美人手」雖說含有鬆的成分，但整體而言，美人手只是整體的一小部分，是整體的一個支末，若過於強調「美人手」，或以籌建「美人手」而為自己支系之招牌或註冊商標，似乎是本末倒置了。

　　「用」，太極拳的運用，是靈巧而富於變化的，而手、指、掌、腕可說是整個肢體的重要靈魂，如果是固執於美人手，在太極八法的致用上，就會被侷限，在推手或實戰中，將會陷入自我預設的美人手框框之中，難以靈思巧變。

　　「美」，美要須符合「力」與「用」，才是有內質之美，否則也會變成沒有實質內涵的空心之美。

　　太極拳含攝剛柔之美、動靜之機、陰陽之架、虛實之巧，整體內外之表現，皆需符合中道原則，拳論云：「無過不及，隨曲就伸。」該曲則曲，應伸就伸，過與不及都是不宜的，應該展現美人手的美時，就要美人手，需要坐掌、坐腕之時，就不需再美人手，要因敵變化而示神奇，這才是智者的太極拳。

第 *85* 章

站椿並不枯燥

站椿是中國武術的基礎，要練成精湛的功夫，得從站椿下手。

西洋武術，不談站椿，他們也不懂得站椿。中國人、台灣人，有些是崇洋的，不知自家的寶貝好，認為外國的月亮比較圓，外來的和尚會唸經，說到自家的寶貝武術，他們有的會嗤之以鼻，不屑一談。

那麼，談到站椿，他們總是不大認同的，自認為只要練好肌肉、肌耐力、打打沙包，加上一些速度，就要得了。有人甚至反對站椿，認為無聊，無濟於事；如果再談到「氣」、「內勁」等等，則認為是天方夜譚，歪臉否認。

中國人是智慧的民族，雖然科學、科技不如外國人，但智慧是勝於他們的。外國人雖然科技進步，能發明原子彈、核子武器，但不代表有智慧，他們不知道人體內有穴道、有經脈，不知道體內有「炁」。其實原子彈、核子武器也是氣的結合，那些原子、分子等等，分裂到最初最後，就是氣。試想，氣爆的威力何等驚人，可以使人粉身碎骨。然而，外國人只知科技，不知氣是可藉由人體的修煉，而產生某種成度的作用。

以武術的立場而言，「氣」是可以透過修煉而累積，

而儲存的。《拳經》云：「以心行氣，務令沉著，乃能收斂入骨。」這是武術的至理名言，是古人武術的智慧結晶，是武術修煉者之成果呈現，是後代武術修學的最佳路徑，若能按著這些經論而修煉，如果慧力夠，要成就武功是絕對可以成功的。

那麼，站樁的作用是什麼？是練練腿力而已嗎？或是站著好玩，讓人家認為你是練功夫的人？若是存著武術的虛榮心態，於事無補，於功夫無益。

站樁是透過心靈的寧靜，以意念引氣下沉，透過鼓盪導引，令氣騰然，而墜於腳底湧泉，經久而生根入地。就像高樓的地基，需要深沉穩固，若磐石般的堅實而屹立不搖。

樁法有固定樁及活動樁。固定樁如三才樁、渾圓樁等；活動樁就是拳架的形，打形要有樁，步步有樁，穩如泰山。無樁則漂浮不定，虛妄不實，空有其表；有樁則中定、平衡，虛實變化得當，才能得機得勢，無有敗闕。

站樁時，眼觀手，回觀入心，要把神意收斂在心，不可心猿意馬，妄念紛擾。把氣固守於丹田，讓他溫熱，而騰然，而收斂入骨，久集而匯聚成內勁，這是拳經所言，也是武術的至理名言，不必置疑，而且必須確信，才能成就無上的功夫。

吸氣時，氣貼於背，以意觀想，久之而有感覺；吐氣時，氣沉於丹田，以微意及暗勁徐徐往下運至腳底，不能用拙力鼓氣硬使，經久則氣入地而生根。

運氣是生機勃勃的，是生意盎然的，是靈動活潑的，

是綿綿不絕的，你必須與自己寶貝的氣，建立互動關係，保持體貼關懷，時時呵護著他，照顧著他，當它是自己的知己，自己的愛人。這樣，你說，站樁會枯燥嗎？會單調嗎？

當你有一天練至有功力，且有明顯的增進，內心的歡喜湧躍，信心建立起來，你一天不練站樁，都會覺得可惜，因為少集存了一分功力。

第86章

拳理之研究與實踐

　　內家拳的理論、拳譜、經典，比一般外家拳為多，很多學者幾乎可以倒背如流，脫口即出，說起拳論，頭頭是道，口沫橫飛，意氣風發，欲罷不能，不識者就會以為此人功夫了不得，實際則不然，會說不等於功夫好。

　　俗話說：「瞞者瞞不識，識者不能瞞。」誠哉，斯言。

　　一個沒有透過實際踐履而成就功夫的人，只會靠理論唬弄人，講一些長篇大論籠罩初學者，唬弄不識者，所言不離拳經、拳論那一套，不離道家那些活計，不離五行、八卦、陰陽以及粗淺的力學範疇。

　　你請他發個勁讓你瞧瞧，他說這會傷人的；你說那推手怎麼推，他得近身靠著你，雙手貼進你胸部下方，奮力一推。這不是籠罩初學者，是什麼？

　　俗語說：「行家一出手，便知有沒有。」是不是高手，騙不了識者，任由你理論說的天花亂墜，你一搭手，識者即知你的斤兩，你的手沉不沉，內勁渾不渾厚，腳盤堅不堅固，有沒有練出暗化勁，一搭而曉。

　　內家拳必須實際理地，認真去實踐，去練，去思惟，去悟。不是聽聽，看看，或作虛妄的理論研究而可得。沒有實作，沒有堅持，沒有安忍，沒有宿慧，是無法成就功

夫的。

很多聰明人，都被聰明所誤，就是太聰明了，專門研究拳譜、拳經、理論，學了幾套拳及刀、槍、劍、棍，就賣起瓜來，招生授徒，開起道館，大肆宣傳，儼然大師，比比可見。

有的只會拳架，沒有真功夫，也來誤人子弟，追求名聞利養。如果學生問，如何防衛，如何技擊，他說，拳架熟稔了自然會用，你只好一直跟著耗下去。有一天，你拳架真的熟稔了，發現還是不能應用實戰，才恍然了知受騙，斯時已耽誤了不少寶貴的時光。

要遇到一個明師，除了靠緣份以外，你起碼對內家拳得有些認識。

內家是以鬆柔練氣行功為主，若不懂呼吸吐納，行功運氣，非內家拳；若無法指導你，氣如何沉，勁如何生，樁法如何練，掤勁如何成，非是明師。

若本身沒有練就內勁功體，若不會發出渾厚的內勁，只會使蠻力，不是明師。

若不會為學生餵勁，指導發勁要領，不是明師。

若你所提出的問題，無法得到滿意的答覆或所述與經論相悖，不是明師。

若只會講講說說空洞的理論，而無實功夫，不是明師。

若只會褒揚自己，包裝自己，而貶抑別人，不是明師。

修煉內家拳，當然得靠拳經、拳論、行功心解、打手

歌等經典做基礎，這些經典是前輩成就者的心血結晶，是修煉內家拳的指引，但讀經看論得透過實修實練而得悟解。當你練至某一個水準，你才知道這經典說的是什麼，能悟解那個道理，才能越練越精，終有所成。

若看而不練，若說而無實際，盡是空洞的理論，把理論當學術來研究，終是會得到一個結果：「練拳不練功（實際功夫），到老一場空。」只換得一個虛妄的空名，只是一個武術的虛妄者。

第 *87* 章

綿掌與發勁

　　以兩掌向人發勁，需是鬆綿而富有彈力的，如果發勁者自覺雙掌碰觸到對方身體是硬硬的，就是自己用到拙力，用到兩手的局部之力，沒有整勁，沒有完整一氣，不是以腿腰，以氣來作發勁，而是以天生自然賦有之蠻力而為的，也就是說，是不懂得發勁，是不會發勁之人。

　　練就渾厚的內勁之人，而且兼具會發勁的人，發勁的狀況是，兩掌輕觸對方，輕鬆一彈，對方即全身彈抖而出，是直彈而出，非只是傾斜或拖泥帶水的退步或移動，是甘脆而俐落的奔彈跌出。

　　而且按到對方的身體，對方皮膚肌肉被碰觸的感覺就像一層棉絮裹身一般軟綿綿的，外表的皮膚肌肉沒有僵硬繃痛的感覺，但身體裏面的臟腑確是非常震撼與驚悚的，有如臨深淵，如履薄冰的危機之感受，但等被打跌出回神之際，才覺身體安然無恙，而自歎不已。

　　這是高手的發勁，他可以掌控自如，點到為止，不會傷害到對方。但是千萬不要誤會，誤以為這樣的發勁，沒有殺傷力，不能制服對手。錯矣！他即有能力讓對方跌出，當然就有辦法打倒對方，只是不願傷害人而已。

　　若是一般的蠻拙力，快速爆發力，出手是比較無法節制力道的，打出去就出去了，難以收手控力，所以往往會

造成無謂的傷害。這些蠻力的武者，有時會被貶抑為武夫，因為他只是知道打架，不曉技擊當中還有人生哲理，還有豐富的智慧與修為。

那麼，這綿掌如何成就？發勁如何讓人不覺痛？

首先，得先成就自身之功體。功體包含樁功、氣勁的渾厚、腰腿的彈抖勁及手的掤勁。

站樁是武術的基礎，沒有樁，任你多會打，都是空殼子，是沒有內涵內在的，而且發勁是需要靠打樁的，沒有像磐石般的樁，是無法發勁的，只能使使粗糙的蠻力。

氣勁的渾厚修煉，得靠以心行氣而令沉著，乃能收斂入骨，這是拳經之名言，也是老生常譚，但是沒有明師口傳心授，也是很難成就的。

腰腿的彈抖勁，須能像蒼龍抖甲般的彈抖，請參酌「第81章蒼龍抖甲」一文，不再贅述。

手的掤勁，也是由站樁盤手，透過鬆柔的運氣行功，而令手勁沉積，成就掤勁，雙手兩臂，似鬆非鬆，似緊非緊，柔中有剛，剛中有柔，外柔內剛，棉裏藏鐵，輕似羽毛，沉如千斤。

功體成就了，還不一定會發勁，如果沒有明師的餵勁，難免僵拙橫蠻。如何餵勁，請參酌「第6章談餵勁」一文，不再囉嗦。

如何發勁令人覺是「綿掌」，裡面有很多的技巧，須是老師當面解說演練，反覆不停的說，反覆不停的練；領會能力好的，很快就能悟入，悟性差的，可能半年，一年，兩年，或更久，但只要堅持下去，總有領會的一天。

第 *88* 章

形意的奧妙盡在五形中

　　各種武術，都有其奧妙的地方，但大部分都著重於招勢招法的應用範疇中，譬如某些拳，著重在腳踢，腳要踢到頭部，每天練踢腿；某些拳著重於手的力道，要練擊破砍磚之類；某些拳著重於手的快速出拳，每天打沙包之類，某些則在於摔跌與擒拿，每天抓著衣領摔個不停；有的拳每天要打木樁練黐手。

　　形意拳，雖有母拳五行，子拳十二形，還有八字功，套路有五形連環拳、四把、八式、十二橫拳、雜式捶，還有安身炮對打等等；兵器也有形意拐杖、純陽劍、形意連環長棍等，但最基本的功夫還是在母拳五形，劈鑽崩炮橫。

　　形意拳名家李洛能先生，三十七歲始學形意，拜戴龍邦先生為師，自受學後，晝夜練習，二年之久，所學者僅五行拳之劈拳及半蹚連環拳而已，並不請求多教。龍邦之母，喜好拳術，賞其忠誠樸實，乃面諭龍邦盡心而授，洛能先生精心練習，至四十七歲，學乃大成。

　　從這個典故，我們可以得到一個啟示，功夫貴於精，而不在多。功夫要純精，不可貪多，貪多則嚼不爛，囫圇吞棗，不易消化。

　　很多人練功夫都是貪多的，沒多久，拳架，刀槍劍

棍，都一一學完，一點武術的底，的基礎，都談不上，就儼然老師，當起教練，自誤誤人，市面上比比皆是。

有些做學生的，學功夫就像在挖寶，想盡辦法把寶貝挖掘裝袋，雖然袋子裝得滿滿的，卻拿不出來用，不會用，也不知如何用，豈不等於空手白練。

做老師的，怕學生流失，只好取寵學生，順從學生，反正只要有學費可賺就好，不會考慮那麼多，真是道道地地的成為虛妄的武術之悲哀！傳統武術的傳承，也就一代不如一代，終而逐漸沒落、式微。

從表相看，武術好像蠻興盛的，學功夫的人似乎很多，而事實上，都是一些新面孔在那邊流動，一波人來一波人走，來來去去，真正肯留下來，老實認真修學的，並不多見。

這是我的親身經驗之談。如今我教學生，是遵循古法，一切從基本做起，來跟我學拳，必須練站樁，練基本功單練，然後以形意五行拳為主軸，繞著五形劈鑽崩炮橫，週而復始。往後雖有發勁的練習，推手的練習，打法的練習，但不會丟棄五形這個拳母。

五形，越練越深，深了還有更深，深而不可測，當你半年、一年過後，當你二年三年過後，你自己自然知道，以前所學是多麼膚淺；等到五年六年過去，你會覺得形意裡面，還有更深的東西，等你去發掘，等你去深耕。如果你能認真踏實的練，到七、八年，或九、十年，你站在高處往下望，山底下的彎延曲折，盡是一目瞭然，並不迂迴難行，因為你已走過來。

從此之後，你就會海闊天空，拳法會自然源源不絕生出，不管是招法或用法；拳理自能通達無礙，說法教學亦無礙。不管誰來質問拳理，或質疑內勁的真假有無，你都能坦然面對，心無所懼。

學生不貴於多，而貴在有人能真正的把功夫傳承下去，我不想教一大堆人，然後來來去去，流動率很大，我寧可只有幾個學生，而能盡得所學，這樣，功夫才能永續流傳下去。如果學生好幾卡車，卻沒有一個能接棒的，不是我的意願，也失去我教學的目標與理念。

想跟我學形意，如果意志不堅，不能堅持恆練，懶懶散散的，有一嘎沒一嘎的，不是我想要教的學生。

形意拳的奧妙，盡在劈鑽崩炮橫這五行拳，你練好了，內勁出來了，其他的套路使起來，才能看。如果體未成就，雖然練棍、練棒、練劍的，也都只是「弄屎花」而已，一點也不能看，唬唬外行還可以，對一個懂得門道的人面前，你是不敢露手的，因為不露手，人家不知你深淺，一露手，自露內餡，敗闕盡出。所以，如果在關公門前舞大刀，只會被關老爺子苦笑在心，而自己卻不知道，此謂之「可憐憫者」。

五行拳有明勁、暗勁的練法，兩種勁都不好練，體會錯了，就不像。

明勁，要有推山之勢，及餓虎撲羊之勢，明快爽朗，甘脆俐落，不拖泥帶水，快而不亂，步法要有蹬勁，不可用跳的，跳則虛浮，後腳跟步，不能拖地，拖地則散慢而呆滯，用時無法疾速連續搶步快攻，這兩個毛病，是初學

者最易患的毛病。

暗勁，要有二爭力，撐裹勁，慢而不呆，慢中有條有理，要以心運氣，氣要鼓蕩，行拳邁步要有阻力，把空氣當水，自己去營造一股暗暗的阻力與自己相抗衡，這就是陸地行舟，這就是運勁如抽絲。

若把明勁誤成蠻拙力、局部力，或把暗勁練成懈怠、散慢、體操式的空無內涵的打法，三十年後，還是形意的癡呆漢，還是一場空。

學內家拳要務實，腳踏實地，老實練拳，不能捨本逐末，捨近求遠，也不能好高騖遠，想一步登天。洛能先生練形意，是日夜勤練，十年大成。現今之人，一天能練幾小時？

如果自己功夫沒有長進，先檢討自己有沒有老實練拳，有沒有勤練功夫。練一天，有一天的成績，練一年，有一年的功力累積，功夫是靠長年的累積而成的。當你練到一個地步，功夫自己長了出來，有時你會感覺莫名其妙，功夫是何時生出來的？

它是悄悄地增長累進的，就像一個嬰兒的成長一般，你天天看著他，並沒有感覺他有在成長，如果是一年見一次，就能很明顯的看到他成長的快速；修練內家拳功夫，也是這樣的，日進一紙，不覺其多，幾年後，就有厚重的一疊。

形意五行拳，看來簡易容易，其實是易學難精的，如果不用心深入去追求，你學到的僅是皮毛而已。如果能練個二、三年而不退轉，表示你已練出一些心得，而內心也

了然形意拳之深度，雖然離大成還有一段距離，只要繼續走下去，終有一天會到達目的地。如果沒有老實認真的練，而怨天尤人，怨自己功夫不長進，怨老師沒有傾囊相授，終是於事無補，與己無益。

　　形意最要者，就是五形。五形沒練好，是不會長功夫的。地基沒有打好，都是空中樓閣，經不起考驗，自欺欺人而已。學拳終生，都將是一場夢幻，夢醒時，才知是一場空。

第 *89* 章

內家拳萬法出於三體式

　　內家拳武術中所稱的萬法，包括體與用，也就是功體和用法。體，包含樁功、掤勁、拳架、基本功及渾厚的炁等等。用法，有招式、招法技擊及虛實的神變。

　　三體式，又稱為三才樁。是形意拳的專有名詞與功法，是站樁功的一個形體。三體，謂天、地、人，合為一體，天地人合一之意。天泛指百會及手臂，地指腳跟，人指丹田。

　　三體式，是形意拳站樁的功法。為何謂萬法出於三體式？因為三體式是形意拳術的根本，是修煉功體的基礎，如果沒有這個基礎，萬丈高樓無從立基，蓋不起來，蓋起來也是虛妄的空中樓閣，很快就會倒塌。

　　中國傳統武術，都是要練站樁的，沒有樁功的基礎，都是花拳繡腿，繡花枕頭，外表好看，內裏草包。東西洋武術，都是求速的，比較沒有樁法的練習，都是練體力、肌力、耐力，拳頭能發揮力量，但腳無根，無法完整一氣的發揮整勁。

　　中國現在的武術，也少有人練站樁，大部分認為站樁單調、枯燥、乏味，而且很苦，大家都怕苦，不想吃苦，也不想把時間耗在那裡，多數人都想一步登天，立即成就。所以，開始就學拳架，甚至拳架也不想學，就瞎練起

推手，靠著一身蠻力，有時僥倖得個冠軍，就不可一世，自以為已經是功夫高手了。

有些人只喜歡拳架，外表好看，比賽都是名列前茅，也自以為功夫了得，只等跟人一搭手，才知道天差地別，功夫差人好大一截，都是因為缺乏這個根基的緣故。但是他也不想回頭，不想從基礎再練起，因為冠軍的虛名，使他不想放下身段，放下那個虛假的榮譽，那麼，這樣的人，一輩子都無法成就真實的功夫，而獨自沉浸於自以為是的虛妄的武術的虛名之中，成為一個「可憐憫者」。

三體式，虛靈頂勁，百會朝天，有吞天之氣、之意；上手臂沉肩墜肘輕輕向前伸出，食指指天，氣貫指尖與勞宮，掌心外推，有推山之雄；下手微曲內扣，拇指指人（丹田），臂緣微向外撐，兩手、臂雖有推撐之意，唯不可存有絲毫拙力，需使暗勁，在鬆柔之中要有沉墜之勢，要在「鬆」中感覺「沉」。這樣，手的掤勁就能慢慢累積成就。這是三體式的「天」。

「地」，指腳跟，「前腳三分後腳七，前撐後蹬暗勁使，若是蠻拙練腳力，笑煞武當張三丰。」前撐後蹬，想像地上鋪一張紙，把紙撕裂，使的是暗勁，不是蹲低盤練腳酸，鬆腰落胯是必要的，藉由鬆腰落胯使氣沉入腳底。日久，入地生根，腳若磐石，需練到活步有樁，發勁有樁，不要練成硬樁，死樁，拙樁。

「人」，指丹田。丹田又稱氣海，如大海能納百川，而不溢滿；丹田氣積多了，形成一個厚韌的氣囊，似充滿氣的球，可以抗打，而且有彈力，可以回彈反擊，不是神

話。丹田之氣，要會運使，利用逆呼吸法，以暗勁壓縮橫膈膜，令氣在臟腑內鼓盪，增進臟腑的氣機，使之生機勃勃，充滿活力、精力。先令氣積沉於丹田，然後運到四肢百脈，使氣充滿四肢百骸，日久，內勁自生，非三兩天可成，非三兩月可就，要有恆心，要堅持不退，才能成就這個功體。

這功體成就了，打起拳架就不可同日而語，腳有根，有蹬勁；手鬆沉，有掤勁；氣聚丹田，渾厚雄偉，氣勢非凡，有丹田勁。經過老師的餵勁，很快就會發勁，透過推手聽勁的練習，進而懂勁，懂勁後愈練愈精，大成指日可待也。

還有，這個三體式，成就了，腳有了根，腰就能靈活彈抖，練起「蒼龍抖甲」，很快便能契入。「閃電手」，也是透過這個機制，而能成就。若是「蒼龍抖甲」抖不起來，「閃電手」，使不出來，很明顯的能確定，「三體式」的功體還未練就，只有再下功夫，再接再厲，堅持下去，終會有成。

透過推手或者是散手的實際操練，才能體會三體式的重要。因為腳跟如果沒有樁體入地，根本是無法發勁的，若只是靠著手的局部拙力，都還是三腳貓，即使靠者硬力推動了人家，也是勉勉強強，不會乾脆俐落，總覺得是拖泥帶水的。

手如果沒有掤勁，不能曲蓄而有餘，發勁也是硬硬繃繃的，按人有頑劣的感覺，無法像棉裡藏針那樣，外面綿綿細細的，內裡卻充滿了驚濤駭浪，暗潮洶湧的澎湃氣

勢，讓人產生驚悚惶慄，有如跌入萬丈深淵，無所依靠的感覺。

丹田氣如果不堅實渾厚，發勁不會有令人彈飛崩跌的感覺，打人也只在表皮肌肉之層面，不能伸進入裏，深及內臟。練就了渾厚堅剛的炁，勁道可以隨心所欲，控制得恰到好處。

所以說，內家拳武術的萬法，功夫的一切法，都是由三體式而產生，三體式是內家拳武術萬法的母體，若缺了這個母體，都還是膚淺的武術，都還是表面層次的功夫。

三體式樁法所成就的下盤功夫，他的作用不僅僅是侷限於步法的穩固而已，在發勁時都是需要藉打暗樁的作用，而發揮勁道的一個完整性，有了他，發勁才能貫串連接，而且這個樁練成之後，全身都會有這個樁，不限於腳底，你站著也好，坐著有臀部，臥著有背部，他們都是一個樁，都是槓桿原理中的一個施力點，正是拳經所謂的「處處皆手，手非手」，打人是全身各處的樁在打人，這才是功夫；若只會以手打人，都還是三腳貓，都還未入流。

有些系統，是不練樁功的，不會贊同這個論述，不會認為這個三體式有這麼重要，我們也尊重他們的看法。

若有人故意來質難，持反對意見，亦不回應反駁，各人有自己的觀念見解，認為值得參考，就且思惟。

這是個人習練形意拳多年來的心得體驗，僅提供給修鍊內家拳者之參考。

第 90 章

阻力與內勁之關係

在水中划船，槳撥動水時，會產生一股阻力，因阻力的關係，船才能動，或前進，或後退，或左右擺動，或順逆旋轉。

打拳如陸地行舟，在地面上，要把空氣當做水，自己要去營造出強烈的阻力。若沒有這股阻力顯示出來，打拳就成為空中樓閣，虛無飄渺，空無一物，白忙一場，只能說是運動運動，活動一下筋骨而已，不能聚成內勁，不是真正的打拳。

打針，推動針管，要緩緩慢慢的，因為有阻力的關係。打拳要像推針管一樣，緩緩的，慢慢的，好像有人阻著你，讓你使不出力。

因阻力的緣故，令空氣壓縮你的身體肌膚、皮表、筋脈，直至與體內的氣相互壓縮鼓盪，使氣產生摩盪、激盪，而生機勃勃，這叫作氣宜鼓盪，這叫作內外相合，這叫作完整一氣，這叫作連綿貫串。

那麼，要如何去營造這股阻力？

如果只用雙手在那邊空揮，任你使出多少蠻力，都不會有阻力的感覺，只有慢，氣才能被緩緩綿延的被帶動起來。

手的動作，需由腳來支使，由腳根來帶動。腳掌需貼

地，以暗勁輕抓地面，應用二爭力，前後撐蹬，或左右撐蹬，或迴旋撐蹬。只能用暗勁去撐蹬，若使拙力則空費力氣。

如果沒有成就少分的樁功，下盤樁基，不能入地，使出的便成為蠻拙之力，因為缺乏氣沉，無法落地有根，也無法使出暗樁的二爭力。如此就無法自己製造以二爭力所營造出來的阻力。所以從這裡而言，樁功就變得很重要，不修練站樁，腳盤無根，無法使出暗勁二爭力，也就不能營造出阻力，更無法成就內勁。

在打拳行功時，譬如向前的動作，後腳向前暗勁蹬出，前腳暗勁微微撐住，上半身是被動牽拖而出，氣寓於下，令身體向前攉動，阻力就出來了，行氣越慢，動作越慢，阻力就越強烈，就會牽動體內的氣血，壓縮奮張，激盪氣血生機勃勃，鼓盪而騰然，而收斂入骨，久而匯聚成內勁。向前如此，向後、左右亦然，凡此皆是意。

後腳向前蹬時，由於前腳的暗撐，身體欲向前時，反而有被前面的空氣壓阻的感覺身體會微微向後挫，手臂至鬆至柔時，肩膀向後圓弧摺疊而出，手的阻力更形強烈，會有脹麻沉墜深重的感覺。

阻力是靠行氣而得，非依蠻力而致，得靠丹田的氣去運為、輸送，由內而外，才能營造出來。

打拳全憑感覺，感覺到了，你才能學到，學到以後，就得下功夫去儲蓄功力，內勁是靠長期累積而成，沒有速成班，沒有不勞而獲。

這個感覺，要靠自己去悟。而悟是靠練習而得，沒有

練習，就沒有體會，就沒有感覺，如果只想憑空想像，胡亂思維，到了驢年，還是一場空。

　　如果不老實認真練拳，不認真去體會感覺，終日怨天尤人，怨功夫不長進，懷疑老師沒有傾囊相授，終究成為武術的凡夫。

第 *91* 章

內勁的威力

一位網友如是問：「據說寸勁以全身的力量集中在一個人身體上面只需八公分的距離，空手就能殺一個人，會不會太誇張了點???」

我是這樣回答，而得到網友票選為最佳解答：

「真正成就內勁的人，如果要讓人致命，是很簡單的事，因為內勁的勁道是可以深內透裏的，不像外力只能傷及肌肉皮表，人的內臟是極其脆弱的，你可以去市場買一塊豬肝或豬肺或內臟，用手一拍，就會碎裂，人的內臟也是一樣，雖然隔了一層肌肉，但內勁渾厚的人，發勁可以透裡深及內臟，而致內臟出血斃命，這是無庸置疑的，而且內勁功力深厚的人，發勁不需八公分的距離，貼身、貼著皮膚就可以打人，並不誇張，並非妄語。」

有些人則持反對意見。

有人謂：「八公分的距離打死人??要八公分取人命，我想是誇張了些，打死人不太可能。」

有人謂：「一掌打碎豬肝、豬心容易，但請問如何隔著兩三層肉打碎它呢??」

有人則說我亂砲，絕對誇張、妄語。

是有很多人，不相信內勁的威力，打死他也不相信，因為他們從來就未曾嘗試到內勁的威力，未曾見過內勁的

實有。

　　但是，很多事情，不是說你未曾遇見過，就一味的否認。譬如，有人也許未曾見過自己的曾祖父，或曾曾祖父，但不能因此而否認自己沒有曾祖父，或曾曾祖父。所以不能因為自己沒有修煉內勁這功夫，也沒有親自體驗過有內勁成就者的功夫，而一概否定之。

　　內勁這功夫，是較難成就的，修煉者需要有堅強的意志力，能長年持續不斷的去累聚功力，才能致之。而且必須要有慧力，悟力要強，二者並備，才能成就內勁。不是練練肌力、耐力及外表的速度而可成就。

　　內勁是透過氣的凝聚、鼓蕩、騰然、沉斂，經久集聚而成。這是說內勁的「體」已成就，但發勁尚須下盤腳之椿功及手臂掤勁的相互配合，以及聽勁的得機得勢等條件之搭襯，才能完美無瑕。因為人是活動的物體，他會走化，會接勁，會截勁，所以必得配合靈敏的聽勁，才能發而必中。

　　內勁是一種無形的氣爆，能瞬間爆發。它的勁道是柔中帶剛，棉裡藏鐵，被打到的感覺，外表是棉棉的，但入裡的勁道卻是悶暗而懾魂的，有剎那悶絕的驚心動魄的駭然悚懼之感。

　　內勁的發勁，無形無相，在一舉動間，你還不知怎樣一回事的剎那，內勁已深達你的腑臟深處，令你瞬間悶絕窒息，無法呼吸。勁道下的重些，絕對可能震碎內臟，導致內出血而致命。這並非天方夜譚，絕對是實語，並不誇張。

　　一個內勁成就者，不會輕易出手傷人，即使在有自我防衛必要時，也是適力而為，不會恃技欺人。

　　若是有人執意不信有內勁這回事，而持相反論述辨駁，也只能任其各自表述，尊重他的發言權。

第 92 章

習武應有的禮節

「禮」，在六藝中排為首。古來，中國就有禮儀之邦的稱號。如今，時代不一樣，禮節不再被重視。

古昔，習武者都很重視武德，對老師非常尊重與禮遇，師徒之間的情感，有時更勝於父子，所以有「一日為師，終生為父」的諺語。如今，此種情況不復可見，武術老師也都見怪不怪，習以為常，因為眾生本來如此，夫復何言。

但是，一個武術修煉者，對起碼的應有禮數，還是不可疏忽的，宜予謹守分寸，否則，即使能學得一手功夫，而做人起碼的道理卻沒學到，也是枉費一場。

在學習態度上，不可存有金錢交易的錯誤觀念。束脩，是對老師的禮貌供養，是學習任何學問技藝應有的酬金，裡面，有酬謝及感恩的涵意，它不是一種交易的代價。如果把它當成是去補習班繳學費，當成一種對價的交易，就變成錯誤的觀念，這個錯誤的觀念建立以後，對老師就會失去應有的尊重，你會認為，我繳了錢，我就是老闆，今天有空就去練練，今天心情好就去練練；這樣，有一搭，沒一搭的，以為愛練不練，是我的事，是我的自由，你說這樣能成就功夫嗎？

一個不尊敬老師的學生，永遠無法得到上乘的功夫，

因為心態有問題，學習就不會謹慎認真。正確的態度，如果連續缺課二次，就要跟老師請假，這是一種尊重。

如果有一天，你不想再跟老師隨學，也要與老師辭別一下，不宜悶聲不響就不告而別，這樣，以後再見面，大家才不會感到尷尬與發窘。這也是做人應有的禮數，相辭、告別，本來就是為人應有的禮貌。

有些學生，在老師面前，唯唯諾諾的，表現的恭卑有禮，可是，有一天，他倦了，他退墮了，不想再學，他也不跟老師說「拜拜」，連一聲再見都懶得說，以後就變成陌路了，你說老師會做何感想，除了嘆息之外，也只能讓它習慣。

還有，送上束脩，應該以紙袋裝好，不可拿起現鈔就遞上去，因為這不是買賣，不是交易。

上課不可常常缺席，一個道場需要學生來莊嚴，老是缺課，是對老師的失禮。常缺課的學生，要成就功夫是比較困難的，因為學習的頻率少，老師講的法，不能如數獲得；所有的老師，都不喜歡不勤的學生。

老師上課中所傳授的法，要謹記在心，回家要反覆思惟，加上認真去練。如果只是上課時間練一練，回家後沒有複習，沒有勤練，想要成就功夫，等於緣木求魚，煮沙成飯，不可能也。不勤練，其實也是對老師的一種忽視，一種不尊重。

正確的上課，要比老師早到，遲到是失禮的行為。遙想以前練拳時，老師六點到，我都是五點就到場，早已練的滿地是汗，再怎麼忙，再怎麼身體不濟，從來不會缺

課；怎麼熬夜，也不會睡過頭，因為，心中練拳的念，一直存在著，那股衝勁，那一份對拳的癡迷，尤勝於熱戀中的情侶，心中總是念念不忘於拳，連睡覺中也會思維著拳。如果有這股衝勁，誰還會缺課，缺一堂課，都會覺得是一種極大的損失。

　　練拳如果缺乏這個衝勁，這個毅力，想成就功夫，將是很遙遠的事。

　　尊重老師，才能得到老師的傾囊相授；失去做人應有的禮節，焉能成就上好的功夫？

第 93 章

從師不宜貌取

　　孔子有一個弟子叫子羽，因為相貌體態醜陋，孔子不喜歡他，認定他不會成才，後來勉強收為學生。子羽很認真學習，回去就致力於修身實踐，後來成就很高。子羽遊歷長江，跟隨他的弟子有三百餘人，聲譽很高，各諸侯國都傳誦他的名字。

　　孔子聽了這件事，感慨地說：「我憑相貌判斷人的品質能力的好壞，結果對子羽的判斷錯誤了。」爾後才有「以貌取人，失之子羽」的成語典故。學武術若以外表相貌擇師，也會有孔子的情形，縱然遇到真有功夫的老師，也會失之交臂。

　　有些練外家子功夫的，總是太陽穴鼓鼓的，外表看起來雄壯威武，意氣風發，不可一世，讓人一見就知道他的外家功夫了得；但是，已到爐火純青的練家子，卻是由氣與內勁來成就功力的，從外形相貌一點也看不出他有絕世武功，他的外表溫文儒雅，謙謙君子，動作風度斯文有禮而內斂，沒有傲人慢人的氣勢，實際上卻有深藏不露的真功夫。

　　學武術，尤其是內家拳，如果以外貌取人，以外表形象選擇師傅，往往會錯過好老師。

　　形意拳明家孫錄堂老前輩，身材瘦小，他的形意、八

卦、太極都有超人的成就。鄭曼青先生，體格矮小，卻是打敗老美的太極高手。吳氏太極拳宗師吳圖南先生，身體高瘦，小時體弱多病，致力經研內家太極，也成一代宗師。吳圖南先生活到一百多歲，都是一副玉樹臨風，仙風道骨，謙謙雅士。

這些明家宗師，若是從外形相貌而觀，你永遠看不出他是練家子，因為內家的總是內斂的、謙遜的、和藹的，看不到絲毫的驕矜、傲氣及顯露於外的膚淺表相。

還有，道場的大小、豪華與氣派，與老師的成就，與老師功夫的深淺無關。在公園、學校、運動場所的不為人見的角落，或許就有練家子，有功夫高深的人；他們也不愛現，不會在人多的地方打拳練功夫，甚至躲在家中，不為人知。有的也不想教學生，因為好徒弟難覓，知音難尋。

倒是那些半兩半的三腳貓，自以為了得，儼然名師，不可一世，傲氣逼人，等你去隨學後，拳架、刀、劍、槍、棍、棒，樣樣來，讓你學的不亦樂乎，也自誤的以為自己是學功夫的人，尾大不掉的。等有一天遇到情況，需要呈現功夫時，卻是一籌莫展，功夫一點也使不上來，吃了虧以後，才慌然醒來，了知自己所學不過是花拳繡腿，此時年紀也一大把了，想要重新來過，無奈時不我予，垂垂老矣，已是力不從心，這時才知自己所隨學的老師原來是三腳貓，但為時已晚。

擇師，除了品德、修養之外，你得知道他有沒有真功夫，而真功夫不會寫在臉上，你如果以外表取人決擇，看

他太陽穴鼓鼓的，威風凜凜的，精神氣勢豪放外現的；或者裝模作樣，一副名師模樣，他們不一定是明師。若是瞧見一個瘦瘦巴巴的，乾乾癟癟外表一點也不起眼，看起來不像是有功夫的人，他反而有可能是個練家子。若以貌取人，則將像孔子一樣的「失之子羽」。

第 94 章

形意拳「八字訣」解析

形意八字訣為：頂、扣、圓、敏、抱、垂、曲、挺。

八字又各有三種，分別是：

三頂：頭頂、掌頂、舌頂

三扣：肩扣、足扣、齒扣

三圓：背圓、胸圓、虎口圓

三敏：心敏、眼敏、手敏

三抱：丹田、心氣、兩肋要抱

三垂：氣垂、肩垂、肘垂

三曲：肘曲、膝曲、腕曲

三挺：頸挺、脊挺、膝挺

解析如下：

1、三 頂

頭頂，謂虛靈頂勁(或虛領頂頸)，太極謂之頂頭懸。行功心解云：「精神能提得起，則無遲重之虞，所謂頂頭懸也。」頭頂，有沖天之意，氣貫百會，三關易通。古人留馬尾，讀書人用功讀書，怕打瞌睡，將馬尾豎立懸吊起來，打瞌睡時，頭一低，馬尾髮束就會拉直，精神就會重行振作起來；頂頭懸之姿，能讓氣血通行順暢，神情振奮。

掌頂，撐勁坐掌，有推山之氣勢，力貫指尖末梢；掌

微立，形成一個坐勢，有掤、暗勁在內，氣勁能貫手掌。坊間的「美人手」在發勁時，掌腕之間如何恃依？

舌頂，銜接上升腎氣，下行入丹田；練氣功者常謂，氣之行進路線有兩個缺口，會陰處及舌處，故舌頂可銜接上升腎氣，匯歸丹田。

2、三　扣

兩肩要扣，即涵胸拔背之意，力達於肘；手背要扣，力達於手。含胸拔背，使氣貼於背脊，經云：「勁由脊發」，肩若不扣，胸若不涵，則上身腰脊之掤勁中斷，無法使出「整勁」。

足背要扣，堅固樁步；足背扣，兩足心暗入地表，輕輕吸附，兩足前撐後蹬，形成一股強烈的二爭力暗流，入地而生根，樁法成就。

齒要扣，筋骨緊緻。齒扣舌頂上顎，惟不可緊扣，不易生津，津液為練氣之寶，常須吞嚥，以補氣行。

3、三　圓

胸要圓，呼吸順暢，氣能下沉丹田，續之運達全身。

背脊要圓，力量摧身；胸圓，背亦圓，背拔，氣貼於背，始可形於手。

虎口要圓，掌有抱力；虎口圓，五指微張，使勞宮穴形成一個凹槽，在八卦掌稱之為荷葉掌，使氣聚會於掌心。

4、三　敏

心要敏，則能隨機應變，心敏靠神運，神靈則腦敏；心敏，須要靜，靜則神安，安則氣定神閑，氣定神閑才能

反應快速。

眼要敏,能洞觸先機;眼觀鼻,鼻觀心,神內攝,眼睛餘光照射前方180度範圍,視而無視,無視而皆視。

手腳要敏,可發制於人;手腳如何發制於人,外形憑靠皮膚神經的觸感靈敏的「聽勁」,內面則感應對手「氣」的浮沉與虛實變化,玄妙一點則是靠「階級神明」的神妙感應。

5、三　抱

心意要抱,神不放逸;若心神放逸,氣則散慢,無法凝聚

兩肋要抱,防守周密,遇敵無險;外形肘不離肋,易於嚴密防守;內在氣抱則凝固,沉守於丹田。

丹田要抱,氣能凝聚;丹田要如何抱?鬆腰鬆胯,則氣沉丹田,則能抱。

6、三　垂

沉肩:肩沉則手有提勁及捬勁,肩聳則氣浮,發人不出。

垂肘:形成一個槓桿的支點,發勁省力,能拔人之根。

氣沉:沉於丹田、沉於手肘、沉於湧泉腳跟。氣沉,基座穩固有根;氣浮,什麼都沒有。

7、三　曲

肘要曲,則力富;肘直則易斷折,且無法「曲蓄有餘」,發勁緊繃硬滯。

膝要曲,則彈力佳;膝曲卻有張力,若是蹋膝則失支

撐力，發人不出。

腕要曲，則力貫掌心；腕曲就是坐掌，在掌與手之小臂，形成一個依靠支撐點，發人才有附著力，勁不散失。

8、三　挺

膝腿挺，則入地生根；挺不是用力硬挺，而是運用氣的暗勁微微撐挺著。

脊背挺，則勁達四梢；氣貫百會，匯歸丹田；脊背挺則氣貼背，氣貼背，才能「勁由脊發」。

頸椎挺，則神氣貫頂；頸椎不挺則受重力推按有斷折之虞。

八字訣，各分三要，三、八，二十四，其中有相類重複處，讀者莫為此而起疑或起煩惱，相似、相通、相融者，反覆敘述者，更顯其重要，應當多予體會。

八字訣，是形意的口訣之一，大部分練形意者皆能朗朗上口，但是這些口訣都還得透過實際的體驗，深耕的練習，才能心領神會，絕不是背誦口訣就能得到真功夫。

依口訣而練，在練中去體悟口訣，庶幾得以相輔相成；若空誦口訣，說而未練，只是畫餅充飢，無有所成。

第 95 章

練拳如登山

　　山，總是彎彎曲曲，起起伏伏，峰迴路轉，雜草頑石擋路；然而，山，也有花香鳥語，潺潺流水，蒼翠林木，朝陽夕日，美不勝收。

　　一山還有一山高，越過一支層峰，還得更上一層，行行重重，無數的峰巒，等你去突破，等你去超越。

　　練拳就像爬山，你如果走走停停，何時到達山峰高頂？若是留戀野花奇草，看一樣學一樣，心不專一，尋尋覓覓，見異思遷，以為學多就是好，就會被這些路邊的野花所牽絆，難以到達高峰。

　　如果走一天停三天，想到達頂峰，根本就是作夢，不可能也！只是浪費了寶貴的光陰及耗費無謂的金錢而已。

　　如果逗留在山下，成天研究山的路徑，山的神秘，盲目的探究山的捷徑，想縮短路程，一步登天，也是作白日夢。

　　登山，需要一個知道路徑的嚮導，指引正確的方向，若是走錯方向，把內勁練成蠻力，那就背道而馳，永遠到不了目的地。那個嚮導是否是真正的明師，或是魚目混珠的偽師，得須睜開慧眼去尋覓緣遇。

　　山的路徑，不會是一片光明坦途，總有彎曲起伏之處，需要毅力、恆心去駕馭、克服。

若是遇到頑石擋道，遇到瓶頸難以突圍，而心灰意冷，黯然喪志，非是大丈夫。能夠提起勇氣，振奮精神，衝出難關，突破瓶頸，就是海闊天空，迎向光明。

但是，一個高峰過後，還有另一個高峰等你去邁進，去超越；能夠遇難而不退墮，逆流而上，衝破重重關卡，最高峰就在眼前，大成的日子在望。

練武的人，行行色色，千奇百怪。網路武術版的提問，大部分是幼稚而無聊的問題，呈顯出武術的虛華不成熟，武術的水準低落，浮華不實，可見一斑。

武術受功夫影片的影響，使很多人起了憧憬之心，夢想擁有絕世武功，幻想一日成名。殊不知，武術的成就非易，因為有毅力的人不多，有恆心的人太少，「武癡」已經難以覓得，那個不怕山路崎嶇不平而能奮勇到底的「武癡」，甚是難覓。

那個「武癡」，不問什麼是難，運用智慧直心的練下去，不管山路多麼泥濘，還是一步一腳印的向上邁進，終於登上峰頂。當他往山下看，山路雖然迂迴曲折，卻是清楚明白，一目瞭然。真是「不識廬山真面目，只緣身在此山中」，你在山中鑽來鑽去，看不清楚路徑的全貌，有時會誤入歧路，讓你多費路程，如有明師嚮導指引，不會走冤枉路；若不信嚮導，懷疑路徑的正確性，不聽指引，自以為是，就會錯踏迷宮，永遠在山內轉來轉去，找不到出路。

若是緣遇明師，不知寶貝，因循怠惰，不認真老實練拳，曠廢時日，躐等以求，終無所成，永遠是武術的凡夫。

第 96 章

武術與街頭實戰

　　有些人學了一輩子武術，遇到街頭實戰卻是一籌莫展，一敗塗地，為何如此？

　　街頭實戰與武術拳架、套路、武術搏擊比賽，還有一段差距。一個武術學習者，當所學拳架、套路都已純熟，參加搏擊比賽，也屢得名次，但在街頭遇到狀況時，遇到兇巴巴的混混，往往被打得鼻青臉腫，信心盡失，從此一蹶不振，遇事而膽怯，枉費練武一場。

　　武術搏擊比賽，散打比賽，都有規則限制，綁手綁腳的，而且還有護具護身，被挨幾拳，還能承受得了。街頭實戰全憑臨場經驗，經驗不足，所學無法完全發揮出來。

　　當學拳二、三年，拳架已臻成熟，內勁功體也有少分成就，聽勁、發勁、推手也逐漸進入狀況，此時要有二人對打的練習，從單招、單勢起練，要練到極純熟，然後二招、三招、四招的連續對練。固定餵招完成，應步入無招無勢的自由對打，而且師兄弟之間需換手輪流對練，以應付各種不同體形、力度、招法變化的不同差異，適應各種不同的戰略方式。

　　對打練習，為了預防受傷，都要適力而為，點到為止，但不可存著嘻笑玩樂心態，應建立危機意識，與真實對戰情況無異；若以嘻玩方式對練，發勁沒有勁道，打到

也不痛不癢，或出手攻擊只是一個做勢，這些弊病都要防止，否則練成習慣，真正遇到場面時，無法完全發揮實力，立於不敗之地，也讓對手有可趁之機，吃虧挨打終究難免。

坊間有很多對拳、對劍、對棍的練法，把招式編成上下手，互相對招對練，這些都只是表演好看，你如果自認為如此的對練方式，可以成就實戰效果，那就大錯特錯，如果不相信，等有一天，在街頭與人發生磨擦，自己去尋伺膽識還在否？此時才會惬然大悟，原來所學雕蟲小技，皆是花拳繡腿而已，那些比手劃腳的拳術，都只是繡花枕頭。

街頭狀況時常會發生，譬如開車擦撞的突發事件，開車太慢阻礙人家的前進，開快車趕時間，如果不幸，被超越的是個小混混，這些情況，你只能忍氣吞聲，表現你的修養忍辱功夫，吃些悶虧；如果按耐不住，火氣一上來，難免所學拳腳功夫要拿出來用。

學拳練功夫，不是為了打架，但適當的防衛不可無，這個社會，已是以惡欺善，以壯欺弱，善良守法的人，有時因為膽怯怕事，讓惡人欺侮，受些小傷是不打緊，有時連命都丟了，真是可嘆啊！

那麼，要如何防衛自己，保護家人眷屬，是一門重要的課題。警察、法律雖然可以保障我們的生命財產，但是也會被有惡勢力的人拿來做為工具。所以自保就變得很重要，如何自保？你不能買一把槍放在身上，放在家裡，所以學武術就變成生活的必需品。

　　如果有一天，你被惡人欺負凌辱，毫無反抗自保餘地，從此你會嚇破膽，變成一個膽怯沒有信心的弱者，從此生活暗淡無光，遇事猶豫，躊躇不決，人生變成黑白的，毫無色彩。

　　所以得利用時間，學一點功夫，練練武術，讓你有自信，遇事而不驚，處變而不亂。

　　推手是實戰的前階，是實戰的必練過程，但推手不是實戰的全部，不要以為推手得個冠軍，就可以上戰場，還差好大一截。

　　然而推手的聽勁、接勁與化勁，在實戰時能發揮極大的功能，掌控對手的勢力，達到防禦與攻擊的效果，所以推手是必學課程，而且要練得很精，很深入；但絕不是以蠻拙之力而為。

　　推手練至能發勁，能接勁，能化勁，就要進入實戰對打的練習，半推半黏半打，要有推化帶打的練習，使肢體、皮膚、神經觸感產生敏銳的機制，身體也能接化對手的來勁。

　　半推半打熟稔後，就得進入真正的實戰對練，不帶護具、拳套，與真實打架無異，偶爾受些小傷是難免，但小傷能讓你更提高警覺與危機意識，讓你在真正遇到不得不出手的時候，減少你受傷的機率，甚至因此而救了自己一命。

　　遇到情況，要冷靜沉著，先記住對方的車牌號碼，及對方的特徵，最好不要直接口頭起衝突，要立即打110報警處理；有些惡質的人，不待警方來就惡口相向，無理也

要大聲唬嚇你，甚至動手打人，有的會拿棍棒武器攻擊你，然後呼嘯而去；遇到這些情景，一定得極度冷靜，起碼得記住對方車牌號碼，往後才有申訴討回公道的機會。

開車擦撞有時難免，明明對方不對，他比你更大聲，不要與他對口嘶罵，冷靜的看著他，預防他出手攻擊，惡人先告狀，惡人無膽，那些口出惡言，外表窮兇惡極模樣的人，大部分是裝腔作勢，你只要冷冷的看著他，不要露出懼畏之相，他反而不敢對你怎麼樣。

但是，不要故意激惱他，他如無階梯可下，惱羞成怒，就會演出街頭打架，所以能忍則忍，但要忍而無懼，若是心中怯懼，被對方查覺看出，他就會「軟土深掘」，吃定你，欺負你。

學到好功夫，學會實戰防衛技巧，可增進膽識，有了內在的膽識，呈現於外表的氣勢，也就凜然無畏，不怒而威；有時氣勢就能讓對方見而生懼，不戰而勝，不費一兵一卒而致勝，乃兵法之上乘。但要呈現無畏的氣勢，當然得有內在的膽識，膽識來至於上乘的武功。

第 97 章

蜈蚣草之根

　　有一種草叫蜈蚣草，牠不像一般雜草是直立的，一叢一撮的，牠是平貼於地面，長度二、三尺不等，每一寸有一個節，每一個節都會生根，牢牢的盤固地底，每一個根節又會延生出無數的莖，無限的蔓延。

　　這種蜈蚣草，要拔除牠非常困難，因為牠盤根錯節，處處都有根，只能一節一節的拔，很費事的。

　　內家拳的樁功，必須練到像蜈蚣草一樣，不只是腳根盤固穩定而已，要達到全身都有根，聽起來好像很玄。

　　形意拳常提到三節三根。三節三根，以全身而言，腳為根節，腰身為中節，手為梢節。細而分之，腳掌為根節，膝為中節，大腿為梢節；丹田為根節，心為中節，頭為梢節；肩為根節，肘為中節，手為梢節。

　　全身以腳掌、丹田、肩膀為根。這是概要而言，事實上全身各個關節都可相依而為根節，就像槓桿原理，只要能找到一個支點，你就能輕鬆省力的發勁。

　　手掌可以腕為根，肘以肩為根，肩以脊為根，脊以腰膀為根，腰膀以腿為根，腿以膝為根，膝以踝為根，踝以腳掌為根。每一節的根又可相依為根，形成一股盤根錯節，根深柢固的樁法。

　　所以「樁」，不是狹義的侷指腳跟，而是三節都要有

根，節節的根都要到位，都要完整，這樣才謂之「完整一氣」，始能謂之「整勁」。

街坊間的推手，都是雙手的牛力，走化也是歪七扭八的上半身的扭轉。何謂「其根在腳」？何謂「整勁」？什麼是「內勁」？知者甚渺！

有幾個真正的練就了內勁？推手冠軍？還有那些名師？

是否「明師」？請他發個空勁，可以窺到端倪。若發空勁不能窺其端倪，那就將身體讓他打一下，如果他說「這可是會受傷的，不能試」，你心中會存疑嗎？必須存疑的。

真有內勁的師傅，不會把你打傷，他會打得恰到好處，讓你感受到內勁的威力與實有，又不會傷害到你，這才叫「功夫」。

沒練出內勁，打爆了，那種疼痛，還是堪忍的，沒什麼大威力，因為是蠻力，不會有驚惶悚懼的駭然之感，沒有如臨斷崖，被人推落，懸於半空的魂飛魄散之感。被內勁打到就會有這種駭然悶絕的覺受。

有了內勁，還得會用，發勁要發的中，要發的人出。

要發的人出，必須打到對方的根，才會騰空奔跌而出。那麼，如何才能打到對方的根？發勁者必須全身都有根，全身都含藏著內勁，要根根到位，完整一氣的瞬間「悶進去」，能悶的入裏，滲透到深處，才是真的有內勁而且會發勁的人。

拔除「蜈蚣草」很讓人傷腦筋，要練出如「蜈蚣草」般的根，是得下一番很深的功夫，才能究竟成就。

第 98 章

後發先到

　　後發先到，這名詞在內家拳中常常會聽到，尤其是太極拳。

　　比人遲緩發勁，卻能先到，聽起來總覺得玄妙，不可思議，那些練外家的可能永遠都不肯相信。

　　筆者在救國團上課時，曾經提到這問題，有學員狐疑不信，一直詰問是何道理，我說道理很深奧，沒練到那個水準，很難理解，很難說清楚，只好現身說法，以實際行動來驗證。他就一拳往腹部直擊而來，我瞬間發勁把他打了出去，他說老師出拳好快喔！在以後的教學示範中，他仍是不信，但屢試不爽，他總是先發後到，而且總是拳還未到我身，已莫名所以的被打出去。

　　那麼，現在就來敘說後發先到的道理，夠水準的，有練到相近的層次，說了就會懂，聽了就會相信。

　　先引用王宗岳的拳論：「斯技旁門甚多，雖勢有區別，概不外乎壯欺弱，慢讓快耳。有力打無力，手慢讓手快，是皆先天自然之能，非關學力而有為也。察四兩撥千斤之句，顯非力勝；觀耄耋能禦眾之形，快何能為！」

　　這裡說明了力的強弱與速度的快慢，「是皆先天自然之能，非關學力而有為也」，所以力的強弱與速度的快慢，並不能決定勝負，也不一定就能先發先到，搶快而致

315

勝。

後發先到的條件有很多層次：

（1）**速度的快疾**：動作比人快，搶到先機，時間與空間先到位，這就是王宗岳拳論所謂的「手慢讓手快」的「快」，此乃「先天自然之能」，屬於一般層次水準的快，這種功夫只要常練打擊速度，運動細胞好的，很快就能上手。

（2）**截勁而入**：對方之拳將到未到之際，截住對方的勁路，使他的勁道被截於半途，無法全力盡出，而我方的勁道乘隙而入，搶先到位，將對方打出。

（3）**連消帶打**：亦即內家拳所謂的「化勁」。這個連消帶打，裡面有「化勁」、也有「接勁」。化勁是先走化了對方的來力，順勢回打，這層次還不算上乘。更上層者是敢於去「接勁」，將對方的來力「接住」，同時同步的瞬間剎那反射回去，這才是上品功夫，對方的來力越強，反射回去的勁道就越大，這才可謂「連消帶打」，「化打合一」。真正的上乘，是「不消不化」、「不走不架」、「不擋不格」。戚繼光《拳經訣要》言：「不招不架，只是一下，犯了招架，就有十下。」形意拳所謂：「硬打硬進無遮攔。」裡面含蓋很深的道理。

「接勁」，不是硬接蠻幹，也不是用手去接。太極有所謂的「用手非太極」，狹義而言，是指打拳架，不是手主動主導，而是以身領手，以腳領手，不是局部的手動，這是狹義的說法；廣義的說法，乃謂在技擊時，不是以手在那邊格擋、招架，如果是格擋、招架的打法，不堪謂之

「連消帶打」，是屬於低層次的功夫。能用身體去化、去聽、去接，才是廣義的「太極不用手」。

　　真正的「化勁」是敢於去承接對方的強大的勁道，這不是耍強、耍蠻、耍狠，不是強、蠻、狠而得以致之的，裡面有很深的內涵。

　　「接勁」，不是用手去接，而是利用身體的每一部份皮膚、肌肉、神經的觸感反應去直接反射，更神妙的說法，要能去感應對方的呼吸，對方的氣，對方的神，也就是《拳論》所謂的「由著熟而漸悟懂勁，由懂勁而階及神明」的境界。「接勁」的前提是，腳要有根，將對方來力接入腳底；手要有掤勁，也是將對方的來力藉手而接入腳底；丹田要有渾厚的「炁」，及靈敏的氣感，才能聽到對方的呼吸，感應到對方氣的起伏脈動。

　　所以，後發先到，上舉三種條件都須具備，你可以用「速度的快疾」搶得先機，動作搶先一步，較快的搶入。

　　你可以「截勁而入」，但截勁而入是有條件的，你得有足夠的膽識，否則見人一拳打來，閃躲猶恐不及，哪還敢截入。而膽識不是逞匹夫之勇，是成就了勝妙的高深武功，所呈現的仁者無懼的大勇，不怒而威的沉靜氣勢。

　　你要會「連消帶打」，學會化勁與接勁，化勁與接勁的前提是「聽勁」，進而「懂勁」，然後「階及神明」。

　　我那學員聽我如此敘述，稍知「後發先到」更深的原理，如果當初這樣講，他一定也還是「霧煞煞」，「聽攏無」，但是道理雖然知道了，「後發先到」的實證，還是體驗不出來，因為功夫還沒到家，還須更努力的勤加練習。

第 *99* 章

道　場

　　學習任何技藝、功夫的地方，都稱之為「道場」。一般所稱的道場，有練武的地方，稱為武道場；修行的地方，也稱為道場；其他習藝的地方，較少人稱呼為道場，通常稱為教室。

　　練武的道場，分為室內道場與室外道場。外國人練武的道場，一般都是在室內，裝潢氣派，有空調設備，很舒適，在這種道場練武，讓人有優越虛榮感。

　　外國的武道場，都是按時計費，學費很昂貴的，一般貧窮子弟無法去那種道場學武術。

　　台灣的武術道場，少部分是在室內，有的是租借區里活動中心做道場，有的是租用私人場地做道場，由於需負擔租金及冷氣水電等費用，所以學費也不會便宜。

　　由於國人習武風氣並不旺盛，室內的武道場之經營並不容易，所以就得靠一些廣告招徠生意，因此，武術道場含攝了生意商場交易的氣息。

　　國內大部分的習武道場，遍佈於公園、學校運動場、文化中心等室外場地，大部分的武術老師，無法負擔高昂的房租，只能利用公共場所做為活動場地。

　　尋找學武的道場，不宜分室內、室外。室外不乏好老師；室內也不乏充數者。有錢的弟子，尋求舒適及虛榮的

優越感，喜歡往室內的道場跑，但不一定能學到好功夫。公園的一隅，學校的邊處，或許隱藏著深藏不露的高手，所以，若以表相道場的豪華舒適，做為擇武道場的標準，可能會失去上好良機。

　　有人在網路上，瀏覽了我的武術部落格，想來跟我學武術，但是得知我的練習場是在公園而作罷，只能置之，沒有那個緣份。

　　室外的公園、學校等道場，都屬於公共場所，沒有門禁管制，但是他們有一定的活動範圍，雖屬公共場所，但是不宜隨便闖入，不宜去影響他們的練拳。

　　有些人看人練拳或推手，一時技養，隨便的進入跟人家討論拳理，或指導、示範等等，這是不禮貌，不懂得江湖規矩的冒失漢。靠近人家的道場，可以站在一旁觀賞，吸取別人的優點；若發現人家的缺點，也可作為自己的借鏡，但千萬不可以貿然的去指正人家；若一時技養，想要參與討論或參加推手等，一定要徵詢場主老師的同意，然後禮貌的就教、切磋，這是武場的規矩，也是江湖一向的規矩，不可不知。

　　道場，需要學生來莊嚴。一個道場若是學生懶懶散散，三三兩兩，疏疏落落的，學員的向心力就凝聚不起來，精進不起來；若是個個奮勇學習，大家學習的精神，才能振奮抖擻起來。

　　一個學生如果三天兩頭的曠課，愛練不練的，不能得到老師的傾囊相授，所以，不可認為繳了學費就行，愛練不練無所謂，這是錯誤的觀念。而且，曠課一次，你會少

學很多，也許老師剛好講到很重要的理論及示範，你卻錯過了，豈不可惜。

佛家說：「直心是道場。」每個人都有一個自心道場，你的心如果是坦直的，率真的，不歪曲，不讒媚，不嫉妒，不懷疑，你就擁有一個正直的自心道場。

找到一個你自認的好道場，心就要定下來，若是懷疑自己的老師功夫是否正真，是否上乘稀妙，猶自在外面的道場徘徊，想學的更多；或者這邊練兩下，又換到別邊練幾下，這樣的人永遠無法成就功夫。

有些人以為學多就是好，你說空手道，他可以跟你談，你說跆拳道，他也可以跟你說，說八極，說詠春，說形意，都是頭頭是道，但是說的都是似是而非，膚淺的很，籠罩外行可以，遇到懂得門道的，只有口掛壁上，無講話的餘地；或者死愛面子，明知自己理論不對，還要跟你爭的面紅耳赤，硬拗他的是正確的，你奈他何？

道場，總是五花八門，琳瑯滿目，讓你眼花撩亂；有膨脹自己的，有廣告招徠的，有生意經營的，有門面取勝的，哪個是你真正所要的，還得睜大慧眼及靠一些緣份，才能找到你所要的道場。

第 *100* 章

門外學功夫

　　站在門外，永遠不知門內隱藏著多少寶藏，因為未進得門去，只在門外瀏覽、觀望。有的人是找不到門徑，不得其門而入；有些人則喜歡門外的花花草草，喜看那遙不可及的虛幻飄渺景觀。

　　練武術學功夫，多數人喜歡沉迷於浮華好看而不實際的套路，只求外表好看，真正功夫的內涵，不想去探究、追尋。以為練了很多套路、招式，就是練武術。所以兩三年內，甚至更短的時間就學了所有拳路，以及劍、刀、棍、棒等等，而且也會誤以為自己已然成就了武功。殊不知，這些都只是花拳繡腿，好看而不中用。

　　其實，說好看，也不盡然。有些人拳套雖然學很多，只能籠罩外行，遇到會看門道的練家子，真是連瞄一眼也懶的，因為真的不能看。外行，只會看熱鬧，看人比手劃腳，有模有樣，羨慕的不得了。

　　筆者的一個學員，剛學拳時，看人打拳，心儀羨慕的不得了，但他跟我學拳二年多，再看那些三腳貓在那邊裝模作樣，一方面覺得可笑，一方面卻覺得婉惜及可憐，因為這些人大部分沒有機緣得遇好老師；但也有部分人是自己喜歡這調調的，他們不想面對真功夫，不想吃苦，自我欺騙而沉浸於虛妄又虛榮的表相功夫，自以滿足。

　　筆者2008年參加全世界華人武術大賽，認識一個賽員，他在北部及東部各開一家武道館，他的套路打得很好看，不論劈腿、翻滾、舉腳，都是有模有樣，那次比賽，他也得到很好的成績。但私底下切磋時，才知沒有練到真正的內勁功夫，練的都只是表面的拳腳體操而已。然而他卻是兩家武館的館主，是武術的老師。

　　像這樣的循環延續承傳下去，中國功夫還能保持基本的內涵嗎？除了被外國人譏諷花拳繡腿、繡花枕頭之外，我們還要悶著頭，獨自吸吮，暗自沉溺於虛相的、不實際的表相「中國功夫」？

　　門外的功夫：不練基礎，沒有紮根，就像房屋沒有地基，就像海市蜃樓，是虛妄不實的。譬如一開始沒練基本功就學拳架，學刀劍棍棒，學一大堆，都是不符實際的練法。又譬如，對拳、對劍、對棍、對刀等，分上下手，各別套好招式，兩人一來一往，表面看起來熱鬧滾滾，煞有其事，其實這些都是練好看的而已，真正實戰時，一點也派不上用場，只是自己練著開心，自己騙自己，說是在練武術罷了。

　　門內的功夫：從站樁紮根，每天練站樁。站樁，是一切武術的基礎，站樁不只練下盤功夫，也能練氣的凝聚、內斂，站樁也能練出手的掤勁，掤勁是發勁的必備條件之一。站樁，不是練腳力，而是練氣的沉澱，使下盤生根，如樹之盤根一般；下盤有根，才能發勁。沒有下盤基礎的推手，只是「弄屎花」，不外是全身的蠻力，身體必須前傾，歪七扭八的把人推出，雖推得人出，但在練家子眼

裏，是不堪入目的，是在關公面前，胡使大刀，會笑煞武當的張三丰。

手的掤勁是非常重要的，需從基本功及站樁中去練、去悟。到練拳架時，掤勁更形重要，打拳時以腿腰為主宰，為動力，手只要以意念輕輕的掤著，它要被腰腿去牽動，而且要引動出一股極強烈的阻力出來，從腳跟的運使，傳乎手，自己去營造阻力，將內部的氣與外面的氣，去互相鼓蕩，產生強烈的共振、共鳴，氣運使得出來，心也夠淨靜，氣才能騰然起來，騰然後下沉，然後氣斂入骨，久而匯聚成內勁。

這才是門內學功夫，才是真正的武學。

若不練這些基礎，任你如何學推手，學散打，都是「弄屎花」，只會學到滿身蠻力，無有是處。

武術分為「體」與「用」。體的成就，是緩慢的，得靠時間去累積的，若是等待功體成就，再練用法，那在用的方面就要延宕很久，達不到短期自衛防身的效果。

我的學員通常練一段時間，有了大致的內家拳武術概念後，就開始學用法，如推手，訓練沾連黏隨的聽勁功夫；內勁約一、二年會有少分的功力產生，就慢慢讓他們體驗實戰的經驗，由單招的熟稔，而進入自由對打，體驗街頭實戰的狀況。這樣才是真正的學武，高樓大廈由地起；沒有地基的空中樓閣，是自欺欺人的，只有透過苦練、實修，老老實實的練功夫，才能成就真正的功夫，否則都是門外練功夫。

筆者現在的學員，能夠留下來繼續練的，算是我的知

音，他們知道我的教學方式，是體、用兼修，不是學多，學表相，所以教的拳式、套路不是很多，形意拳，都是以五形母拳為基準，加上一些基本功及用法，這就夠他們練之再練，他們是來學真功夫的，所以也不想求多。

雖然學的拳式、套路不多，但每天都有不同的進境及體會，每天都在進步當中，每天都會有如發現新大陸般的雀喜，光一個五形，就有練不完的東西，蘊藏的寶藏，永遠也挖掘不完，只要肯認真老實的練下去，總有大成之日，不會入寶山，空手而回；進入內門，總會得到寶物；但是如果進入寶山，只是走馬看花，瀏覽觀賞而已，出得門去，也將是兩手空空。

喜歡速成者，以及怕吃苦者，沒有恆心、毅力者，來幾趟就走了，不會去惋留他，堪不堪造就，練幾次就可看出端倪。我要的是知音，真想練功夫的，絕不會刻意去招徠學生；有真的承傳者，才是我的目標與理想。

門外風景雖美，不如門內寶藏價值；門外是花草，門內藏黃金，你的價值觀如何？你的智慧如何？自己應知所取捨，喜歡虛榮虛幻表相，在門外取；喜歡黃金寶藏，就要進入門內才能得。

第 *101* 章

氣沉的感覺

　　氣沉的感覺是怎樣？如何感覺氣是不是沉的？這是一般初學內家拳者普遍的問題。

　　氣，不管是外面的空氣，或體內的「炁」，都是有質量的，雖然我們的肉眼看不到，但它確切是一個量能，有一定的質量與重量。

　　只有苦心孤詣，有恆心，有毅力的人，堅苦卓絕之人，經過常久的以心行氣及以氣運身，經過極鬆柔，不用一絲拙力的修煉，令氣慢慢地沉入丹田，沉入腳跟，沉入手臂，終而能自我感覺到「氣」的「沉」、「斂」而入於骨髓筋脈之深層。

　　氣的聚集丹田，是經過長久的以意念的行功運氣而致，經由「腹內鬆淨，氣騰然」，然後沉聚丹田。練功時透過靈靜，意守，日久而氣始斂聚於丹田。這裡所謂的「腹內鬆淨」並不是狹義的指腹部之內，而是泛指整個身體之內，包括神經、肌肉、骨骼、筋脈及氣的運使，都須鬆淨，不著一絲拙力。

　　經過長久的修習，內氣逐漸充滿、厚實。當氣沉聚於丹田時，丹田處會形成一個小氣囊，像是一個小圓球，用手掌壓按，氣會往丹田四方流聚，就像氣球受壓擠的情況一般；而且能感覺丹田的富有彈力，會回彈、反彈。

氣凝聚於丹田，可以抗打擊，因為那個如小氣球的囊，會有承受力擊的作用，也能接住對方的來力，加以反擊。

氣，是可以被守護的，是可以被照顧的，只要好好的守護著它，照顧著它，它就不會亂跑，不會散漫。《拳經》云「氣守丹田」，又云「意守丹田」，意思就是把氣守在丹田之處，用意念，用心思，把氣守護在丹田。

《拳經》又云「氣沉丹田」，氣要如何沉至丹田，靠的就是一個「鬆」字，鬆了，氣自然會慢慢下沉，一用拙力，氣就虛浮。

練氣首要就是要鬆，鬆才能沉，沉了，才能凝聚，凝聚了以後，就是守著，不要讓它跑掉。氣，是靠意念來繫守，守著氣，照顧著氣，好像照顧一個小孩，不能讓小孩丟失，所以就得專心一意的，凝神安靜的，恭恭敬敬的，守護著它，把氣當作寶貝似的看顧，這樣它就會乖乖地安住在神殿丹田中，不失不離，永遠與你同在。

所以孟子說：「氣以直養而無害。」又說：「吾善養吾浩然之氣。」氣的直養，就是沉守於丹田，讓這個氣海的容量越深越廣，因為永不溢損的緣故，氣就更形結實、渾厚，並且富有韌性，充滿彈力。

這些論述，都是「老生常談」，說了再說，反覆的重說，目的是將這些觀念植入學者的腦海深處，有了這個概念，就能不即不離，時常把氣守護著，照顧著；你如果眷顧著它，它就會乖乖的留在你身中，與你同在，功夫行深時，氣就收斂入骨，匯聚成內勁。

　　「內勁」比「氣」更深沉，更入裏，更有質量，所以手臂提起來總比人更沉重，沒有出力，卻令人感覺很「沉」。

　　若自己還感覺不到氣的「沉」，只有更努力的深耕修煉。氣的少分凝聚，有時是感覺不出來的，但當你感覺到氣沉之時，它已是累積到一定的深度、層次了，也就是內勁已逐漸圓滿茁壯，此時已然將要成就內家拳的功夫了。

　　這個時節，很多功夫都會莫名其妙的衍生出來，很多的招法、用法，都將延延不斷的生出，而能融會貫通；然後，你也能將這個「沉」、「內勁」的感覺，說與人聽，雖然那些初學者或功夫未入流者，還是滿懷疑惑，滿臉不信，但當你手伸出去，他才能真正體會什麼是「沉」，當你輕輕發個內勁直貫他體內臟腑，他才能感覺「內勁」的威力與實有，只有實際出手，讓他們去感受，才能去除他們永遠的狐疑；若是被試了，也知了，卻猶頑強的口頭逞強而不信服，此乃冥頑不化者，此乃極度自慢者，此乃固執又固步自封者，不值與言。

第 *102* 章

摺　疊

行功心解云：「往復須有摺疊，進退須有轉換。」

進退須有轉換，比較容易理解。進退含蓋前進、後退以及左騰、右閃；在此情況下，必須有轉換，要轉腰身、換步法，也就是要善於變化虛實，使自己無論是在打拳架或真實搏擊時，能保持重心的平衡、中定，靈敏的移步換位，進可攻，退可守，永遠立於不敗之地。

往復須有摺疊，如何解析它真正的義涵？如果只是依文解義，令人看了也是一知半解，似懂非懂，莫知其中奧妙。

往復，就是來來去去，往往返返，周流不息，沒有停頓處，沒有斷續處，沒有凹凸處；去又折回，往而復返。

在去又折回，往而復返之中，它的連綿貫串相接之處，自然形成一個「摺疊」，恰似摺棉被，把它疊起來，棉被雖然有多層，卻是層層相疊，相接，相連，還是一個完整的被子，這就是《拳論》所謂的「完整一氣」，透過完整一氣，而完成一個「整勁」。

有名家解釋「摺疊」，如是謂：「摺疊乃是手臂相沾，互相翻覆，虛實因以轉變。俗云『翻雲覆雨』，就是摺疊的變相。」

我們來探討一下「名師」的「釋義」是否正確？他

說，摺疊乃是手臂相沾，意思是說兩隻手臂互相沾貼著，然後互相翻覆互相翻來覆去的意思，在翻來覆去之中，虛實因此而得以轉換變化，俗話說「翻雲覆雨」，這就是摺疊的一種變化的相貌。

「名師」如是「釋義」，是值得質疑的。

好，現在我們來探究一下：

他說：「摺疊乃是手臂相沾，互相翻覆。」手臂相沾，就是沾黏著，有相貼著；既然有相貼著，就不是「摺疊」，沾貼在一起，如何去「摺疊」。他又說「互相翻覆」，兩手臂沾貼在一起，然後在那邊翻來翻去，虛實因為這樣而轉變。翻來覆去謂之轉變虛實，道理好像不怎麼通，因為翻來覆去，大家都會。一講，大家都會的，就不是功夫，功夫是靠持續的修練與體悟而得，必須有行門的功夫，然後才能有所悟。

用「翻雲覆雨」來解釋為「摺疊的變相」，乃是自己的意識思維，與理似乎不通。翻雲覆雨，原意是用來比喻反覆無常，也引申做人玩弄手段的高明及極其翻天覆地的做事行為，或用來形容男女之間的床笫之事。如今，大師用「翻雲覆雨」解釋為「摺疊的變相」，與摺疊原意似有很大的出入。

「名師」如是「釋義」，是否符合拳理，似乎尚無人提出不同的論述。但無人異議，並不就表示正確，只是大家都因不懂而落入他的不正見當中而已。

筆者謹以習拳的體會，略述己見供參。

「摺」乃一個東西把它摺疊相連，而不是兩個東西互

沾、互貼，所以謂之「摺」。如果是兩件東西相貼，是可以謂之「疊」，兩個或三個或多個東西，可以疊在一起。即是「疊」，就不須「摺」，只要疊著就可以了。所以手臂相沾，謂之「疊」則可，然不可謂之「摺」或「摺疊」，至此，道理明矣。

在打拳運功時，在反反覆覆，來來去去的動作中，必須有許多的相連，相接，相疊之處，俗語謂之「重重疊疊」。這相連，相接，相疊的主要目的，是要把外表的肢體動作及內在的氣，貫串起來，而不斷離，成為一個完整的勁路，這樣，氣才能內外互相鼓盪，動作才能協調無間，如行雲流水一般，如長江之浪一樣，滔滔而不絕。

摺疊的目的不只是純粹的相連，相接，相疊而已，它蘊藏著不為人知的掤勁及暗勁的修煉。

在摺疊處，會形成一股極強大的反坐力、反射力；使筋脈拉開著，掤著，然後造成一股自然而成的彈力，久練之後，由於掤勁的沉斂與渾厚，以及筋脈的彈簧之勁的養成，而使發勁能在瞬間快速爆發，去而復返，快速歸位，準備下一波的連續攻擊。

摺疊，必須以意導，氣行，在極鬆之中，去感覺掤處的「沉」。運用摺疊，令氣、勁，一波一波的向前湧去，去而復返，返而又去，氣的往往覆覆，就像幫浦有規律有節奏的往返，功夫使久了，蘊藏的內勁，日復一日的累積增長，有一天，當你感覺手一舉動，特別的沉重，表示內勁已滲入而斂骨，成就不為人知的暗勁。

摺疊處，就像浪濤，一波強勝一波，而且暗潮洶湧。

在每個關節處，後浪推動前浪，要需營造一股強烈的阻力，因前浪的阻擋會形成阻力，在肩催肘，肘催手的過程中，自己去營造出阻力，這個阻力就是摺疊處的動力，那種阻力的感覺，只有自己能覺知，外行看不出，懂得門道的，看了就會點頭。

肢體的摺疊，不是像摺棉被般的摺疊，它只身體上各個關節的往復伸縮壓擠，靠著內部的氣與外面空氣的擠蕩所營造出來的阻力，使各關節因阻力的關係，所產生的推擠而形成的阻力，在一前一後或一左一右及立體迴旋所造成的往復壓擠，在阻力銜接之關節處，形成摺疊，所以這種摺疊非是像摺棉被一般的重疊相貼黏在一起，只是自己身體各部關節在動作的往復間所營造出來的壓縮阻力，也是一種反推擠之暗勁。

摺疊就像盒子裝著自動彈擊的拳擊套，樞紐一按，拳擊套自動擊出，因為接連拳擊套的彈簧具有摺疊的彈性。身體各部關節的摺疊，就像這個彈簧機，在用時能神速的一舉而出，因為有摺疊而富有彈性的關係。

發勁要有摺疊，才能打出綿掌而讓人奔跌而出；若無摺疊，就像一隻硬棒子直戳人家，只能感覺那種力是笨拙僵固的，這種蠻拙之力，缺少虛實變化，打了就打了，不能伸縮自如。

而摺疊的綿掌，確能掌控裕如，隨心所欲，變化多端，能在聽勁懂勁的神妙中，反應而變化虛實，發勁而人不知，當你覺知時，已被打出，卻莫名所以，腦筋「銹兜」，一片空白，停頓半響，一時無法回神。

在化勁及接勁時，也是摺疊在起作用，如何將對手的來力接化到腳底，需靠著各個關節如彈簧般的摺疊伸縮，而化解對方的強勢來力，然後反彈回去，完成一個化帶打的完美動作勢力，所謂連消帶打必須藉由摺疊的作用才能發揮作。

一般使拙力的技擊，大部分是以招架來阻擋對手的攻擊，只有太極拳及等同太極拳的內家拳所擁有的摺疊功夫，始能發揮「化即是打」及「連消帶打」的功能。

第 103 章

學力而有為

　　王宗岳先生的《太極拳論》云：「斯技旁門甚多，雖勢有區別，概不外乎壯欺弱，慢讓快耳。有力打無力，手慢讓手快，是皆先天自然之能，非關學力而有為也。」

　　先來依文解義，翻成白話文。因為有些讀者建議說，他的國文程度不好，看不懂文言文。

　　王宗岳老前輩說：「那些旁門左道的搏技功夫非常的多，雖然他們拳架勢法各有差異區別，但大致上不外乎強壯的欺負弱小的，手腳動作慢的輸給了動作快的。這些有力氣的打敗無力氣的，以及手腳慢的輸給手腳快的，都是先天自然的可能之事，沒有關係到因為致力去學習真正的武功而有所成就做為的啊。」

　　學力而有為，有人依文解義而會錯意，誤會為「因學習力量而有所成就做為」，真是「失之毫釐，差以千里」，誤會大矣。文言文有時文法是前後倒置的，就像英文的倒裝句。「學力」，不是學習力量；白話應該譯成「力學」，也就是努力以赴，用功學習的意思。

　　「學力而有為」的意思，就是一門功夫，不是那麼簡單就能成就的，它得費很長的時間去修煉，去苦其心志，勞其筋骨，運用智慧去悟，認真老實的去練、去參，還要有堅忍不拔的毅力、精神、忍耐、安住，最後始克有成。

　　學力而有為的功夫，概指形意、八卦、太極等內家拳，及練法等同於內家的練氣、練內勁的體系功夫。這些功夫，非得十年、八年，不能成就，如果沒有宿慧及用心苦練，莫說八年、十年，到了驢年，仍就是凡夫一個。

　　內家拳為何難以成就，因為，氣與勁這些東西，很難體會理解，而且須靠時間去慢慢累積功力，如果不能持之以恆，沒有堅剛的恆心、忍力，是難以成就的。而且一般凡夫總想求速成，想一夕成名，往往沒有耐性去磨練。

　　那麼，非關學力而有為的功夫有哪些？

　　「斯技」旁門左道很多，譬如：練蠻力，舉重、扶地挺身、及其他重力練習，或打沙包、擊棍破磚等等，或練習跑步、交互蹲跳、練肌力、耐力之屬。

　　為何說這些功夫非關學力而有為？因為這些根本不是功夫，任何凡夫俗子都學得來，並無稀奇可貴微妙之處，只要肯去硬幹蠻幹，任誰都可練得一身蠻力。所以王宗岳老前輩很早就認定這些旁門左道的「斯技」是非關學力而有為的，而且斯技甚多，不勝枚舉，是會令人眼花撩亂的。

　　如果不是學力而有為，那麼，瘦弱者、耄耋者，將要如何禦眾？如何自我防衛？如果不是學力而有為，瘦弱者、耄耋者就不用修練功夫了，遇到不平的事，只能任人欺凌宰割了。如果不是學力而有為，內家拳將無法永續留傳下去，大家只要練練力或依恃蠻力而欺人就好了，那麼，內家之拳術很快就會失傳滅失。

　　還好，因為內家拳可以因學力而有為，所以，文人雅

士，老弱婦孺得以因修練內家拳而強壯身體，成就內勁，而增進自信及膽識與氣勢，達到自我防衛效果。

　　學力而有為，才是真功夫。內家拳若不是經過「學」習，努「力」用心去老實參修，是很難「有」所做「為」的，是無法成就功夫的，所以，因學力而有為所成就的功夫，才是值得珍貴與珍惜的，也因為學力而有為而突顯自己功夫的超拔殊勝與武品的勵磨淬煉，而不必與凡俗一般見識。

第104章

「引」與「合」

《十三勢歌》云：「引進落空合即出，沾連黏隨不丟頂。」

「引進落空合即出」，幾乎每個練太極推手的人，都能朗朗上口。看起來好像很簡單，只要將對手引進來，使他落空，然後打出去。但是這些推手輩們往往忽略了後面那句「沾連黏隨不丟頂」。

引進的時候，如何讓他落空？落空了又要「合」上，這才是大學問。

如何「引」？如何「合」？裡面有很深的功夫，不是口頭說說「引進落空」就能「合即出」。

「引」，看起來好像很容易，其實是非常困難的。如何「引」？怎麼才能把對方引動，牽動，讓他入於彀中？你要引他，他一動也不動，將是如何？聽勁好的，你引不動他，他不會輕易中你的計；聽勁差的，因為反應遲鈍呆滯，無知無覺，無所反應，你也難以引動他；那些頂牛鬥力之輩，一搭手就死纏胡打，好像又很難找到有「引」的時機。

練家子，就能善用這個「引」，不管你先動或不動，或死纏爛打，都可以藉機藉勢把你引進落空，然後將你打跳出去。你明知他在引你，他在設計你，挖一個洞讓你跳

進去，你還是會乖乖的跳進去，入於他的殼中，就是這麼神妙，讓人稱奇驚嘆。

「引」，裡面有很深的奧秘，牽涉到「聽勁」與「懂勁」的層面，聽勁不好，不能懂勁，是無法引動對方的，有時不引還好，一引反而讓對手趁虛而入，變成敗勢。

敵不動的時候，怎麼辦？就來個「敵不動，我不動」，兩方僵持著？

敵不動，如何讓他動？裡面牽連到虛實變化的微細功夫。敵不動，我就是能讓他動，虛招一引，他必然會有所反應，一有動，即可從他的動中去探究虛實，去「聽」他的動向，他虛我就實打，他實我就變虛，在虛虛實實當中去尋求變化反應，聽勁好的人，懂勁的人，就知道怎麼打，怎麼應對變化，怎麼在虛實當中去討消息。他如果化，我就順勢打，他如果頂，我就虛落一下，引他進來，再打。

敵一動也不動之時，如何引動他？只要輕輕出手按他，或稍微用暗勁按他，按時會有一個反射動作會出來，你用勁一按，他的身體會往前傾，也就是會向我的方向傾過來，這是其中的一種「引」，也是較難的一種「引」，這裡面是有功夫的，按的時候如何讓對方身體傾過來，被我「引」進來，這牽涉到用「勁」的技巧，這個「勁」打出去，勁道的強弱與快慢，他的節奏及流暢度，都會使「引」的動作產生不同的機制。

會「引」的人，「引」過來，剛剛好，引過來剛好被我打，一絲一毫也不差，就是這麼神奇。

　　引進落空後，還有「合」，「合」就是貫連接上的意思。如何「合」的恰分，如何「合」的恰到好處，都是技巧。引進來，如果沒有很好的「合」，這個發勁，依然不能起作用，不是打空就是有「頂」的成份，有「頂」就是「拙力」，拙力就不能省力，不能發出彈簧般的巧勁，不能算是會發勁的人。

　　這個「引」進落空的「合」，更含攝了極高度的聽勁與懂勁，沒有懂勁，就「合」不密，「合」不到位。

　　時間和空間都要掌握到精密準確，才能「合」到，才能合即出；快一絲，慢一毫，都將失去發勁的機勢，只能變成挨打的「敗家子」。

　　引進落空合即出，下面還有一句「沾連黏隨不丟頂」。引進了，還要沾黏著，還要連隨著，有了沾黏與連隨，才能「合」到位。但是，這邊還有更深度的說法，因為拳法無定法，引進的時候，卻不一定是都要沾黏到對方的，雖然當中沒有沾黏，但對方的動作依然是在時空的控制與節奏律動的掌握當中，這並不算是一種「斷」勁，不算是「丟」，而且這功夫算是更高度深廣的，因為已然擺脫了一般的平常固式的功夫層面，進入了深不可測的神妙境界。

　　所謂「不丟」，並不是死死的纏黏著對方，在連隨當中就算是有了隙縫，但只要對方的律動節奏依然在掌控當中，可以隨時隨意的綿接而上，這並不算是「丟」的。好像很少聽到這種論述，但事實上，高手是能夠達成這樣的境界功夫。

　　「頂」，也不一定全是用力死頂，或頑抗。在引進落空時，如果接合時，時間與空間不搭順，快了半拍，就算是有「頂」的成份在內了，這是比較廣義的說法，所以，「頂」並不是指有形的抗拒與頂力，在聽勁不敏的情況下，往往就會有「頂」的情形，只是自己沒有察覺這微細的動作而已。

　　再說「合即出」。「合」與「出」是一體的，不是二分法，不是兩個東西，不是兩個動作，如果是「合」了再「出」，中間有所分離、斷續，就談不上完美的發勁，也就是說，他沒有發中那個勁。

　　「合」與「出」，雖然是有「蓄勁」與「發勁」兩個動作，兩個作用，但它是連貫而不分離的，所以「合即出」是一拍，是一個動作，同時同步完成。這樣，才不會牽連到「丟」與「頂」兩個敗闕。

　　「合即出」，又牽涉到摺疊的問題，以及彈簧勁的問題，會發勁的人，知道藉著摺疊的彈勁，省力的將對手打跌奔放出去，這才是真正的「合即出」。

　　如果還在那邊靠著滿身蠻力，使出吃奶之力才將人「推出去」，都還不算是功夫。

　　摺疊又牽涉到下盤的樁功、手的掤勁，以及不為人知的氣的摺疊。說到氣的摺疊，層次更深細了，不是一般人所能理解，說了也是白說，只能心授默傳。

　　在散打時，「引」的用法，更深更廣。你虛晃一下，對方就會舉手來招架，你如果會「沾連黏隨」，他就是你的，藉著聽勁，可將對手玩控於掌中。

　　雙手沾黏著對方，突然一鬆一放，就可輕易引動對方，使他的手隨著引動的方向而牽動。在散打這邊的引，不一定是全然的引進，有時是引上或引下，或左或右，隨心所欲。

　　高手的「引」，是千變萬化的，讓你捉摸不定，虛虛實實，假假真真，虛中有實，實中有虛，假中有真，真中又可變假，使你如墜入五里霧中，搞不清方向，只能被牽著鼻子走，只有挨打的份。

第 *105* 章

快何能焉？

　　王宗岳先生的《太極拳論》，很長的，剛好有讀者問到如下問題，就以此問題而申論之。

　　「一羽不能加，蠅蟲不能落；人不知我，我獨知人，英雄所向無敵，蓋皆由此而及也。」

　　「一羽不能加，蠅蟲不能落」，是在講推手聽勁的靈敏。太極拳在推手或實戰時，需極度的輕靈，不能讓對方有絲毫的力量加到自己的身上來，也就是不能讓對方有著力點，因為有了著力點，就容易被借勢打出；若無著力點，他就會打空，好像打到空氣，空無一物，變成一記空包彈，無法產生作用。

　　相傳以前楊錄禪先生能使一隻小鳥置於掌心，飛脫不起來，因為鳥在起飛前，須微向下一沉一蹲，才能借力借勢一躍而飛起，但楊錄禪先生的聽勁感應靈敏，當小鳥微蹲之時，他掌心比鳥更沉，使小鳥無法借力而飛起來。這就是「一羽不能加，蠅蟲不能落」的聽勁功夫。

　　由於有此種「一羽不能加，蠅蟲不能落」的靈敏聽勁，所以可以達到「人不知我，我獨知人」的境界，因為對方出手時力道的輕重、方向、與速度，全在掌控之中，所以說：「英雄所向無敵，蓋皆由此而及也。」也就是說一個功夫好的人，可以所向無敵，這完全是由於聽勁、懂

勁功夫已臻上乘的關係。這邊所稱的「英雄」是指太極拳功夫好而能所向無敵的人，不是通常所稱的有大功勳為人所崇敬的英雄人物。

「斯技旁門甚多，雖勢有區別，概不外乎壯欺弱，慢讓快耳。有力打無力，手慢讓手快，是皆先天自然之能，非關學力而有為也。」

這邊所述是說那些旁門左道的拳術，雖然練法及招式不同，但是都不外乎壯欺弱，慢讓快而已；有力的打無力的，手慢的讓給了手快的，這都是先天自然之能事，沒有關係到因為學習用功努力而有所成就作為的。學力而有為，是文言文的倒裝句，以白話講就是「力學」，也就是努力學習修煉之意。

學力而有為，筆者有專文論述，不在贅述。

「察四兩撥千斤之句，顯非力勝；觀耄耋能禦眾之形，快何能為！」

四兩撥千斤這句話的意義，是以巧勁走化，化打合一而取勝，不是以蠻力取勝；我們看看那些七、八十歲的有功夫的太極拳老前輩們，他們能在年老體力薄弱的情況而能抵禦眾多的彪形大漢，都是因為練就了內勁及借力打力的懂勁技擊功夫，不是因為「快」而能致之的，因為年老了，那先天的快的動作是會減緩的，之所以能致勝的原因，完全在於聽勁、懂勁、走化、及渾厚的內勁的關係。

有人認為：「快」應更正為「壯」字，其所持之理由為：原文為「快何能為」，認為與上文的「概不外乎壯欺弱，慢讓快耳」與「耄耋禦眾」對比，當為「壯何能為」

而非「快何能為」。

　　愚意則不如是認為，那純是個人一己的認知，因為王宗岳先生在文中，已經明示四兩撥千斤，顯非力勝，不會再重複的說：「耄耋能禦眾之形『壯』何能焉？」因為前文已述及，壯欺弱，慢讓快，皆先天自然之能，非關學力而有為的。不會再說「觀耄耋能禦眾之形，『壯』何能焉」，所以原文所載的「快」是正確的。若要強謂為「壯何能為」，顯然有些畫蛇添足了。

　　本文主題，在於申論「快何能焉」。

　　一般人對於拳術都有一種直接的概念，以為出拳快速，就是致勝的機制，只有王宗岳能說出「快何能焉」的超卓之語，他認為「快」，不是致勝的唯一原因，因為「快」只是拳先到達，但到達不一定是發中了勁，在時間雖然爭取到「得機」點，但這拳的勁道是有所變化的，它有時會被消解，會被化掉，它有時在空間上會被反佔上風，也就是失勢，所以二者的拳同時到達時，是「得勢」的人取得先機，雖然在時間上他好像慢了一些，但在拳勁到位時，卻能「後發先到」的命中對手，使之奔跌出去，這是太極拳的奧妙之處，是一種難思難議的境界，是凡俗所無法理解的。

　　如果「快」是致勝的唯一原因，那麼王宗岳先生就不會說：「耄耋能禦眾之形，快何能焉。」因為七、八十歲的老者，全是憑藉四兩撥千斤，借力使力，連消帶打，化打合一，聽勁懂勁的高深功力，才能「後發先到」，而且不是以蠻力取勝，老人何來蠻力，力，是會隨著年齡的老

化而退減，但內勁的成就是不容易退失的。

外形的「快」，並不是真正的功夫，凡夫也可以練就的，只要肯每天揮拳練習，就能達到快速的出拳，所以王宗岳先生才說：「有力打無力，手慢讓手快，是皆先天自然之能，非關學力而有為也。」他說手快有力是先天自然之事，沒有關係到應用心智去領悟參學而對內勁及懂勁、化勁等功夫而有所成就的。

常聽人說：「天下武功，唯快不破。」意思是說不論什麼武功都有破著，只有快沒有人能破它，也就是說，只有「快」是沒有破招的，崇尚「快」是最好的招法。

這種說法也對，也不對。如果是距離加速度的快，就是王宗岳先生所說的：「快何能焉！」蠻力的「快」，遇到太極高手，還是有破，非「不破」，何以故？因為如上所說，在空間上，蠻力的「快」，會被消解，會被化勁所消，而且會被連消回打，而反處於敗勢。所以這邊說「唯快不破」不一定是對的。

能出手慢而快到位，能以靜制動，能「彼不動，我不動；彼微動，我先到」，這才是真正的「快」，才是真正名符其實「唯快不破」。

那麼，回過頭來說，有人認為的「快」應更正為「壯」字，讀者之見，以為如何？

第 *106* 章
太極拳的內涵

　　在公園或學校或某些活動中心，常常看見有人在打太極拳，那種很慢的招式動作，到底蘊藏哪些奧妙與玄機？一般人是不容易理解的。

　　太極拳難道只是一種養生運動而已嗎？太極拳到底是不是一種武術呢？

　　太極拳當然是一種武術，而且是一門極高深廣妙的武術，它除了健康養生之外，還兼具技擊的效果與作用。只是現在練太極拳的人，都偏向養生，對於它的技擊功夫，反而未予重視。說真實一點，練太極拳，學到真功夫的人越來越少，有瀕臨失傳之虞了。

　　太極拳到底在練什麼呢?如果要細說，是無法一言道盡的，所以只能概略而說。

　　太極拳的內容，大抵分為兩部分：一為「體」，二為「用」。

　　「體」，是指功體。功體大略分為三部分：

一、樁　功

　　透過站樁成就下盤的穩固；下盤的樁，是發勁所必備的條件之一，因為發勁時必須透過氣的凝聚與打樁，才能完整一氣的發出一道整勁。

二、手的掤勁

透過樁功及基本功與拳架的鍛鍊，將手臂鬆柔的提領與氣的灌注，而成就手的掤勁；手的掤勁也是發勁所必備的條件之一，腳到手到，上下相隨，發勁才能貫串完整。

三、氣勁的聚集與儲藏

透過運氣呼吸吐吶，使氣在體內鼓蕩，激動內臟，不僅可以強化內臟功能，也能使氣沉斂於丹田及身體各部，日久，這股累積的氣凝聚沉澱於筋脈骨髓之內，匯聚成為「內勁」，或許有人以為這是神話，茲引經據典為證：《行功心解》云：「以心行氣，務令沈著，乃能收斂入骨。」「行氣如九曲珠，無往不利；運勁如百煉鋼，無堅不摧。」「先在心，後在身。腹鬆，氣斂入骨。」「牽動往來，氣貼背，斂入脊骨。」又，《十三勢歌》云：「刻刻留心在腰間，腹內鬆淨氣騰然。」又，王宗岳的《太極拳論》云：「虛靈頂勁，氣沉丹田。」這些都是闡述氣與勁的佐證。如果再不相信有內勁這個東西，那就是愚癡之人，不可與言。

「用」，是指技擊功夫，太極拳的「用」含蓋推手與實戰。推手與實戰，是運用沾連黏隨的聽勁技巧，及太極八法（掤、捋、擠、按、採、挒、肘、靠）的靈活運作，而達到技擊的效果。

所以，太極拳不只是用來表演或健身而已，它本身就是一種武術，所以才稱之為「拳」，而不稱為氣功或體操

之類的。

　　內家三拳，形意、八卦、太極，雖然招式不一，外型練法有別，但內涵是相同的，是殊途同歸的，最終都會練出渾厚的內勁。

　　太極拳的練習順序，是先練功體，成就內勁，並練用法，完成聽勁及懂勁的技擊功夫，這才是全方位的「太極拳」。若只會打打拳架，養生健康的，只能稱為「太極操」或「太極氣功」，不能稱之為「太極拳」，因為太極拳必須含蓋技擊武功在內，只有練出內勁功體及懂勁的技擊功夫，始能稱之為「太極拳」。

第 107 章

「文人式」的太極

本文純屬因某部分人士對太極拳的錯誤觀念而作論述，並無貶低文人雅士之意，合先說明。

所謂的文人式的太極，崇尚文雅，無論拳架或推手，都是文謅謅，不屑於強悍的發勁或格鬥武技，認為那是蠻夫行徑。

文人式的太極，在拳架的練習上，主張輕鬆的練，把「鬆」的定義誤解為輕鬆或懈怠、懈漫，誤認唯有「輕鬆」才能使氣血舒暢，才能成就太極的內勁及更深層的功夫。

事實上，「鬆」的真義，並非全在「輕鬆」上面著墨。鬆，是練拳的一個原則，但若流於懈漫、懈怠不著意的「鬆」，流於「體操式」的鬆，就會枉費功夫，到老一場空，因為他只練「拳」，不練「功」。

練拳不練功，到老一場空。這種「體操式」的鬆，非是「真鬆」，只能養養生，柔軟筋骨而已。

所謂「功」，包含：

① 樁功：下盤築基之功，發勁的基礎。

② 氣功：善養丹田之氣。

③ 掤勁之功：如海水有乘載、吞納之功。此三功在我的論述文章中時常提及，不再贅述。

　　練拳還有二爭力的滾蕩、阻力的模擬、蹬勁暗勁之思維、撞勁、以及氣沉等等之修煉，不是只有侷限於「體操式」的鬆柔。「體操式」的鬆柔，絕對無法成就太極拳的內勁及發勁的功夫，在真正實戰格鬥時，只有挨打的份，毫無招架之餘地。現今太極拳之所以被譏為「老人拳」、「文人拳」或「豆腐拳」，肇始於這些「文人式」的太極拳崇尚者。

　　話說一代宗師楊露禪老前輩，當年在京城教那些王子哥兒們太極拳，那些王公王子們為何成就功夫者那麼少？癥結除了他們悟力不夠之外，就是怕吃苦，只喜歡輕鬆的練，在錯誤的主見觀念中，他們認為他們的身分是高雅的，不應該與粗俗的武夫同流，他們誤認太極拳若不文雅將同流於粗暴的武鬥行徑。

　　楊露禪老前輩或許因此之故，而無法也不願意將太極的真功夫傳授給那些王公貴族們。

　　「文人式」的推手，主張走化式的打法，對於較高層次的「接勁」或運用「掤勁」等等的化打用法，誤認是「著力」與「頂抗」，他們誤會只有「走化」才符合拳論的「捨己從人」、「一羽不能加」。

　　當然「捨己從人」、「一羽不能加」是正確的，但是技擊在應用時，不能只是走化防守，那都是挨打的架子；要能化打合一，連消帶打，才是制勝的因素。

　　「接勁」，是比較高層次的功夫。你的下盤樁功沒有成就，無法引力下沉，沒有辦法「接勁」；你的「掤勁」沒有成就，無法乘載排山倒海的來力，無法吞納對方的強

勢，如果你只會走化，走化了之後，對方還會順勢再打，你將化到何時？

若能「接勁」，接了之後，反彈回打，借力使力，才算高著。不懂的人，誤會「接勁」含有頂撞成份，其實那是自然的反彈回打，一種聽勁靈敏的自然反射作用，唯有高水準的功夫，才能使得出來，但卻被文人式者誤會為有頂的成分，真是……。

拳架部分，要求開展，筋要拉開，肩肘要墜沉，腰要撐，胯要落，氣要凝，膝不蹋，兩足運用暗勁不使拙力的前撐後蹬，每一舉手投足，均有陸地游泳的阻力產生，所以練太極拳不是輕鬆的事。若只求輕鬆，就去練柔軟體操，或許能更有美姿美感。若只想在輕鬆中妄想成就太極真功夫，未之有也。

若誤解太極是文人式的，若誤解太極的實戰是蠻夫的行徑，是不懂得太極拳的真髓，是太極拳最大的貶抑者，是阻礙太極拳發展的原罪者。

太極拳是溫文儒雅的，沒錯，但他的內裡蘊藏著無窮的生命契機與活潑的靈魂；它的外表雖是溫文儒雅的，但內裡的行氣運功卻是暗潮洶湧、澎湃激昂的。太極拳是一種武術，不只是養生健康的運動，他含蓋著武術技擊的高度藝術。太極拳不只是止於玩玩推手而已，他是能實戰、格鬥，自我防衛的高水準、高層次、高格調的拳術。

武術不外防守與攻擊，若是只能防守而無法發揮攻擊的機能，就不能「止戈」，就不能稱之為「武」術，所以不能存有武術是一種粗略、粗獷的攻擊行為，若是不能防

衛自己，而只耽於外表的溫文、儒雅，到頭來，被打得一
副抱頭鼠竄，鼻青臉腫，狼狽不堪的糗相，看誰還能溫雅
得起來？

　　太極，柔中有剛，剛中寓柔，剛柔並蓄；若是太在意
外表的形象，而忽略了太極真正的內涵，漠視太極的實戰
功能，只能稱之為太極的門外漢。

　　太極不只外層的溫儒、彬雅，還有內裡的雄壯、威
武，以及在技擊上的豪勢霸氣，在在顯示出太極的文武兼
併，陰陽相合，虛實互變，體用雙修。

　　一般的打架，是粗俗、粗暴的，因為只有怒氣及蠻暴
之力，只有傷人之意；太極的技擊，含有高深的武藝內
涵，在實戰時是沉穩而鎮定的，是不怒而威的，是以久練
而成的內勁及懂勁功夫，應用於攻守之中，達到自我保護
防衛的效用。不是練力練速度，不是以有力打無力，不是
手慢讓手快的，王宗岳老前輩說：「斯技旁門甚多，雖
勢有區別，概不外乎壯欺弱，慢讓快耳。有力打無力，手
慢讓手快，是皆先天自然之能，非關學力而有為也。」又
說：「察四兩撥千斤之句，顯非力勝；觀耄耋能禦眾之
形，快何能焉！」太極的致用，是「力學」而「有為」，
是透過長時間的累積功力與智慧的結晶，又豈是區區的
練練肌力、耐力，以及旁門左道的「非關學力而有為」的
「斯技」所可比擬。

　　所以，如果只顧外形上的文雅，而缺乏內在應有的功
體，以及在較技時所應含蘊的格鬥實戰攻防藝法，就像缺
了一腳的貓，永遠無法成就太極拳全方位的武功。

第 *108* 章

太極拳要不要練氣

修煉太極拳到底要不要練氣，網路上爭論不少，人言言殊，各有見解，各持己見，就像兩條平行線，永遠沒有交集點。

如果見解不同，而能各自表述，互相尊重，則不傷和氣。

太極拳確實是需要練氣的，引述如下：

《拳經》云：「氣宜鼓盪，神宜內斂。」氣的鼓盪分為內與外。內，指藉由呼吸吐納，促使橫膈膜上下壓縮，振盪內臟，使五臟六腑得到運動與溫養，達到強化內臟的作用，使體內氣機活化，激發臟腑功能；內臟強壯，外表的肢體肌膚容顏才能煥發。外，指外面的空氣。體中之內氣要與外面的空氣，互相摩盪，產生一道道的阻力暗勁，藉由內外氣之摩盪，產生往復摺疊的圓弧迴旋力，也藉由下盤樁功的穩固，而成就借力省力的機制。

內外之氣要能鼓盪，當然得透過練氣階段才能成就，所以太極拳是要練氣的。

《拳經》又云：「其根在腳，發於腿，主宰於腰，形於手指；由腳而腿而腰，總須完整一氣。」這是說太極拳無論是練拳架或推手或實戰時，它的行功或發勁，原則上都要由腳而腿而腰，完整一氣的。完整一氣的說法含蓋肢

體的完整與氣的完整，若氣不完整，則身便散亂，不能得
機得勢，就不能稱之為完整一氣。

所以，欲得完整一氣，只有透過練氣，才能驅使駕馭
自己的氣，使之內外相合，而得完整一氣。

王宗岳《拳論》說：「虛靈頂勁，氣沉丹田。」氣，
經由意念的導引，可以下沉於丹田；意守丹田則氣沉丹
田。丹田又稱氣海，是聚集內氣的地方，丹田如大海，可
以聚氣而不溢損，丹田氣足能形成厚韌的氣囊，可以抗打
擊，可以承接消化重力的衝擊，這個氣囊富有彈力，功夫
深的人，可以達到化打一致境界。

氣既需經由意念導引才能沉於丹田，所以，太極拳是
要練氣的。

《行功心解》云：「以心行氣，務令沈著，乃能收斂
入骨；以氣運身，務令順遂，乃能便利從心。」以心行
氣，以氣運身，當然是指以心思意念去行功運氣，是無庸
置疑，不必多做解釋；行氣時還得沉著，沉著後才能收斂
入骨，斂入骨髓筋脈之中，凝聚成不為人知，不為人信的
內勁。說到內勁，很多人打死也不相信有內勁這個東西，
因為他沒有去接觸，沒有去練，所以不相信有內勁這個功
夫，而誤以為內勁就是肌肉的強化爆發力，所以就一直練
力，練肌力，練肌耐力，練機械式的速度，以為這就是內
勁。其實這些就是王宗岳老前輩所說的「斯技旁門甚多」
的「斯技」！

《行功心解》又云：「行氣如九曲珠，無往不利。運
勁如百煉鋼，無堅不摧。」行氣如九曲珠就是氣遍身軀之

謂；氣遍週身，才能無往不利。只有透過練氣，才能氣遍週身，才能無往不利。

運勁如百煉鋼，無堅不摧。這邊說到「勁」就同千錘百鍊的金鋼，金鋼是無堅不摧的，內勁好比無堅不摧的金鋼，豈是那些練力，練肌力，練肌耐力，練機械式的速度，而誤以為是內勁者所可比擬，真是天地懸殊，千差萬別，真是所謂差之毫釐，謬以千里。

《行功心解》又云：「蓄勁如開弓，發勁如放箭。」蓄勁拉弓，是要行氣的，不是靠蠻力而為，所以謂之「蓄勁」，而不謂「蓄力」，道理明矣！發勁如放箭，是疾速不拖泥帶水的，使力則是僵滯呆板而無彈力的；發勁如迅雷不及掩耳，意到、氣到、勁到，同時同步到達，始可謂之「如放箭」。

《行功心解》又云：「氣以直養而無害，勁以曲蓄而有餘。」氣越養越飽滿充實，是有益而無害的，氣的直養，當然不外乎以心行氣，氣沉丹田，養氣當然也在練氣的範疇中。氣經直養，凝聚，內斂，匯集成內勁，這個內勁是曲蓄而有餘的。曲蓄而有餘，意思是說內勁是有彈性的，可伸可縮，可蓄可放，在發勁放勁後，它還有儲備蓄存的原動力，源源不絕，可以用之不盡，所以謂之曲蓄而有餘。勁的曲蓄有餘，靠氣的直養累積而斂入，這都得靠練氣而成就。

《行功心解》又云：「心為令，氣為旗……。先求開展，後求緊湊。乃可臻於縝密矣。」以心念為主帥，引導氣之流行，這就是以心行氣、以氣運身的意思，也是說明

了練氣的原則。先求開展，後求緊湊，行氣運功先求開展，練氣要深長細慢勻，筋脈才能開放舒展，氣才能透達筋脈之中凝聚成勁；成就內勁後在技擊實用時才能緊湊疾速，快而不亂，瞬間爆發到位，命中目標。經過氣的修煉，經由開展、緊湊階段，就可達於細密完美無瑕的境地。

《行功心解》又曰：「先在心，後在身。腹鬆，氣斂入骨，神舒體靜，刻刻在心。」意思是說練氣要以心為先，以意念為主導，然後再把氣運到身體。身體鬆淨了，氣就會斂入骨髓筋脈之內，形成內勁。這邊說到練氣的方法，就是鬆腹，腹部丹田，包括全身都需鬆透，才能使氣斂入筋骨之內，也只有鬆才能神舒體靜；神舒體靜，才能行氣運身。太極拳講求鬆，氣斂入骨，勁的成就曲蓄而有餘，在這邊可以得到印證，絕不是練蠻力而可成就內勁的。

刻刻在心，無時無刻的，用心、意守，守著氣，意守於丹田，使氣凝聚，這不是練氣是什麼？

《行功心解》又曰：「牽動往來，氣貼背，斂入脊骨。」牽動往來就是運氣的意思，將體內之氣往來運行，在吸氣蓄勁時，將氣運至背脊，使它服貼於背部，然後斂入脊骨內部深層。這邊是指以逆式呼吸法行功運氣，使氣經督脈上行，循任脈下行而沉於丹田。這也是練氣的動作和方法。

《行功心解》又曰：「邁步如貓行，運勁如抽絲。」邁步包含前進後退及左右騰移；要邁步如貓行，當然要引

氣入於湧泉下盤，使椿根穩固，然後身形才能如貓般的輕靈巧妙；運勁如抽絲，這邊又說到「勁」，所以可知勁是實有的；運勁要像抽絲一樣，將氣運於手足全身，源源不絕。

《行功心解》又曰：「勁似鬆非鬆，將展未展，勁斷意不斷。」這邊說到意、氣、勁的練法，在行氣運勁之時，需似鬆非鬆。所謂「似鬆非鬆」，不是鬆懈無物，軟趴趴的，也不是僵直硬滯的，它是柔中帶剛，剛中有柔，剛柔並蓄的。勁本來就是靈活機動而富有彈性的，是蓄勢待發的，可以蓄而不發，也可以即時引爆，故曰「將展未展」。「勁斷」是指蓄而不發之時，也是蓄勢待發之時，此時，意不可斷，不可沒有意念的存在，因為有了意，就有氣，就有勁，所以要刻刻在心，要刻刻留心在腰間，這個「腰間」是指丹田之部位，要時時刻刻，意守丹田，氣沉丹田。

《十三勢歌》云：「刻刻留心在腰間，腹內鬆淨氣騰然。」刻刻留心在腰間，上段已敘，不再贅述。腹內鬆淨氣騰然，腹內鬆淨是指丹田及周身要鬆得很徹底乾淨，不能存有絲毫拙力，若是鼓氣弩力式的做硬氣功，則違反練氣原則，沒有辦法使氣騰然起來；氣不騰然，就不能斂氣入骨，就不能成就內勁。

《十三勢歌》又云：「若言體用何為準，意氣君來骨肉臣。」說到太極拳的體用，是用什麼來做標準？意與氣是君王，肢體與肌肉是臣子。君王與臣子相差何止千萬里，一個是上，一個是下。用意念來行功運氣的練氣做法

才是君王，餘者為臣子。在太極的領域來說，是以意、氣為先，為先驅主導，不是崇尚骨肉的膚淺表層功夫。

《太極體用》歌云：「浩然氣能行乎手……不化自化走自走，……身似行雲安用手，渾身是手手非手……。」練太極若能練至浩然之氣充沛全身，也就能行於手，用來發勁放勁；由於聽勁的靈敏，可以感覺氣的磁場，感受氣的流向、磁場的壓力與來勢的大小，做出適當的走化，所以能達到不化自化，不走自走的境界，能夠自然反應，隨機應變，化打一氣。

浩然之氣能行乎手及周身時，因為全身充滿氣感，就像行雲流水一般，任運自然，到這個境界，在技擊實用時，全身每個部位都可當做手，對方接觸到哪裡，就可以由那裡做出應化及連消帶打的發勁動作，這時無論走化、接勁、放勁，周身都可以為之，不必一定用到手，這就是渾身是手，手非手，達於身似行雲安用手的玄妙境界。

以上所述皆是引用太極拳之重要經典而敘，從來修練太極者，莫不以這些經典做為依循。

若練太極而主張不用練氣，甚至公然持反對論調，皆是太極拳的門外漢，都是王宗岳先生所說的「旁門斯技」之屬，不是修練太極之人，都是站在關公門外舞大刀的無智之輩，難與對話。

第 *109* 章

內三合與外三合

形意拳初始之名曰「心意六合拳」，之後改為「形意拳」，「意拳」，「大成拳」。形意拳以內在的心意為主導，配合外在的形體，即外形內意之意，又簡稱為意拳，以意為重，形次之。形意拳，十年大成，故有人稱之為大成拳。

形意之六合，內有三合，外亦三合，合之為六。以前的說法，內三合是指「心與意合，意與氣合，氣與勁合」；外三合為「肩與胯合，肘與膝合，手與腳合」。

這個說法由來已久，古人如是說，後人如是學，其實還有值得琢磨處。心與意原是同一意思，所以「心與意合」，似有重疊，如果說「意、氣、勁相合，謂之內三合。」似乎比較簡潔而明白。

外三合的「肩與胯合，肘與膝合，手與腳合。」此說更有琢磨餘地，愚意以為這種說，是死法，是機械法，是僵固法。

在拳架與技擊立場而言，若固執堅守這個死法，拳路將會被拘泥，被侷限。拳法的運用原本是靈敏而機動變化的，不宜被牢套。此說，只是一個原則性，只要不離原則過鉅，應可靈活變化，因為手與腳不可能永遠相合，否則就變成了機械人。

　　我有一說：外三合，乃步法、身法、手法三者相合，在發勁時，步法、身法、手法必須相合，配合意、氣、勁內三合，才能完整一氣，完成一個整勁。

　　步法須配合樁功，若是基樁沒有成就，下盤無根，打樁無力，就無法做到外三合。

　　身法主導於腰，丹田之氣必須凝聚飽滿充實而富有彈力，才能靈活彈抖，如蒼龍抖甲一般；腰的彈抖，還得靠樁功的沉穩入地，才不會稀稀垮垮的，零零落落的。

　　手法必須掤而不僵，鬆而不浮，沉而不頑，外柔內剛，剛柔並蓄。手如果僵直使蠻力，將自我阻礙勁道的出路，被自己的頑力所縛，無法「後發先到」。

　　之所以能「後發先到」，乃因內外六合，同時、同步，意、氣、勁、步、身、手同時同步到位，內外相合，完整一氣，加上聽勁的靈敏與如神般的反應，才能有「後發先到」效果。

　　「合」就是「整」，故有「整合」之辭。《太極拳論》云：「其根在腳，發於腿，主宰於腰，形於手指；由腳而腿而腰，總須完整一氣。」此語已含蓋內三合與外三合。

　　內家拳三拳，形意、太極、八卦，招式練法各異，內涵相同，理論也有異曲同工之妙。

第 110 章

練拳與毅力

12月，天氣冷颼颼，運動的人，顯然少了很多。

各種運動，很多人都是隨興而為的，身體及精神狀況良好時，就多運動一些；精神不濟懶散時，就懈怠一些。有些人是因為有病，勉強出來運動。所以運動對他們來說，好像可有可無，在生活中，不是挺重要的事，沒有佔到很重要的地位。

練拳的人，幾乎也是如此，不同的是，繳了學費，沒去練，感覺有些吃虧。有些練拳的人，觀念中，認為缺幾趟課，無關緊要，缺一、兩趟課，不算啥，下次去補回來就好。

凡夫幾乎都有惰性，以為缺一次課，沒有關係，豈知有一就有二，有二就有三，缺課就變成稀鬆平常的事，老師除了鼓勵性的話之外，也不便說什麼。一個道場的凝聚力就結集不起來，最後，吃虧的還是學生自己。

上課時間，老師會講一些實際理論的東西，你缺一趟課，就會少聽到一些，一次少一些，累積下來就會少很多；有時剛好講到非常重要的部分，你沒聽到，損失是很大的，這與學費的損失是不能相比擬的。

內家拳的成就非易，千百人之中，難得一人有成就，沒有堅忍不拔的毅力、意志力，以及卓絕的鬥志，無法得

到內家拳的真髓。為何如此說呢？因為：

第一：內家拳必須長期的累積功體，每日積蓄功力，所以每天都要練拳，而且最少要練兩個小時以上。一個學生，如果常常缺課，那麼，他在自己的時間裡，自我練習的機率也不會很大，也將會變成隨興而練之類型，所以，功夫絕對無法成就。

第二：老師要傳授功夫給學生，當然也要看學生學習的態度，一個不認真老實練拳的學生，即使老師有心想要栽培，只怕也將因學生的懶散而力不從心，這並非老師想教不想教的問題，而是學生想學不想學的問題。

想起我們當初練拳，每天總是提早一個鐘頭到達，老師來時，我們已經練的滿地都是汗水。知道師伯輩們的功夫了得，總是找時間纏著他們請教的，挖寶哪裡嫌多，就這樣這個師伯這邊得一點，那個師伯那邊得一點，是這樣來累積功夫的。那像現在的學生，上課總是姍姍來遲，都是老師先到場等學生，真是天地倒顛。

一位美國籃球健將，來臺灣訪問，記者問：「你成功的因素？」答曰：「堅持。」堅持，確是成功的要素，做任何事情，都必堅持到底，堅持到成功的那一刻；練功夫，則是要永遠的堅持，功夫成就以後，還要一直堅持下去，因為功夫是無止境的，如果停滯了，就無法再百尺竿頭，更進一步。

僅以肺腑之言，提供給真正想要練功夫的人做參考。

第 111 章

借　力

　　拳術在應用時，大家都會講借力使力或四兩撥千斤之類的。但如果對方沒有來勢、來力時，當如何借力？

　　借力有三種：第一種，是對方有來勢、來力：借對方之力而使力，四兩撥千斤。第二種，借地或借物之力：站著借地之力，坐著借椅之力，躺著借床或地之力。第三種，借自己之勢、之力。今天要論述的是「借己之力」，然而，借己之力免不了牽涉到借地及借物之力。

　　借己之力，在練拳架之時，可以自己暗中虛擬。譬如，形意的劈拳來講，向下拔按再鑽出，這個動作，要須作意在腿腰以暗勁借內氣之摧動拔按向下向後坐，全身重量及氣，下沉引至後腳跟，此時，意不斷，氣不斷，勁不斷，連綿貫串，完整一氣的使氣在深沉於腳底時，所自然產生反挫回彈之巧勁，順勢反彈。這個動作，除了借自己腳跟、腿腰、脊肩、肘手之力，還有阻力與勢力，以及最重要的由自己所營造出來的向心力與離心力。

　　借力，是藉由下盤腳跟的引動，使身體形成一個立體圓弧，這個圓弧有來勢與去勢，這個來去就叫做「往復」，也就是《行功心解》所謂的「『往復』須有折疊」的那個「往復」；在圓弧的往復中，形成一個圓弧的折疊，從自己下盤腳跟所引動的向心力，營造出漩渦似的回

旋離心力,這種離心力才能快速、俐落、Q脆、乾淨而不
拖泥帶水,打出去才能打到對方的根,才能拔除撼動對方
的根,唯有如此才能使對方奔跌而出,這樣才是真正的會
放勁的人。

在太極拳裡面,每個動作的銜接處,都有這樣的打
法,都有往復摺疊,都有圓弧來去回旋,都有向心力與離
心力,都有暗潮洶湧的阻力、二爭力、及互相抗衡的撐裹
之勁,錯綜複雜中自有規矩圓融,形成一副多采多姿,內
涵精彩豐富的賞心悅目畫面,不是那些只會比手劃腳,裝
模作樣的太極操所可比擬。

八卦掌之中,更多的擺扣回旋,若缺乏這些豐富的內
涵,那就會變成歌仔戲式的八卦,空洞而乏味。

在推手及更高層次的散打中,還是離不開這些內涵,
只是很難用言語文字表達,所以只能口傳心授,要學得這
些較高深的功夫,只能找個明師,好好學,絕對無法從書
本、光碟錄影帶中,學到這些深奧玄妙的功夫。

說到速度,借力而產生的立體圓弧之速,絕不遜於直
線的拙力。因拙力是蠻橫、僵拙、呆滯、硬綁的,而且它
的力向只是直線的1,不是回旋借力的2倍速。

某些技法的防守是直來橫擋,橫來直架,總是在招招
架架之中,侷囿於機械公式範疇內,較難有生機活潑的虛
實變化,從虛實變化中取得時空的機勢,也就是說難以得
機得勢,機是時間,勢是空間,失去了時空機制,就是挨
打的架子。

一拳打出去,如果只是直來直去的,它的力道只有

1，從施力點到打擊點，是一條直線，力道的質量是1，也許有人會說，兩點最短的距離就是直線，表面看起來似乎成理，但直線所發出去的勁道，並不是最快速，也不是最有力的；唯有藉由下盤的根椿及腿腰的靈活機制，所引動的閃電式的回旋離心力，才是撞擊式的最威猛之力，是一種排山倒海之勢力，是一種浪捲千丈的拍岸力道，是浩瀚雄壯而震撼的驚悚貫穿勢力。它的質量力道以及威猛的速度，與那些單調直往的打擊方式是難以比量、比擬的。這種回旋圓弧折疊的打擊法，蘊藏了不為人知的借力神妙武功內涵。

　　形意的崩拳，太極的搬攔捶，它的打法，都含蓄著腰的轉折，透過下盤椿功的暗勁驅動，及丹田內氣的滾蕩，令腰形成一個快速如蒼龍抖甲般的圓弧回旋摺疊，引動手的反彈之勁，奔放而出，這樣才是真正的發勁，疾速、冷脆，如迅雷不及掩耳。這樣只是舉例、比例，其實任何拳式的攻擊，都是必須如此的，在防守、化接的應用，也是必須如此，都是同樣的道理。

　　借力是省力的原則，借力使力並不侷限於對手有來力可借；在無來力來勢可借時，在不能引動對方有來力時，只有借己之力，藉由自己的內在整勁所營造的向心力，向外圍發展圓弧摺疊的回旋離心力，才是會使力的行家。

打　椿

　　當年，去參觀麥寮六輕，看到……壯觀的打椿工程。六輕是填海造廠，所以建廠時要打很多很深的地椿。每一個椿打下去，那種發出的巨響，真是驚天動地，響徹雲霄，駭撼心澈。

　　打椿，這名詞，比較少人作論述；關於發勁的論述，頂多只會說到「借地之力」、「借力使力」之類，因為一般的武術，講究「椿功」的不多，甚至有些人貶抑站椿，認為那是死法，誤會「椿功」只是固定、死死的定在那邊，有不屑椿功之態勢。

　　其實，椿功並非固定式的，也並非「死功」。真正的椿功成就，是在靈活變化，虛實異動之中，都有椿法的存在，不是站著讓人推不動的玩意兒。

　　有些太極拳初學者主張站椿不必練氣，太極拳不需練氣，不須與氣功「牽扯」在一起，還振振有詞的說他的老師不教練氣這玩意兒。真是以盲引盲，誤導跟他一樣的初學者，這是有過失的。

　　發勁，必須打椿，打的是暗椿，不會發出巨響。

　　打椿，與蹬步還有差別；大部分的蹬步是借地之力，還有使到大腿肢體之力。

　　正確的打椿，是椿功成就，內勁成就，內氣成就圓

滿，在意到時，已然氣到、勁到，完整一氣的打樁入地，那種脆勁的反彈，是一種爆破力，瞬間而發，迅雷不及掩耳。

打樁，看不到身形，看不到曲膝，只是氣一沉、一凝、一聚而已。若是看到屈身彎腰曲膝，將身體蹲低再奮力挺起，都是不會打樁之人，都是不會發勁之人，都是纏鬥蠻使之人，談不上有功夫。

形意的蹬步是後腳打樁，功夫深者，前腳也能打樁發勁，也可在身體前進騰空接地時打樁發勁，也就是所謂的「撞勁」，有了這個前進打樁的「撞勁」，才能「硬打硬進無遮攔」，才能「追風趕月不放鬆」，才能「起如風，落如箭，打倒還嫌慢」、「起無形，落無蹤，起意好似捲地風」的達到「後發先到」的境地。

打樁發勁，還要有手的「掤勁」做連合基礎，才能相輔相成，因為發勁是一個完整的「體」，如果有一個局部不搭稱，不綿接，就會形成「斷勁」現象，那個「勁」發出去，就零零落落，分散而不凝結。

打樁必須透過練習後，才能慢慢得到要領。初學者總是用跳起落地的「打地」方式，但是任由使出吃奶之力，就是打不出凝結有勁道的樁，那個樁打下去，總是空空無物，不脆不響，打得腦袋暈暈的，還是不得要領。

打樁必須樁功有成之後，能入地有根，勁道能透入地底深層，入地三分，有了這個基礎，才能稍知打樁竅門。只要意一動，氣一沉，自然能在瞬間打出結實、磅礡、凝聚，令人驚悚駭然的「樁」。

打椿，純是意與氣之神妙運用，配合肢體勢力，謂之外形內意，謂之內外相合，謂之形意六合，內為意、氣、勁，外為步法、身法、手法。步法即靈活之椿法，沒有椿法，不會打椿，不得謂之六合，不得謂之形意。

《形意拳匯宗》云：「打人猶如雷震地」、「拳打丈外不為遠，近者祇在一寸中」、「拳出如流星，變手似閃電」、「手到步不到，打人不為妙；手到步亦到，打人如拔草」、「打人如走路，起落似箭鑽」。這些都是在闡述打椿的奧妙。

不會打椿，不是形意人；不會打椿，太極難放勁；不會打椿，八卦不入地。

不會打椿，都是花拳繡腿；不會打椿，都是裝神弄鬼；不會打椿，都是裝模作樣。

不會打椿，而自言功夫如何，都是籠罩初學者。

「椿者」，地基也。沒有椿的功夫，都是海市蜃樓。

沒有椿功做基礎的武術，都是王宗岳老前輩所說的「非關學力而有為」的「斯技旁門」。

第 113 章

論「見招拆招」

「見招拆招」，是武俠小說及電影裡常見的武打動作，對方出什麼招式，我就用什麼招式來破解、來因應，而且每一招式都有很漂亮的「招式名稱」，如此一來一往，打的天花亂墜，半個小時還沒完沒了，真是熱鬧滾滾，觀眾與讀者，看得不亦樂乎，大叫過癮。

武俠小說及電影情節必須如此，才能抓住及滿足觀眾與讀者的感官刺激。

然而，這樣延襲下來，給一些未明究理的武術學習者，注入一個錯誤的觀念，以為練武，就是要學習很多招式，才能應付敵人的攻擊。並且，對方打什麼招，我就必得用什麼招，來架來擋，來拆來解。如此一來，在真正實戰時，就會預設立場，眼睛圓睜睜的儘是要窺探對方的出手招式，心裡急著想下一個動作要出什麼招應付，這樣只是徒增內心的緊張與惶恐，終至心慌意亂，手足無措，而落於失敗者的窘境。

某些土法煉鋼的「拳頭師」常說的，實戰對打時要看住對方的肩膀，他們的認知觀念中，認定出手攻擊時，肩膀會先動，由肩膀的動作可看出對方出手的端倪攻擊方位，而做出防範的措施。

「拳頭師」又說：「直來橫擋，橫來直架。」這就是

土法中道地的「見招拆招」。

　　戚繼光的《拳經捷要》云：「『拳打不知』是迅雷不及掩耳。所謂：『不招不架，只是一下；犯了招架，就有十下』。」

　　在實技較戰當中，是千變萬化的，也沒有固定的招法，在詭譎的戰鬥中，是虛虛實實，假假真真的，是虛中有實，實中有虛，真中有假，假中有真，變化莫測的。在實戰中，是兵不厭詐的，是引君入甕的，是故設陷阱讓你跳的，挖一個坑讓你自己跳進去；有時明知那是一個陷阱，卻偏偏是由不得的跳下去，這就是兵法，拳法就是兵法。

　　「拳打不知」，這一拳出去，有時候是虛招，而實招在後；有時雖是虛招，但你沒做出正確的反應，就會變成實招打進去，而命中。有時，這招出去，紮紮實實的，但你出手一接一架，他馬上變虛，實手已在後跟進，這就是虛實變化，就是「拳打不知」。像這樣莫測的變化，你如何能預設立場，如何擬定預備招式。就因為如此，戚繼光的《拳經捷要》才會說「不招不架，只是一下；犯了招架，就有十下」。如果你只會一成不變，只會固定式的招架，一有招架，接下來，就會有連續的十下，犯了招架，就永遠變成「挨打的架子」。

　　武術的較高層次，在於「聽勁」、「接勁」、與「化勁」，以及神奇玄妙的自然反射作用。對方一拳打過來，全憑那神乎其技的靈敏感應，由反射神經的透過「聽勁」的修煉，而做出極其神妙的「接勁」、與「化勁」，用全

身肢體各部位觸感及虛靈感應，做出適當的走化與反彈回擊動作。

為什麼能「拳打不知」？在太極拳裡常說「發勁人不知」，這與「拳打不知」都是同一個意思，都有異曲同工之妙。

為什麼能「拳打不知」？為什麼能「發勁人不知」？正常人出拳，再快，也有時間與空間的問題，都有一個極限，既然有極限，就一定有法可破，這個破法，就是你反應比他更快，在他的拳還未到位時，你的勁已然先他而入。然而，這並不是比誰速度快的問題，王宗岳老前輩說：「快何能焉？」出手快並非致勝的因素，而是到位時，誰的勁有沒有「入」的問題；譬如說，你先出拳，我後發，但在同時到位時，我的勁有入，你的勁沒入。這就是太極拳常說的「後發先到」。

為何能「後發先到」？這又牽涉到反應與虛實變化的範疇，你一拳打過來，雖然有碰觸到我的身體，但被我「接勁」接到，被我「化勁」化掉，不起作用，而我的拳出去，你卻沒接到，沒化掉，所以我的勁能入，而你的拳卻不起作用。

「後發先到」還有一個先決條件，你的「功體」必須成就，包括手的「掤勁」，丹田之氣的沉聚飽滿，以及下盤樁功的穩固而且懂得「打樁」的訣竅。如果「功體」成就，你就可以意到、氣到、勁到，完成「內三合」，加上步法、身法、手法的完整，完成「外三合」，如是內外六合，謂之「內外相合」，始能發揮「完整一氣」的「整

勁」，才能隨心所欲的「化打合一」，才能「硬打硬進無遮攔」，才能「不招不架，就是一下」。

　　武術的神奇，在於自然反應，一種聽勁靈敏的自然反射動作，一個聽勁好的人，你碰觸他哪裡，他那裡就會做出自然的反應，是要去接或著要去化，或者化後回打，化打合一，連消帶打等等，都是不經過思考的，都是沒有預設目標立場的，只有隨順自然的隨心所欲，達到「全身皆手，手非手」的境界。

　　打人不是全靠手，身體每個部位都可以打人，你碰觸到他哪裡，他那裡就會做出反射的回打，所以說「全身皆手」，打人已經不是用手了。

　　那麼，你說「看肩膀」有用嗎？預設一個招，來對付那個招，有用嗎？如果還再說「見招拆招」、「看肩膀」，都還是泛泛之流，不足為奇。

　　高手發勁打人，不必用到「寸勁」，因為「寸勁」還一寸的距離與速度，都還不是高水準的功夫；層次高的，貼身就可以發勁，就可以打人，不必距離，不必速度，哪裡貼近對方的身體，只要一「作意」，意念到時，已經氣到的「打樁」放勁出去，同時同步完成，這才是真正的「完整一氣」，才是「整勁」，才有辦法達到「迅雷不及掩耳」的高深境界，在這種境界中，你如何去窺探、顧視，如何去「見招拆招」，見都見不著，如何拆？如何解？

　　經過這樣敘述後，讀者當可理解「見招拆招」是荒謬的說法，有招有架都是土法煉鋼，「看肩膀」的說法也就成為膚淺稚幼而不成熟的孩語，不值與言。

第 *114* 章

新武術與傳統武術

新武術，盛行於大陸，隨後臺灣也跟著流行起來。

新武術，縱橫、跳躍、地崩、翻滾、劈腿、舉腳、震地、穿插奔跑等等，有旋律及快慢節奏，看起來好似舞蹈，卻又有拳腳架勢。

新武術大都用於套路比賽，包括徒手、兵器等等；新武術講求美姿，因此，身體支架必須很柔軟，能曲伸適度，舉腳高過於頭，適合青少年學習。中老年人骨頭較硬，想學習也沒那個條件。

新武術因為注重拳架套路比賽，所以對內功的功體方面，就涉獵的比較少，真正有功夫的人，比率不會很高。

傳統武術，多數比較講求功體的追求，包含椿功、氣的修煉、手的掤勁，以及內勁的養成等等。

椿功，就是練習站椿，鞏固下盤；發勁必須藉由椿功的成就，懂得打椿技巧，才會發勁，否則都是使蠻力而已。椿功有固定椿及活步椿，必須是固定的站椿成就後，在活動移步當中，才能隨著虛實變化，而隨心所欲的打椿發勁。

氣的修煉，藉由意導，氣沉丹田，而斂入筋骨，匯聚成勁。

掤勁，由拳架、基本功及站椿之捧提，使氣沉聚手

臂，似鬆非鬆，棉裡藏鋼。這是「體」的部分。

　　「用」的部分，包含「聽勁」的練習、「走化」的練習、「接勁」的練習，以及發勁、放勁、化打的練習。這就是體用兼修，內外兼備，剛柔並蓄。

　　新武術的練習者，步入中年以後，筋骨不再那麼靈活柔軟，如果能轉入傳統內家武術，學習氣勁的修煉，因為有拳架套路的基礎，學起來比較容易入門。若是一直耽浸於原來的新武術套路，而不屑於追求傳統武術的功體內涵，那麼將會應了那句話：「練拳不練功，到老一場空。」年輕時所練所學，只將成為運動體操的把式，無法與人論武。

　　很多傳統武術的修學者，與新武術的修學者一樣，也是一生把玩著拳架套路，不懂得去修煉真正的武功，拳套學了「一館」又「一館」，以為這就是功夫，等到有一天，遇上了，用上了，才恍然大悟，原來所學都是中看不中用的活計，不堪稱之為「功夫」，這也會應了那句話：「練拳不練功，到老一場空。」

　　武術，本來除了運動強身之外，最重要的就是禦敵防身，以「武」而止「戈」，因練武而能保護自己，維護家人，更而上之的捍衛國家。若只求虛名，只想讓人知道自己是個練武之人，到時被人識破，根本是沒料之人，那可能就此一蹶不振，寞落而終，實在是一件悲哀的事。

　　武術，是「體」、「用」兼備的，新武術也好，傳統武術也罷，如果只耽於外表形式，而缺乏武功內涵，只能稱之為「玩把式」，不可謂之「武術」。

第 115 章

「斯技旁門」

「斯技」，翻成白話，就是「那些技藝」，或說「那些伎倆」，說粗俗一點就是「那些玩意兒」。

王宗岳先生說：「『斯技』旁門甚多，雖勢有區別，概不外乎壯欺弱，慢讓快耳！有力打無力，手慢讓手快，是皆先天自然之能，非關學力而有為也。」王宗岳先生把這些屬於「先天自然之能」的「玩意兒」，的「伎倆」，歸類為「旁門左道」，「非關學力而有為」。

懂得文言文，懂得太極拳、懂得內家拳者，知道這在說什麼。王宗岳老前輩把「壯欺弱，慢讓快」、「有力打無力，手慢讓手快」這些先天自然之流的練武者，說為「斯技旁門」，雖無「貶抑」之意，卻讓真正的「練家子」覺得那些「斯技」，實非真正入流的武功。

為何如是說呢？因為這些「甚多的斯技旁門」，是「非關學力而有為」的武藝。只要花些時間練練，短期內就會有「成就」。但這些「成就」，是「非關學力而有為」的。

這邊首先要解釋何謂「學力而有為」，所謂「學力」，並不是「學習」「力量」，使自己成為孔武有力的人。很多讀者看王宗岳的拳論，往往把這一句話誤解了。「學力」，是文言文的句法，是一種倒裝句，在古文裡

面，有很多都是倒裝句的，如果把「學力」誤解為「學習力量」，那就「失之毫釐，差以千里」了。

「學力」應該讀成「力學」，也就是努力學習，用心學習，苦心孤詣的鑽研的意思，要花極長的時間，運用心志、毅力與智慧去成就這個極其不易成就的功夫。

為何說「十年太極不出門」？為何說「內家拳十年不出門」？因為這種類似太極、形意、八卦的內家拳，不易成就，如果不是苦心孤詣，戮力修煉，莫說十年，到了驢年，還是泛泛之流。

如果練錯了方法，雖然練的是太極，是內家拳種，還是免不了要被歸類於「斯技旁門」。譬如說，現在的鬥牛式推手，如果王宗岳先生是生在這個年代，免不了要搖頭嘆息了，也免不了要把這些「玩意兒」歸類為「斯技旁門」了。

現在的推手，極多數是土法煉鋼的，初學就要求蹲低練腳力，練手的蠻力，然後兩人互相鬥力，鬥久了，也懂得一些反應技巧，然後去參加比賽，靠著體力、耐力及滿身的蠻力，做困獸之鬥，鬥個冠軍回來，就不可一世，眼睛長在頭上，一副天下無敵的嘴臉，殊不知這個「冠軍」還是要被歸納於「斯技旁門」的，真是可悲可嘆。

還有現在的太極，有一種是剛烈的發勁打法，不是震腳，就是搗錐，打得氣喘吁吁，臉色發青，不只失去了健康效益，對於內勁的養成，也無所助益。

為何如是說呢？因為這些打法，是內勁成就的人在練的，很多初學者一上門就練這些發勁的打法，往往弄巧成

拙，練成一身蠻力，有時外形看起來還有一點模樣，真正叫他發勁，一點也使不上來。

另一種是手指不停的抖動，看起來就有些裝模作樣。真正的「抖勁」哪是這個模樣，只能籠罩那些不識著罷了。這些人雖然練的是太極，還是要把它歸納於「斯技旁門」，因為練的時機方法不對，內涵不對。

王宗岳先生所說的「斯技旁門」並非專指太極以外的其他武術，而是泛指那些以練拙力、練快速度而取勝的武技，是指那些靠著蠻力，靠著土法煉鋼式的以種種旁門左道的伎倆去練就骨頭堅硬，能劈磚、破牆之屬；靠著不斷的揮拳練速度而取勝之流。

真正的功夫，不是以「有力打無力」，不是以「壯欺弱」，不是以「手快勝手慢」；而是「以小制大」，「以無力打有力」，「以柔克剛」，「以老而能禦眾」。

王宗岳老前輩又說：「四兩撥千斤，顯非力勝；耄耋能禦眾之形，快何能焉！」所以，力量不是完全制勝的因素，快速也不是取勝的原因。制勝的條件取決於體用兼備，剛柔並濟與虛實變化，牽涉到內勁的成就，聽勁、懂勁的成就等等。請閱讀第105章「快何能焉」一文，不再贅述。

「斯技旁門」並非全指所謂的外家拳，並不是以拳種、系統來分類。很多練外家拳的，練到某個程度，對武術有更深層的體悟，也能把他所練的拳種招式，轉入斂氣成勁的練法，終也能達於宗岳先生所謂的「學力而有為」的上乘功夫。所以「斯技旁門」並非以所練的拳種而歸

類，而是以所練的方法、方式來界定。譬如：打沙包、舉重、練肌力之屬，例如，某些拳法是特別要練四肢的堅硬如鐵，用自己的手臂、小腿去打擊剛硬物體，然後藉著藥物、藥洗之類來塗抹，如此反覆，終把手腳練的如石頭、如鐵一般堅硬，以為這就是功夫，殊不知，他把寶貝的神經練死了，把可以使聽勁練就靈敏的神經感應破壞了，雖然揮拳出腳尚能使力、使快，但那自然的神經反射作用變呆滯了，聽勁的變化作用變拙劣了，而卻猶自為那堅硬如石、如鐵的手腳而沾沾自喜，真是愚癡呀。

試觀，現在的網路武術版的提問，不外乎一些「如何使拳頭變硬」、「如何才能出拳有力」、「如何才能讓力量變大」、「怎麼才能使肌肉大塊」、「打架要如何如何」等等，都是一些膚淺、幼稚、低劣的問題，而且這些問題都不斷的有人一再反覆提問，真是令人啼笑皆非，笑哭不得。

「見招拆招」的練法，也要被歸類於「斯技旁門」，也是土法，是愚夫之法。

上乘功夫，是「神龍見首不見尾」，是「拳打不知」，是「化勁人不覺」，是「發勁人不知」，是「拳無拳，意無意」，是「技到無心始稱奇」，哪還有招法、式法，光一個「十三式」，就讓你練之不盡；就一個「五行拳」就深不可測，永遠也探不到底；只一式「單換掌」就夠你琢磨好幾年。

然而，當你領悟到那個拳理，徹通那個道理，而且能夠「老實練拳」，堅忍卓絕，堅毅不拔，自然有一天「水

到渠成」，很多東西會源源不絕的自己生出，沒有刻意去追求，功夫自然而然的生出。

當水匯聚圓滿，就會成為一個水庫；當丹田氣滿就會形成一個堅韌的氣囊；當氣沉斂入骨，就會累積成勁；當下盤樁功成就，就能穩固如山；當手之掤勁成就，就可似海水能吞納萬噸巨艦；當那靈敏的聽勁成就，就能瞬間反射回打；當化勁成就，就能將頑拙之力虛化於無形；當接勁功夫成就，就能接而反彈。此時，功夫底定，這時的你，已然跳脫「斯技旁門」之名，已然跳脫「武夫」之名，成為一個名副其實的「武術家」。

第 116 章

練拳與呼吸

　　呼吸一法，在內家拳練習當中，佔有極為重要的地位，是每一位老師與學生均不可忽視的課題。

　　有些老師你如果問他：「練拳如何呼吸？」他會回答說：「自然呼吸就好。」問題是，如果自然呼吸就好，那麼就不用練習吐納，不用練氣，也不用「以心行氣」來練內功了，如此內勁焉得生長？內功之「體」如何成就？

　　如果自然呼吸就好，那麼就不用勤苦練習內家拳了，怎麼說？因為每一個人都會自然呼吸，嬰兒一出生就會自然呼吸，甚至在母親體內已經會自然呼吸，不用人教，不會呼吸則不能生存矣。

　　所以如果你隨學的老師說：「自然呼吸就好。」那你得考慮是否要離開他，因為他已誤導了你，在他那邊，你絕對學不到功夫，也得不到健身的效益。

　　內家拳行功心解云：「極柔軟，然後極堅剛。能呼吸，然後能靈活。氣以直養而無害，勁以曲蓄而有餘。」這是練習內家拳的方法，意思是說：練拳一定要非常的鬆柔，不能存有絲毫拙力，如此才能練就極堅剛的內勁。懂得呼吸吐納，在推手或散打時，才能運氣發勁靈活無滯。所以說氣以直養而無害，氣，就是呼吸吐吶，運而養之，一直長養它，只有利而無害，久則能蓄積內勁；勁是藉由

379

呼吸吐納運氣導引而斂入骨髓、筋脈，它是活動活潑的，而且是可以蓄積儲存的，故謂曲蓄而有餘，隨時可以蓄而備用，永無窮盡。

如果練拳不必學會呼吸，行功心解就不會在此特別強調「能呼吸，然後能靈活」智者思之明矣！

行功心解又云：「以心行氣，務令沈著，乃能收斂入骨；以氣運身，務令順遂，乃能便利從心。」意思是說：用我們的心意來行氣，導引運功。所謂行氣就是要學會如何呼吸吐納，不是自然呼吸就可以行氣。行氣呼吸的時候，必定要沉著，沉著須透過鬆柔的練習，才能使氣沉斂而入於骨髓，產生極堅剛的內勁。以氣來運達於內身，呼吸運行之時，一定要順暢舒遂，在運氣發勁時，才能夠知己知彼，得機得勢，隨心所欲。

在此，行功心解特別強調「以心行氣、以氣運身」要以心行氣、以氣運身，不是呼吸又是如何？但它不只是自然呼吸而已，裏面有運有為，有意念與心行。

經過這樣的說明，就能夠明白呼吸的重要。所以練內家拳，首先就是要學會呼吸。那麼要如何呼吸呢？

呼吸就是吐納，吐舊納新。將外面新鮮的空氣，經由鼻腔吸入體內，再將體內之廢氣毒素排出體外。但是，如果只用平常之自然呼吸，效用是極微的，所以必定要透過學習內家拳的呼吸，始能得益。

一般的運動，純是肢體之活動，不能運動到體內的五臟六腑；而內家拳的呼吸、吐納運氣，是著重在五臟六腑的運動，藉由吐納導引，驅使橫膈膜上下鼓盪，使內臟得

到活動與溫養，達到健康長壽的目的。

　　一般的呼吸都在肺部胸腔，內家拳的呼吸在下腹丹田處。胎兒在母體藉由臍帶呼吸，出生至三歲左右，呼吸也都在下腹丹田處，及長，呼吸慢慢轉上，這都是由於眾生對五慾六塵的貪著，對財色名食睡及色聲香味觸法的執取，導致體內真氣混濁，氣濁則升，氣清則沉。當濁氣升到喉間，一口氣不來，生命就結束了。

　　諸位可以去觀察一些年邁氣息微弱的老者，他們講話總是支支吾吾，聲音結滯在喉中，氣短而喘，這是油燈將盡，生命氣息奄奄。所以想健康長壽，就要作返工的工程，將氣再練回原來的丹田處，此即謂「返璞歸真」。

　　丹田，又稱氣海，是凝聚真氣的地方，因為可以無窮盡聚存真氣，像大海能納百川，永不會溢滿，所以才會說「氣以直養而無害」，永不溢損故。

　　呼吸要，深、長、細、慢、勻。吸氣之時，要深及下腹丹田處，氣要拉長，要很微細，而且要很慢而均勻舒遂，不可急促氣喘或憋氣。吐氣時，宜將廢氣緩緩吐盡，如果吐之不盡，將會殘留在體內，形成毒素。以吐納而言，吐氣比吸氣重要。

　　呼吸調息有四相：

　　①風相：呼吸時鼻中氣息出入感覺有風聲，這是呼吸之病。

　　②喘相：呼吸雖無聲，但氣息出入，結滯不暢順。

　　③氣相：呼吸雖無聲亦不結滯，但出入不細。

　　④息相：呼吸無聲、不結滯、不粗，出入細細綿

綿，似有似無，若存若亡，神氣安穩。

前三相，是不會呼吸，不懂得呼吸，乃自然呼吸者之通病。第四相是正確的呼吸。所以呼吸是有學問的，想練就好功夫，先得練會呼吸，否則將會落到「練拳不練功，到老一場空」的窘境。

內家拳之呼吸，是逆呼吸。吸氣時，把下腹微微內縮，將丹田之氣，引至背脊及兩腎之間，謂之「氣貼背」。此時橫膈膜往上升，鼓盪了內臟。吐氣時，將廢氣慢慢吐出，此時雖是吐氣，而體內之真氣會往下沉，要練習至氣沉入丹田，在這同時，因氣之下沉而令橫膈膜往下壓縮，也鼓盪了內臟，這就叫「內臟運動」，內臟透過這樣的鼓盪作用，氣血即能暢通而活絡，生機蓬勃，使人神清氣爽，健康而有活力。

氣是可以凝聚儲存的，每日持續不斷的練習吐納導引，以心行氣，以氣運身，意守丹田，氣就越來越飽滿。氣飽滿了，心能清淨了，慾念能淡薄了，當你的心真正的能夠安靜下來時，透過站樁、練拳，氣就會開始沸騰，當然時間要夠，不可低於一小時，練拳如果隨便弄個幾下就停歇，那是沒有作用的，就像燒開水，還沒燒開就熄火一樣，不能當茶飲。你把氣練沸騰了，才能將氣滲透斂入骨髓，形成極堅剛之內勁，這樣內家拳的「體」才算成就。

內家拳為何要行逆呼吸？

逆呼吸法，能夠吸進大量的新鮮空氣。胸式呼吸，在吸氣時無法完全膨脹肺葉，吐氣時也無法將廢氣完全排出。所以，腹部逆呼吸是比較好的呼吸。也是人在嬰兒時

採用的呼吸。

　　道家氣功必須以逆轉的方式運氣，稱做逆轉河車，逆行小周天，這不在練拳的範圍，故不予詳敘。

　　內家拳在發勁時，必須將氣凝聚下沉至丹田，此時一定得吐氣，始能將氣引入下沉丹田，所以內家拳之呼吸務必以逆呼吸運行。

　　練拳行呼吸，原則為：開為吸，合為呼；提起為吸，放下為呼；蓄勁為吸，發勁為呼；如果某個動作過長，中間可以加一個小呼吸，以資潤飾接續，順利完成呼吸。

　　運功呼吸行氣，宜在空氣新鮮處，清涼處，安靜處，光明處；不宜在空氣混濁處，酷熱悶納處，喧鬧處，穢暗處。不宜在醫院、工場、墓地、屠宰場等地練習。

　　練拳運功，必須心地純正，沒有心機，不胡思打妄想，始得成就。

　　呼吸是生命的泉源，呼吸是練拳的資糧。每個活人都會呼吸，但不一定懂得呼吸；懂得呼吸，生命才得以長壽，功夫才得以成就。

第 117 章

太極拳沒有秘傳

坊間常聽到，楊氏太極秘傳，陳派太極秘傳，吳派太極秘傳，孫派太極秘傳，郝派太極秘傳，鄭子太極秘傳，某某門派太極秘傳等等，不勝枚舉。太極真的有所謂的「秘傳」嗎？

如果自稱自己是某派太極秘傳，都是籠罩初學者，都是唬弄不識者，都是廣告宣傳花招，都只是招徠學生的幌子而已。

這些初學者、不識者，因為對於太極的無知與淺見，總是被騙得團團轉，心中對太極的神祕與玄妙，抱著很大的期望，總是期待著哪一天能迅速的成為太極高手。然而，隨著時間的流逝，日子一天一天的過去，才發覺自己並沒有因為這些「秘傳」，而得到深妙的功夫，心中不免有所茫然、失落，才有被騙的感覺逐漸滋生出來，但為時已晚，徒浪費很多的寶貴時間與金錢。

太極所有的訣要，都在《拳經》、《拳論》及《行功心解》裏面，如果能老實練拳，用心參悟，總有一天能夠通徹這些拳理，豁然開朗，成就無上甚深的微妙功夫。此時，回頭看看，原來「功夫」是那麼平常，沒有什麼深奧，也沒有所謂的「秘傳」，這些練功的訣竅，都明明白白的呈寫在經論之中，沒有掩藏，沒有隱密。

　　有某太極團體，強調他們的太極有特殊心法，秘而不傳。後來，領導人出書把行功心法編印出來，詳閱其內容，不外乎肢體各部位的搓熱按摩、旋轉、伸展之養生法；該書後半部，略為說到呼吸行氣及穴位運導法，並無奇特玄妙之處，與太極經論及行功心解相較，真是天地懸殊，難以相提並論，若依此而練，健身可以，但無法成就太極功體。他們如果沒有出書的話，大家都蒙在鼓裡，不知葫蘆裝的是什麼藥，出了書，反而露了餡，讓人看破了手腳，終於知道所謂的「秘傳」，所謂的「心法」，原來爾爾。

　　如果能掌握、通達太極經論，就能得到真正的秘傳。太極所有的「秘」都在裡面，以外別無「秘傳」。

　　《拳經》謂：「一舉動，周身俱要輕靈，尤須貫串。」這一句重點在連綿貫串，不只是身體支架的連綿貫串，氣的鼓盪運行也要連綿貫串，不可斷勁，這樣才能達到「無使有缺陷處，無使有凸凹處，無使有斷續處」。

　　「氣宜鼓盪，神宜內斂。」身心無慮無罣，神始能內斂；氣如何鼓盪，牽涉到腹逆呼吸法，這只要老師一教，自己練習一下，就可以學會，沒有什麼奧秘。

　　「其根在腳，發於腿，主宰於腰，形於手指；由腳而腿而腰，總須完整一氣。」這邊不只牽涉到拳架的運作，也含攝到發勁的用法。

　　「有不得機得勢處，身便散亂，其病必於腰腿求之。」沒有完整一氣就不能得機得勢；完整一氣的根本在於腳，在於樁法，在於知道如何打樁，腳的打樁與手的放

勁是否同步同時，符合此條件，才可謂之「完整」，謂之「貫串」。

「凡此皆是意，不在外面。」所有的做為，都是意念在主導，以意驅氣，氣斂成勁。所以外面的花花草草，不值一顧；形式花樣不值一覽，重要的是內在的「體」。功夫成就了，「意」也沒有了，用時，自然會自己作意，不須去刻意、用意，一切都只在有意無意之間，隨心所欲。經云：「有拳有意都是假，技到無心始見奇。」誠哉！斯言。

「虛實宜分清楚，一處有一處虛實，處處總此一虛實，周身節節貫串，無令絲毫間斷耳。」這邊又強調的提到貫串，而且要「周身」「節節」的貫串，有了貫串，才能「無令絲毫間斷」，才不會斷勁，才能達到「完整一氣」。

虛實雖然要分清楚，但是不宜固執，要懂得變化，不是固死的定式的，分的清清楚楚的；分的再清楚，如果不會變化虛實，還是死功夫。《行功心解》說：「意氣須換得靈，乃有圓活之趣，所謂變轉虛實也。」所以虛實的重點，在善於轉變，不是要固執的定死在那邊，然後把他分的清清楚楚的，而且虛實的轉換，是靠意氣換得靈，是圓活機靈的轉換。懂得虛實，就知道陰陽變化。「陰不離陽，陽不離陰；陰陽相濟，方為懂勁。懂勁後，愈練愈精，默識揣摩，漸至從心所欲。」陰陽相濟，就是懂得虛實變化，也達到「懂勁」的階段；懂勁後，就能愈練愈精，而至從心所欲矣。

　　「默識揣摩」，就是自己去思維、觀想、整理，將所聞所學，一一去思維、去整理，透過「老實練拳」去思維、觀想、整理，然後會有所悟，悟而再練，練而又有新的理路，新的悟解，功夫是這樣一點一滴的儲蓄凝聚而成。

　　《行功心解》云：「以心行氣，務令沈著，乃能收斂入骨。」這一句話，非常重要。氣，是要透過心思去運行，運行的過程當中，一定要使氣沉著，氣沉著了，練對了，自然，日久而能收斂入骨，匯聚成極堅剛的內勁。那麼，氣，如何沉著？只有「鬆」一個字。

　　《行功心解》裡面有一句很重要「往復須有摺疊」，若能體悟摺疊與阻力的關係，若能體悟阻力與內勁的關係，那麼，太極拳就算已經入門。

　　王宗岳先生《拳論》云：「斯技旁門甚多，雖勢有區別，概不外乎壯欺弱，慢讓快耳。有力打無力，手慢讓手快，是皆先天自然之能，非關學力而有為也。察四兩撥千斤之句，顯非力勝；觀耄耋能禦眾之形，快何能為！」這是太極拳的重點，從這裡去體會太極拳為何能反向的以無力打有力？以柔克剛，以弱禦壯？如何以慢制快？耄耋能禦眾之形，是如何做到的？

　　王宗岳先生說，那些壯欺弱，慢讓快，有力打無力，手慢讓手快，是皆先天自然之能，非關學力而有為。太極拳是透過令凡夫俗子所置疑的鬆柔，不用拙力而成就的無上法，是透過苦心孤詣，運用智慧而匯集的甚深功夫，是努力學習而有成的微妙武藝，遠非那些求力、求速度愚夫

所可比擬。

　　簡略的舉例《經論》中的隻語、片段，學者可自行檢閱，而得體要。

　　《十三勢歌》云：「入門引路須口授，功夫無息法自修。」學功夫，尤其是內家拳，如果沒有老師引入門，沒有老師的口傳心授，絕對無法成就；然而在老師的口傳心授之下，只有自修自練，老實練拳，才能成就這「學力而有為」的微妙甚深法門。

　　經過老師的傳授，透過拳經、拳論、行功心解等經典的比對、印證，就能得知所聞、所學、所練，是否正確無訛；若是跳脫經論所說的，他再如何口沫橫飛的宣傳，他再如何的以「太極秘傳」做幌子，都將無法打動你的心，他再如何的以「某家心法」搖旗吶喊，都將無法騙過你的慧眼；你也不會再虛浪太多寶貝的時間與金錢，而終將能進入太極之門，一窺門內的珍貴秘傳法寶。

第 *118* 章

為師莫誤人子弟

　　自古以來，「好為人師」，是習武者的通病，至今尤然，而且更有過之。

　　2011年3月2日，奇摩武術版有一則發問，是尋找武術「明師」的，原意大略如下：

　　「想學武術求『明師』。不想找一個隨便教一教，把武術商品化的老師，像某太極拳的師父『○○○』，學員交了2萬多卻只交拳架，什麼要領，注意事項，甚至連推手都沒教!?

　　這樣不如去公園學就好了，有的甚至還免費勒！想找個武術明師，不限武術種類（雖然我還是偏好八極、形意等中國武術……）請各位幫個忙～

　　○○○老師是真的只教太極拳架，有個跟了他近10年的學生他還是只教拳架，有個學生打起拳架來腰彎的跟毛毛蟲沒兩樣，還有個全身緊繃，出拳用力到手都在抖了，這些他都沒講要改善！」

　　看到這則提問，不禁令人感慨萬千，也為這些濫竽充數的「名師」感到汗顏與悲哀。

　　現今的武術界，「名師」很多，尤其網路資訊的發達流通，只要會做文宣、打廣告，播放一些配套好的表演功夫，也能籠罩無知的初學者，於是花費鉅額的學費，及浪

費綿長的寶貴時間，得來只是一些拳架表面功夫。而「名師」也終究逃不過時間的考驗，最後總會讓人看破手腳，原來「名師」只不過是個騙騙學費，誤人子弟的偽師。

武術的真功夫，包含「體」與「用」。

「體」，是指功體，包括樁功、內勁、掤勁及丹田氣的成就等等。

「用」，不只是侷限於推手，還要真能實戰。

做一個武術老師，不單單是具備「真功夫」而已，還要懂得教法。很多老拳師，功夫確實是有的，但不會教拳。

所謂「教拳」，不只是打打拳架，耍耍劍、刀、棍。做一個老師，最重要的是要把武術中的內勁、樁法等重要內涵傳承下去。如果只會耍弄拳架、形式、花招，都是充數的偽師。

教拳不只是限於外表姿勢的糾正，外表形式固然重要，但重點在於練拳的感覺，要讓學生去感覺到拳之內涵的「味道」，要以本身走過而成就的經驗，用盡各種方法去譬喻、舉例。如果拳之內涵所含蓋的應有的感覺，沒有捕捉到，沒有感覺到，都是白練一場，都只是空白的體操運動而已，想成就真正的功夫，要等到驢年來到。

以前，有一個拳友去跟一個太極名師學拳，三、五年過去，遇到他，問他拳藝如何？回曰：「老師還在改拳架。」七、八年過去了，遇到他，問他拳藝進展如何？回曰：「老師還在改拳架。」不禁傻愣，試問，一個拳架要改到何年何月？恐怕驢年來到，還要一直改下去，真是佩

服他的耐性；但真正來說，只有愚癡之人，才會忍耐一直
在改拳架當中混日子，而不知覺醒過來。就像一個小學生
永遠畢不了業，升不上國中一般，那麼，大學之路更是遙
遙無期了。

其實，要辨識一個「明師」並不困難，你不要去看他
的拳架打的好不好，姿勢漂不漂亮，而是要看他打拳有沒
有鬆沉，氣勁有沒有渾厚，如果是初學者，當然無法從外
表看出這些內涵，那麼，還有一個辦法，就是實際請老師
做發勁動作，親身去體驗老師到底有無練出內勁，內勁是
否鬆綿沉厚。

被內勁打到的感覺，外表皮肉不會覺得僵硬呆滯與疼
痛，他的勁道會深透內臟，內臟會有被壓縮澎湃而令人有
無處逃的驚悚。會發勁的老師，不會刻意的為了表現功力
而將你打傷，只是輕輕一按，你就能感覺那種內勁暗藏的
澎湃洶湧，直逼深處，躲也躲不過，逃也逃不了，但卻毫
髮無傷。所謂毫髮無傷並不是說內勁不起作用，而是老師
能收放自如，點到為止，

如果你不放心，怕師傅傷到，那你可請他發個空勁，
就是打空氣，不接觸到你身體，去感覺他的勁道實不實，
沉不沉，發的是不是空包彈。發空勁打到空氣，還是可以
感覺周圍受到振盪的氣圍，那種感覺和用蠻力打出的感
覺，是截然不同的，它是凝聚而充實的，看不到速度加距
離的，打出去卻是迅雷不及掩耳的，是有極大的震撼力及
爆破壓縮力，總之，和蠻力打出的味道是完全不一樣的，
它不須透過鼓氣硬力的揮毫。

　　還有，你可以從網路去得知一些端倪。從他所發表寫作的文章當中尋出蛛絲馬跡。網站的武術，不外心得文章的發表，及影片的播放。

　　影片有些功夫表演，都是套好的，不必過於迷信。文章方面，很多都是引用拳經、拳論或前輩或他人的文章，看看參考就好。

　　真正有內涵的老師，發表的文章拳論，絕不會去抄抄寫寫，所寫出的東西，是不是自己的，不難看出，只要仔細看，就能看出是他自己的東西，或是抄撿別人的東西。

　　是自己親證的東西，是自己體悟出來的東西，寫出來就擲地有聲，能得到知音的共鳴與認同肯定，初學者看了也會從中有所獲益，你可以從他所談的經驗中有所吸收，而不是看了，把他當做一種知識，只知其一，而不識個中滋味。

　　很多老師沒有實證功夫，只是拳的經論看多了，也會口沫橫飛，天花亂墜，籠罩初學者，唬弄不識者，騙取學費。

　　瞞者瞞不識，識者不能瞞。或許你還是一個初學者，一心急者找明師，卻苦不得遇，透過這樣的說明，或許也能了知一、二，而不受毫無實際的名師所矇騙，花費金錢事小，浪費寶貴的光陰，卻永遠追不回來。

第 *110* 章

師傅留一手？

　　師傅留一手，這是自古以來武術界的傳說，是否真的如此？

　　師傅為何要留一手？傳說中都是怕教到叛徒，謀反師傅，師傅為了防患未然，只好留一手不教，以防徒弟造反時，可以用所留的那一手，那一絕招來防制惡徒。

　　師傅是否真的要留一手？師傅真的能留一手嗎？是值得智者思維與探討的。

　　如果真的能留一手，我想每個師傅幾乎都會留一手，以防範不測，因為人心在內，無法以外表觀測，徒弟的好壞，徒弟的思變，很難預料，環境、名利會改變一個人的心性，所以留一手，似乎是變成必要的。

　　有些師傅教拳是真的留一手的，而且不只一手，他只教人打打拳，練練套路，耍耍兵器，改改拳。很多人學拳，十年、八年過去了，師傅還在改拳，都只在外形、花式上面琢磨；而學生們也樂此不疲，練了一輩子，得來只是「到老一場空」，這些外形、花式、套路、兵器，只要一段時間不去複習，很快就會忘光光，這不是到老一場空嗎？！因為沒有真正學到功夫的內涵，只是純粹的肢體運動而已，根本談不上功夫的。這是名符其實「師傅留一手」。但實際上來說，有些師傅根本是沒有真實功夫的，

他們會的也僅有這些,沒有「另一手」,沒有真材實料可教,愚癡的學生也只能如此跟著胡混一番,或許,經過一些時日,學生也自認學成了功夫,也出來當老師,就這樣胡裏胡塗的循環承傳下去,這就是現在街坊上大部分的武術傳授概面,真是令人感嘆的。

有些師傅是有功夫的,但是你錢繳的不多,他不會教你,讓你一直含混下去。這些師傅教拳是以金錢論斤兩的,這個也算師傅留一手。

有些老師並不特別注重金錢,但他要考驗你的品德,觀察你的心性,可以了,他才肯教你真功夫。但是如果三、五年過去了,卻沒有學到真功夫,那麼,你可能要重新思維這老師是否有真功夫,或藏而秘之,不肯傳授,就得重新考慮去留,不宜再空廢時間。

真正的好老師,會收取適當的學費,而且正常教學。教學都是循著正確的功夫理路在教,每一個動作,每一個招式都含蘊著功夫的內涵在思維,而且會運用各種譬喻、舉例來觸發學生的思路,利用各種餵勁的方法,使學生能深入體會、感覺、明瞭那個功法的效益及練法,一再反覆的解說、譬喻、餵招,直到學生真能理解。

功夫是循序漸進的,不是一教便會,教一個學生,就像培育一棵樹木一樣,從幼苗、發芽、到枝葉茂盛,都需要不斷的照顧著,老師所花的心思是很大的;而且所練的功夫,各個階程都有更深層的內涵不斷的增廣,你練到哪裡,老師就會再教到更深度的東西,如果學生不肯勤練,進度自然會停滯在某一個階段,無法再超越過去,所以,

有時是不能怪老師留一手，因為你沒學到那個階段時，教再多的東西，你也吸收不了，功夫是沒辦法再昇進的，教再多也起不了作用，這種情況之下，只能怪自己不長進，不能怪師傅留一手，不能怪師傅有所藏技。

　　內家拳，這個武藝雖然無法速成，但只要勤奮練拳，用心思維，進步是很快的，方法對了，練一天就有一天的功夫累積；你領會對了，功夫的成長是看得到的，很多你預想不到的東西，會源源生出，有些是老師沒教過的，你卻能自己體會出來，自己練出更深度的功夫來，所以「青出於藍」是可能的，功夫超越老師也是正常的，有朝一日，學生功夫超勝老師，老師應該感到高興才對。

　　內家拳的功體是累積而成的，勤練的人，功體自然就越好，當你入了門，悟得了練法，那只賸下功夫的累積，你練多少就是多少，到這時，老師還能留哪一手？如果你認為師傅還留一手，那只能說，你還沒有進到內家拳的門，還是內家拳的門外漢。入了門，自然裡頭的寶藏清清楚楚的呈現在那兒，只看你要不要去挖掘了；如果成天胡思亂想，妄想一夕成名，一朝成為高手，是為愚癡之人，不能成就大功夫。

　　智慧高的人，領悟能力強的人，能舉一反三，觸類旁通，聞一而知十。內家拳，你如果練入了，拳經、拳論在說什麼，你都能一見瞭然，尤其在懂勁後，愈練愈精，默識揣摩，漸至從心所欲，這是拳論裡面說的。所謂從心所欲，就是功體愈練愈精，內勁愈練愈渾厚而沉斂，在用法方面也能因聽勁的靈敏而能隨心所欲，神變無窮，而且到

後來，一招一式，可以無窮的變化百招百式，因為已經沒有固定的招法，也無需循著固定的軌道跡象去運作。就像下棋，局局新，局局戰略不同，運棋方式千變萬化，而卻能掌握對方的脈動，控制得對方動彈不得。到這個地步，你說，師傅能留一手嗎？

潛藏的那一手，是藏而不藏的，是得靠自己去發揮，自己去尋覓，自己去發掘的，當你掘到了，當你愈練愈精時，你宛然比師傅多出了一手，此時，已然青出於藍，而更勝於藍了，到這地步，你就算是出師了，可以出來當老師，當然，還得經過老師的允諾。

師傅如果出來教拳而暗藏拳技，秘而不傳，是有過失的；若是真想秘而不傳，就不必出來教拳，既然出來教拳，就得傾囊相授，無所隱藏，才是正確的作為。

學生如果不能判別老師是否有功夫，卻一直浸淫下去，只能怪自己沒智慧，無法分辨好壞；如果明知再耗下去，依然徒勞無功，卻不肯斷然離去，是為愚昧的崇師情執，是為「一個願打一個願挨」，無話可說。

如果練到相當時日，猶認為師傅還留一手，那是自己不夠努力認真，沒有老實練拳，都是隨興而練，躐等以求之屬，永遠都是凡夫一個，永遠無法「出師」。

「出師」，就是功夫成就了，可以「下山」了，可以離開老師了，可以出去弘揚師門功夫，使「這一手」好功夫，一代一代傳承下去，一棒一棒的接下去，永遠再也沒有「師傅留一手」。

改　拳

　　楔子：公園裡，一群人在打拳練功夫，老師在前面意氣風發的帶領著，不時的改改拳，糾正學生一下拳勢，眼睛餘光不時瞄向四周的圍觀者。

　　此時，無意中看到一隻吉娃娃小狗狗，抬起左後腿，在他勾掛外套的樹下撒尿，老師氣急敗壞衝過去，揮拳做欲打狀，小狗跑到一個身材魁梧滿臉橫肉的壯漢身邊，那壯漢狠狠的瞪了老師一眼，老師悻悻然的抓抓頭皮，往回走，繼續教拳、改拳……。

　　「學拳容易，改拳難」，這是說學拳練功夫，如果定型了，要修改是非常困難的，所以在開始學習的時候，就要把它調整的好好的，否則以後要改正就很不容易。

　　一個初學者，剛來學拳，什麼都不知道，站也站不穩，蹲也蹲不正，總是歪七扭八的，這邊「喬」好了，那邊又歪掉了，上面扶正了，下面又垮掉了，做老師的要非常的有耐性。

　　打拳在外表形式上，最重要的是要求中正安舒，如果立身不能中正挺直，其他的姿勢再好，也是瑜中有瑕，無法得到最好的效果。

　　很多教練場，都是老師在前面帶頭打，學生在後面跟

著比手畫腳，老師是我行我素的，不管學生打的對不對，不會隨時調整，總是在學生定型以後再來改拳，但為時已晚。這種情況，在外面的公園、學校、活動中心，常常會見到這種畫面，尤其在人多的地方，某些老師更愛現，他在前頭打，人家就知道他是老師或教練，他就內心就耽於自我遐想被人羨慕、崇拜的空幻滋味，其實只是虛榮心作祟而已。

有些老師看到很多人在觀看他教拳，他就會改拳改的特別利害，即使學生的姿勢已經非常正確了，他也要這邊調一調，那邊修一修，這樣「現一下」，才能滿足他做老師的架勢，這也是虛榮心作祟罷了。

一株幼苗修調好後，要有時間與空間讓牠去自由生長，若是每天把牠折來彎去的，不久，牠就會凋謝。

改拳也是一樣，無需在枝末上著眼，大體上的原則照顧好，招式規格沒有偏離，其他無妨可以有學生自己的風格、拳路，依著他的體形、性相及種種因素而有個人的發揮空間，大可不必要求拳架跟老師一模一樣，否則越改就會越糟糕，最後弄得學生不敢在老師面前打拳，或者乾脆離開老師。

某些老師就是喜歡「改拳」，除了改拳以外，好像沒有其他的教式，我常舉例，某個拳友，在他老師處學拳，已經超過七、八年了，還在改拳，不知要改到何時？學拳不是只在拳架上琢磨，拳的內涵很多的，豈可侷限於拳架，老師不能推說：「拳架還沒學，不能教別的。」那麼，老師是否需要自省，為何七、八年還沒把拳架教好，

是學生笨？還是老師笨？或者是老師根本沒其他的料可教
學生？不管老師是真的沒那個料，或故意藏技不教，這樣
的老師都是有過失的，都需要自我檢討的，也是值得公眾
撻伐的，如果任由這些充數的老師使爛，都是鄉愿者，都
是沒有道德勇氣的偽好人，都是使武術拳技無法發揚傳承
下去的始作俑者。

內家拳，含蓋著「體」與「用」，外表拳架姿勢固然
重要，但是更重要的是功體的內涵，「改拳」要改到內涵
去；會改到內涵的，才是真正的老師，如果成天只注重外
式的「改拳」，都還是膚淺的、充數的「偽師」。

功體內涵的含蓋面是不勝枚舉的，譬如，下盤椿功的
訓練，氣的養成，如何氣沉丹田，如何使氣凝聚然後運
行，如何使氣沸騰然後沉斂入骨，匯聚成為堅剛的內勁，
還有掤勁如何修煉，如何才能學會聽勁及懂勁的功夫，
如何變化虛實等等，然後完成學武的最終目標——如何實
戰。這些才是武術較為深層的功夫，改拳，也要從這些內
涵去改，去修正，方法練對了，才能得到練功夫的效果，
否則都只是繡花枕頭而已，外頭好看，裡頭草包。

內家拳，最根本的功體是氣沉丹田，凝聚內氣，令氣
飽滿，然後才能運而用之。椿功，是內家拳武術的基礎，
彷如高樓大廈的地基，那麼，如何透過站椿而使之入地生
根，是有得「喬」的。

站椿的功夫非常深奧的，要有兩、三年的打底，或者
更久，看你如何練，老師如何教，每一段時日的功底、感
覺，都會隨著功夫的昇進，而有不同及更深層的教法，不

是初初一教便會，便能領會其中的道理，所以老師要隨著時日及學生的進步情況，適時的調整，使之往更深的地方練入，不是一成不變的，這才是真正的改拳，所以，改拳不是侷限在外在的招式姿勢而已，而是在調整、昇進內涵著眼的。

再來，說到手臂的掤勁，透過站樁手臂的捧提，要去查驗學生所提之臂，是否鬆沉，有無拙力存在，老師得有方法讓學生去感覺，要如何棄掉拙力，使手臂鬆透，使氣沉斂，在在都須適當的觀察而做修正的。

在用法方面，透過推手訓練，透過老師的餵勁經驗，去餵學生。內勁成就後，若是沒有透過老師的餵勁，學生還是不會發勁的，即使站著不動讓學生發勁，他還是不會發勁的，老師得一直餵勁，加上種種的解說，讓學生去摸，去感覺。

發勁，要有好幾個條件的配合：

①是樁功的成就，氣能深沉入地，還要會打暗樁，借地之力，藉氣之勢。

②是手的掤勁成就，手臂似鬆非鬆，棉裡藏剛，剛而不拙，富有彈力。

③是氣的飽滿凝聚，而與意念融為一體，意到、氣到、勁到，腳到、腰到、手到，謂之內外六合，謂之整勁。

整勁，說來容易，做起來不易，初練時總是會斷勁的，手腳不相連；初學者總是習慣用雙手之力，不知用「其根在腳」的腳跟樁功，或者會用腳，但卻連不上手。

這些，都要老師一再的反覆餵勁，不斷的作調整修正，直到學生真正明瞭發勁的道理及感覺。

最重要的是虛實的變化，如果純有功夫，卻不會變化虛實，謂之不會活用，把功夫練死了；不會變化虛實，就是挨打的架子。老師在餵勁當中，要時時變化虛實，讓學生去摸，去感覺，去練習聽勁，使聽勁反應靈敏起來，慢慢形成一種慣性反應，成為一種自然的反射作用，不需要眼睛的觀察及意識的思維，在肌膚被碰觸的剎那，甚至氣感相應的剎那間，迅速的作出自然的反射作用，這就稱之為「懂勁」，懂勁以後，就愈練愈精，漸至從心所欲，這樣才算功夫成就。

「改拳」要改在內涵，才能使學生學而有成；若是七、八年或十幾年，還在外表花式搞活計，謂之「誤人子弟」，謂之「偽師」。

第 121 章

進退須有轉換

　　十三勢行功心解云：「往復須有摺疊，進退須有轉換。」有關「摺疊」部分已有專文論述，請讀者自行參閱，不再贅述。

　　「進退須有轉換」，有何涵義？在進退當中為何須有轉換？又是轉換甚麼東西？我們先來看前輩們對此句如何釋義，○○大師謂：「進退不要（拘）泥一式，須有轉換隨機變化也。」這個釋義，沒有說到重點，因為原文已經說「進退須有轉換」，既然進退須有轉換，當然是不能拘泥一式的，否則就不必說「須有轉換」；再來，「隨機變化」大家都會講，但變化的內容是哪些？要變化甚麼？則沒有交代清楚，所以，○○大師並沒有釋義到此句的真正內涵。

　　○○大師謂：「凡有進退亦必要用轉換，此為身法步法配合之一致，故須有此研究，方可以言變化。」○○大師的釋義，雖有說到身法步法配合，但也沒有講到核心，解釋得太過簡略籠統。

　　綜觀兩位大師之釋義，並沒有將此句涵義真義釋示透徹清楚，一般讀者閱讀後，可能還是不能真正理解其義，或者只是一知半解，似懂而非懂。既然要釋義，要出書，留到後代，就得詳說細解，不能只是依文解義，含混而

過，或稍有掩藏。

「往復須有摺疊，進退須有轉換」，乍看好像是一種文章的對稱辭句，古人寫文章，做詩對詞，都是喜歡上下互對的，這樣頌起來文雅而順口，增添詩詞之華麗。然而，行功心解如是譴詞用字，並非著墨於文句的互稱華麗，而實說明了兩件功法，一是「摺疊」，二是「轉換」。「摺疊」已有專篇論述，不再重複，今天的主題，是討論「轉換」。

「轉換」，就是轉化變換「虛實」。「虛實」，包含步法的虛實，身法的虛實，手法的虛實，及氣的虛實等等。

《拳論》云：「虛實宜分清楚，一處有一處虛實，處處總此一虛實。」虛實貴在變化，不是刻意而固執的把步法分的清清處處，如果只固執的講求打拳架時，把步法分的清清處處，而在用時，卻不知不懂得變化虛實，終究還是挨打的架子，練的終究還是死功夫。「一處有一處虛實」，是說全身每一個地方，都要有虛實變化，所以，要「處處總此一虛實」，處處都要有虛實變化，運用之妙，全在這個虛實的變化。

在推手或實戰時，前進、後退，左（騰）顧、右（閃）盼，皆須靠步法、腿法的疾速轉換虛實；即使在定步不動時，亦能將支持身體重心的下盤之腳跟的虛實，靈活轉換，要化、要接、要打，打而必得，發而必中，在在都是依靠虛實的神變轉換。

步法的轉換之疾速，是有前提條件的，必須有堅固的

椿功做基礎，若椿功不成就，不能使「暗勁」打暗椿入地，那麼在前進、後退，左騰、右閃時，定然造成身體重心的虛浮飄渺，即使動作再快，也是虛快，起不了變換虛實的作用，還是挨打的架子。步法的轉換，不是侷限於前進後退之間而已，還有，如八卦的擺扣、遊走、穿梭，形意的後腳蹬、雙腳打椿蹬，前腳後撐、雙腳後撐打椿等等。

腰身的轉變虛實，得由下盤的腳跟來觸發引動，雖說「主宰於腰」或「腰為主宰」，但腰的主宰原動力，是來至於腳，腳才是根本，所以才會說「其根在腳，發於腿，主宰於腰」。會「使腰抖勁」的人，會「震身功」的人，會「蒼龍抖甲」的人，一定是椿功成就的人，一定是會打暗椿的人，一定是入地生根的人，這些成就者，一定知道我在說甚麼。

手法的轉變虛實，同樣是由下盤的腳跟來觸發引動，還是那句老話：「由腳而腿而腰，形於手。」重點在於「總須完整一氣」，也就是整勁的意思。

手法的轉變虛實，也是有前提條件的，必須有「掤勁」做基礎，手一提一舉，似鬆非鬆，似直非直；曲中有直，直中含曲，曲蓄而有餘，將展未展，藏而不露，藏而含蘊；鬆柔中有極堅剛，鬆而不懈，棉裡藏剛，剛而不拙。

手的虛實轉換，靠的是觸覺，憑的是「聽勁」，以觸覺的「懂勁」還虛神靈，不需透過意識的傳遞之一種自然反射動作。

　　「氣」的轉變虛實，這是比較深層的虛實轉換。其實，所有的虛實變化，都是以「氣」來掌控的，若無「氣」做基礎，就無法引氣下沉至腳跟，入地打樁，前撐後蹬的去快速轉換虛實，以及做發勁的動作。而「氣」的儲藏所，就是丹田氣海，就是腰間，也就是十三勢歌所謂的「刻刻留心在腰間」，也是之所以要說「主宰於腰」的原因；十三勢歌云：「轉變虛實須留意，氣遍身軀不少滯。」已然很清楚的交代，虛實的轉換，最重要、最要小心留意的就是「氣遍身軀不少滯」，也就是要將氣傳達到遍布到全身而不呆滯的靈活轉換虛實，也唯有這樣，才能達到「屈伸開合聽自由」的靈敏懂勁之境地。

　　「氣」的虛實變化，在接勁、化勁時，只是被打的地方一鬆一沉而已，不是全身歪七扭八的去走化，不需手去招架格檔，只是「氣」的一個鬆沉，即可化去來力，這才是真正懂得變化虛實之人，才是懂勁之人。

　　發勁打人，也是「氣」的作用，手只是傳達的工具、只是被借用的工具；在發勁時，腰間丹田一凝一聚，將「氣」同時同步疾速引至腳底湧泉，借地打樁之反彈勁，由腿而脊而手，完整一氣，快速引爆，是迅雷不及掩耳的。

　　綜上而言，「進退須有轉換」，是含蓋著腳、腿、腰身、手、及氣等五大要素的虛實變化，與拳論所謂的「其根在腳」、「發於腿」、「主宰於腰」、「形於手」、「完整一氣」是遙遙相對、相呼應、相托稱的，是環環相扣，互為貫串的。

　　此外，進退的轉換，也含蘊著招法、招式的變化。譬如，我按對方，被化去，即轉換為擠或靠，貼身打入；或我被對方雙按，走化承接後，即以採或捋應之，這是招式、招法的虛實轉換。

　　總之，拳法無定法，拳法的運用有如兵法，運用之妙，存乎一心，沒有固定的招式，沒有固定的勢法，在詭譎的戰鬥中，是瞬息萬變的，在進退之中，如何去掌控轉換虛實，轉換招勢，如何拿捏、取捨、變化，都需透過實際的體驗之後，才能領會，絕不是聽聽、看看、多聞而可以致之。當你心領神會，融會貫通之後，說出來的拳論、拳理，就會有實質的內涵、份量，讀起來，不會讓人感覺空洞無物，抄來抄去都只是人云亦云的翻版模式，沒有自己的東西。

　　寫拳論，定然要有自己的體驗證悟後，才能融會貫通，知道拳經、拳論在說甚麼，寫出來才會擲地有聲。要釋義經論，經論裡的每一句都可以寫一篇專文；要釋義，就必須闡釋論述得詳細深入，如果一言帶過，依文解義略過，那是「翻譯」，將文言翻為白話而已，不能稱為「釋義」。

第 122 章

能呼吸，然後能靈活

　　行功心解云：「能呼吸，然後能靈活。」呼吸跟靈活究竟有何關係？這是太極拳初學者普遍的疑問。

　　不知者都會認為，呼吸，只是鼻間的出入息，跟動作的靈活怎麼會有關連呢？

　　如果是一般人之純粹呼吸，當然與「靈活」是無涉的，呼吸是鼻子的事，靈活是手腳的事，似乎是不會連結在一起的。

　　行功心解，是寫給功夫成就者看的，你有練到那個水準，那個境地，自然知道他在說什麼。

　　「能呼吸，然後能靈活」。前面那個「能」字，是指會會呼吸、懂得呼吸的意思，後面的「能」字，才是能夠、可以的意思，整句的意思是說，你懂得呼吸的道理後，才能夠有靈活的動作表現。

　　呼吸，大家都會，睡覺也能呼吸，昏迷也能呼吸，不能呼吸時就一命嗚呼了，所以行功心解所謂的「呼吸」，不是一般生理上的呼吸，而是「行功」時的呼吸。

　　那麼，何謂「行功」？行功與一般的氣功相同嗎？答案是否定的，因為一般的氣功，只能健身，不能因「行功」而練出「功夫」來。太極拳的「行功」內涵，全部在行功心解裡面，讀者要須在「老實練拳」中去認真會心體

悟，而不是在文字間去鑽研琢磨，去鑽牛角尖，否則一輩子也轉不出來，被圍在死胡同之中。

行功心解云：「以心行氣，務令沉著，乃能收斂入骨。」開宗明義，已然點出「行功」之重點。以心行氣，是以清淨無染之心，來行功運氣；若心不清淨，成天想東想西，妄想一夕成名，不老實練拳，妄想快速成為武功高手，這樣，永遠沒有辦法以清淨心行氣；心不清淨，氣就染濁，氣染濁，則虛浮飄渺，無法沉著；氣不沉著，則不能收斂入骨，也就無法成就累積極堅剛的內勁。所以練功，首重內心之清淨。

沉著，靠的是鬆柔，鬆柔而不著一絲拙力，氣才能通順無阻，然後透過運氣，使氣騰然，騰然後，氣就會沉斂而深入潛藏於骨骼之內，與骨髓凝結相融，日積月累後就形成一種沉勁，成為一種量能。

「極柔軟，然後極堅剛」。一般外行人，總是否定這句話，也無從理會這句話的內涵，只有極少數練太極者，練形意、八卦內家拳者，稍能體會。

「極柔軟」是不著一絲拙力，不是鬆懈、懶散、輕忽。很多練太極者，把「極柔軟」誤解為鬆懈、鬆散，成天跟人講鬆、鬆、鬆，結果鬆了一輩子，到老還是一場空，沒有練出「極堅剛」的內勁，真是令人惋惜與扼腕，因為師父教錯了，自己體會錯了。

「極柔軟」是指在不著拙力之中，要須借著「呼吸」，借著「以心行氣」的行氣運功，將「氣」藉由鬆淨、吞吐、鼓盪、摺疊、轉換、蘊蓄等等訣要，令氣騰

然，而轉化、匯聚沉積成為實質能量，也就是極堅剛的內勁。

內勁功體成就後，透過推手之沾連黏隨的聽勁練習，使肌膚、神經觸感產生靈敏反應作用，成為一種慣性作用，也就是所謂的「懂勁」階段，此後，就能愈練愈精，默識揣摩，漸至從心所欲。

到這個境界，你終能體會「能呼吸」的真正內涵。在體用並藉之中，如何借由呼吸去運使內氣，去蘊蓄、吞吐、鼓盪、摺疊、轉換，使這個氣轉化成的能量活絡、爆發出來。這時，你才是真正會打太極拳的人，才堪稱為內家拳的練家子。到這個地步，打起拳架，才有內容，才有拳味，才有真餡實料，不是空洞的「鬆」，不是空無一物的太極操，不是被人所取笑的花拳繡腿。到這個地步，才能與人論「拳」。

推手實戰的條件，含蓋著下盤椿功的成就、掤勁的成就、氣的凝聚飽滿成就，內勁的斂聚成就等等。這些成就之肇始，在在皆需藉由呼吸的牽引、行運，始能致之。當功體成就時，當聽勁、懂勁成就時，終能知曉為何「能呼吸，然後能靈活」之道理。

打拳，不外是外表肢體的活動以及內裡氣勁的「蓄」與「放」，內外相合，連結貫串。所以，在蓄勁與發勁的時候，雖然猶有鼻間的呼吸出入息，而實際大部分是內氣的蘊蓄、吞吐、鼓盪、摺疊、轉換等等，此時鼻間的呼吸出入息，只是被依借而已，只是被襯托而已，只是處於配角的地位而已。會運氣的拳家，能憑靠丹田之氣來蘊蓄、

吞吐、鼓盪、摺疊、轉換，能藉內呼吸行氣而蓄勁與發勁。

氣與勁，是靠意念驅動的，所謂意到、氣到、勁到是也。意的牽引，是疾速的，是迅雷不及掩耳的。所以，真正會「呼吸」的練家子，真正會運氣的拳家，無論收放，皆能由意念牽引，由意念牽動呼吸，導引內在的氣勁同時蓄積或引爆，這就是「從心所欲」。

到「從心所欲」的境地，就是「靈活」的境地。這就是「能呼吸，然後能靈活」的真義。

說到「靈活」，就會牽涉到虛實的變化。虛實的變化，不侷限於腳的比重虛實，因為「一處有一處之虛實」，因為「處處總此一虛實」，這不是繞口令，裡頭蘊藏很多道理。虛實，有腳的虛實，腰身的虛實，手的虛實等等，最重要的是氣的虛實；氣的轉換，可以變化虛實，譬如，對方按我，我氣一鬆一沉轉虛，走化來力，譬如，對方一拳打過來，我不走不化，而是氣一凝一聚轉實，把來力掩蓋過去奔放而出，這是氣的虛實變化；氣能隨心所欲的變化，則謂之「靈活」；氣的變化，依藉的是丹田的蘊蓄、吞吐、鼓盪、摺疊、轉換，而丹田的所有運作，是離不開呼吸的配合，內外不能分開。

所以，「能呼吸」，就是懂得練拳練功的方法，知道如何呼吸，如何運氣，如何蓄勁，如何放勁，這些都能「從心所欲」了，始得謂之「能呼吸」，否則都還是不會呼吸；不會呼吸，就不能靈活，不能轉變虛實，成為一個道道地地的「挨打的架子」。

能呼吸，在打拳時，外表是平常的呼吸，身體裡面的呼吸運為卻是多采多姿，千變萬化的，節奏是快慢相間，抑揚頓挫的，有時如行雲流水，有時似萬馬奔騰，有時是風平浪靜，有時則暗潮洶湧，有時是驚濤駭浪，石破天驚，有時是漣漪微微，餘波盪漾，有時靜如赤子，有時動如脫兔。

呼吸有長有短，有快有慢，有深有淺，有大呼吸有小呼吸，有順呼吸有逆呼吸，有摺疊的呼吸，有蘊藉能量的呼吸，有蓄放的吞吐轉折，配合著腰胯肢體的連動，構成一副精采絕倫，賦有生命靈氣的武術動畫。

內家拳的呼吸，雖然要求細長慢勻等等，但絕不是死氣沉沉的，絕不是呆滯平淡的，絕不是一成不變的。內家拳，不是一幅平版畫，而是一幅充滿生命朝氣的動畫，隨著時間與空間的變換轉移，而有不同的生命呈現。

一呼一吸，一吞一吐，一蓄一放，一虛一實，一陰一陽，一柔一剛，一鬆一凝等等，都是「氣」的神妙轉換變化，轉換不靈則滯，轉換得靈則活；手腳肢體的虛實變化，有時間與空間的條件，有「雙重」的問題，也會侷限於「一處有一處之虛實」的框框裡，是屬於有形的；氣，是內在的暗勁，暗藏在內，看不見，屬於無形的；有形的肢體，需要肌肉、神經、骨骼等去牽動，時間空間都會受到礙阻，無形的內部之氣，乃由意念驅動，疾速而無礙，所以能靈活。

《行功心解》云：「行氣如九曲珠」、「運勁如百煉鋼」、「靜如山岳，動若江河」、「蓄勁如開弓，發勁如

放箭」、「曲中求直，蓄而後發」、「往復須有折疊，進退須有轉換」，這些都是在講呼吸運氣的，有了這些呼吸運氣的配合運為，才能完成「極柔軟，然後極堅剛」的功體，才能達到「能呼吸，然後能靈活」的境界，才能藉由呼吸去掌握蓄勁與發勁的機勢，也唯有藉由呼吸而靈活的轉化虛實，達成「人不知我，我獨知人」的靈敏高深境界。

太極陰陽訣云：「太極陰陽少人修，吞吐開合問剛柔。正隅收放任君走，動靜變化何須愁。」陰陽就是虛實變化，吞吐開合就是呼吸、運氣；能呼吸運氣，即能變化虛實；能變化虛實，即得靈活；能靈活，即能「正隅收放任君走，動靜變化無須愁」。

第 *123* 章

落 胯

「落胯」一詞，在太極拳裡常常會聽到，其他內家拳有的稱之為「下腰」或「束身」或「裹腹」或「撐襠」等等，意思都是大同小異的。

落胯又稱坐胯，就是要把「胯」坐落下去，使胯有一個「落插」。插，就好像插香，要插得直、插得正。胯為什麼要「落插」，因為胯插直了、插正了，身體的重心就有了依靠，就能使身體得到中正、平衡，不會搖擺、晃動。

胯，不只要落，還要坐。落，是往下；坐，除了往下還要往後，胯有往後「添」，有往後加移，才能增長樁法的穩入，雖然練起來很吃力的，很辛苦的，但在樁功成就後，才能享有發勁的甜美果實。很多學習者，怕吃苦，練站樁或基本功或拳架不肯將腰胯坐落下去，想成就功體是比較困難的。

胯有了坐落、添陷，它才能支撐上半身的重力，才能將重心直達而透於腳跟，不會讓膝蓋受力太重，而造成膝傷，不少練太極拳的，練成膝蓋受傷，都緣之於沒有落胯的關係。

那麼，為什麼明知打拳要落胯，但是卻做不到？做不好呢？

①為師者沒有嚴格要求，或者是為師者不知這層道理。

②沒有從基礎學起，也就是說初學者一上來，就打起拳架，他沒有樁功的基礎，也沒有先從基本功起練，因為沒有樁功的基本，下盤不穩，因為沒有透過落胯而將體重落接於腳跟，在移動變換步法時，就會使膝蓋受力過重，長年累積下來，膝蓋軟骨就會受到磨損，造成膝蓋疼痛。

胯，就像一個鼎。鼎腳撐住了鼎身，必須是穩固而平衡的，若鼎身歪斜，沒有落插到與鼎腳形成一個平衡支撐力點，因為鼎身的重量大於鼎腳，若鼎身重量沒有平均落接於鼎腳，這個鼎將會成為跛腳鼎，不能穩坐，不能鼎足而立。落胯就是為了使腿往下貫串連接於腳跟，由腳跟來支撐平衡身體的重量，這與鼎的道理是相同的。

在「氣沉丹田」，累積達到某一個質量時，可以感覺到「氣」的重量與沉墜感，它是有某些成度的份量的。如果胯不落插，這個丹田氣就難有依怙，就會散漫而不凝結、聚集，所以，束身、下腰、撐襠，都是為了使丹田氣更為凝聚、結集的關係，在發勁時，在接勁時，都必須有束身、下腰、撐襠的動作，在這些動作下，胯當然是要落沉的。

落胯與發勁有所關聯嗎？當然有，《拳經》云：「其根在腳，發於腿，主宰於腰，形於手指；由腳而腿而腰，總須完整一氣。」拳經說，發勁的根源在於腳，由腳而腿而腰，形於手，都須要完整一氣的。完整一氣就是整勁的

意思，勁要完整，不能分散，所以，下、中、上三盤都要完整，都要綿接貫串。主宰於腰的腰，當然是含蓋了胯的，腰胯是不分離的。發勁的根源在於腳，所以發勁時，下盤腳跟是要打樁的，把樁打入地底，產生反彈摺疊勁，上傳中盤的腰胯，形於上盤的手。下盤與中盤之間，腳跟、膝蓋與腰胯必須形成一個對等平均的角度，如果腰胯不落沉，這個角度就成立不起來，三者之間的互依、互撐、互靠的力就無法結集，力道、勁道就會分散，沒有辦法完成一個「整勁」。

　　再來，說到「主宰於腰」。這邊《拳經》所說的「主宰於腰」的腰，是直指內在的丹田的，因為發勁的主宰就是丹田，如果沒有丹田氣的引爆，腳跟是無法打樁的，若是用外在的蠻力去打樁，那個樁也是笨拙的，不疾、不快、不利、不脆，那麼它所引生的反彈摺疊勁，也就不疾、不快、不利、不脆，這就不是真正的發勁，是歸屬於拙力的範疇。

　　依循這個方向來思維，這個樁打下去所引生的反彈摺疊勁，須是循著腳、膝、胯而上傳形於手的，這節節之間，都是要有彈簧性的，也只有彈簧性所產生的彈簧勁，才是太極之勁，缺乏彈簧性的發勁，都還隸屬於拙力的範圍，不是太極的發勁。

　　所以，這腳、膝、胯的節節之間的彈簧性、摺疊性是不可或缺的，所以，因落胯所形成的彈簧性、摺疊性是必然要具備的，以此而觀，落胯在發勁時，是必具的。發勁如此，同理，接勁也是如此。

在發勁時，當後腳腳跟打樁入地，就能自然的引生反彈摺疊勁往上傳，此時左右兩個胯都是要落沉的，也因為胯的落沉，而與膝、腳形成一個對等的二爭力，使後腳在打樁而力量入樁時，因前腳的後撐力接引至胯上，產生一個後坐力道，讓手在按打對方時有著力點，有了著力點及後座力，所產生的摺疊勁，這個勁打出去，才會脆，才會利，才會紮實，才會令對方奔跌而出，這樣發勁才發得漂亮，不會拖泥帶水。如果後腳的胯不落沉，身體就會虛浮起來；如果前腳的胯不落沉，腳就無法撐地，無法產生二爭力，無法產生後座反彈力，這樣，手就會打空，勁道無法落實。

胯的撐襠，與肩的催肘、催手是相同的。手的發勁是靠肩催肘，肘催手；肩，必須有依靠力，若是肩沒有依靠，手是打不了人的。上盤的手，肩是它的依靠，中盤的身，胯是它的依靠，下盤的腿，腳是它的依靠。所以，肩、胯、腳是三盤的根節，三盤的根都落沉，叫做三盤落地。唯有三盤落地，互依互靠，互相連接貫串，發勁才能落實而發生作用，如果勁道分散，沒有完整一氣，都還是局部力，都還是落到拙力的範圍，不是真正的太極發勁。

如何檢驗自己有沒有落胯呢？這不只是初學者普遍的問題，很多學拳多年的老生，猶不知自己打拳到底落胯了沒？

簡單的檢驗方法，可以自己照鏡子，看身子有沒有中正安舒，若是後仰，胯就會往上浮，若是前俯，則後腿的胯顯得無支撐力。還有，胯如果有落沉，褲襠會有凹陷摺

416

痕，這是可以觀察的。

胯落沉了，會連接到腳跟，可以感覺胯部有承載力，腳跟稍一用力，胯就會有感覺，因為二者是一氣相通的。

胯不落，氣沉不到腳底，在推手時，因為腳的虛浮，勁道無法與膝、胯相連接，手就會打空，也就是「落空」的意思，因為腳跟虛浮的關係，無法營造出與膝、胯的對等均力，也就無法引生反座力，所以就會打空，就會落空，落空就是挨打的架子。

落胯，是氣沉丹田的築基功夫，胯不落，腰不下，身不束，襠不裹，則氣不沉不凝不聚不斂；氣不沉不凝不聚不斂，則練拳無益，無法成就太極功夫。

第 124 章

撞牆功與發勁

撞牆功，是以身體背部去靠撞牆壁，因撞擊力的振盪，使五臟六腑得到運動，促進氣血循環，達成健康的效用。

練習撞牆功，背部要平正，靠撞時，以不撞到脊椎骨為原則。初練，宜適力、適度，動作速度不可太快，要有節奏。在撞牆之瞬間，需氣沉丹田，並將氣凝聚運至背脊，使背部形成一層氣囊，這樣才能保護脊椎不受傷害，在此同時，嘴唇微張，隨著丹田的鼓盪作用而自然發出「哼」聲或「哈」聲，如此可以使氣的流通更順暢，不致憋於腑臟之內而受到內傷，而且，做「哼」、「哈」之聲，有助於丹田之氣的聚集。

沒有練過太極等內家拳的人，做撞牆功，以鬆柔自然為原則，以不讓筋骨受到傷害為原則。練過太極等內家拳的人，可將撞牆功做為發勁的練習，腳跟可以打樁，借地之力，就好像真的發勁一樣，只是把發勁的手變成背靠而已。內勁成就而且會發勁的人，玩起撞牆功，震牆力道非常驚人，要把牆壁撞倒，似乎也有可能。

有人如是主張：「撞牆功最忌刻意用腳撐撞大力，因為你一用力就不鬆，臟腑自然就不會運動，也就失去淨化體內的作用；所以，凡事以自然為師，當身體逐漸鬆沉

後，上輕下重，輕輕往後躺，也就會發出很大的撞擊聲響，不過那是自然形成，而不是故意用腳撐撞大力，否則不但達不到效果，也可能造成內傷，那就失去其養生的意義了。」

這話對於沒有內家拳基礎的人，是合適的。但內家拳有成就者，卻可以把撞牆功當做「試力」「發勁」的練習。那麼，在發勁時，是得靠腳跟之暗勁去打樁的，而且，在打樁發勁時，是得靠丹田之氣的凝聚運行，將氣運至全身各部位，這對於強化體內臟腑能起到更大的效益。所以，凡事以自然為師，是個原則，只要不刻意違反自然原則，在自然原則的道理之下，要尋求更深入、更昇進的修煉，功夫才能更上一層樓；如果，泥守自然，不求變通昇進而故步自封，功夫是不易成就的。

撞牆功的延伸，是發勁的試煉。可以變通的將背部靠，轉化為肩靠或臀靠，有一天，靠出了心得，領會了太極八法中的「靠」功，將是練撞牆功的另一種額外收穫。那麼，在這邊，個人就有另類的主張思維：

撞牆功，對內家拳而言，是一種另類的發勁功夫；即是發勁，當然含蓋了下盤功夫的穩固，樁功需能入地根，能借地打樁，在打樁撞牆需是完整一氣的貫串連結，同時同步，氣與肢體內外相合，完成一個「整勁」，會打樁，會發勁，會運用氣的鼓盪作用，打出的撞牆功，與那些輕輕往後躺，所發出的撞擊聲響，是天差地別的，它是冷脆而疾速的，不是自然的碰撞聲，而是一種氣爆，是一種爆發摧破的勁道，與自然形成的力道，是不可同日而語

的。所以，在做撞牆功練習時，可以雙腳用勁，以腳之暗樁，借地之力，撐蹬撞擊；沒有學過太極內家拳的人，不會發勁的人，還是以自然之勢，輕輕往後躺為宜，以免內臟受到傷害。

會使暗勁打樁，丹田之氣凝聚渾厚的人，可以藉撞強功，可以借下盤腳跟之勁去發勁打牆，絕對不會造成內傷；反而，因為知道氣沉丹田、氣運腑臟之原理，而更增進強化內臟功能，所以不會失去其養生的意義，也因為透過撞牆功的練習方式，轉化成內勁發勁的練習，而成就內家拳發勁的功夫。

在外面，有時找不到牆壁可做練習時，不要以樹幹當練習器具，因為樹幹都是呈圓形，去撞樹木比較容易傷到脊椎，也無法全面的震盪內臟，弊多於利。

自撞功：就是如果沒有牆壁可借助練習，有一個變通方法，雙手張開，吸氣，往內交叉，以手臂內側彎撞擊胸部，撞擊的瞬間，要氣沉丹田，氣要凝聚在被打擊的部位，氣囊要鼓盪起來，使雙臂，打到的是內部的整片氣囊，胸部只是被依藉的工具。撞擊時，依然是兩腳打樁，也是發勁的打法；打時做「哼哈」二氣，將廢氣排出。

在清晨起床後，稍微做一下熱身，就可以做這個撞胸運動，將整夜累積在體內的廢氣毒素排出，對身體有極大的養生效益。

做完撞胸功約三十下後，可以用手刀砍打下腹丹田處，打擊時，丹田之氣要凝聚匯集，腳要打樁，做一個「接勁」動作，瞬間順勢反彈，借丹田之氣的彈抖勁，及

腳跟的打樁勁，將手震彈奔跌開去，好像把一個假想對手，發勁彈打出去一般。這個動作，可以自我練習「聽勁」，習慣了這個「打」，這個「接」，這個「彈」，使它成為一種「慣性」，在日後的推手練習，就能使「聽勁」更速起到靈敏作用，自然反射作用也會逐步生出。

手刀砍打下腹丹田處約三十下，手往上打擊中腹、心窩、延續而兩側腰、後腰兩腎、脊椎、胯骨、臀部、大腿、小腿等等。有些地方適宜用手刀打，有些地方則用手掌或掌背打。

拍打功：利用右手掌拍打左肩，左手甩向後背以掌背拍打右腎，然後再左右交替拍打。打完肩腎，接著拍打頸部，也是兩手交互拍打；然後用手掌拍打胸部、肋骨，以至全身每個方寸都打透。

接下來，伸展腰部，彎彎腰，劈腿拉筋等。也可以以這些動作代替熱身運動，大約十分鐘時間，接下來就開始練正規的樁功、基本功、拳架練習。

所謂「外練筋骨皮，內練一口氣」，這是另類的練法，藉著自撞功及拍打功，使內臟之氣血得到鼓蕩運行，也使肢體肌膚得到潤滑作用，這也是內外兼練，內外相合的練法。

第 125 章

腰胯帶動四肢？

有讀者請教一位太極老師謂：「鄭曼青先生曾說：湧泉無根腰無主，力學垂死終無補。楊式太極拳又言到：力發於根，主宰於腰，形於手指，依此言之，似乎『必於腰腿求之』只是打太極拳時，該當先扣腳或是先轉腰胯呢？我自己覺得似乎先轉腰胯較為舒服，不知是否正確？此點想請問老師，謝謝！」

老師回答曰：「腰胯帶動四肢」，亦即腰胯猶如車子的方向盤，而手腳就是前後輪胎，身軀就是車身，只要方向盤（腰胯）一動，整部車包含輪胎（手腳）和車身（身軀）全都要被帶動；所以您說是先扣腳還是先轉腰胯呢？當然是腰胯為主宰帶動虛腳及身體「同時動作」（一動無有不動）；因為太極拳的基本動力發源於兩腳，傳至人體中心的腰部，再由腰部傳至作用點之末端，也就是說指揮此勁力者乃為腰部，所以才說「主宰在腰」，而勁力的傳達一定要全身整體的協調配合，方能發揮其整體應有的勁道啊！

在此首先聲明，「湧泉無根腰無主，力學垂死終無補。」這句話是《太極體用全歌》裡所說的，不是鄭曼青先生說的。至於，這位讀者與老師的說法是否正確，見仁見智。拳經所謂：「其根在腳，發於腿，主宰於腰，形於

手指；由腳而腿而腰，總須完整一氣。」是在闡述無論是
打拳架或在發勁之時，他的根本是在於腳，是「由腳而腿
而腰」的，如果「湧泉無根」，這個「根」如果沒有先發
動，腰是無法驅動整個身體的，這個可以自己親自去做體
驗，所以腰不是全方位的方向盤，腰可以牽動上半身，但
是無法引動腳與腿，而且，腰的牽動上半身，還是得靠腳
根入樁才能引動。

　　所以，「腰胯為主宰帶動虛腳及身體」的說法，是值
得探討的。因為，腰胯無法自行帶動腳及身體，而是得靠
另一隻實腳之腳跟的暗樁入地才能牽動，若無這實腳做為
基座，以地做為支撐力點，絕對無法帶動上半身，也將失
去省力原則與發勁原則。

　　那麼，拳經所謂的「主宰於腰」又該當如何解釋？
腰，含蓋腰腎及丹田氣海，是儲藏氣的地方，丹田之氣凝
聚飽滿了，才能輸送運行到全身各處，才能以心行氣，以
氣運身。十三勢歌云：「刻刻留心在腰間，腹內鬆淨氣騰
然。」刻刻留心在腰間的意思，就是要意守丹田，腰間
就是指丹田；意守丹田，則氣不散漫，氣不散漫，則能沉
於丹田；丹田之氣如果能夠鬆淨，則氣騰然，而後收斂入
骨，匯聚成勁。

　　「主宰於腰」，意謂腰（丹田之氣）為驅動身體的主
要樞紐，「主宰於腰」更深入的說法應為「主宰於氣」，
以氣為主宰。若無氣先發生作用，則所有的動作將會停
擺，沒有氣，生命也將停止活動。發勁之時，以氣（腰）
為主宰，才能驅動四肢，打拳架行氣運功，以氣（腰）為

主宰，才能任運百骸臟腑。所以，氣（腰）於「內」而言，是為主宰，無庸置疑。

於「外」而言，依物理原理而言，要牽動身體之腰胯身手，一定得由腳做原動力，由腳跟做主宰，才能引動身體，譬如，拔河運動、擲標槍、鉛球、鐵餅等等，絕非以腰牽動手腳。太極發勁的原理也是一樣，是「其根在腳」的，由腳而腿而腰，形於手。

那麼，《拳經》為何要說「主宰於腰」？若是依文解義，似乎是有矛盾衝突的。其實不然，《拳經》所說，並無矛盾之處，也無衝突之處，因此，《拳經》所說的「主宰於腰」，是指內在的氣，不是外形肢體的腰，如果把他當成外形肢體的腰，就會有矛盾衝突處。所以，於外而言，是「其根在腳」，於內而言，是「主宰於腰」。

《太極體用全歌》謂：「湧泉無根腰無主，力學垂死終無補。」湧泉無根是指下盤的腳沒有根本，樁功沒有成就；腰無主，是指丹田之氣沒有成就，於內無法做主宰，氣使不出來，要發勁若無氣做主宰，去引動下盤的根去打樁，是發不了勁的，所以，於內，腰（氣）是主宰；然而，有內就必須有外，是謂之內外相合，於外，就必須藉由腳跟借地之力，去牽動身體，形成一個下上相隨。相隨是由下而上，不是由上而下，也不是由腰牽動上下。立足點的腳是牽動身體的樞紐，腰在站立時，不是立足點，所以只能借由腳之樞紐而牽動上身，不能由不是立足點的腰，反向去牽動腳。

上面的老師所說：「『腰胯帶動四肢』，亦即腰胯猶

如車子的方向盤，而手腳就是前後輪胎，身軀就是車身，只要方向盤（腰胯）一動，整部車包含輪胎（手腳）和車身（身軀）全都要被帶動。」這個說法，乍聽似乎成邏輯，但筆者的看法，以為，腰胯不宜引喻為方向盤，因為腰胯無法借地之力，無法借力使力，因為缺少一個基座支撐，除非是躺著，以腰胯為基座，做為支撐點，這種情形之下，腰胯才能做為車子的方向盤，才能方向盤（腰胯）一動，整部車包含輪胎（手腳）和車身（身軀）全都被帶動。

　　此師謂：「因為太極拳的基本動力發源於兩腳，傳至人體中心的腰部，再由腰部傳至作用點之末端，也就是說指揮此勁力者乃為腰部，所以才說『主宰在腰』，而勁力的傳達一定要全身整體的協調配合，方能發揮其整體應有的勁道啊！」

　　此說似有矛盾處，何以故？因為，這是於外而說的，既說基本動力發源於兩腳，傳至人體中心的腰部，再由腰部傳至作用點之末端，為何還會指揮此勁力者乃為腰部？若是指揮此勁力者乃為腰部，則拳經當不會說：「其根在腳」，似應改成「其根在腰」。所以，拳經所謂的「主宰於腰」，不是指形體上的「腰」，而是指「於內」的腰——丹田之氣。

　　此師所謂：「勁力的傳達一定要全身整體的協調配合，方能發揮其整體應有的勁道。」就是拳經所謂的：「總須完整一氣」，既是「完整一氣」，當然是「由腳而腿而腰」的，而不是由腰而腿而腳，形於手。

　　若是將「主宰於腰」之句，解釋成內部丹田之氣，似幾可以成理，因為氣是「於內」的，氣是無相的，氣是被意念所牽引的，它可以主導全身，意到氣到勁到，不需由任何區塊來牽引，而是由它來牽引任何區塊，所以「氣」才是全身內外之「主宰」，這樣來說「主宰於腰」方是成理，否則就會有矛盾處，有衝突處。

　　氣（腰）雖為全身之主宰，但氣的引爆，需要借助身體四肢為依藉，就像炸彈之爆炸，就像瓦斯桶的氣爆，就像油箱的爆炸等等，若只內部的炸藥、瓦斯氣、氣油燃料等，而沒有外面堅固的鐵皮包裹著，就無法施展爆破的威力。所以，發勁，腰（氣）是主宰，但於外需借助腳來打樁入地，內外相合，勁才能彈爆出來。

　　所以，於外是「其根在腳」，於內是「主宰於腰」，這樣解釋拳經，才能圓融、圓滿，而不會產生矛盾。

第 126 章

雙重之病未悟耳

　　王宗岳先生的《太極拳論》曰：「偏沉則隨，雙重則滯；每見數年純功，不能運化者，率皆自為人制，雙重之病未悟耳。」

　　一般的太極拳老師，都把兩腳站立的比重相等，解釋為「雙重」，認為這就是王宗岳老前輩所說的「雙重之病」。若是這麼簡單，老前輩就不會說「未悟耳」這三個字，如果只把兩腳站立的比重相等解釋為「雙重」，就沒有所謂的悟不悟的問題，只要把兩腳的重量調整好，分清「虛實」，那不就沒有病了？如果真這麼簡單，那還有什麼可「悟」的呢？

　　下面我們將整段文字，一一化解，庶幾可以瞭解前輩語重心長的叮嚀，是在說些什麼道理。

　　首句「偏沉則隨」，「偏」，就是側重一面，偏移轉換方向、角度之意，所以「偏」不侷限於雙腳比重的偏，還含蓋全身虛實的轉換，更深入的說，它是含蓋「氣」的虛實轉換的，因為行功心解有謂：「能呼吸，然後能靈活。」所謂「能呼吸」就是知道如何呼吸，懂得如何呼吸，這裡所說的呼吸，不是指鼻腔出入息的呼吸，而是指丹田之氣的蘊蓄、吞吐、摺疊、轉換、運為等等，所以才要說「能呼吸」；如果是鼻腔的呼吸，任何人都會呼吸，

則不需謂「能呼吸」。能運轉丹田之氣去轉變虛實，才得謂之「能呼吸」，懂得了丹田的呼吸運轉變化，才能到達「能靈活」的境地，所以，如果把「能呼吸」誤指為鼻子呼吸，那麼，與「能靈活」又有何涉呢？若是把「能呼吸」誤指為鼻子呼吸，則將是「失之毫釐，謬以千里」，誤會大矣。

「沉」，在方向偏移、轉換、側重一面後，還要沉。沉，包含肢體的沉與氣沉；沉，才能「接勁」，把對方來勢、來力承接起來，所以，如果沒有練出「沉勁」，而只是雙腳在那邊移步、騰挪或身體在那邊搖晃、俯仰，都還是屬於不會「化勁」或「接勁」的人，都是「功體」未「純」之人，都是「純功」未成就的人。

「偏」，有肢體的架構形態，屬於外形的；「沉」，除了外形身勢下沉外，還含蓋最重要內涵的氣的下沉，若只是身體下沉，而氣不下沉，仍就不能接化來勢來力，就會變成以身體的歪七扭八姿勢去應付走化。

回想當年，筆者與師伯黃先生推手情況，無論我怎麼用力攻，師伯都只是氣一沉一鬆，就輕易的將我的攻勢化於無形，這才是高著，哪還用到身體在那邊偏來轉去，只差沒有把骨架扭歪拆散而已，真是天懸地別。

「則隨」，隨，是跟隨，跟著走，把對方的來勢、來力因為自己方向的偏移、轉換、側重一面後，跟隨著走化掉，而隨順我的勢力，順勢把對手打發出去。「隨」意涵著隨打之意，化打之意，化而打之，化打一氣，化就是打，打中有化，這才是深諳變化虛實之人，而不是孤行一

意的以偏概全的主張「全身重量只許放在一隻腳上……若兩腳同時用力就是雙重」。雙重的深意，如果只是偏於兩腳同時用力，沒有把全身重量放在一隻腳上，那拳經之論顯然已被膚淺化、低略化，價值就被深重的貶抑了。

「雙重則滯」，滯，是不流動，不暢通，不順遂，行動被控制住，無法逃脫，一舉一動都是滯礙難行，被牽制的動彈不得。為什麼會被牽制、被掌控，不能化解，那就是犯了「雙重」的毛病。

好，從這邊我們可以來探討，如果「雙重」只侷限於兩腳，那麼，當兩腳站死時，身體是否還能動轉？當然是可以的，當兩腳站死時，氣是否還能轉換，當然也是可以的，所以，虛實變化是含蓋全身內外的，上下內外都能變化的。《太極十三勢歌》云：「命意源頭在腰際；變轉虛實須留意，氣遍身軀不少滯。」在腰際，是指丹田之氣，十三勢歌說，變轉虛實須留意，氣遍身軀不少滯，如果變轉虛實只要留意兩腳，那就不需說留意，後句又說，氣遍身軀不少滯。氣遍身軀，不只是全身之氣的遍布及飽滿而已，還有氣的變轉虛實，譬如右邊被按了，右邊的氣變鬆轉虛，讓對方的勢力落空消失，失去著力點，這就是拳論所說的：「左重則左虛，右重則右杳。」左重則左虛，右重則右杳，這句當然是含蓋肢體的走化與氣的虛實變轉的，不是只侷限於兩腳的比重變化而已。

《拳經》云：「虛實宜分清楚，一處有一處虛實，處處總此一虛實。」虛實宜分清楚，不是外表形勢上把虛實分的清清楚處，分清楚，是指知所變化，在變化中還有虛

實，這才是真正的分清楚，若只固執死意的堅持「全身重量只許放在一隻腳上……若兩腳同時用力就是雙重」，則非真懂虛實分清的實質義。「一處有一處虛實」是說全身上下內外，每一處都能有虛實變化的機制，不單指雙腳一處，所以才會強調一處有一處虛實。「處處總此一虛實」，所有變化的機制，都含蓋在這虛實的靈活變轉，如果虛實只侷於雙腳，則拳經就不必如此的重複論敘這個虛實了。

「每見數年純功，不能運化者」，王宗岳老前輩常常見到，每見，就是常常見到，屢見不鮮之意。「數年純功」，是指已經練了很久很多年，「功體」純熟成就之人。純功，純粹指「體」而言，不含蓋「用」，是指沒有「體用兼修」之人，功體雖然純熟練就了，但是不會運用，所以就「不能運化」，不懂的應用變化。運化，當然是指聽勁的運作與虛實的變化。如果只會「全身重量只許放在一隻腳上」，還是屬於「不能運化」者，因為猶是不懂「一處有一處虛實，處處總此一虛實」之真義者，對虛實之義，沒有融會貫通者。

既然已經數年純功成就了，為何還不能運化呢？乃因不會「聽勁」，不懂得真正變轉虛實之理，以為「全身重量只許放在一隻腳上」就已然是分清虛實了，就不是雙重了。

「率皆自為人制」，對虛實真義，沒有融會貫通，就會「率皆自為人制」，就會被制於人，被人所控制，雖有數年純功，還是因為不知虛實之真義而不能轉化虛實，終

於還是落得「率皆自為人制」。

　　「自為人制」，是說自己主動送肉上桌，自己因為不知雙重的真實義理，不懂得全身內外都有虛實變化的機制，而自套死侷限在「全身重量只許放在一隻腳上」的聖旨上，而自落敗闕，終而「自為人制」。

　　「雙重之病未悟耳」，此句是這一段文的小結語。因為雙重的毛病，沒有悟得，不曉得雙重真正的義涵，誤把「兩腳同時用力就是雙重」當做座右銘，誤以為「全身重量只許放在一隻腳上」就是棄了雙重之病，所以，雖有數年純功，仍然不能運化，仍然要被「率皆自為人制」，縱然能夠全身重量放在一隻腳上，還是挨打的架子，縱然沒有兩腳同時用力，也依舊是挨打的架子。

　　「雙」，就是兩處的意思，而兩處不限於雙腳兩處，它是含蓋上下兩處，左右兩處，前後兩處，內外兩處，只要這些各各種種的兩處，被制或自制於無法變轉虛實，被固或自固於一個鈍角、死角，綁結於一處，無法圓化順開，都是屬於「雙重」的範疇。

　　如果全身重量能放在一隻腳上，在被打時，單腳卻與被打點，結成一個死點，雖然兩腳沒有「雙重」，也是犯了「雙重」之病。反過來說，兩腳雖然比重相等，但是在被打點，能夠轉虛，依然可以化去來力，這不算是「雙重」。由此可知，「雙重」不是概指兩腳的。

　　「欲避此病，須知陰陽；……陰不離陽，陽不離陰，陰陽相濟，方為懂勁。」想避開這個「雙重」的毛病，要懂得陰陽變化之理；陰陽，就是虛實，實中有虛，虛中有

實，虛虛實實，變化莫測；懂得虛實變化，就是陰陽相濟，才能稱之為「懂勁」。

「懂勁後，愈練愈精，默識揣摩，漸至從心所欲。」懂勁後，懂得陰陽虛實變化之理後，愈練愈精，體用兼備，終於漸漸能隨心所欲。

默識揣摩，是說聽聞之後，需默默的自己去辨識、思維，去揣測摩擬，在老實練拳中去深思悟解，去印證，別人所說是否與經論所敘相契合。不是人云亦云，不假思索，全盤皆吞。

理論是否正確，須與太極經論相比對，若悖離經論之言，皆非正說，需以自己之智慧去判別，若自無主張，是為情執之人。

第 127 章

拳之規格與風格

　　每一種拳式與套路，都有一定的規格。規格，就是規矩格式，包括身法、步法、手法等等，更細膩的還有舉手投足之規定，及轉換的方向角度限制等等。

　　在太極拳當中，如鄭子太極拳之美人手，趙堡或忽雷架的彈抖及搗錐，99式的蘊含八卦腳步的擺扣及荷葉掌的纏掛與推拖帶領，這是個別系統的拳路規格。

　　俗話說「無規矩不成方圓」，為人處事都有一定的規矩。拳式套路的規矩，就是它的規格。譬如37式，在移步轉向是不收腳，這是它的規格，其他套路大部份有收腳再出腳，譬如42式就有收腳；不出腳是標榜下盤之穩固，出腳則表現輕靈，各有主張。99式在出腳時會做擺步或扣步，帶進了八卦的步法，也在跟步中，帶進了形意的蹬勁。

　　規格如果太嚴格或太繁雜太吹毛求疵、太固守而一成也不變通，就會成為喧賓奪主。譬如某拳式，過於刻板的要求腳移步的方向角度，不能偏差一分一毫，有些捨本逐末，本末倒置了。這個拳式在舉辦套路競賽時，都在這些方向角度裡面作文章，所以如果不明白它的拳路規格，去參加比賽，無論拳打得如何好，一定會被淘汰出局。

　　風格，是透過規格的著熟與歷練之成熟，所展現的個

人獨特韻味。他的拳路招式，沒有跳脫應有的規格，在規格的領域中，卻能因為對拳的實地領略有更深入細膩的心得感受，而有自己與眾不同的拳風。

風格的呈現，不是畫蛇添足，不是頭上安頭，所以不在外表形勢，而是深層的內在之美。

某些人打起拳，為了表現「氣的鼓盪」，而刻意的鼓動腰胯丹田，藉由彎腰擺臀，使氣在小腹處擰來轉去，這就是畫蛇添足；有些人打拳，為了刻意表現勁道，而令手指在那邊搖晃顫抖，這就是頭上安頭，這些都是畫虎不成反類犬，都是東施效顰，不是風格的自然呈現。

李雅軒老前輩打太極拳，全場的氛圍，那種「靜」的安詳氣息，連三歲的小孩都能感受得出來，在靜謐中，讓人感受到氣的流動與鼓盪，是那麼自然而不造作，這是他老人家的風格，由內展現於外的獨特風格，功夫有到那個程度，有到那個境界，才能流露顯現，不是裝模作樣所能夠裝出來的。

內勁成就的人，打起拳路，就是那麼「沉」，那麼「斂」，外表雖是鬆柔，卻能讓人感受內裡內勁的剛、沉與Q、韌，感受到內裡氣的蓄蘊、摺疊、轉換、吞吐、鼓盪等等內涵。

樁功成就的人，打拳發勁，你看不到他的肢體在打樁，只是氣一沉，暗樁已入地，勁已放出，迅雷不及掩耳，令人惶悚驚駭，不知所措。從拳架當中就能看出他的樁氣深入地底，堅牢而富有彈抖之勁。採勁成就的人，輕輕一抖，就能採得你全身撼動。

　　一個內氣飽滿圓融，內勁沉斂的內家拳著，無論他打的是太極或形意或八卦，總是別有一番風味，不會那麼矯揉造作，不會那麼僵拙剛硬，不會軟趴無力，不會刻意弩力鼓氣，也不會一味的模仿人家。千百個機器人，同一個模子印製出來，就沒有特別之處，打拳不是臨摹的字帖，打拳不是同一個木板印製出來的「紅龜仔粿」，毫無藝術欣賞價值。

　　打拳也不是標新立異，刻意創新，譬如，太極快拳，就是標新立異，太極，原本就是鬆緩的，本來就是以心行氣的，卻崩出一個太極快拳，打的氣喘吁吁的，面目鐵青，何苦呢？

　　八卦，原來是身似遊龍，彩蝶穿梭，忽而老鷹獵食般的疾速下落，忽而蒼龍抖甲似的彈抖急蕩，何似坊間那種「歌仔戲」式般呆滯的蹚泥步，何似某派刻意以足尖插地的蹩扭步法而謂之蹚泥步，真的有些貶低及污衊了八卦掌，實在令人遺憾！

　　形意，簡潔明快，開展豪邁，直來直往；練入暗勁，剛裡藏柔，慢中蘊含沉勁，直中綿密緊湊的運勁內涵，內裡的暗潮洶湧，澎湃激盪，二爭力的擰裹纏滾，奇中有正，正中有奇，奇正相生，陰陽互濟，虛實變換莫測，在在皆能展現個人的特立風格。

　　打拳架，走套路，功夫純熟成就時，呈現出的個人風格，都有獨特的一面，是功夫內涵的自然展現，每個人的心得體驗及心路歷程殊異，展現的風格，各有風采。如果是繡花枕頭，內裡沒有功夫，刻意去喬裝大師模樣，就

成畫虎不成反類犬，東施沒那氣質，故意去模仿西施的顰笑，只會貽笑方家。

　　若是一成不變的印製拳路，終究只是一個機器人，是缺乏自己靈魂的傀儡木偶，即使比賽拿金牌，還只是掛在壁上的複製畫而已，還只是擺在桌上的好看花瓶罷了！

懂　勁

《拳論》云：「由著熟而漸悟懂勁，由懂勁而階及神明，然非用力之久，不能豁然貫通焉。」又說：「陰陽相濟，方為懂勁。懂勁後，愈練愈精，默識揣摩，漸至從心所欲。」

懂勁要分兩個層面來說，一個是「體」，一個是「用」，體用兼備，謂之懂勁。

體，是指功體，其終結目標就是成就內勁，若內勁不成就，而只會虛有其表的走化，不得謂之「懂勁」。

「內勁」如何成就？用「極鬆極柔」的「以心行氣」，透過「腹內鬆淨，氣騰然」，氣騰然之後，經過「務令沉著」的修煉，終而「乃能收斂入骨」，日積月累，匯聚而成「內勁」，這些都是太極經論及行功心解的明言，都是前人祖師爺的智慧結晶。

內勁的成就，是含蓋下盤「樁功」的成就及雙手「掤勁」的成就，何以如是說？因為，《拳經》云：「其根在腳……形於手」，如果「樁功」未成就，謂之「無根」，湧泉無根，則「力學垂死終無補」。手的「掤勁」不成就，則發勁不得成，無法形於手，無法完整一氣；沒有「整勁」，就是功體未成就，不得稱之為「懂勁」。

還有丹田之氣飽滿凝聚，才能「主宰於腰」，氣不沉

於丹田，則「腰無主」，也將落得「力學垂死終無補」之局面。所以，湧泉要有根，才能「其根在腳」，氣要沉聚丹田，才能「主宰於腰」，手要有掤勁，才能「形於手」，三者兼具，才能「完整一氣」，才能達於「懂勁」的境地。

在「用」的方面，要透過推手練習，掤捋擠按須認真，上下相隨人難進；引進落空合即出，沾連黏隨不丟頂。太極八字歌云：「掤捋擠按世間稀，十個藝人十不知；若能輕靈並堅硬，沾連黏隨俱無礙；採挒肘靠更出奇，行之不用費心思；果得沾連黏隨者，得其寰中不支離。」太極八法，四正四偶，掤捋擠按，採挒肘靠，若能練到「行之不用費心思」，能夠沾連黏隨，化打隨順，就能達到「得其寰中不支離」的境地。

推手之「用」，在於「聽勁」，聽勁練習必須透過老師的「餵勁」，才能夠「聽」，才能反應逐漸靈敏起來。「聽」，是用神經觸覺去感應，使反射神經起到「階及神明」的境地，使反射神經成為一種慣性，起到自然反射作用，這是無為而為的功夫，不是那些刻意透過意識的傳達，而令外形肢體在那邊顛三倒四，歪七扭八，前俯後仰，全身晃動，只差沒有把骨頭搖散掉落者所可比擬。

「由著熟而漸悟懂勁」，著熟的「著」字，是「法」的意思，不只是招法的純熟，不只是外表形勢的純熟，還包含內在的氣的飽滿凝聚，內勁的圓熟成就等等，才可謂之「著熟」，若只是招式熟稔，還不能稱之為「著熟」，而且「著熟」還含蓋著用法的純熟，聽勁的純熟，內外虛

實變轉的純熟，是全方位的純熟，才叫做「著熟」，著熟以後就漸漸能夠體悟「懂勁」的道理，知道勁的用法，收放自如，隨心所欲；懂勁以後，就是階及神明，就到達神而明之的境界，能預知對方的動向，掌控對手的局面，知己知彼，百戰不殆，英雄所向無敵。

欲達懂勁，階及神明，「非用力之久，不能豁然貫通焉。」沒有經過長久的認真努力，老實練拳，永遠不能貫通的。如果能自己老實練拳，腳踏實地，堅持不懈，在練的過程當中，一定會有所「悟」，悟到內勁的修練方式，悟知了法，成就了內勁，加上聽勁用法的鍛鍊，終於達成「懂勁」功夫，此後，愈練愈精，默識揣摩，漸至從心所欲。

「陰陽相濟，方為懂勁」，陰陽就是虛與實，陰陽相濟就是變轉虛實得宜，有虛有實，實中有虛，虛中含實，虛虛實實，變化莫測。陰陽虛實，不只侷限於外表形勢，不只是肢體的前後、左右、上下，還含蓋內在之氣與勁的虛實陰陽變化，由內引動於外，主宰於腰，由「腰間」丹田之氣去主宰外形肢體的變轉虛實，才是拳經所謂「懂勁」之人，若只會外形肢體歪七扭八，前俯後仰，全身晃動，顛三倒四，離「懂勁」階段，還有十萬八千里之遙，還是初階摸索之人，還沒有資格與人談「勁」，更何況是「懂勁」。

功體內勁的成就，已屬不易，用法更是困難。《拳論》說：「每見數年純功，不能運化者，率皆自為人制，雙重之病未悟耳。」雙重，是指轉化虛實的用法不當而形

成凝滯。為何已經成就了數年的「純功」，功體既已純熟了，為何還不能運化？乃因不懂得虛實變化之理，不懂得陰陽相濟方為懂勁的道理。因為虛實不能變轉，而形成比對、方位的「雙重」，譬如，上下雙重，前後雙重，左右雙重，內外雙重等等，雙重是兩處凝滯而不能運化，成為雙重之病，雙重，不是只有兩腳的等分比重。

《行功心解》云：「能呼吸，而後能靈活。」靈活就是轉變虛實得宜，陰陽能夠相濟；能呼吸，是指善於運用丹田之氣來轉化虛實，由內領導於外，以內面的丹田之氣為主宰，達成內外相合，上下相隨，使之完整一氣，達成一個「整勁」。

能領悟「能呼吸，而後能靈活」這句話的人，才是真正「懂勁」之人。

接勁與沾黏

　　接勁與走化相較，接勁是更深一層的功夫；走化，靠的是腰身及步法的靈活閃避與遊走。推手遊戲中，膚淺、劣陋的走化，身體歪七扭八，前俯後仰；高手走化，不全靠身體的遊走，只是氣一鬆一沉而已，本文主題是接勁與沾黏，所以不談走化。

　　接勁，乃是將對手之來力，承接起來，接住，不讓他跑掉，然後藉由摺疊之彈簧勁，回彈，反打。

　　接勁之要件，下盤要有根，氣能沉丹田，手要有掤勁，缺一不可。下盤樁功成就，始能將對手如排山倒海之勢力，引入腳跟，若根盤不穩，無由承接。氣要凝聚，匯集於丹田而備用，在接勁之剎那，要引氣下沉入腳，腳跟打個暗樁，穩住根盤。手需有掤勁，如船隻能載千噸之物而有乘載力。本文之重點，在於實戰中接勁與沾黏之時機點，在實際搏擊時，如何善巧的接勁與沾黏，所以不再贅述接勁之要件。

　　接勁，就像棒球之接球一樣，當投手一球投過來，捕手並不是將手套固死定在那邊等球落袋，高明的捕手會觀察球速、方位方向，將速度、方位、時間與空間緊密的湊合、連結、控制，機靈的瞬間出手，以空間搭配時間，去捕捉疾速飛奔而來的球。

在推手運用中，雙方之搭手，沾連黏隨，不管是手與手相連，或手與身體相接觸，幾乎是沒有空隙的，也沒有距離可以等待觀察，憑的就是感應、聽勁的靈敏反射作用。

那麼，在真正格鬥實戰中，如何去接勁，如何去沾黏對方，是我們今天討論的重點。在雙方還未短兵相接時，兩方尚有一定的距離，要完成推手中的「沾連黏隨」，在這個時機，是不可能的，因為尚未互相搭手接觸。

對方一拳打過來，我們不是去格，去擋，去招架。戚繼光《拳經訣要》說：「不招不架，就是一下；犯了招架，就有十下。」如果對方揮拳打來，你去招架，不只招架不到，反而會因招架落空而挨打；而且對方先一步出拳，在時間點，你已慢了一拍，即使趕上招架，對方第二拳第三拳會連續而至，所以說「犯了招架，就有十下」，所以，以「招架」做為對應，是挨打的架子。

我們學過推手，知道「沾連黏隨」的道理，所以也明白招架是下劣的策略。那麼，對方快速的出拳，迎面擊來，你要如何對付，如何去沾黏？如何去連隨？然後帶入推手的發勁打法，以聽勁取勝，是值得探討的問題。

在變化莫測的格鬥實戰之中，如果成就了丹田之氣的凝聚圓滿，身體能形成一層氣囊，可以透過丹田之氣的吞吐運轉，使氣凝聚匯集於被打擊之點，將氣沉斂並下引至根盤，打入暗樁，剎那承接對方強勢來力。身體上是能有這份功能，但是，如果對方的擊點是在頭部臉部，除非有練過特殊的護頭臉功夫，否則無法以頭臉去承接強力的創

擊。在這部分，除了閃避、走化之外，只能以雙手去沾黏
對方，所以，如何去沾黏，黏而連隨，牽涉到時間、空間
及節奏與虛實反應等等多重變化的拿捏技巧，這也是內家
拳所以能夠「後發先到」的甚深功夫。

　　一拳迎面而來，含蓋著時間與空間及速度與距離，還
有節奏與虛實變化，出拳總有蓄勁及放勁，蓄而後發，所
以就有起點與落點，在起點到落點，行進的過程，如何及
時攔截而沾黏之，是推手的深層功夫，如果沒練上這層功
夫，則無法與人實戰搏鬥，如今能練上這層功夫的已是鳳
毛麟角，微乎其微，少之又少，所以太極拳就常常成為被
譏諷為不能實戰的拳術。

　　對方先出拳，在時間點已成上風，自己反應再快，在
時間點上都有落差，所以只能以空間換取時間，也就是
說，對方的拳，將到未到之際、之剎那間，自己要截取空
間，在起點已出，落點未到之線路上，去攔截對方出拳的
速度，使他的速度受到我方的攔截而減緩、減弱，消弭對
方的勢力。

　　而這「攔截」，並非一般的「招架格擋」，而是以巧
妙的「聽勁」功夫去沾黏對方，在沾黏的剎那，就有運勁
的虛實變化，才能神靈活現的掌控對方的來力，這就好像
玩衝浪板，腳面踩著浪板，去感應浪板與海浪之間的衝擊
力道，以腳去掌控波浪的起落轉折。

　　而且，這「攔截」，並非直來橫擋或橫來直架，而是
走圓弧路線，因為，只有運用圓弧路線，才能夠以空間換
取時間。圓弧路線，就是外圈大，內圈小，以大含小，由

外往內包裹，這道理，就像以前的人用魚簍抓魚，竹簍口大，往內逐漸縮小，魚兒進去就出不來。又像水的旋渦，水面的渦口大，深層的渦口小，它的迴旋力就能將物體捲入渦內。這圓弧路線，並非只有手部走圓弧，而是由腳跟引動，而後由腿而腰，形於手，它是整體協調，連綿貫串的完整一氣，這樣才有辦法去沾黏對方，及加以牽動、拖曳、引進，使對方之力道落空，而予於還擊。

形意拳有所謂的「硬打硬進無遮攔、追風趕月不放鬆」，並不是蠻打盲進，並不是街頭打架式的貿然挺進，裡面含蓋著深妙的「聽勁」、「懂勁」功夫，及明勁、暗勁、化勁的玄奧巧變，非一般凡俗所能知之。這中間，當然含蓋著上列所述的「攔截」、圓弧路線的沾黏連隨、聽勁懂勁等虛實變化等等深妙技巧，然後才能有蹬進硬打的成果展現。如果沒有這些深妙內涵功夫，你要硬打、亂闖、盲進，就是送肉餵虎，自尋挨打而已。

沾黏式的「接勁」，也就是動作行進中的出手去截黏對方的雙手或腿腳，這沾黏與時間、空間有關係，與全身之脈動、整體的協調、以及動中的節奏，都有密不可分的連貫性。時間不及，以空間換取；動中，一定有節拍，有速率，要能掌握那個動律，動律掌控到了，就是截取到時間與空間，加上圓弧路線的運用，與虛實變化的種種機制，才能完成「接勁」的動中功夫。譬如，對方出拳，他的拳的路徑距離及時間，分為「一、二、三」，三個等分，你在「一」的部分的距離及時點，就要及時驅進，以立體圓弧去沾黏攔截，然後運用聽勁去連隨、牽動、拖

曳、引進，使對方之力道，落在我方的掌控之中，這剎那的出手沾黏攔截，要符合對方出拳的節拍、動律，巧妙的去掌握，中間的技巧含蓋著聽勁懂勁及虛實變化等等功夫。

《太極行功心解》云：「彼不動，己不動；彼微動、己先動。」這個「己先動」，並非自己主動的先動，而是對方有欲動的端倪，有欲動的預兆，被己探得、了知，已經預知了對方的動機，這也是一種聽勁懂勁的靈敏神明功夫。所以，能在「彼微動」的節律中，作出符合對方節拍的入榫動作，予以中途搶進先機的攔截而沾黏之，進而發揮推手中的沾連黏隨的聽勁機制，達到「人不知我，我獨知人」，英雄所向無敵的境界。

第 130 章

專氣致柔與頑鬆

老子說：「專氣致柔，能嬰兒乎。」，嬰兒剛出生，筋骨柔軟，氣旺血足，是一個純陽之體，但是隨著年齡的增長，以及對世間六塵的貪著，使精氣神逐漸枯竭，到老則百病叢生，而至命終。所以，想延年益壽，保命安康，只有從「專氣致柔」著手。

歐美人士，以為鍛鍊身體，就是去練肌肉的健美，肌力、耐力的強度，所以他們常去的地方就是健身房，常做的運動都是屬於比較激烈的，譬如，跑步、舉重，重力練習。練武術也是一樣，打沙包、擊破、以及極限耐力與速度訓練。殊不知，這些運動訓練，都是增加心肺及肌骨之負擔與加速老化而已。

所以，還是炎黃子孫有智慧，知道「練炁」，知道「氣」在人體的功能與重要性，更知道「專氣致柔，能嬰兒乎」的返老還童健身保命的道理。

太極拳、形意拳、八卦掌，都是以練氣為主軸的武術，不只能達到健康的目的，還兼具武術大乘功夫的成就。但是目前的炎黃子孫，有智慧者少，崇洋者多，所以說起武術，無非都是比力氣比速度，他們永遠無法體會《太極拳論》所說的：「斯技旁門甚多，雖勢有區別，概不外乎壯欺弱，慢讓快耳。有力打無力，手慢讓手快，是

皆先天自然之能，非關學力而有為也。四兩撥千斤，顯非力勝；耄耋能禦眾之形，快何能焉！」的深奧精湛道理。

所謂「專氣」就是將體內之「氣」專一、集中起來，專集統攝起來。

氣的「專集統一」，靠的是神的內斂，眼神、精神、元神，都須往內心收攝，往內心深處斂聚，向內審查、觀看，專心的用自己的神意，將氣統一、沉守，不要讓氣散漫、失離，將氣專集守住，守在丹田，沉斂匯聚於丹田，即拳經所謂之「氣守丹田」、「氣沉丹田」。

為什麼要「氣守丹田」呢？因為「氣」這個東西，如果沒有把它看顧好，守著它，善待它，它就會散亂、漫失，而且，我們活在這個欲界的凡夫，都是貪慾的，都是貪愛六塵的，五慾六塵，財色名食睡，色聲香味觸法，無一不貪；有貪就有瞋與癡，「貪、瞋、癡」三毒，使人為非作歹，也使人身中寶貝的「氣」，日愈耗損；有心機的人，攻於心計的人，整天想害人，嫉妒人，見不得人家好的人，體內的氣都是散亂不平的，所以這些人都不會長命，也會疾病叢生。

如何「氣守丹田」、「氣沉丹田」？「丹田」是貯藏「氣」的地方，所以又稱為「氣海」，如大海一般，能容納百川之水而不溢滿；丹田之氣充實飽滿，不會有「啤酒肚」，不會因為氣的實滿而挺出大腹。丹田像一個「氣囊」，如果氣不沉聚於丹田，那麼，這個囊就瘪扁而不開拓；丹田之氣愈飽滿充實，這個氣囊就愈碩壯而堅厚，是可以抗打擊的，所以，也不必刻意去練那些諸如「金鐘

罩」、「鐵衫布」的「斯技旁門」功夫。

「專氣」就是將寶貝的氣，與自己的心相守於丹田，心息相依，不即不離，好像照顧一個小孩，時時刻刻，眼不相離，只怕一剎那沒有顧及，小孩就會跑失、丟掉一般。又像母雞孵蛋，寸步不離，使蛋的溫度不失，才能孵出小雞一般。

「專氣」為何能「致柔」呢？因為氣能驅血而運而動，血是熱的，所以才會有「熱血沸騰」之語；氣當然也是熱的，不熱就是失溫，人有體溫，因為有氣血的關係。《太極十三式歌》云「腹內鬆淨氣騰然」，這邊所稱的腹內，雖是概指丹田，而實含蓋了全身內外的「鬆淨」，只是以「腹內丹田」為代表而已。

腹內鬆淨了，丹田之氣自然會「騰然」，會熱騰起來；氣，熱騰了，就會滲入骨髓筋膜之內，使骨髓充實，筋膜富有彈性，也能使筋骨達到柔韌的效果，這就是道家老子所謂的「專氣致柔」的道理，能專氣致柔，就能返老還童，像嬰兒一般。

精氣騰然後，滲入沉斂匯聚於骨骼之中，使骨骼充實，骨密度充實，不會有骨質疏鬆症，不會跌倒就骨折。而且，氣斂入筋骨，日積月累，累積成內家拳之「內勁」，在技擊運用上，才有真正的「爆發力」之實質內涵。有些人把「爆發力」解釋為肌力與速度的聯結，這與內家拳之內勁所引生的「爆發力」，是截然不同的東西，是不可同日而語的，是天差地別的。

練太極拳，大家都知道要「鬆」，但鬆的真義為何？

知之者甚渺，以為鬆就是頑空不用力而已，以為鬆就是軟趴趴的不著力而已，如果真那麼簡單，那麼，成就太極拳功夫的一定如過江之鯽，多如牛毛了，但是事實並非如此，真能成就太極功夫的，實在是鳳毛麟角，少到可憐。因為他們都誤會了「鬆」，無法體會鬆的真義，他們都疏忽了「專氣」兩個字，沒有「專氣」是不能「致柔」的；沒有「專氣」的鬆，是空中閣樓，是憫漫無物的。沒有「專氣」的鬆，是一種「頑鬆」，是不切實際的懶怠，不是真正的鬆。「頑鬆」的太極拳，只是體操運動而已，不能「致柔」，無法練出太極內勁，不能成就太極拳的功體，只是白忙一場，到老一場空而已，更遑論太極之發勁等上乘功夫了。

「柔」含蓋「Q」與「韌」，以及彈性等靈魂生命力。柔，像水，能載舟也能覆舟，水的柔，像溫雅含羞的少女，水的剛猛，如海嘯，能毀天滅地。

「頑鬆」，是軟趴無力的，是空洞沒有氣機與生機的，因為缺乏「專氣」的內涵。「頑鬆」，不是真鬆，「頑鬆」，不是太極拳，只是膚淺的體操運動，稱不上拳術的。「頑鬆」，不能成就太極內勁功夫，只是凡夫俗子的花拳繡腿。「專氣」才能「致柔」，才能至柔至順至鬆，才能「氣騰然」，才能「收斂入骨」，才有內勁的匯聚成就。

「頑鬆」，就是耽擱於空洞虛無的海市蜃樓之中，玩味沉溺於輕鬆飄忽的感覺，在佛門的錯誤修行中，謂之「頑空」，誤認一切法都是空的，都是緣起性空，只要緣

滅了，一切歸於空無，所以生活就沒有一個目標，因為到終了，一切都會斷滅，所以就有消極遁世的思想產生。在修行領域中，很多人喜歡打坐，喜歡打坐中那種靜定空幻虛無的感覺，因為那是一種極度放鬆的覺受，所以一坐就不想起來，而且在靜坐之中，不喜歡有人打擾，不想聽到吵聲、雜音、噪音，聽到噪音就會起煩惱，不自覺的生起悶氣。

禪宗有一則公案，一個修行人在打坐，禪師問曰：「做什麼？」回曰：「成佛。」禪師拿起磚頭不停的磨，修行人問曰：「做什麼？」禪師回曰：「做鏡子。」修行人說：「磨磚哪能成鏡？」禪師曰：「枯坐哪能成佛？」

這則公案給了我們很大的啟示，修行不能沉耽於「頑空」之中，如果誤認「一切法空」，那麼，修行是在修什麼？一切法「緣起性空」，緣起緣滅，但有「緣」必有「因」，如果有「緣」而無「因」，那麼，緣滅後，一切都斷滅了，那修行的目的是什麼？總還有一個「不生不滅」的實相心本際存在，修行就是透過參禪去找到那個「不生不滅」的實相心，把那個實相心所含藏的染污種子淨化，才能次第昇進，終究成佛。

若是成天打坐，耽溺於虛無縹緲的「頑空」之中，永遠也找不到自己的本心，修行就變成沒有目標，沒有意義的天馬行空。

練太極拳也是一樣，如果只知鬆，而不知鬆中還要「專氣」去「致柔」，就會落入「頑鬆」之中，永遠無法成就太極拳的功體，永遠無法練就「內勁」，打拳也將變

成無意義的鬼畫符，比手畫腳，裝模作樣而已。

　　《太極經論》及《行功心解》，都是以「氣」、「勁」為主軸，擴充伸展的在論述，祖師前輩們處心積慮的敦敦教誨，期望能一代一代有所傳承接續，然而，太極拳推展至今日，是一代不如一代，那些盲從附會趨流行的太極拳門外漢，倒戈式的一再否認「氣與勁」的存在，一再質疑太極拳是否需與氣牽扯在一起，這實在是太極拳之悲哀事，是太極拳推展中的最大阻力，也是太極拳武術無法昇進的最大因素。

第 131 章

意在精神不在氣

網路上有人謂：「很多人誤解『以心行氣』是要注思著氣來率領氣的運行或心與氣並守於丹田，其實，《行功心解》最後有說：『全身意在精神，不在氣，在氣則滯，有氣則無力，無氣則純剛。』亦即太極拳練到全身骨骼之中彌充氣與勁，則其人對其身體的感覺，就不像是肉體的存在，而是像精神的存在了，這也就是『全身意在精神』所言的狀態，簡言之，就是練拳時，只要集中精神練拳即可，千萬不要把心思放在掌握內氣在體內的運行上，否則就會有走火入魔之危啊！畢竟，練太極拳之人倘還覺得有氣，則他的太極拳是還不能用的；一旦他已不具有氣的感覺了，則他的太極拳就已變成無堅不摧的純剛了；而這也就是『有氣則無力，無氣則純剛』這兩句話所說的真正意涵啊！」

筆者的見解與此人相異，謹提供讀者參考。

《行功心解》所謂「全身意在精神，不在氣，在氣則滯；有氣則無力，無氣則純剛」這兩句話所說的「氣」是指「尚力」所形成的濁氣，也就是一種拙力所帶出的拙氣，用了拙力、僵蠻力練拳，就是所謂的有（拙）氣，有（拙）氣則「無力」，這邊所說的「無力」，是指不能成就「內勁的意思」，亦即謂若用蠻拙之力練太極拳，無法

成就太極功體，無法成就內勁。「無氣則純剛」，是說練太極如果以鬆柔的方式去「以心行氣」、「以氣運身」，脫棄了蠻力拙氣，才能成就純剛的內勁。

　　初練太極，須專氣致柔，專心一意的將心與氣相依相守於丹田，有了這樣的專氣，才能日積月累的將氣匯集而收斂入骨，成為至柔純剛的內勁，所以，只有「專氣」才能有「致柔」的境地，只有「專氣」才能成就至柔純剛的內勁。

　　「全身意在精神，不在氣，在氣則滯。」這邊所說的「在氣」仍然是指「蠻力拙氣」而言，因為（正）氣是與精神同在的，有了（正）氣才有精神的存在，有精神有必定有（正）氣的存在，精神與（正）氣是不能分開的，它是一體的兩面。所以說，「全身意在精神，不在氣，在氣則滯。」這裡所說的氣仍是指「蠻力拙氣」而言的。在行功心解裡面，說到很多的「氣」，而這個「氣」是有正氣與拙氣之分，若是都把它當成正面的氣，讀起來就會有前後矛盾的現象。

　　所以，即使「太極拳練到全身骨骼之中彌充氣與勁」，仍然會有氣沉、勁沉的狀態與感覺，不會說在身體上完全無這個氣、勁的感覺，也不會說純粹只有精神的存在，而不像是肉體的存在，因為精神與肉體是並存的，是不可分離的。

　　若說：「練拳時，只要集中精神練拳即可，千萬不要把心思放在掌握內氣在體內的運行上，否則就會有走火入魔之危啊！」這是值得琢磨的。如果，練拳只要集中精神

即可，那麼集中精神，是為哪樁事？集中精神後面的內涵是些什麼？一定有很多的內涵融入在行拳走架之中，否則，這個集中精神，也只是一個空洞的名詞而已，也只是一個空中樓閣而已。若「不把心思放在掌握內氣在體內的運行上」，那麼，練拳是在練什麼？只是集中精神在那邊比手畫腳而已嗎？

《行功心解》開宗明義的說：「以心行氣，務令沈著，乃能收斂入骨；以氣運身，務令順遂，乃能便利從心。」若不以心行氣，而令沈著，如何能收斂入骨？若不以氣運身，而令順遂，如何能便利從心？

所以，以心行氣，以氣運身，是成就太極的重要法門，如果不是刻意的去弩力鼓氣，應當不會有所謂的走火入魔的嚴重危險後果。

所以，說「練太極拳之人倘還覺得有氣，則他的太極拳是還不能用的；一旦他已不具有氣的感覺了，則他的太極拳就已變成無堅不摧的純剛了；而這也就是『有氣則無力，無氣則純剛』這兩句話所說的真正意涵啊！」

這樣的說法，是值得推敲的，這是依文解義，依字解義，會錯了行功心解真正的意涵了。淺見以為，練太極拳之人若覺得自己沒有飽滿厚實的氣及沒有沉斂的內勁，那麼他的太極拳才是真正的不能用；如果說，練到不具有氣的感覺，他的太極拳就已變成無堅不摧的純剛了，那也是不合邏輯的，即無氣，哪來成就內勁？若無內勁，哪來無堅不摧的純剛？

讀經看論，不能依文解義、依字解義，也不能斷章取

義或斷句取義。行功心解一直以氣、勁為軸心而開擴深廣的論述，一定是能前後貫串相通的，若是前段明說細述，以練氣為成就內勁的不二法門，到後段卻自語相違的說「在氣則滯，有氣則無力，無氣則純剛。」之語，那豈不是自打嘴巴，拿石頭砸自己腳跟嗎？

由此可證，行功心解後段所說的「有氣則無力，無氣則純剛」的「氣」，是指拙氣，不是前段所說的以心行氣、以氣運身的正面之氣，這樣的解釋，才不會有前後矛盾之處，才不會誤會祖師之意，也只有實證功夫的人，才能讀懂前輩們留下來的寶貝經典，融會貫通。

「全身意在精神，不在氣」，精神是一個抽象名詞，精神，包含精、氣、神三者，所以，這邊所說的「全身意在精神」的精神，當然已含蓋了正面的「氣」在內，既然已含蓋了正面的「氣」在內，後面的那句「不在氣」，就是指負面的拙氣，而不是正面的氣，這樣解釋，整句文辭才能說得通，不會有矛盾之處，才不會自語相違之處。

行功心解謂：「神舒體靜，刻刻在心」，這個刻刻在心，就是提醒大家，練拳要時時刻刻把「以心行氣」、「以氣運身」的意念，刻刻的放在心上，時時刻刻的心息相依，行住坐臥不離「這個」，不離「氣守丹田」，就像母雞孵蛋，寸步不離，也就是丹道所謂的「不可須臾離之」之意。

練太極拳必須神舒體靜，刻刻在心，精神與肢體皆須鬆柔安靜，最重要的是「刻刻在心」。十三勢歌云：「刻刻留心在腰間，腹內鬆淨氣騰然。」如果沒有刻刻留心在

腰間，沒有把氣沉守於腰間的丹田，如何能達到腹內鬆淨氣騰然？如果沒有氣騰然，如何收斂入骨？如何將氣匯聚成極堅剛的內勁？

所以，說：「只要集中精神練拳即可，千萬不要把心思放在掌握內氣在體內的運行上，否則就會有走火入魔之危啊！」與行功心解所言是背道而馳的，沒有內氣在體內的運行，是無法達到「氣騰然」的，也無法收斂入骨成就純剛的內勁。如果，「只要集中精神練拳即可」那麼，集中精神的內層是什麼內涵，不就成為空洞的「頑空」了嗎？如果，「把心思放在掌握內氣在體內的運行上，就會有走火入魔之危機」，那麼，練太極拳，到底是在練些什麼？如果，「把心思放在掌握內氣在體內的運行上，就會有走火入魔之危」，似有危言聳聽之疑，如果真的內氣在體內的運行上，就會有走火入魔之危，誰還敢練太極拳？

第 132 章

太極之腰

　　《太極十三勢歌》云：「命意源頭在腰際。」又說：「刻刻留心在腰間。」可見「腰」在太極拳中所佔的重要地位。「命意源頭在腰際」，這是說，生命意趣的源頭是在腰際；腰際就是指「丹田」，又稱「氣海」，是貯藏儲存「炁」的地方，丹田之氣凝聚飽滿，生命的趣機就會如山頂源頭之水，源源不絕的流注，不會斷絕，生命之活力才可以延綿長久。所以日常生活之中，就得「刻刻留心在腰間」，時時刻刻的留心在腰間，留心哪一件事呢？把「炁」用心的留守在腰間的丹田，也就是「意守丹田」，「氣沉丹田」的意思，因為丹田之氣乃是生命源頭的所在。只要能將「氣」用心、用神意守在丹田處，這個身內的氣就不會散漫，不會往外放馳，不會流失，這個寶貝的氣就會乖乖的沉聚在丹田氣海之中。

　　《行功心解》云：「氣以直養而無害，勁以曲蓄而有餘。」氣越充足飽滿凝聚，對身體只有好處，沒有害處，人身如果缺乏了這寶貝的氣，生命就會終結；氣的機能不足，就會體弱多病。太極十三勢歌開頭即點出「命意源頭在腰際」，已然明顯的說明，腰際丹田之氣的重要，因為腰際丹田就是生命的源頭，想要把握住這命意源頭，就得「刻刻留心在腰間」，而且要「氣遍身軀不少滯」，透過

以心行氣、以氣運身的太極心法，使這個氣能通透全身而不滯礙。那麼，要如何才能「氣遍身軀不少滯」呢？只有「勢勢存心揆用意」，在練拳架或基本功時，每一招每一勢，分分秒秒，剎那剎那，都要存心用意的認真施練。道家說：「道者，不可須臾離矣。」又說：「行住坐臥，不離這個箇。」這都是在指說「意守丹田」、「氣沉丹田」之意。

《太極體用全歌》云：「湧泉無根腰無主，力學垂死終無補。」「湧泉無根」，是指下盤沒有根基，沒有基礎。下盤，是人體的基座，基座穩固了，太極的功體基礎才算有個初步的成就。湧泉之根，下盤之基礎，要靠站樁來達成。樁功，有固定的站樁，及活步樁；活步樁是指拳架活動，勢勢招招之中，都有樁法的存在，都有樁功的練習，每一招都有樁法，每一勢都有樁功，不是膚淺粗俗的比手畫腳運動體操而已。「腰無主」，是說，腰沒有主宰。腰以什麼為主宰呢？以氣為主宰，如果沒有透過「意守丹田」、「氣沉丹田」的長期修煉過程，丹田之氣不能凝聚充足飽滿，這個腰就無法作主，不能以意念去主宰腰的運行，無法發勁，無法接勁。如果練太極拳，沒有練到「湧泉有根，腰有主」，都只是天馬行空，都只是空中閣樓，那麼，練拳一生，到老、到死，終究得不到一點補益，終究是被人所貽笑的花拳繡腿。

湧泉之根，下盤的基座，也是靠丹田之氣的補養、運輸，沒有丹田之氣，這個基座的樁功也是無法成就的。所以，一切功法，都是以腰為主宰的，所有功架的練習及發

勁之用法，都是主宰於腰的，這個腰是指丹田，不是徧指腰圍，不是肢體上的腰部，它是指內的，不是指外的。若是體會錯誤，將是「失之毫釐，謬以千里。」

《太極拳經》云：「其根在腳，發於腿，主宰於腰，形於手指；由腳而腿而腰，總須完整一氣。」腰是可以貫串其根的腳及所形的手指；其根在腳，發於腿，形於手指，是指外在的肢體而言，主宰於腰，是指丹田之氣。無論行功走架，或是發勁接化，不能缺少這個丹田之氣。會發勁的人，只是丹田之氣一凝一聚，下盤之根打入暗樁，勁已爆破而出，外表形體是看不到些微動作的，如果還有手腳的推出使力動作，都還不是上乘的功夫。

《行功心解》云：「氣如車輪，腰似車軸。」這句話如果依文解意，就會有矛盾不通之處，這邊所說的腰似車軸的腰，是指丹田之氣而言，是以丹田之氣為主軸，以丹田之氣為軸心，帶動出外表形體腰圍的氣場，這個氣場像車輪一般的滾動；也就是以在內的丹田之氣為軸心為向心力，引動在外的車輪腰圍為離心力。無論行拳走架或發勁，這樣解釋才說得通，若依字面去求解，就會產生矛盾，因為字面上的腰在外圍，無法做為內面的車軸，只有內裏的丹田之氣才能做為軸心，做為主宰。所以，讀經看論，這個「腰」字，有時是指丹田的。

《太極拳論》云：「立如平準，活似車輪。」這邊所說的「活似車輪」，是指在外的形體上的腰圍，是指肉體的腰部。腰部要活似車輪，那麼靈活輕巧，當然依舊要靠在內的丹田之氣的靈活鼓盪作用，才能使在外的形體上的

腰部，跟隨著連動起來，靈活起來。

外圍腰的靈活，要靠下盤樁功的穩固，暗樁能打得入地，還有其根在腳的二爭力，但這個二爭力及打樁，終究還得靠丹田之氣的驅動才能完成。所以，丹田之氣，是太極功夫的主宰，是所有內家拳功夫的主宰。

有了丹田之氣為主宰，樁功才能成就，樁功成就，才會打暗樁，才有二爭力的暗勁產生，下盤之根有二爭力的暗勁產生，才能驅動外腰的靈活，才會有「蒼龍抖甲」的抖勁功體，在發勁時，才能疾速的，才能迅雷不及掩耳的，才能說時遲那時快的意到、氣到、勁到，才能「後發先到」的完整一氣的引動驚心動魄的爆發力。

「爆發力」是丹田之氣的作用，不是一般所使的蠻力硬力，爆發力並非力量加上速度的結合。這與太極之「丹田之氣」所引生的爆發力，是截然不同的，是天差地別的。太極之勁，純是「丹田勁」，是丹田之氣的「氣爆」，是剎那引燃，不需依藉速度與距離，所以能「後發先到」，制敵機先。

《太極經論》、《行功心解》，常常說到「腰」、說到「氣」、說到「勁」，這都是在闡述「丹田之氣」，都是「丹田之氣」的引申，所以這個「太極之腰」，這個「丹田之氣」，是太極功夫的軸心，太極拳的所有一切，都不能偏離這個軸心，若離開這個軸心，不得與人論太極。

第 133 章

教拳應以功體為主軸

大部分的人，修煉太極拳，不知道要練功體，只是跟著打打拳架，耍耍刀劍，頂多玩玩鬥牛式的推手，自以滿足。

太極拳的功體，就是內勁成就，樁功成就，掤勁成就，最重要的是丹田之氣的凝聚充實。

內勁成就者，手一伸出去，搭上人家的身體，手有千斤重，掌勁、臂勁沉實，你的身體重量，你的根盤，已被掌控，輕易的拔動你的根。沒有內勁的人，雙手按上人家的身體，是輕忽飄浮的，沒有實質感，因為手的沉勁不夠，內勁不足，無法掌握對方的重量，不能撼動對方的根盤。沒有內勁的人，打人在於肌表，不能深及內裡；內勁成就者，暗勁輕輕一使，深及內臟，令人驚悚駭慄，無法思議。

樁功成就者，基樁入地三分，打樁發勁，打的是暗樁，發的是暗勁，直站著就能打樁入地；貼身發勁，不用距離與速度，只一「作意」，勁道已迅雷不及掩耳的在你內臟壓縮爆破。

掤勁成就的人，雙手一掤一提，就能拔你的根，輕鬆將你打出。你若使蠻力推他，他手輕輕的掤提，就能乘載千斤之力，你越用力，自己的根就越浮動起來。掤勁成就

的人，手臂像一只千斤鼎，讓你飄浮在半空中。

　　所有這些功體之源頭動力，在於丹田之氣的凝聚飽滿，都是丹田在起作用，如果沒有這個丹田之氣作為主宰，所有的功體也就產生不了作用。

　　這樣說明以後，就可以明白，太極拳到底在練些甚麼。打拳不是打著好看的，站樁不是練腳酸，不是純粹練腳力，出拳不是靠蠻力；虎虎生風，不是太極拳所羨慕與追求的東西。

　　我教的拳，式樣不多，太極只有一套，形意以母拳五形為主，我的學生都是以追求內勁與發勁為主，要教很多很雜，他們也不喜歡，所以大部分都是在樁法、基本功，及成就內勁與發勁為出發點的功法上著墨，他們不求練多，所以在功體上是有累積成長的。

　　我的教學方法，與別人不同，不是老師在前，學生在後跟打的方式。

　　形意拳，招式簡單，但內涵卻是精深的，一個劈拳，就有很多可學的東西。

　　明勁，不是用力揮打，暗勁，不是比手畫腳。

　　一個拔鑽，就牽涉到下盤的樁法、手的掤勁、全身關節的摺疊貫串，以及丹田之氣的擰動牽引，與二爭力及阻力的連動等等。

　　形意拳，易學難精。為何易學，因為招式簡單，一比便會；為何難精，因為裡面有太多的東西，須要細心體會琢磨，不是一般人所能悟得。

　　功體與用法，可以並練，相輔相成，不必等待功體成

就，再來練用法，兩者可以同時提升併進。譬如，推手或散打發勁，你要按的人出，打的人出，需要各各條件的配合。

一、要「力由地起」

這是普遍的名相說詞，太極拳則謂「其根在腳」，這個「其根在腳」就牽涉到「樁功」的成就，如果樁功沒有成就，就沒有辦法「力由地起」，因為腳缺少了樁基，無法借地之力。

這邊所謂的「借地之力」，並不是用腳去蠻硬的撐地，若是用腳之蠻力撐地而達到「力由地起」，就會使身體虛浮起來，在放勁的那剎，無法借地之反彈力發出「迅雷不及掩耳」的疾速勁道。太極拳所說的「其根在腳」，是藉丹田之氣的鼓盪作用所產生的撐動牽引力，在打入暗樁時所自然牽動的反坐彈力，而不是膝蓋與腿肌所帶動的呆滯笨拙之力。

二、各各關節的摺疊貫串

發勁打人，不是由A點到B點的直去，那是笨拙之力；欲要向前先向後，拳要出去之前，腳跟有二爭力，借丹田之氣，牽引腰胯，腰胯要像「蒼龍抖甲」般的疾速撐動，它是彈簧似的震盪所牽引出的反彈力，所以拳要出去時，因腿腰的牽引，它是先拉回再彈出的，不是直力而去，這就是太極所謂的「彈抖勁」。彈抖勁並不是打拳架時，手指在那邊抖來抖去。

三、手要有掤勁

掤勁，是一種乘載力，就像水有乘載力，千萬噸船隻載而不沉。這個乘載力的掤勁，不是笨拙的撐著，它是有彈力且能伸縮摺疊的，有摺疊伸縮才有彈性，才能彈得人出。

四、丹田之氣的靈活運用

不論打樁、發勁，所有內家拳的一切體用，都是丹田氣之作用。那麼，丹田之氣如何練就？透過內心的安靜與放鬆，意念的引導，把這寶貝的氣好好的照顧著，不要讓它丟失，不要讓它散漫，好好的養著。氣是靠自己去培養，要自己去善養這浩然正氣，久了，它就會沉澱於丹田，經由這樣而凝聚累積。

教學軸心應放在功體的養成，內勁的孕育，而且，每一個功體要如何致用是很重要的。譬如，站樁，是為了發勁，在練習站樁時，要把身體讓學生試按著，讓學生去感覺他雙手所按之處，是否與腳跟相聯結貫串，這所按之處，就是腳的根盤入地著勁之處，手如果是虛無縹緲的，則可知他的下盤無根。也讓學生試著發勁，讓他們去體會「其根在腳」、「借地之力」的感覺，透過餵勁，可以讓他們很快體驗在發勁時根盤的重要，由這邊去深入體會樁的重要性。

樁基成就後，還得會打樁，才能真正會發勁。打樁，不是膝蓋在那邊伸縮起落，而是借丹田之氣，冷脆的打入

暗樁，只是氣一縮一放，一吞一吐，一蓄一放而已，若是
還有肢體的牽扯囉嗦，都還未入流。

　　太極八法的發勁運用，都是同樣的道理。若是發勁，
身體還要前傾，奮力一推，才能打的動人，都還稱不上功
夫。打樁，在打入暗樁時，內勁已然同時同步而出，不是
打了樁，待反彈而起時才發勁，因為起時，已成強弩之
末，身體已虛浮而上，下盤已失去依靠，沒有著力點，就
會變成空包彈。

　　樁功如果沒有成就，聽了這些發勁的道理，只能成為
一種知識，知道是那麼一回事，沒有實證功夫，聽了也是
白聽一場。

　　對於掤勁、摺疊原理、二爭力、阻力等等，與功體有
關的實作實練功夫，說之不盡。學武術，練功夫，絕對不
是聽聽、看看、問問，或買些光碟片就能學會；有明師口
傳心授，如果自己不用功，或是悟力不夠，要成就這太極
拳功夫，確實不是容易之事。

第 *134* 章

呼吸與練氣

　　我常常在文章內，說到很多有關修煉內家拳與「氣」的關係，因為內家拳與「氣」是息息相關的，如果脫離了「氣」，就不是內家拳；相反而言，如果練外家拳的，能夠轉入練氣的內涵，雖然他打的型、打的招式是屬於外家，我們還是認為他是內家類型。

　　太極拳經、拳論、行功心解，在在都是在談氣的，如果學太極而不涉獵經論，都還是太極拳的門外漢。

　　普通的自然呼吸與內家拳所練的「氣」，是截然不同的東西，有人說：「我每天走路、生活都要呼吸，那也是氣，沒有氣我就不能活了。」沒有氣，確是不能活，但這個氣，並不能成就內家拳的功夫，此氣非彼氣，若此氣即彼氣，那麼，人人都將成為內家拳高手，不必再辛苦的去修煉內家拳。

　　雖然練氣必須藉由呼吸吐納來運為，但並非呼吸就等於練氣。而且，很多練氣的形式與內家拳的練氣方式，是異然而別的。譬如，硬氣功及一般氣功師的練氣方法，都是異於內家拳的。

　　太極經論與行功心解，所詳述的「氣」都是與「勁」有關係的，非侷圍於氣血的循環與大小周天而已，非只是養身延年益壽而已。這些養身健康的內涵，都是內家拳的

副產品，內家拳除了健康養身，兼具成就甚深的內勁功夫，與禦敵防衛的效果。

下面，還是要老生常談，舉述經論及行功心解所敘之氣，與普通呼吸及氣功差異之處。

《拳經》云：「氣宜鼓盪，神宜內斂。」氣是如何鼓盪的？盪，就是盪漾，我們常聽到「餘波盪漾」這句話，在水中，在湖面，你丟下一粒小石塊，噗通一聲以後，水紋會一波一波呈圓弧盪開，這就是「餘波盪漾」，水面之所以會盪漾，是因為落石沉入水中，落石周圍的水受到空氣水壓的擠壓，而產生這個「餘波盪漾」，所以，這個「盪漾」是氣的作用，是氣去壓迫水所產生的流動性、擴展性。那麼，把這水的「盪漾」，放到身體來講，來形容，就比較容易理解。

我們的丹田之氣，在凝聚飽滿時，只要「作意」的「以心行氣」，這個丹田之氣，就像一個充滿氣的氣囊，藉著逆順呼吸，去壓縮鼓動橫膈膜，這個運作，不只讓五臟六腑起到運動效果，也因氣的鼓動壓縮，使體內之氣向四面八方擴展，讓氣延伸至末梢及各支節，這個丹田之氣的鼓動，等同落石擠入水中，使氣向四面八方擴展，是同樣的道理。

那麼，這個氣的「鼓盪」作用與內勁的產生，有何關聯呢？體內的氣受到運行而產生的鼓盪，這個「氣流」會與外面的空氣互相「磨盪」，它會產生「阻力」、「磨擦力」，甚至在體內產生我們肉眼所看不到的類似電流、電波這些動能磁場，在我們身心俱鬆至柔，絲毫不著力的情

況下，這個能量就會更顯著。

《拳論》云：「虛靈頂勁，氣沉丹田。」這邊先談氣沉丹田，氣為什麼要沉於丹田？丹田又稱為氣海，是貯存累積氣的地方，是養氣的場所，是保藏氣的所在，這個丹田氣的儲藏，是滿而不溢的，所以才會說：「氣以直養而無害。」當我們的氣儲備滿足，透過「以心行氣，以氣運身」，透過至柔至鬆的方法，去鼓盪氣，這個氣就會在體內產生熱能，亦即太極十三勢歌中所謂的「氣騰然」。

氣騰然之後，就會斂入筋脈骨髓裡面去，日久，累積匯聚成為「內勁」，這就是太極拳及內家拳所追求的武功內涵，這個「內勁」沉積越多越滿越厚，功力就越精深，內勁渾厚的內家拳武者，兩手輕輕提放在你身上，就能令人感覺一股沉實滲透的無形勁道直透內裡，若是加上樁功及掤勁成就，只要一作意，輕輕打下一個暗樁，就能將人震跌而出。

「氣沉丹田」之前一句是「虛靈頂勁」，也就是「頂頭懸」的意思，就像關公看千秋一樣，頭是正直的，頂天立地，凜然正氣，浩氣參天。虛靈頂勁，氣得經由夾脊督脈，達於百會，經由任脈下達丹田。練氣的人，若是垂頭喪氣，或者眼神不定，心機凝重，則神不能內斂，氣不能沉於丹田，心術不正的人，無法修煉內家拳，慢心重，傲氣盛的人，無法練就內家拳，因為他內裡的氣總是散漫、飄浮、殘黯的，所謂心浮而氣躁，氣是無法沉積的。若能心平而氣和，才能長養丹田之氣，直養而無害，直養而累積成就內勁。

《行功心解》云：「往復須有摺疊」、「牽動往來，氣貼背，斂入脊骨。」這些都是其他的拳種所比較缺乏的。先來略談「摺疊」，為什麼打拳架要「摺疊」？又要如何「摺疊」？透過各個關節的曲張伸縮，令各個關節在曲張伸縮之中，去鼓動體內的氣，使氣產生「鼓盪」作用，鼓盪作用的效益，前面已經敘述，不再贅言。那麼，要如何「摺疊」呢？很簡單，只要以腿腰牽動身手，以腰腿為主宰，去帶領，腿腰在前領先，身手在後隨，在往復牽動之間，就會產生「摺疊」現象，只能言盡於此。

「牽動往來，氣貼背，斂入脊骨」，牽動往來就是往復摺疊，在牽動往來、往復摺疊中，使氣產生氣流，在摺疊牽動中，使氣流產生磨擦、擦撞，以及不可思議、不為人信的氣場、磁波，再產生熱能，這就是「氣騰然」，氣騰然以後，貼於背脊，貼於筋脈，然後收斂入骨，匯聚成極堅剛的「內勁」。

聽起來好像在說神話，你信也好，不信也罷，如果相信拳經、拳論之語，你就會相信我所言不虛，有練到這個層次水準，才知道我在說什麼，信者恆信，不信者恆不信，我的文章是說給識者聽，不是識者難與言。

如果要將經論所敘的氣，與一般呼吸之不同，寫起來將會長篇大論，限於篇幅，只能略述。

第 135 章

太極拳與膝蓋保護

　　修煉太極拳除了防衛技擊之外，兼具健康養生的效益，但是有部分人練太極卻傷痕累累，留下某些後遺症，其中最常見的是膝蓋受傷，這也是本文要敘述的重點。

　　膝蓋之所以會受傷，是因為長期的過度承受身體的重力，使筋、骨、膜、韌帶等受到重力的壓迫、牽引、拖曳、扭轉等等，經年累月後，有一天突然發現膝蓋有疼痛跡象，此時的膝關節已然受到損傷，大部分是膝蓋軟骨磨損、發炎，輕微的可以透過復健、校正，或服用消炎、止痛藥物而控制病情，嚴重者要依賴拐杖來支撐體重，減少壓迫所帶來的疼痛，更嚴重的則需置換人工關節，留下某些遺憾。

　　練太極本是以健身為目的的，但是因為練法不當，而引生反效果、反作用，是值得學練太極者重視的課題。

　　本文以拳架及推手兩點來說明，練太極而致膝蓋受傷的原因。

一、拳架部分

　　前腳塌膝，膝蓋超過腳尖，這是普遍現象。身體全部的重量，宜由九大關節均擔，其中以腳承受的力量較大。腳受力的地方在胯、膝、踝三處，此三處支撐上半身重量

之構架，需要去尋求適當的角度與支撐力點。以前腳而言，在向前施力時，大腿與小腿之內腳角度能保持90度，是較適宜的支撐力點，膝蓋若超過腳尖，則膝蓋承受身體的重力就會加大，軟骨磨損的機會就會增加。

這道理就好像一片牆壁即將倒塌，用一根木棍去撐住它，能不能撐得住，取決於牆壁之重力與木棍支撐力點之角度是否成適當之比率。

重心落在後腳時，前腳宜有少分的抓地力，來分擔後腳之承受力；若全部由後腳獨自承擔重量，膝蓋是難免受力太重而造成傷害。某師強調「全身重量必須放在一隻腳上，若不放在一隻腳上，即成『雙重』」，此語是值得置喙的。個人比較認同形意拳前輩所主張的「前四後六」或「前三後七」比重之說法，這對膝蓋來說，是具保護作用的。

重心落在後腳，還有一點需要注意，要「鬆腰落胯」，腰鬆則氣沉，氣沉則胯落，「胯落」就是胯要「落插（台語）」。「胯」與「後腳跟」能成一直線，使「胯部」在承受上體之重量，能沉落於後腳跟，讓膝蓋減輕重力負擔。

立身中正安舒，保持中定平衡，是保護膝蓋的一個大原則；身體前傾，前膝遭殃，身體後仰，後腳膝受損。太極行功心解云：「立身須中正安舒，支撐八面。」這是保護膝蓋最好的註解，這邊它強調立身須中正安舒，不可前傾歪斜，即使在某些動作，譬如「單鞭」、「野馬分鬃」、「玉女穿梭」、「斜飛式」等等，雖然重心落於前

腳，身體仍然要保持15度的斜中正，也是須能支撐八面，保持中定平衡，才不會使前膝吃力過重而有所損傷。

再來，還是要說到「氣」。氣，就好比機器，一部機器若缺少潤滑油，它的磨損一定比較多。筋、骨、膜、韌帶等若無「氣」之輸運滋潤，難免耗損。所以，太極拳若無「以心行氣，以氣運身」，豈止「到老一場空」，留下後遺症，則悔之晚矣！《行功心解》云：「行氣如九曲珠，無往不利。」身體九大關節，宛如九曲珠，節節相串貫連，行氣如九曲珠乃是氣遍周身之意，能氣遍周身則能無往不利，不會留下遺憾事。行功心解又云：「邁步如貓行，運勁如抽絲。」邁步欲如貓之輕靈，樁功一定要先成就，樁功不是練腿力，不是練腿酸，而是練氣沉斂於腳跟；若是練腿酸，長期的累積酸，就是磨損膝蓋，累積膝蓋的傷害。樁功成就則氣沉腳底，穩如泰山，才能邁步如貓行。「運勁如抽絲」，勁是氣的積成，運勁必與氣相結合，氣勁合一。若是沒有運到氣勁，那麼，打起太極拳看起來就會空洞無物，虛浮縹緲，無法呈現抽絲的韻味。行功心解云：「氣以直養而無害，勁以曲蓄而有餘。」這邊已然點出，氣是要養，要修練的，透過練、養，而蓄斂，而成就內勁，也達到健康的效果。

二、推手部分

功體沒有成就的鬥牛式推手，也會造成膝蓋磨損，而且比打拳架有過而無不及，傷害更劇。為何如是說呢？因為沒有「功體」，在推手時，只能靠著局部力或蠻拙之力

去硬推，雖然有些人有練出「聽勁」，反應不錯，到某個程度也會借力，但由於內勁沒有成就，樁功沒有成就，手的掤勁沒有成就，加上「氣」沒有成就，無法藉氣來運氣打樁，所以在發勁時難免依靠腳的拙力，難免依靠膝蓋之力來撐地，長此以往，膝蓋受傷的機率就會增大。

　　在走化當中，如果氣沒有沉到腳底，身體前俯後仰或左右歪斜晃動，就會吃到膝蓋之力，膝蓋也是會受傷的。

　　行功心解云：「曲中求直，蓄而後發。」不論手部的肘或腳部的膝，在推手發勁時都是「曲中求直」，不宜呆滯，過度使用彎力，如此才能「曲蓄而有餘」。所謂「蓄而後發」，蓄是指「蓄勁」，而勁乃由氣之長期累積凝聚所成。在發勁時，藉由丹田之氣的鼓盪、吞吐、蓄放等等運為，瞬間疾速的同步同時打樁放勁，這是拳經所說的「完整一氣」。

　　太極十三勢歌云：「意氣君來骨肉臣。」不論拳架或推手，以意氣為君，骨肉為臣，這是太極十三勢歌所示，若是推手以骨肉之彎力而為，沒有以意氣為君，膝蓋多少是會受傷的。

　　太極經論、行功心解等，都是以氣、勁為主軸而論述，所以不論要成就太極的甚深功夫，或是要達到健康養生的效益，都不能偏離它的軸心，如果捨本逐末，捨近求遠，則成「差之毫釐，謬以千里，不可不詳辨焉」。

第 136 章

為什麼不會發勁

　　某君學太極拳十餘年，來找我練拳，目的是為了學發勁，因為他真的還不會發勁，而且連自己有否練出內勁來，也弄不清楚。近日，又有兩個在某名師處，學了五年的某派太極拳，但是卻跟我說他們不會發勁，他們練的是每一個招式幾乎都有發勁及抖勁動作的拳架。看了我的文章論述，想來探索「內勁」的奧密。

　　學拳多年，還是不會發勁，這是現前太極拳界普遍的現象，不足為怪。但是此情，是值得太極拳老師深思與檢討的大事，為何如是說呢？因為既然出來開班授徒，就有責任把「真功夫」傳承下去，絕對不能敷衍了事，或者故意留一手。拿人學費，卻沒有把功夫教給學生，這種老師是有極大過失的，也是要承擔因果的，因為學生不只浪費金錢，還浪費了金錢所買不回的寶貴時間，而且會讓學生對所學的太極拳，失去信心，也對太極拳的技擊實用性，產生無法移轉的懷疑。

　　或許某些老師會說，我們只是練健身的，不教內勁、發勁這些東西。要是本意如此，也當事先言明，不可讓學生在不明的狀況下，一直在心理有所期待，而在延宕多年後，被學生看破手腳，遠離而去。

　　太極拳，從起勢到收勢，每一招每一勢，都存有蓄勁

與發勁的；在內勁功體尚未成就之前，當然是還不會發勁的，但是在練習階段當中，其實都是在為將來的實用發勁上著眼而鋪路而練習的，不是拳架歸拳架，發勁歸發勁；拳架與發勁，本來是一體的，是同一件事，一個是體，一個是用，體用是一體的兩面，「用」的前提是練「體」，練「體」是「用」的一個過程，二者是不能斷離分開的。

　　所以，在教拳架的時候，要一招一招的教，每一招它的作用在哪裡，它要如何發勁，或著要如何接勁，都要讓學生徹底明白，而且，不只是口頭講解，還要示範及做餵勁動作，讓學生親臨其境，去經驗，去感受。

　　教太極拳，不是老師在前面打，學生在後面跟，也不是改改拳架姿勢，或者把拳經、拳論拿來朗誦一番即了事的，也不是千篇一律的每天只是打那些不明作用的拳架，每天都是老調重彈，舊飯重炒。

　　這也不是說打拳架不好，而是有沒有把拳架的作用內涵打出來，練出來，太極拳不只是養生運動而已，它含蓋著甚深的技擊格鬥功夫，做老師的應該把這些武藝教上來，傳授下去。

　　有一個學生來跟我學拳，他原先的目的只是想健身，但練了一兩年，已然練出少分的內勁，以及聽勁反應，他說練拳最大的收穫，除了身體得到很好的轉變，還有就是反應變好了，有一次他突然滑傾，身體失去重心，即將跌倒，卻能自然的發出反射作用，瞬間把重心調整過來，保持了平衡而免於跌倒。

　　這些都是練太極之中，會得到的益處，即使無心插柳

也能柳成蔭。若是有心在追求功夫的，卻白練了五年、十年，什麼也沒學到，豈不冤枉？

學太極，做學生的也應該有擇師的智慧，或許在沒有接觸太極拳之前，也不明白誰是明師，誰是充數的，在這方面除了機緣之外，還得靠自己的智慧去判斷。初學，練個一兩年，拳架已經稍有基礎了，下盤的椿功及手的掤勁也應該有少分的功力，若是自己覺得什麼都沒學到，光會比手畫腳的打那些不實際的拳架，老師也沒有進一步作更深層的教導，此時，做學生的，心裡應該有個底，應該打一個問號，如果再耗下去，是否能夠練到功夫？

若是只會魯直的傻傻的隨下去，如是，光陰是不留情的，一晃，三、五年就過去了，又一晃，十年也過去了，回頭返顧，功夫好像離自己還很遙遠，此時，悔之已晚，時不我予，發覺自己已邁入中老年，練功夫的那一股衝勁與信心，似乎已經提不起來，已經消失殆盡了，只好隨波逐流，把太極拳當做隨興玩玩的運動，自己也不敢承認太極拳是能致用防身的武術，遇到場面，自己都懷疑練拳多年，連是否有自我防衛的能力都存著一個問號。

為什麼練拳多年，還是不會發勁？

第一，下盤椿功沒有成就。站椿，若只練渾元椿是不夠的，要練前三後七的椿，要練前撐後蹬打暗椿的椿，要練外表鬆柔，內裏暗潮洶湧的椿，要練氣能入地生根的椿。

第二，手的掤勁沒有練出來，氣沒有沉著到筋脈骨頭裡面去，打拳的時候，筋沒有鬆開、撐開、擰開，不明白

隨曲就伸、曲中求直之義涵。

　　第三，丹田之氣沒有凝聚充實，沒有丹田之氣，就沒有辦法打樁，會打樁而沒有丹田之氣，也只是空包彈，發揮不了作用。

　　發勁必須三者具全，缺一不可。那麼，老師教拳，有沒有朝著這些方向目標在教，做學生的就能知所判斷、抉擇。若是教拳架只是比手畫腳，沒有朝著這起碼的三樣內涵在教，恐怕是充數者居多。

　　做學生的也需自我檢討，自己有沒有老實認真的練拳，有些學生連上課都不認真的，老是遲到曠課，自己都熱絡不起來，老師難免也會意興闌珊。很多學生上課都比老師晚到的，慢個十分鐘他也不當一回事，其實上課的遵守時間是很重要的，也許學生覺得時間是我的，晚到十分鐘沒什麼要緊；做學生的千萬不要如此想，十分鐘雖然不是很長，但這十分鐘卻是代表你對老師的是否尊重，以及你對學習功夫的態度與熱衷，是否有夠誠摯，有些老師對擇徒及功夫的傳授，會從小地方去篩濾拔擢。

　　師生之間的互動，也是蠻重要的，不要有距離及鴻溝，作學生的如果不肯主動接近老師，去培養師生之情宜，對功夫的追求難免也會有所阻礙的，所以要亦師亦友，是老師也是朋友，有問題要主動提問，沒問題也要將自己練拳的心得、感覺說與老師聽，這對功夫的追求是有絕對的幫助的。

　　我以前跟老師練拳，是跟的很緊的，老師到哪兒上課，我就跟到哪兒，當他的助教。老師外表嚴肅，內心溫

和仁慈，師兄弟們都有一點敬畏老師，有問題也不敢問老師，只得由我代勞代問代答，那些後來的學弟，幾乎是我在帶的。

在高雄，我有兩位師伯，功夫都很好，我一得空就會去找師伯泡茶聊天，當然最重要的是學功夫，我從兩位師伯身上學到很多東西，師伯也樂意教我，這都是緣於我對師伯的尊敬真誠對待，也把師伯當朋友般的親近與熱絡。

有些學生，不肯接近老師，老師在這邊，他卻躲在遠遠的那邊練拳，老師也不知如何教他。

想學功夫，學太極，學發勁，除了善擇明師，得靠自己老實練拳，如果有幸遇到好老師，要知所珍惜，要好好真誠的親近老師，建立師生情誼，這情誼，不是金錢，而是以心對待，能如是，功夫定可指日而待。

第 *137* 章

二爭力

　　二爭力，是一種互相抗爭的暗勁，譬如，前腳有往後的撐勁，後腳有向前的蹬勁，或左撐右蹬，或上下撐蹬，或全身立體圓弧對抗。二爭力的作用，是令氣血產生擠壓與鼓盪，使循環加速、加強，在健康方面，達到養生效果，在拳術上強化內勁，在技擊上，發揮極致的爆破力。

　　二爭力，是內家拳的重要內涵，一般的武術較少提到，也較少有這種練法。一般武術在做向前或其他動作的揮拳動作，那股力量只有一個機制，就是往前衝刺或其他方向的揮拳力道，是直線奔出，沒有拳經中所謂的「隨曲就伸」、「曲蓄有餘」之內涵，也就是說，他的變化沒有那麼細緻與豐富多采。

　　這種力道在養生而言，是消耗體能的，是損耗身體內在能量的，這種磨損是一種慢性的，是不知不覺的，不是短時間可以感覺的到的，而是在累積到一定的損耗狀況後，才能發覺的。

　　內家拳不主張用蠻力、拙力，是以行氣、運氣而產生勁道，累積內勁，所以練拳是以慢勻為主，在慢勻之中，為了使氣血得到張力及激活力，因此，打拳練拳，在行功運氣當中，必須有二爭力的挹注，必須有二爭力的灌輸。

　　內家拳，外表鬆柔慢勻，內裏是暗潮洶湧的，是摧筋

拔骨的，全身是撐裏撐張的，目的是為了鬆開筋脈骨膜，活化氣血，產生彈簧勁道，這個彈簧勁道，能在發勁時，由於全身圓弧立體二爭力的引動，能在出拳後快速彈拉而回，準備第二波及往後無限次的連續攻擊動作。一般拳術的出拳攻擊，力道是一線的，拳去了，就去了，力量是隨著方向而一線行去，較少有折回彈簧勁道。太極拳，走圓弧路線；形意拳，步法雖直來直往，拳路也是走圓；八卦，擺扣穿梭，更是講求周圓。

二爭力，是兩種勁道的互爭，這個互爭，是內裏暗勁的撐裏，是暗勁的撐蹬，是暗潮洶湧的內在滾盪；二爭力，不是驚濤拍岸，然而在用時卻能驚濤拍岸，捲起萬重浪。

二爭力，是一種內裏暗勁的表現，暗勁，是暗的，因為是在內的，外表看不到，所以才叫暗勁，只有明白暗勁練法的人，自己知道，外面的人不曉得你在練什麼，只有會看門道的行家才能默識，外行只是看熱鬧。

站樁，有二爭力，譬如，形意拳的三體式，三才樁，八卦的虎坐樁等，是前撐後蹬的二爭力；單練基本功，譬如太極的雲手，採手等，是左右撐蹬的二爭力，八卦的纏手、推磨及形意的穿鑽掌等，是立體圓弧撐裏二爭力。這種二爭力的主軸點大部分是由兩腳跟的暗樁所引動的對抗拉扯力。

由於下盤腳根的二爭力，向上引動腿腰的二爭力，因下盤的二爭力，而牽動腰胯左右圓弧互撐，也產生隨順的二爭力，由腳而腿而腰，形上於手，結合成一束完整的連

動二爭力，這才是拳經所謂的節節貫串，才是拳經所謂的
完整一氣。

　　《拳經》云：「有上即有下，有前即有後，有左即有
右。如意要向上，即寓下意。」這是在講什麼？只有體悟
內家拳深層內涵的修煉者，才知道拳經其實是在說二爭力
的，只有懂得運用二爭力的原理，在發勁時才有拳經所說
的「若將物掀起，而加以挫之之意，斯其根自斷，乃壞之
速而無疑。」只有懂得二爭力的人，能於發勁時而挫人之
根，在彼根自斷時，當然能壞之速而無疑，剎那令對手奔
跌而出。在發勁時，後腳暗樁打入地，前腳需微往後撐，
才能在發勁時產生急速而脆的反彈後座力，藉著二爭力的
回彈勁將人打出。

　　二爭力的互爭，有前後的互爭，有左右的互爭，有上
下的互爭，也有向內的互爭，如八卦的荷葉掌，掌心圓
扣，拇指與尾小指互扣相爭，又如八卦的歡喜樁及達摩
樁，是雙掌的外緣對爭。

　　二爭力有兩腳的互爭，有左右腰胯的互爭，有雙手的
互爭。二爭力也有單手的互爭，譬如，單手臂的外撐內
裏，掌部的外撐內涵；涵胸拔背是一種前後的二爭力，虛
領頂勁則含蓋上下及前後的二爭力，圓襠是內涵外張的二
爭力，沉肩墜肘是下沉與上掤的二爭力。

　　在牽動往來與往復摺疊當中，在在處處，剎那剎那，
都充滿大圈小圈的立體二爭力。在拳架的游行當中，若是
沒有二爭力的挹注，若是沒有二爭力的送輸，則無法鼓盪
氣機；氣不能鼓盪，則打拳無益，沒有二爭力，不能產生

阻力，如果沒有阻力，就不能摧筋拔骨；筋脈拉不開，鬆不開，無法成就內勁。

打拳如陸地行舟，在水中行舟，因為有水的阻力，那個划槳因為有水的阻力之依仗，這舟才能向前行。這阻力是一個支持力，就像撐竿跳，如果那個竿底沒有地面作支力，這竿就撐不起來，這支力就是一種阻力，也是一種竿與地互爭的二爭力。

出拳發勁打人，下面靠腳發力打樁，地底是一個支點，也是一個阻力，從支點所引生的阻力，借地的反彈回力，產生疾速的爆破脆勁，瞬間傳乎手。手或拳打中對手時，力道雖是向前的，但因腳腿腰所引申連動而貫串的二爭力，很自然的在手出力擊出時，有拉回的力道產生，所以手的出拳，它有二道力量，一是向前，一是彈拉而回的向後，聽起好像很玄，有些矛盾，等到有那麼一天，自己練到那個境界，才能恍然而悟，一點也不玄，一點也不矛盾。

練太極，練形意，練八卦，或者其他可歸類為內家拳的武術，如果沒有溶入二爭力，拳架中沒有二爭力所產生的阻力作內涵，那麼他的「以心行氣」、「以氣運身」將變成空洞的空中樓閣，是虛無縹緲的，是難以成就內勁的。以心行氣，以氣運身，多數的氣功師都會，但他們不能成就內勁。

氣功師的練氣，大抵是以意導氣，讓氣在身中行運，這作用僅能使得氣血暢通，增加氣感、氣場，對養生是可達到一定程度的效果，但在武術的立場而言，這種練氣方

式是成就不了功夫的，是成就不了內勁的。

　　二爭力，不是蠻力、不是拙力，不是使外力；二爭力，是運使暗勁，二爭力，是沉勁的運為，二爭力，是一種即張又裹的掤勁，二爭力，是氣的暗湧，二爭力，是一種抽絲運動，二爭力，是百煉成鋼的協奏曲。

　　二爭力，不只是肢體的互爭而營造一股無形強烈的阻力，還有內裡「氣」的互爭，譬如，丹田氣的內轉，在往復動轉之中，形成互對的二爭力，有內裡氣與氣的互爭，也有內氣與外頭空氣的互爭，內外交織，錯綜複雜立體纏繞，含蓋了向心力與離心力。

　　所以，內家拳是內容精彩豐厚的，與一般拳術迥然而異，如果學練內家拳，缺少這些細膩的內涵，則會流為王宗岳老前輩所歸類的「斯技旁門」。

第 *138* 章

肉架子

太極拳大師鄭曼青先生，在他的《鄭子太極拳十三篇》述口訣中，論述到「我不是肉架子，汝為什麼掛在我身上？」意思是說在推手時，你的雙手或身體任何部分，若像一攤死肉，笨重、拙滯、用力的著附在我身上，就會讓我察覺你的動機、動向，你的一舉一動，就會被我所掌控、了知，如此，你就成為挨打的架子。

這意思是說，推手是靠聽勁，靠靈敏反應，是捨己從人的，不是硬取、硬幹，推手不是霸王舉鼎，不是莽夫推石；推手是「一羽不能加」、「蠅蟲不能落」的；推手不是「相撲」，不是死纏濫打，不是鬥力耍蠻。

所以，太極推手是輕靈的，是活潑的，是鬆柔的，不可把自己變成一攤死肉，掛在對手的身體上。從另一個角度來說，自己不能成為被掛的「肉架子」，不能使對手的那一攤死肉，掛到自己身上來，不能使力硬頂、蠻抗，他來一分，我就走一分，他來八兩，我就消半斤，這是「走化」。

鄭大師說：「太極拳是崇尚鬆柔靈活的，最忌諱呆板拙滯，如果像肉架上掛肉，便是死肉，有何靈氣可言呢？」這邊似乎是講拳架的，打拳架是不能使拙力的，是周身具要輕靈的。鄭大師的論述，是後輩鄭子太極拳學習

者的指歸，也是鄭子太極拳學習者所遵循的。

　　拳法無定法，太極拳的思路，可以是寬廣而多面的，關於「肉架子」，我有自己的看法，我可以當肉架子，讓你的死肉掛在我身上，把你的來力承接著，掌控著，讓你跑不掉，讓你離不開，由我來主導拿捏。我可以用下盤的根，來當肉架子的支力，將你的死肉重量承接到腳底，借地打下暗樁，將你打發出去。我的肉架子不是死架子，它可以靈活移動，改變你死肉的笨重方向，讓你在我的漩渦外圍被離心力所拋擲。

　　在拳架方面，鬆柔輕靈是必須的，但不能流於懈漫，空洞無物，外表雖是不用拙力的，但內裡的氣須是鼓動激盪的，須是摧筋拉骨的，須是暗潮洶湧的，須是多采豐盛的，須有二爭力的撐裹，須有阻力的營造。

　　譬如，手臂捧舉起來，筋須是拉長張開的，它是有掤勁存在的，它是有承載力，有擴展力的，它是有氣的挹注與灌輸的。手可以是個「肉架子」，掛著一股無形的肉，這肉是氣的呈現，它是有質量的，這股眼睛看不到的氣，是可以感覺掛在我手臂的肉架子上，而有氣的流動感覺，有氣的沉勁感覺，有氣的阻力感覺。

　　若打拳架，不能感覺有一個東西（無形的氣）掛在手上，使手臂有「沉」的感覺，有渾厚的感覺，那麼，打的絕對是空拳，是沒有生命力、沒有靈魂的空拳，是成就不了功體的空拳，是成就不了內勁的空拳，是流於花拳鏽腿的太極操。

第 *139* 章

武術的迷思與智慧

　　網路流通後，武術的推展，如百花爭豔，各種武術招生文宣，令人眼花撩亂，不知誰是好師？誰是充數的？對初學者而言，因為本身對武術沒有基本概念，所以只能依憑那些廣告文宣的花言巧語，以及語音播放影片，而自抉擇。

　　語音播放影片、光碟的製作，有技巧性，有預套性，就像電影，可以剪接，可以預先配套動作，以假亂真，迷惑大眾。

　　在網路上，曾看到某派拳術的表演，師父伸手一指，沒有碰到學生，學生就飛出去了，師父手劃一圈，學生就翻筋斗倒下去，學生隨著師父手的指揮，東倒西歪，配套得非常完美，真能隔空發勁。後來這位師父參加武術格鬥比賽，只一拳就被秒殺，被打得鼻血直流，真是狼狽不堪，你說，他那個廣告文宣，要不要收攤打烊？或者還要繼續欺騙讀者？

　　武術有需要這麼誇張嗎？這樣自我膨脹的宣傳，是否有人會相信？有智慧的人當然不會相信，但辨識能力差的人，卻信而不疑。

　　一位拳友對我說，在網路看到一則語音播放影片，老師單腳金雞獨立站著，讓學生推，怎麼推都推不倒，這位

拳友問我，可能嗎？只能一笑置之，這當然也得以智慧去辨別。武術功夫的真偽，武術的深邃，非一般常人所能瞭解，但有兩個方向可以去思維，譬如，科學理論依據、以及力學物理原理的推斷。

　　一隻腳獨立站著，本身的平衡中定已不容易維持，更何況被人推；以力學物理原理推論，一隻腳獨立時，為維持平衡，身體定會微偏一方，如果被人用力一推，因為沒有另一隻腳來取代虛實的轉換，必定傾倒無疑。

　　隔空打牛，隔空發勁，只能在武俠小說或電影看到，實際生活無此機能。空氣是會流動的，也因為會流動，而在人體有限的極致力量的揮擊中消失動能，所以人不可能在揮掌、出拳中，將空氣射進對手的身體，因此，也不會有隔空打牛、隔空發勁的異常功夫。

　　內家拳的發勁，是瞬間將氣與勁擠壓到對手身內，因為藉著對方身體的阻力，使得氣無處宣洩，形成擠壓爆破力；如果沒有打著身體，沒有阻力作用，就不能產生這個擠壓爆破勁道。

　　讓人推不倒，其實不算功夫，武術的終極，就是格鬥、搏擊，是全方位的，不是站在那邊讓人推不動。

　　還有，太極拳的推手發勁，是必須借到反彈力的，如果沒有借到對方的來力而反彈，也必須自己能夠「引」，引動他有來勢、來力，否則，對方都不動，要硬將他推出，是得倚靠些許的蠻力的，這種情況，就不叫「發勁」，而是蠻力的「推」，因此，若有人能將一個都不動的人，打發出尋丈之外，這裡面是有文章的，是有配套

的，宜善觀察，以免被唬弄了。

雅虎奇摩有很多武術部落格，推廣各種武術，有些對自門系統的功夫論述、練法、心得等等，有其獨特的敘述，使學者有所獲益，令人讚許。有些則是把《拳經》、《拳論》、等經典貼進來，或者引述前輩的拳理論述，或者轉貼現今其他部落客的文章，來充填自己部落格園地內容，自己本身卻是無所創作的，或者東抄西括，勉強拼湊，剽掠為自己的東西。

學拳練功夫，如果有學到，有練到某一個層次水準，一定有自己的東西可寫，可以拿出來與人分享，而且寫出來的的東西，一定會擲地有聲，一定會有獨具的內容與風格，因為是自己的東西，與那些東抄西拼，雜湊而成的文章，大異其趣。

武壇、武界，爭奇鬥艷，兒子是自己的好，功夫是自己的棒，老王賣瓜，當然是自賣自誇，各個系統，各個門派，各有優點，初學功夫宜選擇自己的興趣趨向，符合自己的體能，自己的性向，自己的理念，尋找一個有緣的好師父，努力老實練拳，庶幾有成；若是急功貪快，冀望速成，可能會有所失望。

若是迷信名師，崇拜名師，情執名師，將會難有所成，徒耗寶貴的時間與金錢。

初學武術，是有些盲目的，不知何者為好，不諳何人功夫為實，有幾個方向可以細心去求證：

第一，他的拳理論述是否能與實際功夫相印證，是否只有空洞的理論，而無實際的功夫。

　　第二，他的理論是否與拳經、拳論等經典相契合。

　　第三，他所示範的功夫是否符合科學及物理力學原理。

　　第四，他是否是正直誠實之人，可從他的言談表情中窺見。

　　第五，請他向你實際發個勁，去體驗他的勁道實感，真有功夫的人，暗勁輕輕一按，就能感覺他勁道是否渾厚沉實，好師發勁恰到好處，不會傷到你，卻能讓你感受內勁的威力。

　　學功夫，一半靠機緣，你有好的緣，才能遇到好師；如果你只以他的道場豪華舒適性或學生的多寡而取抉，有時會失之交臂，選到濫竽，錯過好師。

　　武術道場，五光十色，令人眼花，會令人迷失正確方向，所以，除了機緣，還是要靠自己的智慧去作判斷。

第 140 章

在樁功中打拳

打拳架，必須有樁功與氣功含蓋其中，這樣的拳，才是有靈魂、有生命的；缺乏樁功與氣功的拳，只是運動體操的把式，不能稱之為「拳」。

很多人打拳，是站著打，胯不落，膝不曲，完全是沒有樁法的，下盤就像搖搖欲墜的「積木玩具」，這樣的拳，是成就不了功夫的，頂多只是身體有微許的運動；有些人因為下盤沒有著落，沒有支撐力點，在前腳蹋膝，後腳吃力的狀況下，反而傷害了膝蓋，造成膝蓋疼痛，留下後遺症，令人婉惜。

打拳處處都要有樁，要「下腰」、要「束身」，胯要「落插」，膝要微曲而富有彈性，不要把膝「坐死」了，「僵固」了，膝要活絡有彈力，才不會造成膝傷；腳踝也很重要，腳掌腳跟是全身受力的基座，腳踝的落沉可以分擔腳掌重量，舒緩腳跟的負擔。

從腰胯到腳跟，是下盤支撐全身重量的基礎，下盤如果沒有基礎，打拳就不穩固，不能得到中定平衡，下盤沒有基礎，發勁就使不上力，沒有辦法打樁，無法借地之力，沒有了這個借地反彈的摺疊勁，打出的就是死力，是一種拙力，是一種使蠻而成的拙力，這個力道，與打樁借地反彈的摺疊勁，是天壤之別的，是無法比擬的。

「下腰」就是腰要下落，包含著胯的「落插」，這樣，氣才能沉；「束身」就是把身體束結起來，就像把一捆散落的竹筷束集起來，使得全身力量團聚在一起，也把內氣凝結在一起，氣與力相結合；胯要「落插」，氣才能沉於丹田，凝聚於丹田，氣沉於丹田，凝聚於丹田，打拳時才能鼓運丹田之氣，透過氣的鼓盪摺疊與牽動往來，才能運勁如抽絲，才能「行氣如九曲珠，無往不利」，才能「運勁如百煉鋼，何堅不摧」。

膝是微曲的，但要富有彈力，不要把死力固集於膝，不要蹋膝，不管是前蹋或後蹋，一旦蹋了膝，它的受力程度反而加劇，造成膝蓋的損傷。

腰是要鬆的，鬆了才能集氣於丹田，但這個鬆不是鬆懈、鬆散的；腰的鬆，要鬆得有活力，有彈力，還要有裹勁與擰勁。裹，是含裹，是包含，就像古人的包裹，古代人沒有皮箱裝衣物，只能用一條大布巾，將衣物包裹起來，把布巾兩個角打結，把衣物裹藏在裡面。裹勁，就是把氣裹結、集藏在丹田，使這個氣囊壯擴起來，厚實起來。擰勁，是二爭力的相擰，好像擰毛巾一般，靠著二爭力把水擰出來，二爭力是一種巧力的互爭、相擰，不是蠻力的抗鬥（請參閱第137章「二爭力」一文）。

下盤的穩固，不是練蹲法，蹲得低，只是練到腳力、肌力，對於往後的發勁是產生不了作用的。樁功的作用，是在於能「支撐八面」，使我們在動靜當中，都能維持著中定平衡，那麼，這個「支撐八面」的樁功架構是甚麼？除了身體九大關節的力學原理得適支撐外，還有氣的挹注

沉澱，才能成就「不倒翁」的下盤的真正穩固，而且，這個穩固，是機動的穩固，它是隨時隨地，在在處處，任何時節都是維持著平衡中定的，不是只有在站著不動時才能達到平衡中定的效果。

站著不動，讓人家推不動，不是真功夫，反而是一種死功夫，不值得羨慕、嚮往，因為武術的搏擊格鬥，是機動而富於變化的，不必去練那種死功夫。

坊間，有人教推手，崇尚於土法煉鋼，是捨本逐末的練法，他們的練法是，師傅用力壓按學生的肩膀或腰胯，讓學生去承載那個蠻力，然後蹲下去，轉腰、搖晃身體，說這就叫走化，經過一段時間的練習，腳力可以承載壓力，也可以蹲的很低讓人推不動，說這就是推手功夫。

推手，其實不是這樣，推手不是練力、練死頂功夫，如果把勁練死了，雖然你頂抗功夫有了，但在往後的真正搏擊戰鬥中，這種死頂功夫是用不上的，真正遇到場面時，只有挨打的份。

推手，只是功夫的一部分，是搏擊格鬥中的一個階層練法，推手的目的是練就靈敏的反應機制，在與對手接觸的剎那，能感應對方的動機，在沾連黏隨當中，洞觸機先，得知對方的動向，感覺他的來龍去脈，得機得勢，發制於人。

推手要練的，還有發勁與接勁。發勁三要件，含蓋椿法、掤勁、及丹田摺疊勁的運用，不是只練讓人推不倒，不是只練用蠻力將人推出去，或扭抱摟摔（請參閱第34章「發勁三要件」一文）。

　　樁功的練習，除了固定式的站樁，還有動步的樁法，就是在拳架中練樁法，本來拳架中就含蓋樁法的，只是一般人都忽略了。在拳架的行運當中，在在處處，剎那剎那，秒秒分分，都要有樁法的存在，在前進後退，左右騰挪，在虛實變化當中，都不能丟掉這個樁法，若能時時刻刻的保持樁法的存在。那麼，你在打拳之中，已經在兼練樁法了，不可小覷這個樁法，因為它是成就發勁的必要條件之一。

　　樁法，要有內氣的沉澱、挹注，要透過「以心行氣、以氣運身」及大鬆大柔的鍛鍊過程，令氣沉入腳底湧泉，入地而生根；氣能生根入地，在發勁中，打樁才能發生作用，如果湧泉無根，腰（丹田）無主，那麼，練拳終生亦無補益，這是《太極體用全歌》裡所說的真言。

　　湧泉有根，就是指樁功的成就，腰有主，是指丹田氣的成就，如果湧泉這個根盤，沒有根，沒能入地生根，就打不成一個樁，沒有打樁的發勁，是空洞的，是不結實的；這個樁打下去，如果沒有丹田氣的沉澱、挹注，也是個空樁，也是個空包彈，產生不了擊破效果，縱然，有人力大如牛，能打出多少磅的力道，但這種力道，與真正的發勁，是不可同日而語的，是天差地別的。

　　樁法，還含蓋物理、力學的支撐架構，九大關節必須含蓄著氣與力，互相支撐，互相扶持，運用巧力去取得支撐角度，這個「角度」是很重要的，如果取角不適當、不適度，那麼，你得花費較多的力氣去支撐身體的重量，形成一種體力的耗費，也會形成各關節的耗損，需要特別留

意。譬如，練三才樁，兩腳肩寬，前後分開，前腳四分，後腳六分，或前三後七，在膝與胯間，要構築一個適當的角度，也就是有支撐力點的角度，胯的力度須經膝而直透湧泉腳跟，若是胯與膝的角度取抉不當，就會造成膝蓋的癱蹋，力道不能直達腳跟，甚至還會損傷膝蓋的。

除此之外，其他各關節，從腰胯而上，到脊、肩、胛、頸、肘、腕、手，都是互有連結的，不能脫鉤，若有一環節脫鉤了，就不能「完整一氣」，不能發出「整勁」。

第 *141* 章

拳經、拳論之重要性

　　拳經、拳論、十三勢行功心解、戚繼光的拳經捷要論，都是武術經典之作，是前人武術的智慧結晶，習練武術，不僅要熟讀這些經典，更要用心去參透其中道理，這樣練拳才能與理論相契合，才能事半功倍。

　　這些經論是古人武術到達高峰後的心得，我們讀經看論，或許一時不能了徹裏面的道理，只要有恆心、有毅力的去練、去悟，終會豁然開朗，而得其要旨。

　　如果成天只知談論拳理，口沫橫飛，不老實練拳，得到的將是「老來一場空」，浪費了寶貴的生命，虛擲了寶貴的時間。所言也僅止於知識範疇，與實證功夫相去甚遙。

　　除了經論之外，有關武術的書刊、雜誌，均要去瀏覽、參閱。古人的智慧好，今人的腦筋也不差，寫出來的就是人家的心得，正確與否，需靠自己去判斷，不要囫圇吞棗，一味迷信，亂吃一通，消化不了；如果能去蕪存菁，留善棄渣，經過焠煉，就可以成為自己的東西。

　　如果某人或某師所發表之言論，與拳經、拳論、十三勢行功心解等論述相悖，不宜盲目迷信，不宜有崇師與情執心態，應以慧眼去作正確之判斷，及學習的方向與目標，這樣練拳才不會唐捐其功，曠廢寶貴的時間。

第 142 章

崇師與情執

崇師，就是崇拜自己的老師，或崇拜不是自己卻非常出名的名師，有些雖不出名，但因為與他自己的思想主觀相類似，自己也崇拜的不得了，老師講的話就當聖旨般的崇奉，老師的言行舉止，也當作學習模仿的對象，如果有人評論了他的老師或他所崇拜信仰的名師，他就會與人惡眼相對，或竭力護師。

現在流行的偶像、粉絲，年輕人或熟男熟女，崇拜影劇歌星人物，瘋狂瘋迷到無以復加，真是匪夷所思，他們雖非崇師之類，但崇拜心態相同。

情執，把自己的情感投注於某人或某團隊、道場，把自己的身心世界全部投擲於自己所崇信的人、事、物當中，把自己的時間、金錢、心力全部放捨於不管對錯的事務，被人以感情而束縛在漩渦深淵中，跳脫不出，或不想跳脫，寧願將自己的情感被束於無形的籠牢中，執著而無倦怠，無法自拔，謂之情執。

學武術，崇敬老師，尊師重道是正確的，只有尊敬老師，才能得到老師的傾囊相授；如果以為繳了學費，就不必尊敬老師，把學功當作一種交易行為，這樣的心態，鐵定得不到老師的真功夫，只能學得一些表皮而已。

崇敬與崇拜不同，崇敬，是出之於內心的恭敬，仰慕

老師的真實功夫與武德及一切正確的修為，是直得學習的。

　　崇拜，是無緣由，不分對錯是非曲直，反正某個人、某個老師，看對眼了，就產生莫名的景仰，不管他為人如何，功夫如何，就是要跟定他，不管能不能學到功夫，只要能做他的學生，跟他共處，就覺得很滿足了。

　　大陸有一個女孩，崇拜影星劉○華，也不管家裡環境經濟如何，就是千方百計想到香港一見劉○華。結果又如何？見到了只能滿足自己意識的虛榮，對於現實生活有何助益。當見到後，劉○華有可能對她如何嗎？當自己的夢境幻滅時，只有留下無限的愁悵與空虛。

　　崇師也是如此，一味的崇拜，會失去正確的方向，迷航於茫茫大海中，永遠找不到智慧的彼岸。

　　情執，有些老師或某些道場，會以情感籠絡學生，用一條無形的繩索牽絆你，縱使你想離開，也會覺得不好意思，而猶豫不決，或被刻意讚歎幾句而自喜於空無的虛榮當中，最後還是被繫縛住，難以脫離。

　　更甚者，是自己把感情釋放太多，自己心甘情願將感情交付出去，自覺對老師或道場有某程度的付出功勞，而執著在這些自迷的功勞裡，認定這功勞與成果，有自己的一份心力存在，已然將道場或老師的一切視為自己的一部分，無法分離割捨了。

　　崇師與情執，是習武的障礙，是修行的障礙，會令你迷失正確的方向。所以，不管學技藝、學武或學佛修行，都必須建立正確的知見，有正確的知見，你才知道正確的

方向與目標,快速的到達理想的目的地。若是一味的崇師與情執,將永遠在迷宮中穿梭亂撞,永遠無法跳脫昏暗的火宅,永遠是燈火外圍的蠅蚊飛蛾,不僅無法成就般若波羅密,還會投向邪知邪見的深坑當中,自尋苦惱。

　　若是明知你的老師或是道場或是團隊,是不如法的,卻礙於崇師與情執的情感與情面,自願墮於邪見深坑中,無法自拔捨離,終究要被苦惱所縛,非是智者。

第 143 章

一門深入

　　選擇一種拳法，一門深入，才會有成就。如果三心兩意，心情不定，喜新厭舊，追求新奇，或太過貪心，每一樣都想學，結果沒一樣是好的。或是一日打魚，三日曬網，練練停停，自己騙自己，永遠不能成功。

　　形意拳名人郭雲深先生，只一式半步崩拳，打遍天下無敵手。所以不求多，貪多嚼不爛，專精才能成就。

　　譬如學佛，八萬四千法門，無法樣樣學透，太多太雜，難以專精，一門深入，如專修淨土法門或禪門，定可成就。

　　以內家拳而言，形意、八卦、太極，雖皆需練習，但宜分主修及副修，以個人為例，我是主修形意，副修太極、八卦，每天必練形意拳兩個小時，再複習太極、八卦，所以對形意拳有獨到之體會。一門有成，別門也易於掌握。

　　一門深入，是武術訣要，道理也很簡單明白，但是練拳的人，大部分太聰明，反而被聰明所誤。

第 *144* 章

太極拳以慢練為宜

拳經、拳論、或行功心解等太極拳經典，雖無明白舉示練太極拳應以慢練為主之文字記載，然而從經論中，不難看出太極拳應慢練之義涵。

張三丰祖師拳經云：「氣宜鼓盪，神宜內斂。」氣之鼓盪，宜慢，使五臟內腑藉氣之鼓盪得到運轉動盪，達到運動之效果，如果鼓盪太快，呼吸過急，心臟跳動超速，就會傷害身體；神宜內斂，是觀照功夫，心神往內照看，看住呼吸、吐納，心息相依，看住念頭不起妄想，這就得有靜的功力，而靜乃由慢動中得。

王宗岳《太極拳論》云：「虛靈頂勁，氣沉丹田。」欲達氣沉丹田，呼吸要慢，而深而長而細而勻，然後氣始能落沉於丹田，快則不能達。《行功心解》云：「以心行氣，務令沉著，乃能收斂入骨；以氣運身，務令順遂，乃能便利從心。」行氣，一定要沉著，氣才能斂入骨髓，生出內勁，強化筋脈；運身，呼吸必定要順遂，不能急促，才能隨心所欲，使身心得到利益；所以行氣欲能沉著，運身欲達順遂，下手處皆以慢練為是。

《行功心解》復云：「行氣如九曲珠，無往不利。」九曲珠的典故，是說孔子得到一顆珠子，叫九曲珠的，九曲珠的九是指很多的意思，九曲就是珠子裡面有很多的彎

曲小孔道。孔子想要拿線穿過這顆珠子，但是卻無法完
成，當時有女子教孔子用蜂蜜塗在線上，利用螞蟻搬蜜的
特性，將細線穿過這顆九曲珠。有人將九曲珠喻為人體九
大骨關節，行氣如九曲珠乃氣遍周身之意，行氣應使身體
九大骨關節皆能通透，使九大骨關節均可得到氣的滋潤，
達成養身效用。這種說法雖與孔子九曲珠的典故雖有所出
入，但是也有微對的一面，因為九大關節概括含蓋了人體
的大部分，九節如果暢順貫通，似已大致矣。

　　《行功心解》又云：「邁步如貓行，運勁如抽絲。」
我們練太極拳之基本功，貓步，步法宜穩，宜輕，宜慢，
慢工出細活，慢中練就輕靈，慢中練就沉穩；若快，變成
走路，無法成就功夫。運勁如抽絲，古人養蠶抽絲，織布
做衣；當蠶吐絲成繭，經水煮，繭軟，以人工抽絲，抽絲
有技巧，就是慢而勻，絲才能被抽出而不斷裂；同理，太
極拳鼓運內勁，就像抽絲一般，要慢而勻，內勁才能源源
不絕生出，累積蘊藏而備用。

　　某太極拳雜誌××先生論述「太極拳與剛柔」中第三
項謂：「……當然太極拳的剛柔虛實變化必須從緩慢起步
鍛鍊，但現代有人片面過分強調太極拳的緩慢，還有把拳
經中『運若抽絲處處明』、『運勁如抽絲』理解為動作只
能緩慢勻速，還有說太極拳能『以慢制快』的，又有認為
太極拳是練時慢應用時快的，這些認識對照拳經的闡述可
知都是錯誤的，拳經所說的『抽絲』是對太極拳由下而上
勁力傳遞的一種比喻，並無只能慢不能快的意思，在日常
生活中，蜘蛛的抽絲就可緩可疾，日常可見的網上蜘蛛抽

絲十分緩慢，而一旦當它感到有危險臨近，就會如跳傘員從高空的飛機上跳傘一樣，倏忽間拖出很長的尾絲墜落到地上逃遁了，速度十分疾快。……還有太極拳的平時練習也並非僅僅是套路練習，如練功、推手、散手等也是太極拳平時練習的內容，這些練習都是有快動作的，對於楊澄甫先生在《太極拳使用法、單人用功法》中所介紹的溯槍和刷槍練習，則應只能是快練的。當然太極拳的入門和提高、各種功夫的培養必須以慢為主，但不能因此認為快不是太極拳的本質屬性和一種練習方法。」

茲以愚見拙述如下：

此君謂：「現代有人片面過分強調太極拳的緩慢，還有把拳經中『運若抽絲處處明』、『運勁如抽絲』理解為動作只能緩慢勻速，還有說太極拳能『以慢制快』的，又有認為太極拳是練時慢應用時快的，這些認識對照拳經的闡述可知都是錯誤的」。

綜觀太極拳經典，如愚於上所述，太極拳練習之義涵，乃以慢勻為主，並無一處指明練太極拳須快疾的。反觀拳論云：「斯技旁門甚多，雖勢有區別，概不外乎壯欺弱，慢讓快耳。有力打無力，手慢讓手快，是皆先天自然之能，非關學力而有為也。察四兩撥千斤之句，顯非力勝；觀耄耋能禦眾之形，快何能焉！」故知，拳論主張，有力、手快，皆先天自然之能，非關學力而有為也。而且，太極拳「以慢制快」及「練時慢應用時快」的理論，並無不妥。練時慢，是練氣，沉藏內斂為勁，是練體，是練內功。練體成就，透過用的練習，在用時，自然可慢可

快，隨心所欲，此謂體用兼備。如果功體尚未成就，亦即慢的功夫尚未成就，就急著去練或兼著去練那些溯槍和刷槍等快速的練習法，將會徒勞無功，而且練成拙力。

太極拳功夫成就時，是可以「以慢制快」及「練時慢應用時快」的，因為真正太極拳成就者，是可以後發先到的，「後發」就是「慢」人半拍，雖「慢」人半拍，卻可以「先到」，這才是太極拳。

又此君以蜘蛛之抽絲可緩可疾，而駁拳論之運勁如抽絲之純慢，並謂「對照拳經的闡述可知都是錯誤的」。不知魏君是以拳經之何語何句而謂對照拳經的闡述可知都是錯誤的。拳論所謂「運勁如抽絲」，此絲非彼絲，拳論所謂的抽絲，係指蠶絲的絲，非蜘蛛之絲，何以故？成語謂「抽絲剝繭」，蠶吐絲成繭，經燒煮，使之鬆軟，而抽之織布製衣；蠶絲細，故抽時，宜緩宜慢，猶如行拳之運用蓄勁，小心翼翼；況且蜘蛛之絲，是以嘴「吐」之，非「抽」之，它是可快可慢的；抽絲之絲，是以手抽之，必得異常小心，非常緩慢，才不致於抽斷；若以蜘蛛之吐絲喻為「運勁如抽絲」之絲，則可謂「差之毫釐，謬以千里，不可不詳辨焉！」

是故，太極拳之練習次第，應先慢練，應先練體，功體成就後再練用，練用時，則可快可慢，在功體成就後再練發勁用法，以及可練一些「溯槍和刷槍等快速的練習法」，否則，便成捨近求遠，捨本逐末。

此君又謂：「拳經所說的『抽絲』是對太極拳由下而上勁力傳遞的一種比喻，並無只能慢不能快的意思。」愚

看不出經論裏有「抽絲」是對太極拳由下而上勁力傳遞的一種比喻，只有一句「如意要向上，即寓下意，若將物掀起，而加以挫之意，斯其根自斷，乃壞之速而無疑。」而此句之意乃係指發勁之「用」而言，非指練「體」。

此君所謂：「『抽絲』是對太極拳由下而上勁力傳遞的一種比喻」，「由下而上勁力之傳遞」，亦係為發勁之「用」法，而運勁如『抽絲』是指練「體」，非「用」。

筆者看到很多習練太極拳者，初練時即有發勁拳架之練習，因為本身之內勁尚未練就，其發勁之狀，變成極不自然之硬勁，練了很多年，在實際應用發勁時仍是空勁拙力，永遠無法成就太極拳真正的內暗勁功夫。所以，欲練兼有發勁之太極拳架，須先將本身之功體練好，俟內勁練就，欲練發勁或其它快速之兵器及用法，即可水到渠成，事半功倍。

據傳太極拳宗師楊露蟬有一則公案，有人問宗師教京城那些王子哥兒們太極拳，都是慢吞吞，軟綿綿的，可以練就功夫嗎？答案成懸，有人認為楊宗師是漢人，教京城那些王子哥兒們當然是有所保留的，事實如何？至今成為無頭公案。

愚以為，楊宗師並無所謂的「有所保留」，太極拳之體用，本來先練體後練用，練體當然得慢勻鬆綿，內暗勁始能成就；京城那些王子哥兒們之所以無法練就太極功夫者，除了那些沒有老實認真練拳及不具悟力者外，我想一定還有功夫成就者。

某名師自創太極快拳，以為是種創見發明，事實上只

是畫蛇添足，頭上安頭之舉。蛇本無足，強畫上足，頭本來也只一個，再安上一個頭，謂之多此一舉。

　　學練太極拳首求正知見，有正確的觀念，正確的方法，才不至走岔路，離太極拳的本質，愈行愈遠，否則習練多年沒得到真功夫，而誤認太極拳不能用。還有練太極拳要老實認真，在認真老實練拳中去求悟，而不是將太極拳當做學術去研究，成天談論陰陽虛實，剛柔五行八卦，讓學者看了一頭霧水，越看越雜、越亂、越繁，無濟於功夫之修煉。

第 145 章

勢

勢，包含身勢、形勢、招勢；勢，也含蓋著力勢、氣勢。

身勢，是身體在行動中的一種姿勢、態樣，譬如打球，是一種流動的態勢，打拳也是。身勢，也有靜態的樣貌，譬如擺好一個固定的姿勢。

形勢，是那個態勢、行為、動能，已經在集結當中或已經將要成形，或已經定形。

招勢，指拳架中各式各樣招法的名稱，譬如，野馬分鬃、玉女穿梭等等。

打拳，融匯了身勢、形勢、招勢、力勢與氣勢。分述如下：

一、身　勢

身勢包含步法、身法、手法等等，從頭到腳，都是一「身」的「勢」力範圍。身勢兼攝了太極法要中的虛靈頂勁、含胸拔背、沉肩墜肘、落胯等等，這些都是老生常談，不再贅述。

身勢中常被忽略的是「束身」、「下腰」。

1. 束　身

是把身形束結起來，緊縮起來，把氣凝聚起來，使外

表的肌膚、骨架結紮成一束，如似將一捆散亂的竹筷，綁紮成一束，這樣團結在一起的竹筷，力量才能凝聚，無法斷折。束身還含蓋著氣的束結、團聚，打拳如若氣不聚集，身形便會散亂，打起拳來就會鬆鬆垮垮的，稀稀落落的，飄忽而零散。形意前輩常說的「裏勁」就是「束身」的寫照，裏，是包裹，把勁包紮起來，含蓄集結起來，這樣才是真正的「身不散亂」。身的散亂，非只局限於「不得機得勢」而已，還含蓋著氣機的不凝、不聚、不束、不結。所以，不得機，表示沒有得到機會，也就是說有時間差，在時間上慢人半拍，在時機上怠墮了半截；不得勢，就是沒有得到身勢、形勢、力勢與氣勢上的優越地位，所謂「敗勢」是也。

2. 下　腰

含蓋了落胯、曲膝與摺踝，鬆腰落胯是老生常談，腰鬆了，胯落了，氣才能沉於丹田；曲膝但不能塌膝，塌膝則無力，膝的微曲當中，要有氣的挹注，才能保持彈力，減低膝蓋軟骨的磨損。踝骨要坐摺，也是保持彈力，這樣在發勁時才能有摺疊的彈性，才能借地之力，才能力由地起，才能其根在腳。

步法：是一身的樞紐，步法不沉穩輕靈，則身法、手法都會受到影響。步法的沉穩輕靈，在於樁功的成就，樁功沒有成就，步法就談不上了。

身法：腰是身之主宰，氣是腰的靈動，腰動而氣不動，是呆動，是局部動，不是完整的動，所以，要內外互合，上下相隨，要綿密貫串而無間斷。

　　手法：太極是不用手的，用手則非太極。太極的手是被腰腿所牽動的，不是主動，是由腳而腿而腰，然後才形於手的，在整隻手臂而言，是肩催肘，肘催手的。話雖如此，但不可忘記「尤須貫串」、「總須完整一氣」、「不可有絲毫間斷」。

　　手，含蓋著指、掌、腕三部分，手指宜自然分開，掌要呈荷葉狀，掌心含裏，氣貫勞宮，手指要有掤勁，不能萎靡，腕要坐，坐才有根。

二、形　勢

　　太極的形，包含慢勻、輕靈、沉斂與貫串等等。

1. 慢　勻：

　　慢勻是太極的主要形勢，慢才能行氣運身，所以，太極以慢練為主，講求鬆柔，不用蠻力，快則發喘，面紅耳赤，節奏變調。有些人喜歡標新立異，頭上安頭，自創所謂的快太極，使太極拳變成渾亂現象。

　　太極拳以慢練為宜，以心行氣要慢，以氣運身要慢，氣要慢、要長、要深、要細、要勻，如拉弓，如抽絲，綿綿深細，均勻而不亂，這樣練功行深時，內勁則日漸凝聚內斂。

2. 輕靈與沉斂：

　　輕靈就是輕鬆與靈活。輕靈的前提，就是周身的協調，內外的一致，上下的相隨。

　　輕靈，不是輕忽，搖擺不定；輕靈，要須能夠中定、平衡。輕靈之中，還須沉斂，根盤要入地；若是腳跟無

樁，雖然輕快，總是虛浮而沒有實質內涵。

體內的氣尤須靈活變換，一吐一吞，一起一落，在在都有其規舉，有其節奏，有其頻率。「輕靈」之輕，是鬆而不懈，全身不著一絲拙力，外鬆而內沉，外柔而內剛，外如綿，內似鋼。「輕靈」不能離開「沉斂」；「輕靈」與「沉斂」是一體兩面，若是缺一，即不完整。沉勁須是透過「以心行氣，務令沉著」的修煉過程，長久積聚，氣乃能內斂入骨，匯集成極堅剛的內勁，有了這真實質量的元素，勁才能沉墜如千斤鼎。

太極拳是體用兼備的，除了拳架的鬆柔順暢自然之外，在應用方面是講求應變能力的，是要善於變化虛實的，而應變能力係來自神經系統及平常行為的慣性作用，所以就得依靠輕鬆靈敏的變化機制，輕靈可以減少對手來勢阻力的壓迫，及能量損耗的降低。「沉斂」則使氣沉斂於骨，使氣沉澱於腳底湧泉，入地生根，才能打樁，借地反彈之摺疊勢力而發勁。

3. 貫　串：

貫串，是一節一節的貫穿串連，結合在一起。好像一顆一顆的珠子，把它貫穿成一串珠鍊，由散粒結成一個完整的個體。

具足「貫串」才能達於「完整」。外形一節一節綿密結合，一動全身皆動；內意、氣勁亦須綿密結合，不可有斷續、凸凹及缺陷。

內意外形必須結合為一體，不可分離、切割，所以，外形肢體架勢必須有內氣的挹注灌輸，才能內外貫串。

在用法言,貫串就是完整一氣,亦即整勁之意。在內裡方面,泛指意不斷,氣不斷,勁不斷。意不斷,指意念要集中,沒有妄想存在;氣不斷,指氣的飽和匯聚,不散亂;勁不斷,是內勁的綿密不丟與蓄積,待勢而發。

如是內外完整,上下前後完整,意、氣、勁同時完整,始得謂整勁,或謂完整一氣,謂之「貫串」。

太極之形架與內意,在舉動之中,除了全身上下、內外都要輕靈之外,最重要的地方,在於「貫串」,在於「完整」,他強調貫串及完整的重要性,所以拳經用了「尤須」兩個字,是加強語氣,提醒後輩學人,要須特別重視太極體用中的「貫串」「完整」。

三、招　勢

招勢,是一種招法的勢力結構。太極拳的招勢名稱很多,有取至動物形象,如白鶴亮翅、金雞獨立等,有引喻取名,如上步七星、手揮琵琶等。各招勢的貫串連結,就是拳術的結構套路。

武術的初練,要先練各別的招法,各式的架構勢力,嫻熟它的用法、打法,起落、始終、轉折,都有規格、規矩,熟稔以後才能生巧,才能變化勢法,由有招變無招,隨心所欲,神變莫測,人不知我,我獨知人。

在實技較戰當中,是千變萬化的,也沒有固定的招勢,在詭譎的戰鬥中,是虛虛實實的。在搏鬥中,是兵不厭詐的,這是兵法,拳法就是兵法。

「拳打不知」,一拳出去,有虛有實,在實戰當中無

法預設立場，無法擬定預備招式。

　　武術的神奇，在於自然反應，一個聽勁好的人，全身都有反應機制，你碰觸他哪裡，他那裡就會做出自然的反應，都是不經過思考的，都是沒有預設目標立場的。

　　打人不是全靠手，身體每個部位都可以打人，你碰觸到他哪裡，他那裡就會做出反射的回打，所以，打人已經不是用手了。那麼，預設一個招，來對付那個招，有用嗎？所以，當可理解「見招拆招」是荒謬的說法。但是，於初學者而言，招勢的正確是必須的，要規規舉舉的把招勢打下基礎，基礎奠定了，在往後運用時，才能無招勝有招。

四、力　勢

　　使力的前奏，先得有一個「勢」，亦即借勢而使力，若無這個「勢」，力量使出來將是事倍功半，而且那個力將是孤單的，將是笨拙呆滯的。行功心解裡講「牽動往來」、「往復摺疊」，都是在借一個「勢」，有了這個「勢」，在使力運勁時，就能事半功倍，順水推舟，達到借勢使力的省力原則，

　　太極拳是不用力的，所以要借一個「勢」來完成那個「力道」，正確的講，是借勢而完成一個「勁道」。

　　這個「勢」要從哪裡借起，拳諺云：「力由地起」，太極拳經云：「其根在腳」，這是說，要借那個「勢力」須從腳底而起，由腳借地之力。那麼，要如何借地之力呢？如果缺少那個「勢」，力是無緣而借的，這個被借

助的緣，就是丹田之氣，借著丹田氣的鼓盪，將氣運達腳底，產生一道摺疊的反彈勁道。這邊還牽涉到樁法及打樁的應用，如果樁功沒有成就，如果不會打樁，而只靠著微劣的「身勢」去上下起伏蹲曲，這樣，這個「勢」借起來是不完整的，因為只有「外勢」沒有「內勢」，沒有「內外相合」，形成一種「缺陷」。

《孫子兵法》兵勢篇第五云：「激水之疾，至于漂石者，勢也；鷙鳥之疾，至于毀折者，節也。是故善戰者，其勢險，其節短。勢如張弩，節如機發。」

《孫子兵法》說：「湍急的流水迅速的奔瀉而下，能夠把石頭漂移沖走，這是借助於猛烈而有沖擊力的水勢所使然；兇猛的鷙鳥在高空疾速俯衝而下的力道，能捕捉其他的鳥獸使其骨折身毀，這是由於牠能掌握最佳的攻擊機勢與節奏。因此，善於作戰的將帥，他所造成的態勢是險峻而不可擋的；他所掌握的行動節奏短促猛烈。這種險峻的態勢，就像拉開張滿的弓弩，這種節奏就像一觸即發的弩機。」

《孫子兵法》又云：「故善戰者，求之于勢…。任勢者，其戰人也，如轉木石。木石之性，安則靜，危則動…。故善戰人之勢，如轉于千仞之山者，勢也。」

《孫子兵法》說，善於作戰的人，他是求之於「勢」的，把作戰方針全放在「態勢、機勢」上。善用態勢、機勢的人，他的作戰策略，就像運轉滾動的木石一樣；木石的特性，把它們放在平坦的地方是靜止不動的，把它們放在地勢險陡的地方就會滾動。所以，善戰者所造成的有利

態勢，能像轉動圓石從千尺高的山上滾動而下，勢不可擋，這就是軍事上、兵法上所謂的「勢」之要領。

從《孫子兵法》中，可以體會勢與力的相互關係，與相輔相成之作用。太極拳，從拳架方面而言，這個「架」是務須借「勢」的，如果沒有「勢」作前鋒，那個架就顯得吃力而有滯礙，周身既不得輕靈。從推手或散打的方面而言，沒有「勢」為導，就是蠻力，就是死纏濫打，只是鬥力而已。

借勢有借對方的勢，也就是說對方有一個勢力來，我依其來勢，借其力而使力，也就是「借力打力」，這個「借力」是含蓋著「勢」的。「勢」，是說對方有一股來去的跡象力勢，是他的形勢已經在集結當中或已經成形，有一股勢力之張顯，為我所預知，我即像運轉滾動的木石一樣，將對方已成之勢力，來贊助我身的勢力，將兩股勢力整合，合而為一，這個勢就像轉動圓石從千仞之山滾動而下，使這個「勢」無法可擋，太極的發勁，就是如此這般。

如果敵不動，我將如何借勢？只有用「引」，引動他。這個「引」，功夫是極深的，否則引不動對方，引不動則無勢可借，變成蠻打硬取。

「引」，要練出「沉勁」，丹田氣夠沉，腳底的樁功夠沉，手的掤勁夠沉，你的手輕輕搭在對方身上，就能撼動他的根盤，他就會動、會抗、會頂，會作出一個反應動作出來，也就是會作出有動、有抗、有頂的「勢」，這個「勢」是由我把他引出來，逼出來的。對方有這個「勢」

被引起誘發出來，要借力將其打出，就變成輕而易舉了。

《太極十三勢》歌云：「勢勢存心揆用意，得來全不費功夫。」這個「勢勢」含蓋著拳架的招勢，還有推、散手中的力勢，你勢勢都能存心用意，你對拳架中「體」的勢法及推、散手中的勢法，都能用心的忖度、尋伺、衡量，能掌握這個「勢」的契機，即能所向無敵，得來全不費功夫。

五、氣　勢

氣勢，是展現於外的氣質態勢，是一種外在精神的顯露。

武術家的氣勢，外現鬆柔，飄逸而豪邁，炯然而內斂，正氣凜然；內示安靜無慮，自信而不驕慢，虛心而不妄自菲薄。

氣勢要有膽識做依歸，有了膽識，呈顯於外的，就是一股浩然正氣，不怒而威，溫文而儒雅。

膽識是功夫已經成就了，打法實戰已經嫻熟了，能夠遇事而不驚，逢眾而無懼，處變而能鎮定如常。

膽識，是具備了內在的實力，內心不憂不懼，臨危不亂，在惡劣環境中，能從容自在，安然應付一切逆境與危機，是一種內在氣質的展現。

習練武術，須心存正念，才能培養出剛毅的氣勢；也只有下功夫，用心練拳，才能鍛鍊出無畏的膽識。

第 146 章

奇正相生

　　太極拳裡面常常說到陰陽、虛實，說「陰陽相濟」、「虛實分清」，形意前輩則說「奇正相生」，那麼，奇正與陰陽、虛實是否意義相同？或者另有特別的意涵？

　　話說太極原本是半陰半陽，陰極而陽生，陽極而陰生，雖然各分為半，卻能相生相濟。再說虛實，雖說要分的清清楚楚，而虛實的實質意義在於靈活的變化，如果在實戰應用時，還有分清虛實的觀念存在，恐怕還在想像思維虛實要如何分清之際，已被打趴。

　　在實戰中，是虛虛實實的，是假假真真的，讓對方摸不著頭緒，分不清楚真假，讓對方如墜五里霧中，所謂「拳打不知」，要打到對方的盲點，這樣才是高招；若自己的虛實分得很清楚，被對手一眼瞧破，分明就是挨打的架子。拳經說：「虛實宜分清楚」，是指打拳架的而言，拳經這邊用了「宜」字，沒有強調「應該」或「務須」等詞句，所以，這個「宜」字是適合、適宜之意，是指在打架子之中，雙腳或雙手不能全實，不能有「雙重」，所以打拳架是虛實宜分清楚，不宜「雙重」；但是，在推手或散打實戰中，這虛實是沒有辦法去分清楚的，而是要虛實善於變化的，所以，拳經後面還有「一處有一處虛實，處處總此一虛實」，這邊它告訴我們，在實際較戰時，每一

處都有每一處的虛實變化，而且是處處都有這個虛實變化的，而不是教你冥頑固執的死守著虛實分清，拘泥於死胡同之中，跳脫不出，成為挨打的敗勢局面。

形意的「奇正」之說，似出自《孫子兵法》兵勢篇第五。引述如下：

孫子曰：「三軍之眾，可使必受敵而無敗，奇正是也；兵之所加，如以碬投卵者，虛實是也。」

翻成白話為：「孫子說：眾多的三軍將士，即使已遭受敵人四面包圍而不會潰敗的原因，在於『奇正』戰術的運用；對施加於敵人的攻擊，能如同以石擊卵般的威力，在於『虛實』策略的運用。」

凡戰者，以正合，以奇勝。故善出奇者，無窮如天地，不竭如江河。終而復始，日月是也。死而復生，四時是也。

翻成白話為：舉凡作戰，要以正法而合謀，以出奇而致勝。所以，善於出奇制勝的將帥，其戰術猶如天地變化而無窮無盡，如同江河之水奔流永無竭止。週而復始，就像日月的運行；死而復生，彷彿春夏秋冬四季的變化。

戰勢不過奇正，奇正之變，不可勝窮之也。如環之無端，孰能窮之哉！

翻成白話為：戰爭的機勢不過奇正兩種，而奇正的變化，是無止盡的，是無法窮究的，好像圓環一般的看不到端尾，怎麼能有窮盡的時候。

在兵法中，「奇」，是一種特殊的戰法，是一種機動、變幻莫測，出其不意的心理戰，就作戰方式而言，正

面攻擊為正，包抄、偷襲、側翼攻擊為奇；以實力殲敵為正，以誘敵欺騙使詐取勝為奇，兵法云：「兵不厭詐」是也，在假假真真中，在虛虛實實中，挖一個坑等你跳進去，這就是奇。

在武術的習練當中，以正規實練為要，不能投機取巧，武術的修鍊是不能取巧的，你得老老實實的練，別夢想一步登天，內家拳沒有速成班，你得一天一天去累積功體，這是拳術中的「正」法。等那麼一天，你的功體成就了，內勁成就了，樁功成就了，掤勁成就了，你開始要去探究實戰的用法。

在實戰中，你不能失去這些「正」法的，「正」法包含樁功的沉穩、步法身法的輕靈、打樁發勁的運用、氣的凝聚吞吐鼓盪摺疊等等，然後，在「正」法中去尋求變化，在「正」中求「奇」。

練時宜求「正」，中規中矩，不可以自己之主觀意識思維而練拳，所有的拳法、拳勢，所有的理論，不能跳脫拳經、拳論、行功心解的範疇，不能標新立異，以為自己聰明，而偏離了拳理；在實戰運用時，拳的所有內涵不能失去，但技法的戰略運用，不能一成不變，也沒有所謂的「見招拆招」，在詭譎的戰鬥中，是爾虞我詐的，是請君入甕的，是挖一個坑等你去跳的，是放空營讓你闖入的，這是較戰中的「奇」法。

拳法就是兵法，拳法無定法，這是指實際戰鬥而言；在拳架套路中，拳法是有定法的，不能跳脫正規的定法而尋求奇異，譬如說，基礎的樁功，手的掤提，丹田氣的積

斂，還有架勢中的束身、下腰、撐襠、挣馬等等，都要練得穩當紮實，如果基礎的正法沒有成就，躐等而求，無有是處，到老還是一場空。

正法，就如軍隊的訓練，體格耐力的養成，紀律的守護等等；軍隊嚴整了，出去作戰則無定法；無定法，是指用法，就是兵法的運用，包含天候、地形、虛實的變化、心理戰術的應用等等。

在拳術的技擊運用，虛實的拿捏，已經不是見招拆招了，在一搭手的短兵相接中，靠的是靈敏的聽勁反應，是全憑感覺的，眼睛的察查觀看已經淪為配角，眼睛只需用餘光去照探，不是用主光去看對方的手或對方的肩，是用餘光去尋伺、感應對方的來勢、跡勢，然後去沾連黏隨，有了沾黏，就有神經的反應機制產生，聽勁好，自然會作出適當的反應，要走化還是接勁，還是化帶打，全是存乎一心了，虛實的變化也是從中而求得的，用眼睛是察覺不到對方的虛實的。

形意前輩常說，打拳要有奇有正，奇中有正，正中有奇，奇正相生，如環無端，那麼，以五行拳的「劈拳」來說，一拔一躦一劈，何者為正？何者為奇？何者為實？何者為虛？我想可能很少有人能說出「所以然」來。

這個問題就讓讀者自己去思索，自己悟出來的東西才是真實，聽來的只是一種知識，在此就賣個關子，入門引路須口授，功夫無息法自修。

形意劈拳

　　劈拳，為形意拳五形之母，劈拳若成就了，餘皆為末事爾。

　　劈拳的動作，細分為三，即拔、躦、劈。在打拳架時，「拔躦」為一個節拍，也就是連結成一個動作，「劈」為另一個節拍，成為另一個動作。「拔躦」為「起」，「劈」為「落」，要起如箭落如風；「拔躦」為「曲」，「劈」為「伸」，要隨曲就伸；「拔躦」為「奇」，「劈」為「正」，要奇正相生；「拔躦」為「蓄勁」，「劈」為「放勁」，要蓄放完整一氣；「拔躦」為「吞」，「劈」為「吐」，要吞吐自如。

　　奇正之說，並無定法，因為拳法本無定法。若在打暗勁時，因為動作放的極慢，呼吸吞吐極為細長而深沉，所以，在「拔」的時候為「奇」、為「曲」、為「起」、為「蓄」、為「吞」，在「躦」的時候為「正」、為「伸」、為「落」、為「放」、為「吐」。

　　在這中間有一個「過門」，有一個轉折的小呼吸、小吞吐來連續下一個動作的「劈」，所以，這個「過門」這個小呼吸小吞吐函蓋著丹田內轉的，是歸屬於「奇、曲、蓄、起、吞」的範疇，再接續下去的「劈」，也是歸屬於「正、伸、放、落、吐」。運用之妙，存乎一心，奇正相

生之理，亦復如是。

劈拳，可以拆解單練。

一、拔

1. 撤步下拔

三體式，左腳在前，右腳在後，兩腳保持肩寬。左腳後撐撤步（右腳先退左腳跟隨撤回），同時，兩掌呈鷹爪狀，往下拔至腰際。同一式做一百次後換腳，左右各一百次。

2. 進步下拔

撤步下拔動作熟稔後，可練進步的下拔，利用蹭步前進來做下拔的動作。

3. 交替下拔

這是一種步法的練習，也就是左右腳各一次的交替換步。在撤步、進步熟稔之後，可練前進後退，左右步法的交替練習。

下拔，含有太極「採」的味道，下拔時要像採水果一般，要有「頓、挫」之勢，瞬間到位；手指要有鷹爪的抓力，似鬆非鬆，似緊非緊，柔中有剛，剛中寓柔，剛柔並蓄。要把Q勁練出來，如果太硬，手力太拙，雖然使了很大的蠻力，看起來就是笨笨呆呆的，沒有那個「勢面」，會呈現有力使不出的窘境。

拔，是一種巧勁，力由地起，你要會打椿，才能拔出東西來；這個椿打下去，是有彈力的，身勢會有反彈作用，所以，拔到得勢了，手到腰際時會反彈而上，去接續

「躓」的動作。

二、躓

1. 進步上躓

　　三體式，左腳在前，右腳在後，兩腳保持肩寬。曲膝落胯，束身裹勁，氣聚丹田，在身子往下落沉之同時，兩手隨身體下墜之勢會自然有下拔的動作產生，後腳打下暗椿往前蹬步，由於下坐打椿的後坐力之反彈，兩手隨身勢往前衝的同時，以明勁向前向上躓打而出，左手在前右手置於左肘下，兩手皆要往外擰轉，將筋拉開，令氣充滿整隻手臂。

2. 退步上躓

　　進步上躓動作嫻熟之後，可做退步下躓的練習，利用前腳往後撐的暗勁使身勢往下，在這同時兩手會有迅速下拔的動作產生，緊接著後腳撤步打下暗椿，在打椿回彈時兩手向前躓出。

3. 交替上躓

　　這也是一種步法的練習，左右腳各一次的交替換步。在進步、退步上躓熟稔之後，可練前進後退，左右步法的交替練習。

　　躓，要有擰轉之勁，如鑽子之鑽物；躓，要隨曲就伸，伸要似直非直，要含裹著勁，要曲蓄而有餘。躓，在到位時會有回彈力道，是一種彈簧勁，如果使用蠻力，不會有這個效果，如果椿功沒有成就，也不會有這個效果。上躓之時，要擰腰，撐襠，下腰，兩腳有二爭力，腿腰形

成一個二爭力，腰身手形成一個二爭力。

三、劈

1. 進步上劈

左手鑽拳躦出，右拳置於左肘下，左腳實，右腳尖虛置於左腳掌內側中間，左腳以暗勁打椿向前蹬出，右腳跟步，同時右拳躦出即變掌向前向下劈，左拳抽回向下採置於左腰前。動作反覆不斷，右手劈完練左手劈，各一百次。

2. 退步上劈

左手鑽拳躦出，右拳置於左肘下，右腳實，左腳尖虛置於右腳掌內側中間，右腳以暗勁打椿向後撐，左腳先退右腳隨退，同時右拳躦出即變掌向前向下劈，左拳抽回向下採置於左腰前。動作反覆不斷，右手劈完練左手劈，各一百次。

3. 交替上劈

這也是一種步法的練習，左右腳各一次的交替換步。在進步、退步上劈熟稔之後，可練前進後退，左右步法的交替練習。

劈，顧名思義，好像劈柴，由上往下劈，在拳往上鑽的同時往下劈，勢要順，要一氣呵成，不可間斷。劈拳有變化掌，譬如，撲面掌，以掌面直撲對手之面，還有，側劈，須先練就蒼龍抖甲的抖勁，才能打好側劈，因為，側劈須靠腰的彈抖才能把勁道打出來。

4. 連環劈

三體式，右腳在前左腳在後，右掌在上左掌置於左胯前。右掌下劈，左掌連著下劈，右掌向上向前劈，這是右順步，練完一百次換左順步。

劈拳，為形意拳五形之母，劈拳如果練就了，其餘四形就能順利的掌握到拳意。

劈拳要練到明勁快捷而有勁道，起碼要練半年的時間，而且要認真的練，每天至少要練二個小時，方能有成，若耐不住性子，想要半年把五形練完，甚至想一下子把十二形練完，對真正的功體是無所助益的，練的多卻沒有練出東西，只是浪費時間與精神而已。

形意拳招式簡單易學，但深處之中還有更深處，難以探到底處，誰能有恆心，有耐性，堅持到底，練形意拳才會有成就，而千百人之中，能成就者只一、二人而已，因為能持續不懈者甚少，甚少。

第 148 章

真人之息以踵

踵，腳跟也。

「真人之息以踵」，如果依文解義，解釋為真人以腳跟呼吸，這樣對嗎？

大家都知道，呼吸是用鼻腔；腳跟是不能呼吸的。那麼，「真人之息以踵」又當如何解釋呢？

「真人之息以踵」，這句話出自《莊子》大宗師篇：「古之真人，不逆寡，不雄成。」「古之真人，其寢不夢，其覺無憂；其食不甘，其息深深。真人之息以踵，眾人之息以喉。」

何謂「真人」？莊子說：「古時候的真人，不會做欺凌弱寡的違逆事情，不會恃才傲物，恃功傲人。」「古時候的真人，睡覺的時候不會做惡夢，醒著的時候沒有憂慮牽掛；吃東西不求甘美；呼吸時氣息深沉。真人的呼吸深沉可通達於腳跟，而一般凡夫大眾的呼吸只是在喉嚨之間。」

莊子說：「不忘其所始，不求其所終；受而喜之，忘而復之，是之謂不以心捐道，不以人助天。是之謂真人。」

莊子說：「不要忘了原先開始的，也就是不忘本的意思；不追求最後的結果。一切順逆境都歡喜的承受，遺忘

了的要把它撿拾回來。不刻意用心去求道，不用任何方法去求得幫助。這樣子的修行者叫做真人。」

莊子所謂的真人，是指超凡入聖的人。古人認為要超凡入聖，要得道成仙，除了具備上述「真人」的人格，兼要從練氣修丹著手。

一般人呼吸都是在喉嚨和肺部之間，練氣功及練武術的人會把氣運到丹田；要把氣運到腳底湧泉，普通人做不到。

真人之息以踵，意思是氣遍周身之意。氣如能通達腳底，就一定能遍布全身。

踵，有跟隨、相繼之意，例如「踵其後」。呼吸雖然要相繼相隨，綿綿不斷，但在這邊與莊子所說的「真人之息以踵，眾人之息以喉。」所表達的意思是不通的。因為，莊子說：「真人之息以踵，眾人之息以喉。」一是以「踵」，一是以「喉」，是以「踵」與「喉」來區別「真人」與「眾人」的呼吸是有很大的相異之處。所以，這邊莊子所說的「真人之息以踵」的踵字，是指腳底湧泉而無疑的，而不是跟隨、相繼之意。但是如果依字義來解釋，以腳跟來呼吸、運息，似乎是普通人所不能理解的。所以讀經看論是不能依文解義的。

莊子所說真人之息以踵，意為氣息深沉之意。

道教以踵息為先天氣的運行，其息可直達腳跟。

事實上，人的毛細孔也能呼吸，所以，呼吸以踵，應該是可能的，只是普通人，沒有練氣的人，是無法做到的，也是無法思維理解的。

莊子主張的踵息，被後來道家的練氣士視為層次較高的修練法，不在我們討論的範圍。然而，氣達腳底，氣遍周身，行氣如九曲珠，卻是我們學練太極拳或內家拳所必須做到的水準。

練習樁法，目的在於氣沉腳跟，鞏固下盤。氣若不能下達湧泉腳底，那麼在發勁時，就不能打樁，也不能藉由打樁借地之力所產生的反座力，產生摺疊勁。那麼，這個勁，打出去就不會脆，不會紮實，不會磅礡。

以內家拳武術的立場而言，這個「息」，可以解釋為「氣息」、「氣機」，這個「息」並不是把空氣吸來呼去；這個「息」是鼻子所吸進來的後天之氣，運達於體內後，它的運為所產生的作用。普通人呼吸在喉肺之間，氣息短淺，它所供給的氣機養份，短淺而寡少，對身體的生理機能效用較微。

透過氣功的練氣方式，或太極內家拳的丹田逆式運氣法，可使氣落沉於丹田，下達湧泉，而氣遍周身，這樣的呼吸吐納運行，可使體內氣機旺盛充沛，達到健康長壽的效果。所以，「真人之息以踵，眾人之息以喉。」是說真人的氣息可以到達腳跟，凡眾之氣息只達於喉間，是一種奄奄之息。

形意的氣息是達於踵的，所以才能蹬步有勁，才能追風趕月，才能硬打硬進。

八卦的氣息是達於踵的，所以才能擺扣靈敏，才能如遊龍騰天、採蝶穿梭。

太極的氣息是達於踵的，所以才能邁步如貓行，才能

形如搏兔之鵑，才能其根在腳。

　　惟有氣息達於踵，才有下盤二爭力的產生，惟有下盤的二爭力，才有中盤腰胯撐裏勁的產生，惟有中盤腰胯的撐裏，才有上盤肩肘手的掤勁產生，如是三盤貫串，這三盤之氣的落沉，謂之「三盤落地」，三盤連成一氣，三盤含蓋全身之氣、之勁，謂之「完整一氣」，謂之「整勁」。

　　「真人之息以踵」，這個「以」字如果解成「於」字，在我們凡夫立場而言，是比較貼切的，也就是能將氣息運達「於」踵，氣機遍及湧泉腳跟，這樣作解，於凡夫境界是較為相近合適的。

　　我們還沒有達到「真人」的境界，無法以踵呼吸，如果能將太極拳或內家拳之氣勁，下達腳跟湧泉，而至氣遍周身，成就內勁，已屬不易。若是能透過修行，達於「淡定」階層，醒著的時候沒有罣慮憂愁，睡著的時候不會惡夢連連，功夫成就時，或許我們也能達於「真人」的境地，也能息之於踵。

　　據說，修行到「入定」境界，是息脈俱斷，沒有呼吸，沒有脈動，沒有心跳，在真定的時候，因為內心無欲無求，無罣無礙，這樣體內能量的消耗是極微的，所以沒有呼吸照樣能夠存活著，沒有進食也不會餓死，這是莊子所說的「真人」境界。所以，到達這個「真人」的境界，鼻腔不呼吸，而身體自會呼吸，毛細孔會自然呼吸，這樣來推論，「真人之息以踵」也就成理，不是困難之事。

第 149 章

三盤落地

三盤落地，這個名詞在武術的招式中會見到，在易筋經中也有三盤落地這個勢法。氣功中的三盤落地，是兩腳馬步低蹲，兩掌分開，掌心向下。易筋經則是兩腿分跪，腿內側及臀部著地，兩手下按。在國術裡的三盤落地，是曲膝落胯，兩掌指尖相對左右分開，手掌下按。

但是，為什麼會把它取名為「三盤落地」？三盤到底指哪三樣東西，似乎是較少人知，也很少人把它理述清楚。

以武術的立場而言，三盤是指上、中、下三個盤面，上盤是手臂，中盤是腰胯，下盤是腳跟。三盤落地並不是指這三個盤都要落觸到地面去，不是手、腰、腳都要接觸到地面才叫三盤落地，如果依字面的意思去作解，就會有千里的落差。

所謂「三盤」，是把全身概分為上、中、下三個大部位，不去作其他的細分，以上、中、下三盤來含蓋全身。所謂「落地」，是指「氣」的落沉，三盤的氣要落沉到似乎與地面相接相連。三盤之氣的落沉，三盤之氣的相接相連，謂之「完整一氣」，謂之「整勁」。

手臂的掤提，用意不用力，似有意又似無意，似鬆非鬆，在真鬆中可以感覺到氣的落沉，這個沉，有重量，有

質量，這個沉，是氣的內斂，是氣的長久聚集所形成的不可思議的量能，內家武術把它稱之為「內勁」。

　　鬆腰鬆胯，是丹田氣的落沉，太極十三式歌云：「腹內鬆淨氣騰然」，這個「腹內」是直指「丹田」的，也是廣指腰胯的鬆淨，腰胯鬆淨了，腹內才能達到鬆淨，腹內鬆淨了，氣才能騰然起來，然後才能凝聚匯集而斂入於骨，氣斂入於骨，骨才會有千斤的沉墜。

　　腳根是一個椿基，也是一切武術的基礎，是萬丈高樓的基礎，缺了這個基礎，就是海市蜃樓。椿功，不是在練腳力，不是練冤枉的腳酸，而是在練氣的落沉，氣要入椿，椿要入地，要入地生根。

　　武術的格鬥，不外是防守與攻擊。防守除了走化之外，就是「接勁」，以身體去承接對手的攻擊，那麼，要如何去承接對手的強勢力道，不是另類的去練就硬式的抗打的銅牆鐵壁，不是去練那些王宗岳老前輩所謂的「斯技旁門」。

　　這個「接勁」，含蓋了三盤之氣的落沉，也唯有三盤之氣的落沉，才有辦法去承接對手的強勢力道。這第一道防城，是手的掤勁，這個掤勁是載浮載沉的，它有膨脹的浮力，也有承載力，在沉肩墜肘中，在肩肘中形成第一個基座。第二道防城，是丹田之氣的運為，而不純是腰胯的動轉，丹田氣的落沉，使它在中盤的腰胯間形成一個基座。最後一道防城，是下盤腳跟的椿基，它要承受上、中盤所接獲的外力突擊，並且在接勁之後，藉著暗椿的反射摺疊勁回打，而完成一個化打合一的高階技法。

在攻擊方面，要發勁打人，不只是上盤的手臂在那邊局部的伸屈晃動，而是要三盤無限緊密的配合連動。上盤的手的出拳，需要中盤丹田氣的引發鼓動，以及下盤腳跟的打樁入地，而這下盤的樁要打的入地，先決條件是氣要入樁，也唯有氣入了樁，這個樁打下去，才能入到地底，也唯有樁能入地，手的發勁才能產生作用。但回過來說，這個氣要入到下盤的樁，是需要中盤丹田氣的沉落鼓盪運作，如果沒有丹田氣的運為，下盤的樁是不會、也不能發生作用的。

所以，不論是防守的接勁或攻擊的發勁，都需要三盤的相接相連，而且是要完整一氣的，除了三盤的連接貫串，最重要的是三盤之氣的落沉，這是三盤落地的重要內涵。

三盤各有根節與梢節。各盤的根節，是根根相連，節節一氣互接貫串的，若有一節離析跳脫，則形成斷勁現象，這個勁謂之不完整，這個勁打出去，就不會磅礡，不會脆利。

下盤包含膝、踝、腳底。腳底是根節，氣的落沉要落到這個地方，打樁也是靠腳跟腳掌在打的，所以在打樁發勁之時，丹田之氣是要透過鼓盪作用而運達於腳底的，若是只有腳用力的打地，而丹田之氣卻沒有同時挹注下去，丹田之氣若沒有同時入樁入地，這不能叫做打樁，只是在打一個空包彈，不能起到發勁的作用。

中盤包含胯、腰、脊。腰胯是個樞紐，是一個轉關，而這個樞紐、這個轉關，是透過丹田之氣的長期沉守與累

積的，若沒有集聚足夠的丹田氣，這腰胯也不能發生作用，腰胯只形成一種外圍的空轉，起不到內勁的纏絲與摺疊，也就是說產生不了纏絲勁與摺疊勁，就會變成虛有其表的蠻拙之力。

在發勁時，下盤腳跟的打樁，要與中盤的腰胯脊相接，貫串成一氣相連。《行功心解》云：「力由脊發，步隨身換。」這個力由脊發，是透過丹田氣的鼓盪作用入氣打樁深植於腳底，入於地底，在腳底、地底形成摺疊反彈勁道回傳到脊背，這樣才能「力由脊發」，若不是這樣，脊是要如何發力？脊如果沒有腳根藉由丹田氣的鼓盪作用去打樁，如果沒有藉由腳跟的打樁而摺疊反彈，把內勁回傳，而只有脊的局部之力，是產生不了力量的，即使使盡了吃奶之力，也只是局部的稀疏、稀爛之力，這是不能叫做「發勁」的。

上盤包含肩胛、肘、腕掌。肩胛是根節，是上盤手的主力，這個肩胛是要沉墜的，是要氣的挹注的。肩胛是上盤的支柱，是發勁的力源，所以，如果肩不沉、不落，氣不集、不聚於此，發勁是沒有依靠的。發勁為什麼要有依靠呢？譬如，撐竿跳，那個竿底若沒有地面給它依靠，就沒有辦法使力，力量發揮不出來，若沒有地面給它依靠，這竿是絕對撐不起來的。同理，手臂出拳，在上盤要肩給它做依靠，而且還要借著中盤的腰胯及下盤的腳跟給它做依靠，這拳打出去才有爆發力，才會有磅礴的氣勢與勁道。

上、中、下三盤的根，三盤的支柱，是要互相依靠

的，是要互相支持的，是要貫串成一氣的，是要一氣相連的。那麼，要如何才能貫串、相連呢？只有三盤之氣的落沉、連接、貫串，這個沉墜的力道，是同樣一個「力底」，這「底底相連」、「底底氣沉」，三盤成為一個整體，才是真正的「三盤落地」。也唯有真正的「三盤落地」，才是真正的會「發勁」的人，也唯有真正的「三盤落地」，才是真正的達於高階能夠「接勁」之高手。

功夫不能冷凍

　　學功夫練武術，最重要的原則就是「堅持」，就是「持之以恆」、「持續不斷」，內家拳武術沒有速成，所以要成就功夫，要有堅強的意志力，要有堅忍的韌性和定力，要有大丈夫的氣概，否則，難以有大成就。

　　形意、太極、八卦，都是要十年以上，才能大成的，這是自古以來的例子，今人也可能無法例外超越。

　　古人練拳都是專志而求、而練，一天練個八小時或十幾個鐘頭，是常事。像這樣的專心一意的練拳，還得十年才能大成。

　　現在的人，時空背景不同，要讀書，要工作，要休閒娛樂，要聚餐應酬，即使有意要練拳，一天要能撥出一、二小時，可能已屬不易。如是推算，要幾個十年才能大成？？

　　內家拳雖然不易成就，千百人之中，能成就者，一、二人而已，雖然如此，但是慕名或嚮往內家拳的人，還是不少，求練者仍是不乏其人，總是抱著很大的期望，憧憬著將來成就時的甜蜜美景。

　　然而，能夠堅持而練的人，不是很多，有的一、二個月就走人了，或半年、一年就意興闌珊了，能夠持續到四、五年的，並不多見。有些人，傻傻的練，因為沒有遇

著好老師，練到膝蓋出了毛病，卻沒有練到功夫，也就退轉了，這是蠻令人婉惜與扼腕的，那些誤人子弟的惡師，是要負因果的。

有些人，練了兩、三年，有一些基礎，到了四、五年，也練出少分的內勁，因此而自滿，沉耽迷醉於微薄的功力，於初學者面前曝露我慢心態，功夫無法再增上，也是蠻可惜的。

內家拳武術，是「零存整付」的功夫，要日積月累，每日去儲蓄功力，你存多少就是多少，不會存少而積多，也不會存多而積少，有多少努力，就會有多少收穫，功不唐捐。若是隨興而練，一天打魚，三天曬網，莫說十年，到了貓年，還是一無所成。若是隨興而練，沒有老實練拳，十年過去了，第二個十年也將至，可是卻沒有練出功夫，這得要自己檢討，不能怪老師沒有傾囊相授，內家拳功夫，這個武術，是循序、循級而授的，你沒有練到那個階層境地，即使老師要越級而教，也是沒用的，你沒有那個境地的水準，沒到那個層次，是沒辦法領略、超越那個層級的功夫境界，所以，教的再多，也是無法吸收、消化的。

練功夫，像燒開水，這是我的老生常談。水燒到一半，就關掉熄火，它不能稱為「開水」；要燒開了，燒滾了，才叫做「開水」，才能夠喝。

練拳，要練到氣勁飽滿，氣斂入骨，成就「內勁」，才算是功體的「功德圓滿」。如果功體還沒有完全成就，練練停停，要成就內勁，是很困難的，這樣是會曠日廢時

的，這樣的蹉跎歲月，很快十年就過去了，還來質疑「內家拳不是十年大成」嗎？我為什麼卻沒有「大成」呢？你要捫心自問，你有沒有認真練拳？你有沒有老實練拳？

內家拳成就後是不易退失的，但你要去保任它，像煮熟的食物或開水，你要做保溫的動作，這是保任功夫的不失；若是以為功夫已經成就，就把它束之高閣，把功夫冷凍起來，當有一天，你把冰凍過久的食物拿出來，發現它已發酵，已經酸臭腐爛，已經不能食用。

功夫成就以後，是不能「冷凍」的，更何況半生不熟之際，豈可荒廢而怠練？

謹以肺腑之言，與有心於內家拳者互勉。

第 151 章

氣要入樁，樁要入地

椿的內涵，就是裏面含有氣的能量，如果沒有「氣」這個能量，腳站在那邊，只有物質的重量，在武術的運用範圍中，不能產生極至的戰鬥作用，只有局部的「拙力」獨撐格鬥的局面。因為「爆發力」是含蓋著「力」與「氣」的，如果只有單獨的「力」，而缺乏「氣」的能量，它所發揮的戰鬥效果，還是有缺陷的，還不是完備的「爆發力」，不是太極拳經所說的「完整一氣」的「整勁」。

所以，練習「樁功」，不是練冤枉的「腳酸」，不是蹲得很低，去練肌力或肌耐力，這些都是捨本逐末的，都只是練到枝末，沒有進入到內家拳的核心。但是，也不是說你練站樁，就不必落胯曲膝，站的高高的，一點也沒有樁法的味道與氣氛。

外國武術較少會練樁功，除非少數有受到中國武術的薰陶，但是練的都是表面文章，沒有領悟到樁法的內涵。

硬拳武術系統，部分是不練樁法的，有的雖然有站樁的練習，大多偏向練腳力與承受耐力，所以要站得很低，讓雙腳去受苦。

內家拳部分，太極是有站樁練習，以渾元樁為主，或將太極拳招式拿來個別站樁，如提手上式等。形意拳，入

門先練三年椿，這是古時候的練法，形意以三才椿為主，步法是前四後六或前三後七，兩腳要前後撐蹬，營造二爭力。八卦椿法最多，以單腳椿為主，淌泥步是活動椿。

坊間有些鬥牛式的推手，捨椿功而專練腳力，老師要施壓，令學生去承受重力，或左右按肩膀，按雙胯，或下壓，讓學生左右搖晃，或後仰下坐蹲低，謂之走化，練到抗力出來了，可以站著讓人推不動，謂之功夫。這應了王宗岳老前輩的一句話：「本是捨己從人，多誤捨近求遠，所謂差之毫釐，謬之千里，學者不可不詳辨焉。」這是王宗岳在古早之前，為後輩晚生所預下的警語，老前輩真是苦口婆心，在那個時代，練武者頗眾，但是以硬拳為多，崇尚練力，就連練太極者，仍免除不了尚力這個毛病，因為不知道太極拳是捨己從人的功夫，往往會誤成拙力方向，所以就越練離太極拳本質越遠。即使到了現在，盲目者仍多，盲師以盲引盲，把太極拳搞得烏煙瘴氣，為人所詬譏。老前輩很早就語重心長的告戒我們「學者不可不詳辨」，但是後輩學人還是無法詳辨，還是被盲師所唬弄，把「斯技旁門」誤為是寶，以「被人推不動」而擺傲，自露我慢而不知，貽笑方家而不覺。

武術的格鬥搏擊，不是侷限於讓人推不動，不是侷限於斯技旁門的鬥牛推手，在詭譎的戰鬥中，是分秒必爭的，是剎那剎那的無窮變化，不是站在那邊讓人推不動。如果只是讓人推不動，那麼，人家一掌按過來，一拳擊過來，是否還能完封應化，是值得深思的。

以前高雄有人推手比賽都是冠軍的，以為自己功夫了

得了，就去參加搏擊比賽，結果是不堪一擊的。2007年大陸一則體育新聞，報導在河南舉行的武術比賽，當時被公認實力最強的選手，是多次獲得推手重量級冠軍的張某某，從一上擂台就被對手追打，滿場抱頭鼠竄，全無還手之力，場面慘不忍睹，裁判不忍看下去，中途終止了比賽。

從這兩個例子，可以了知推手不是功夫的全部，雖然真正的推手在實戰中，確實可以起到沾連黏隨等聽勁效果，但在陣仗中，對手的快速出拳，若是推手沒有在一定的水準以上，恐怕是較難以應付硬拳的強大蠻力。

這裡所說的推手在一定的水準以上，是指按部就班的從基礎起練太極拳的人，他們得從站樁、拳架、基本功、推手，進而練習散打，一步一步的打好基礎，這樣才能應付硬拳的，若是不信邪，急功近利的的中途闖入推手的陣仗中，捨近求遠，捨本逐末的去練頂抗之力，在僥倖推手比賽中得到冠軍，就以為了不起了，不知天高地厚的去參加搏擊比賽，是難以有好的成績的，如果沒有被打得抱頭鼠竄，就算不錯了。

樁法，是內家拳武術的基礎，萬丈高樓都得從這個基礎打起，沒有樁功基礎的內家拳，是較難以與硬拳相抗衡的，因為內家拳是走鬆柔路線，以練氣為主，以求勁為要，若是氣勁沒有練出來，要比力，是無法跟硬拳相比的，因為硬拳就是以練力為多，人家練力，你沒有練力也沒有把氣勁練出來，單憑鬥牛式的推手之技，在實戰中是無法發揮全方位的戰鬥力的，所以難免被打的無還手之力。

所以，內家拳，練樁功是絕對必要的，只有練就最基

礎的樁功，功夫才能有所成就，等練就全方位的內家武功，才能超勝硬拳的。但是，樁功不是練腿力，不是練腳酸，樁功是在練氣，這個氣，要沉斂到樁上去，要深層的進入到樁上去。

　　一般的樁法，通常是指下盤的腳跟；身體上的樁，大抵而言，還有中盤的腰胯及上盤的手臂。下盤的腳跟要靠丹田之氣的挹注，把氣傳輸到腳，氣要入樁到腳部，然後這個樁還要入到地底深層，所謂入地三分是也，樁要如何入地三分，在鬆淨當中，要靠意念的引導，初練之時，這意念要特別強烈，練習日久，在有意無意之中，就可以把氣引入地底。有一個比較容易體會的方法，形意的三才樁，腳的暗樁要前撐後蹬，用一個暗勁，讓前後腳產生二爭力的暗勁，這是一個巧力，不是僵拙力，不可錯悟，二爭力暗勁產生了，這個樁就會慢慢深入地底。

　　這裡所說的「慢慢」，是指要練到一些時間，最快三年，所以，古早，形意入門是要先練三年樁的，有了這個基礎，往後才會有大成就的。

　　中盤的腰胯，在鬆腰鬆胯中，氣能沉於丹田及兩胯，使中盤的落跨與下盤的腳跟連接一線，貫串起來，這個動作如果做好了，就沒有膝痛的問題，因為全身的重量，會順著胯而落到腳底，不會讓膝蓋吃到力，無形中起到保護膝蓋的效用。很多人練鬆柔的太極拳，卻練到膝蓋受傷，豈不冤枉，因為老師沒有把這氣的落沉，樁的入地，這些方法、要領教出來，或許老師也沒有練到這個水準，這只能說自己遇人不淑，沒緣遇到好老師。

　　上盤的手，是要成就掤勁的，所以要沉肩墜肘，令氣沉斂於肩肘腕三節；牽引主力，以根節的肩為主軸，去牽動催促氣勁到肘、手。肩也要與中盤的腰胯及下盤的腳跟連接成一線，綿接起來，完整一氣。

　　三盤的氣都要入樁，上盤的樁是肩，中盤的樁是胯，下盤的樁是腳底，氣不僅要入於三盤的樁，三盤的樁還要落入地底，或許你要質疑，下盤的腳可以落地，中盤的胯與上盤的肩如何落地？豈不是要躺到地下去嗎？非也，因為下盤的腳既已落地，而三盤相接相連，氣已貫串成一氣時，它就成為一個整體，沒有分割，既然是連體的，下盤落地，就是三盤落地，所以，三盤落地，是指三盤之氣有落沉，而且貫串成一體。

　　內家拳的戰鬥，是發勁，不是使力，唯有成就渾厚結實的氣勁，才能瞬間有爆發力的產生，才能打出短近之寸勁或貼身之黏勁，不須時間加距離而得機得勢，這樣才能取勝於硬拳。

　　發勁有三個要件，第一，丹田氣的飽滿；第二，腳要會打樁；第三，手要有掤勁，這三者是不能分離的，而且是要連接而貫串的。

　　腳，練就了入地的樁，在丹田氣的挹注運輸下，把氣同時下傳到腳樁，暗樁一打，摺疊、彈簧勁同時回傳到手，三盤相接，瞬間爆破到敵人身上，這才是內家拳的發勁，才是內家拳制敵的武器。

　　如果沒有成就這樣的功夫，要與硬拳系統比賽，還得三思。

第 *152* 章

割草悟拳理

　　用手工割草，必得將草的頂端抓住，拉直，這草才能割斷，如果不拉直，當鐮刀著到草身，它會隨勢而移動，因為沒有著力點，力量使不到草身，這是太極拳「捨己從人」的功夫，是太極拳「一羽不能加」的功夫。

　　太極拳本是「捨己從人」的，這是王宗岳老前輩《太極拳論》的結後語，是王宗岳老前輩的語重心長的苦口婆心教誨，但是多數學者都誤會了，選擇了「捨近求遠」，選擇了土法煉鋼的拙力方式，練成鬥牛式的推手，捨棄了基本的功體練法，而追求較快速的蠻力短暫成就。

　　前面說過，割草必須將草拉直，使鐮刀碰觸到草身時有著力點，這草才能被割斷，從「將草拉直」這邊，我們來體驗行功心解裡面所謂的「力由脊發」這句話。

　　「力由脊發」，是說發勁時，丹田之氣要輸運到脊背，也就是「氣貼背」，氣貼背就是背脊要拔直、要廷立，使氣服貼充滿於脊背之間，使背脊與胯形成一個支撐力點，並連結貫串至腳底，由腳底的打椿摺疊所形成的反座力，上傳於手，連接成一道整勁，這才是真正的發勁方式。這中間，如果腰脊不直，則氣無法貼於背，也無法上傳，而形於手，無法達到「完整一氣」的整勁態勢，就會變成局部力，就會變成拙力，不是太極拳的發勁。

　　諺云：「牆頭草，隨勢倒。」意謂這草是會隨著勢力而偏移的，它會隨著風向、勢向而轉移方向，所以，牆頭草也被拿來形容趨炎附勢的人。然而，這草的隨勢，這草的捨己從人之性，在太極拳的運用當中，是有正面的意義，它不會跟你頂抗，它不會正面與你起衝擊，這也是太極的圓融性。

　　從另一個角度來思維，草有隨他性，有捨己從人之性，那麼，如果不拉直它，如何才能順利的割斷它，讓它無法「隨勢走化」？

　　我們如果利用「牛筋式」的馬達割草機的快速旋轉力，可以輕易的將草掃斷，因為馬達的向心力，馬達的軸心自轉所引動的牛筋的離心力，是極其疾速的，快到這草沒有時間與空間的機勢變化，也就是它失去了「走化」的空間，失去了「走化」的機勢，變成挨打的勢態。

　　平常人沒有馬達的快速旋轉力，沒有辦法像割草機一樣的摧枯拉朽，將草摧毀，但是，如果功力夠，仍然可以輕易的將草掃斷，這邊，可以用太極的發勁來引喻。

　　太極拳的發勁，是一種摧枯拉朽的爆破力，不是用力將人推倒；推倒是一種拙力，不是內勁所引爆出來的爆破力，這是要先分辨清楚的。

　　推，是一種拙力，這種力量是笨拙的，所以才謂之拙力。拙力是呆滯而緩慢的，所以這種施力，讓人有走化的空間，就像草可以隨勢而倒。

　　但是，真正的太極發勁，它是瞬間的爆發，是迅雷不及掩耳的，它可以讓你沒有走化的空間，除非你的聽勁極

為靈敏，變化神速，則另當別論。

　　瞬間疾速爆發的太極發勁，是有條件的，不是一般使力的「快」。王宗岳老前輩說：「快何能焉？」太極的快，它是沒有時間與空間的，就像炸彈的爆破，人是難以逃脫的，因為沒有時間與空間讓你去逃脫閃躲。太極的快，就像裝了馬達的割草機，在草想隨勢而倒的剎那，已被牛筋著身逼迫粉碎，無從躲脫逃避。

　　太極發勁的條件就是三盤落地，上、中、下三盤的氣要落沉連結，與地相接。上盤的手，似鬆非鬆的掤著，氣要沉墜；中盤的丹田氣要飽滿凝聚，腰胯要落沉，與下盤的腳跟連成一氣。在發勁時，丹田氣一凝一聚，引到腳底，借地打樁，這樁入地所引生的摺疊反彈，會自動上傳形乎於手，此時，胯、脊、背要拔直，氣貼背，力由脊發，貫串肩胛，完整於手。

　　腳的打樁，認真的說，應該是丹田氣的打樁，腳只是被借助的工具；腳雖然只是被借助的工具，但這工具是要利的，俗話說：「工欲善其事，必先利其器。」所以這工具、這腳是要利的，所謂的利，就是腳的樁功成就，你的氣有入樁，樁有入地，這才能發生作用，如果這樁功沒有成就，任你丹田氣多麼的飽滿，打的是一個空樁，是一個空包彈，起不到發勁的作用。所以，發勁是需要三盤功體齊備成就，缺一不可的。

　　手的內勁如果不沉，按到人家的身體，不會有「引勁」產生，也就是無法引動對方的反座力，如果沒有這個反座力讓你有著力之點，你就會打空，就不能使對方有

「奔跌」的效果，你這勁就發生不了作用。

對方被你引動所產生的反座力越大，你的著力點就越實，打出去的勁道就越脆、越利、越緊湊，才能使對方跌出丈外，漂漂亮亮的，不會拖泥帶水，不必使出吃奶力才把人硬推出去。

手的沉勁是依仗著丹田氣的沉著，與腳樁氣的沉著，三盤的氣都要沉著落接於地，這樣，才能在出手貼按對方身體時，手的沉勁可以直達對方的腳跟，引動對方的重心，在這邊會有兩種情況發生：

第一種是撼動對方的根，使其腳跟虛浮而起，令對方失去中定平衡，這樣就可以輕易的將對手打出。

第二種情況是自己的手之沉勁在按觸對方身體時，因為沉勁的作用，會引動對方的反座力，形成我方的支撐力點，這種情形就像撞球的拉桿，因為拉桿而回的反座力，使母球撞擊到子球時，產生快速強大、紮實脆利的撞擊力，讓子球疾速落袋。

撞球的拉桿，母球撞擊子球時，母球是定住不動的，因為拉桿所引生的反座力，使子球在被撞擊的剎那，產生支撐力點，使母球的撞擊力更強烈。如果是推桿的話，因為沒有反座力產生，也無法產生支撐力點，被打出的力道，是完全不同的。

從這邊，我們再來思維太極的發勁，如果用拙力去推，對方只是隨著你的推力若干而退後若干；但如果你練就了太極的功體，成就了內勁，手的沉勁、掤勁都夠成熟，氣能沉於丹田，沉落於腳底，也成就了打樁的竅門，

在體用兼備的情況下，發勁只是意念在起作用，只要一作意，就能引爆丹田之氣，意到勁隨，貫串連綿，迅雷不及掩耳，當被內勁著身時，還來不及反應，已被打跌而出。

　　內勁，是一個巧力，不必費九牛二虎，聽起來好像天方夜譚，然而，有達到那個層次的修練者，卻能深信，所言不虛。

第 153 章

頂抗與接勁

頂抗與接勁是兩碼事，內質、義涵是天差地別的，如果以為用力去頂住對方，讓對方推不動，就是太極拳功夫的成就，就是意謂著下盤的根夠沉穩，這是值得質疑的；如果以為能頂得住對方的推力，就表示接勁和掤勁已然成形，這也是值得思辨檢驗的。

頂抗，就是對方來力著到己身時，以拙力去頂住、抗拒，讓對方推不動，使自己立於不退、不敗的地位。這種頂抗形勢，是不分以上盤的手去頂抗、或以中盤的腰胯去頂抗、或以下盤的腳跟去頂抗，皆謂之頂抗，雖然有把對方的力道承接到腳底，但用力方式仍是處在頂抗的局面之內，都還是屬於頂抗的範圍。這如果沒有認真仔細的加以思辨的話，是容易被混淆與誤會的。

現在再來談接勁，如果能明白接勁的義涵，相對的就能瞭解頂抗的錯處，而不會被一般阿師所誤導。接勁，就好像棒球捕手的接球，當投手的快速球投過來，球速是極快的，捕手在接球時，必須向下或向後坐勁，來緩衝球速的衝擊力，這樣，手腕才不會受傷；如果沒有這個坐勁的緩衝，而去硬頂接球，手是容易挫傷的。

接勁的道理是同樣的，當對方的強勢來力著到己身時，不可用手去頂，不可用腰胯去頂，不可用腳跟去頂。

如果誤認能頂得住，讓人推不動，就意謂下盤功夫了得，是值得置喙的。

高雄市以前有一位推手選手，比賽常得冠軍的，有一次參加比賽，為了頂住對手的勢力，身體是頂住了，但是頸椎卻瞬間移位，整個人差點昏厥過去，他的頸椎後來有沒有痊癒，不得而知，但是，那件事過後，就沒有再看到他在賽場露面。如果，因此而造成某些後遺症，實在是令人遺憾的。

在推手陣中，寧可退，寧可敗，寧可輸，不必求勝，不必顧面子，但是不要讓身體受到傷害，所以，「讓人推不動」是值得思考的。

練到讓人推不動，並不能說是太極拳功夫有了一定的程度；練到讓人推不動，對接勁與發勁並無正面的意義，為何如是說呢？因為，即使你的「讓人推不動」是有練出下盤腳跟的功力，但這離接勁與發勁還是有一段很長的距離的，在讓人推不動的情勢下，必然含著或多或少的頂抗力的。前面說過，接勁必須透過坐勁來緩衝正面的強大勢力，它是像彈簧一樣的含蓋著彈力，去消解對方的來力，因為消解而化去來力，或因消解而輕鬆的接住對方的來力，這就是接勁。也因透過彈簧性的接勁，在反彈摺疊之時，借著回彈的勢力，借著地力，而借力打力，打下暗樁，完成發勁動作。

如果是以拙力去頂住，而讓人推不動，在頂住時就會形成一個死力抗在那邊，於對方的來力是難以消解的，也無法產生回彈的反坐力，那麼，在發勁時，它是一股新的

力道，它不會產生摺疊勁，無法借力，無法達到省力原則，也可以說，它完全是一種拙力，不是真正的發勁。

再來，說到掤勁。掤勁就像海水，它有張力，有乘載力，可載萬噸舟船而不沉。所以，掤勁並不是像一塊硬體物，把人家的來勢來力頂在那邊，也不是奮力用手去抗住對方，讓對方的力量進不來，不是這樣的。掤勁是接勁的運用，它是載浮載沉的，它可以接勁，也可以發勁，它的勁是Q柔的，是柔中帶剛的，它是有彈性的，不是一隻鋼硬的鐵手，不是以硬力去頂住人家，讓人推不動。

接勁就像車子的避震器，裡面有彈簧，可以緩衝車子在行駛中顛簸的力道衝擊，車子如果沒有這個避震器，在顛簸的路面行駛，就會被震的頭昏腦脹。接勁如果沒有如車子般的避震器，缺少那個彈簧性，那就是頂，在這種情況下，即使你的手堅硬如鐵，即使你的下盤穩固如山，都還是悖離了太極拳的本質，與太極拳是背道而馳的。

太極老前輩王宗岳先生在他的拳論說：「本是捨己從人，多誤捨近求遠，所謂差之毫釐，謬以千里，學者不可不詳辨焉。」太極拳本是捨己從人，本是借力打力的，太極拳是以柔克剛的，是四兩撥千斤的，所以，讓人推不動，是要像「不倒翁」一樣，要有走化、消解的功能，如果是力頂、力抗，而讓人推不動，是不值得推崇標榜的，否則容易誤導讀者。若是以讓人推不動，做為學習的指標，那麼，毫釐之差，變成天地懸隔，離太極拳越來越遠。王宗岳老前輩苦口婆心的告誡後輩晚生，「不可不詳辨」呀！

　　老前輩又說：「斯技旁門甚多，雖勢有區別，概不外壯欺弱，慢讓快耳；有力打無力，手慢讓手快，此皆先天自然之能，非關學力而有為也。察四兩撥千斤之句，顯非力勝。」太極拳本是以無力打有力，以小搏大，以弱勝強的，若是練錯方向，想以頑力去力抗強敵，除非塊頭比人大，力量比人粗，如果不是這樣，是難抵強敵的。前輩說，四兩撥千斤，顯非力勝。這四兩撥千斤，不是純技巧而已，四兩撥千斤是有條件的，包含內勁、沉勁、掤勁、聽勁、樁法等等的成就，只有這些條件具備成就，才能產生四兩撥千斤效果。如果搞錯方向，用土法煉鋼的方式去練下盤的腳力，練成了滿身的蠻力，練成了「讓人推不動」的抗頂頑力，就落入了老前輩所說的「斯技旁門」，已經不是太極拳了。

　　推手不是功夫的全部，在武術的實戰中，讓人推不動，不是致勝的因素，在太極的領域中，必須具備了聽勁、接勁、發勁等等的基礎，在實戰中才有致勝的契機。

　　有人以「推不動」為題，而論述標榜「讓人推不動」為太極拳的若干功夫，雖然內文有說到鬆柔、不頂抗之類的言語，但整體而言，還是有瑕疵的，容易讓讀者產生混淆，誤以為「讓人推不動」是太極的功夫，值得謹慎。

第 154 章

頸喉運氣與丹田關係

　　說到運氣，大部分的人或老師，都只講到丹田的鼓盪、摺疊、牽動等，很少說到頸喉的運氣，事實上頸喉間的運氣，與丹田的運轉是互為關聯的，只是較少人去注意到這微細及深層的內涵。

　　歌手唱歌，必須要鼓動丹田之氣，音色發出來才會宏亮、結實而有力道，它由內裏丹田所發出來的氣勁，聲波才能與外面的空氣磁場產生共振、盪漾，而餘音繞樑，那個聲音好像好久都會在你耳邊迴盪纏繞，不絕於耳。這是丹田與氣的共振、摺繞、迴盪、彈簧作用。

　　我們的鼻腔吸入外面的空氣，經過氣管輸送到肺部，在呼吸間，透過太極拳或內家拳的行氣、運功、調息方式，去鼓盪橫隔膜而牽動五臟六腑，使臟腑得到運動與氣的溫養，而令血液循環充滿生機活力，達到健康的效果。

　　另外，透過太極拳或內家拳的極鬆柔及行功運氣法，使得腹內丹田的氣鬆淨、鬆透，而產生熱能、電能，然後氣斂入骨，經久而匯聚成不可思議的內勁。

　　內勁的匯聚，是丹田氣的作用，故而丹田氣的沉甸凝聚，是為內勁產生的前提要件，所以，氣沉丹田就成為非常重要的課題。

　　氣沉丹田，除了鬆柔之外，行功運氣是不可或缺的，

因為鬆柔只是讓氣血通暢，沒有阻礙，但是要讓氣血運行，是得加壓的，就像水，如果沒有水壓，沒有壓力給牠，牠就會攤在那邊，成為一灘死水，如果有水壓，牠就會產生激流。

太極拳或內家拳雖然主張「不用力」，強調「用意不用力」，而這個「用意」，雖然沒有用到拙力，而事實上它是含蘊著「氣壓」的，也就是氣的壓力，如果沒有這個氣壓，那麼，太極拳或內家拳的行功運氣，將變成天馬行空，將變成鬼畫符，將變成裝模作樣的行屍走肉，成為一個空架子，對於氣勁的養成，將是徒勞無功，白練一場。

既然行功運氣不可或缺這個「氣壓」，那麼在運氣時，如何去增加氣感及氣的輸送壓力呢？除了鼓盪丹田，使丹田產生蓄放、摺疊、壓縮等外，還有迂迴、往復、擰旋等等，說之不盡，這些行功運氣法，在在都需要明師的口傳心授，很難用語言文字表達於萬分之一。

本文主題在於敘述頸喉運氣與丹田的關係，所以其他的種種行功運氣法，不在討論的範圍。

試觀一個好的歌手，在鼓運丹田之氣時，喉頸之間是有氣的運為的，在唱到「震音」時，喉結管是會顫動的，丹田要發出聲音時，喉結管間的氣壓是要沉積的，這樣才能與丹田的氣產生共振、共鳴作用，讓聲音結實、宏亮而不散漫。

在太極裡面有運到喉結頸項的功法，如「哼、哈」二氣，形意則有虎嘯、雷鳴的運氣發勁打法，都是要運用到頸喉的沉甸氣壓，來促使丹田氣更有爆發力，使丹田氣更

結紮、束整、凝聚，達到氣的暗勁壓迫，令氣被擠壓而爆破出來。

在站樁或盤架時，頸喉間的氣壓要往下沉甸，用暗勁把內氣運送傳輸到丹田，這個氣也可以同時被送到下盤腳底及上盤的手臂，至於中盤的胯腰就更能通體而達的。

我們在吐氣的時候，吐出的是廢氣，廢氣從鼻孔呼出去，在這同時，會運氣的人，在喉頸間，氣會整束起來，自然去壓縮丹田的氣，使上下的氣連結起來，接續而成為一個氣沉丹田的局勢，使得丹田的氣更加匯聚凝結。

在發勁的時候，藉由丹田氣的輸運到腳底，打下暗樁，產生反彈摺疊勁，這個勁打出去，才會脆厲、滲透，令人悚然。

頸喉間的氣沉整束，與「虛領頂頸」是有關的。頸部虛靈了或頸部虛虛的領者，雖然不著拙力，但要頂勁，把內暗勁懸頂起來，這就叫「頂頭懸」，頂頭懸除了氣通達百會之外，可使頸椎有掤勁產生，而富有彈力、張力，使得頭部有所依靠，不會因受力衝擊的關係而使頸椎移位，受到傷害。

拳論云：「虛領頂頸，氣沉丹田」，能夠虛領頂頸，才能氣沉丹田，所以，為了要達到氣沉丹田，是必須虛領頂頸的，藉由虛領頂頸，把頸椎豎立起來，藉由頸喉間的運氣，將氣壓送而沉入於丹田。

頸喉間的氣壓、氣沉，能使頸椎豎立起來，而達到虛領頂頸、頂頭懸的效果，是相輔相成的。也因此而能使整個身體達到中正安舒，令氣由百會下循任脈而直達丹田。

　　所以，頸喉間的整束、豎立，及之間氣的壓運，與氣沉丹田是息息相關的，是上下互相連接貫串的。能通澈此理，對於氣勁的運作、應用，助益是頗大的。

　　形意拳有下列記載：「形意拳大師李仲軒、唐維祿、尚雲祥等，在口傳形意拳時，有說到『虎豹雷音』之句，透過雷音來助長功夫。練拳到一定程度，功夫要向身內走，就是要薰進五臟六腑，用發聲來接引，聲音由內向外，勁力由外向內，裡應外合，功夫方能成就。所謂雷音並不是打雷的霹靂聲，而是下雨前，天空中隱隱的雷音，似有似無，卻很深沉。功夫行深時，自然會有雷音，從身子深處出來了。雷音是一種匪夷所思的呼吸，功夫深時才會有此現象。」

　　《拳經》云「氣宜鼓盪」，這個鼓盪，初淺的運氣法，只是丹田的吞吐、蓄納、摺疊等，是藉著呼吸吐納去振盪五臟六腑，是在有形的初階層級。真正的鼓盪，就是功夫行深時的「虎豹雷音」所產生的自然共震共鳴作用。有「虎豹雷音」的深層功夫，在技擊搏鬥時，才有「虎嘯雷鳴」的怯敵效果，否則，都還是落於「虛張聲勢」、「借聲助膽」、「裝模作樣」的低層範疇。

第 155 章

老實練拳

很多人練拳，練了幾十年，甚至練了一輩子，最終的結果，只得個「到老一場空」，沒有練出「真功夫」，真是令人引以為憾。其癥結在於自己沒有「老實練拳」。

在各個練拳的道場，尤其是公園、學校運動場、文化中心廣場等地，來參與練拳的人，是把練拳的道場，當成一個聯誼的地方，他們來練拳只是為了交朋友，連絡感情，打發時間，見了面就是嘻嘻哈哈，打打鬧鬧，言不及義，講話開玩笑的時間，佔了大部份，真正用心在拳上的時間少之又少，就如此一天過一天。時間如過隙之駒，一眨眼，髮已斑白，年已半百，才警覺到時不我予，才發現自己荒廢了大好時光，沒有認真在拳上用功夫。

某些練拳的人，沒有認真的「老實練拳」，只愛談論拳理，只是愛現，口沫橫飛的與人辯論拳理，自以為是，而實際上所發表的言論，都是從拳經、拳論或從他人口中所得之的一些「一知半解」的膚淺知識，並非自己的實踐實證功夫，卻能臉紅脖子粗的與人爭論不休，滔滔不絕，從不認輸。等有一天被「行家」跳出來拈提辨正時，卻只能嘴掛壁上，啞口無言；或等有一天，被人試驗功夫時，卻一點也使不出來，漏出馬腳，滿臉豆花。

有些人，練拳是為了給人家看的，表面上好像很認

真，也常常提出一些問題請教人家，看起來煞有其事，而實際上，他的心，並沒有在拳上用功夫。

我唸初中時，有一位同學，整天都會拿一本書，表面上是蠻認真用功的，而實際上是心不在焉的，他的考試成績大都是敬陪末座的。當時，我的國文基礎還不錯，有些文言文，他不懂的，就會來問我，我都是很詳細的為他解釋，結果有一次，他問過的題目考試出題了，他卻不會作答，由此可知，這位同學的心，是不專注的，是沒有用心學習的。

學拳也有這樣的人，以前有一位師兄弟，就是這樣，他的練拳出席率是蠻高的，但在一起練的時間裡，講話、談論問題的時間多於練拳時間，常常會冒出一些無理頭的問題，令人有想避開他的感覺。

練拳，需是老老實實，恭恭敬敬，對老師老實，對老師恭敬，對自己老實，對自己恭敬。老實，就是正心誠意，沒有虛偽，沒有虛假；練拳不是練給老師看，不是練給別人看，而是要對得起自己，不要欺騙自己，有沒有老實練拳，騙得了別人，但是騙不了老師，更騙不了自己，功夫有沒有長進，老師看在眼裡，但在這個時代，老師不能罵你，不能責備你，只能鼓勵性的提點一下而已。

功夫有沒有進步，自己最清楚，因為練功夫就像銀行存款一樣，你存了多少就是多少，存款簿拿出來一看，即便分曉；你沒有去存錢，而對人說你已是大富翁，豈非自欺欺人。

老實練拳，你必須自己立一個功課表，每天固定要練

幾小時，要持續不斷，要堅定不移，要堅苦卓絕，這才是
大丈夫的行事風格。內家拳每天不得低於二小時的鍛鍊，
若是練練停停，若是隨興而練，到了驢年，到了老年，都
只能徒個「一場空」；若是躐等以求，都是凡夫，都是俗
子，不能成就內家拳。

　　古人是「十年太極不出門」、「十年形意不出門」、
「十年八卦不出門」，這些內家拳功夫，都是得苦心造詣
才能成就，今人每天不能持續練上一小時，而想成就內家
功夫，豈非作夢，豈非打妄想。

　　恭敬心，是練拳必備的心態。不老實練拳，就是對老
師不恭敬，對自己不恭敬；對老師不恭敬，是說老師苦口
婆心的惇惇教導，只差個沒有把心掏出來，而學生卻聽者
藐藐，沒把老師說的，聽到心裡面去，這就是「聽者藐
藐」，因為聽了，沒有去做，沒有去認真的實踐，沒有去
老實練拳。

　　沒有正心誠意的在拳上用功，就是不恭敬自己。或許
有人會認為，自己哪需恭敬自己？君豈不聞「先敬己，而
後人敬之」，如果自己行事沒有正心誠意，耍詐虛偽，怎
麼能得到別人的尊敬呢？所以，做人做事必得先敬己而後
別人才會敬之，練拳也是一樣，要以恭敬心而練，就像祖
師爺，就像老師就在跟前那般，要克己復禮，必恭必敬。

　　恭敬自己，恭敬老師，恭敬祖師爺，恭敬拳經拳論，
有了這個反求諸己的恭敬心，你才能老實練拳，才能在老
實練拳當中，領悟祖師爺在拳經拳論中所說的真實理。

　　在經論裡，很多地方會說到「氣」與「勁」，我在自

己的論述當中也常引用到經論中的要語，然而很多練內家拳的，卻不讀經論，不相信「氣」與「勁」這些功夫，而且有超乎貶抑經論的言語，這都是因為自己沒有實證功夫，所以也不相信別人，不相信經論之言，不相信祖師爺所遺留下來的寶貝經典。這種行徑，就是沒有恭敬心，也因為沒有恭敬心而不能老實練拳，因為不能老實練拳，而無法成就甚深微妙的內家拳功夫。

做一個學生如果常常缺課，有一搭沒一搭的，這是不恭敬老師，也是不恭敬自己，愧對老師，也愧對自己，屬於不老實練拳的一種，如果自言：「我都在家自己練。」這可能不是真實語，上課時間都可以不來，其他時間要說有多認真，都要被打個問號。

練拳的時候，如果心不專注，心有旁鶩，想東想西，一面打拳，一面偷瞄一下周圍有沒有人在看，很多人是愛現的，打拳是想給人家看的，若是旁邊沒人觀看欣賞，他就興趣缺缺，提不起勁，隨便把玩幾下就收功，這也是不老實練拳。

學拳練功夫，是為自己而學、而練，自己有那個興趣，有對武術的憧憬、期待，立定理想目標，自己要立一個時間表、課程表，要一路堅持的走下去，別人一點也沒辦法勉強你，自己要有大丈夫的胸懷，要有男兒當自強的氣慨，這樣庶幾才能有所成就。

老實練拳，要須像佛教淨土宗的「老實念佛」一樣，才能求生西方極樂世界若是口中「唸佛」，心中卻不「念佛」，則不得往生西方，所以要須口唸心念，心中要一心

憶念著佛，要以心念佛，一心不亂，才得往生極樂。

　　練拳不只是手腳在練，而是用心思在練，念茲在茲，一心想著拳該如何練，氣該如何走，如何運，如何吞吐，如何蓄蘊，如何鼓盪，如何摺疊，如何轉換，如何纏絲營造阻力，如何運用身體各部位的二爭力去激盪內藏的「炁」，如何束身縮骨，如何裹鑽擰纏等等，在在都須用心去思維，在靜心、用心、真心的老實練拳當中，透過真實真意的實踐體驗練習，這樣才會有所領悟；練拳不是憑空想像，不是心存幻想而能致之的，而是必須苦心造詣，用心用功，才能「學力而有為」的。內家拳，是智慧之拳，若是土練、傻練，沒有用心去思維經論中前輩所遺留下來的智慧結晶，加上沒有認真老實練拳，那麼，終其一生，還是在內家拳門外。

　　想成就內家甚深功夫，必須——老實練拳。

歡迎至本公司購買書籍

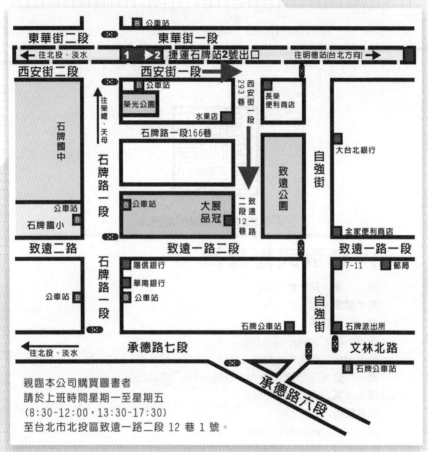

親臨本公司購買圖書者
請於上班時間星期一至星期五
(8:30~12:00，13:30~17:30)
至台北市北投區致遠一路二段 12 巷 1 號。

建議路線
1.搭乘捷運‧公車
　　淡水線石牌站下車，由石牌捷運站2號出口出站(出站後靠右邊)，沿著捷運高架往台北方向走(往明德站方向)，其街名為西安街，約走100公尺(勿超過紅綠燈)，由西安街一段293巷進來(巷口有一公車站牌，站名為自強街口)，本公司位於致遠公園對面。搭公車者請於石牌站(石牌派出所)下車，走進自強街，遇致遠路口左轉，右手邊第一條巷子即為本社位置。

2.自行開車或騎車
　　由承德路接石牌路，看到陽信銀行右轉，此條即為致遠一路二段，在遇到自強街(紅綠燈)前的巷子(致遠公園)左轉，即可看到本公司招牌。

國家圖書館出版品預行編目資料

內家拳武術探微／蘇峰珍 著

－初版－臺北市，大展，2013 [民 102.02]

面；21 公分－（武學釋典；11）

ISBN 978-957-468-927-9（平裝）

1. 拳術　2. 中國

528.972　　　　　　　　　　　　　101025644

內家拳武術探微

著　　者／蘇　峰　珍

責任編輯／孟　　甫

發 行 人／蔡　森　明

出 版 者／大展出版社有限公司

社　　址／台北市北投區（石牌）致遠一路 2 段 12 巷 1 號

電　　話／(02) 28236031・28236033・28233123

傳　　真／(02) 28272069

郵政劃撥／01669551

網　　址／www.dah-jaan.com.tw

E－mai l／service@dah-jaan.com.tw

登 記 證／局版臺業字第 2171 號

承 印 者／傳興印刷有限公司

裝　　訂／承安裝訂有限公司

排 版 者／千兵企業有限公司

初版 1 刷／2013 年（民 102 年） 2 月

初版 2 刷／2015 年（民 104 年） 6 月　　　　　　　定價／450 元

大展好書　好書大展
品嘗好書　冠群可期

大展好書　好書大展
品嘗好書　冠群可期